黄彦 主编

孙文全集

人事任免（下）

第十七册

SPM
南方出版传媒
广东人民出版社
·广州·

孙文全集编辑委员会

本 册 目 录

人事任免（下）

任命赵志戎为工兵委员手谕（一九二三年四月二日前） ………………… 3

委黄梦熊等三人分为副官工商局长手谕（一九二三年四月二日前） ……… 3

派赵志戎为工兵局筹备委员令（一九二三年四月二日） …………………… 3

任命李卓峰为建设部工商局长令（一九二三年四月二日） ………………… 4

任命宋辑先为大本营秘书令（一九二三年四月二日） ……………………… 4

特派古应芬为大本营驻江办事处全权主任节制驻江门各军令（一九二三年四月二日）

………………………………………………………………………… 4

委任蒋道日等九十四人为古巴等二十八埠中国国民党组织职员状

（一九二三年四月二日） ……………………………………………… 5

委任黄吉庵等二十七人分为古巴等二十六埠中国国民党组织党务科正副主任或科

长状（一九二三年四月二日） ………………………………………… 7

委任蒋修身等二十七人分为古巴等二十六埠中国国民党组织会计科正副主任或科

长状（一九二三年四月二日） ………………………………………… 8

委任高发明等二十八人分为古巴等二十七埠中国国民党组织宣传科正副主任或科

长状（一九二三年四月二日） ………………………………………… 9

委任方以情等三百八十人为古巴等二十七埠中国国民党组织职员状

（一九二三年四月二日） ……………………………………………… 10

与彭素民等五人联署委任何教为中国国民党舍咕分部正部长状

（一九二三年四月二日） ……………………………………………… 14

与彭素民联署委任杨嘉猷为中国国民党东南大学分部筹备处主任状

（一九二三年四月二日） ……………………………………………… 14

与彭素民孙镜联署委任侯中庸为中国国民党佃窿分部党务科主任状

（一九二三年四月二日） ……………………………………………………… 15

核复兼理大本营财政部长邓泽如呈报启用印信日期令（一九二三年四月二日）

…………………………………………………………………………………… 15

核复刘纪文呈报就任大本营审计局局长及启用印信日期令（一九二三年四月二日）

…………………………………………………………………………………… 16

任命李济深郑润琦为直辖广东讨贼军第一第三师师长令（一九二三年四月四日）

…………………………………………………………………………………… 16

任命林云陔为大本营秘书令（一九二三年四月四日） ……………………… 17

任命梁鸿楷为直辖广东讨贼军第四军军长令（一九二三年四月四日） …… 17

任命杨蓁等五人为大本营高级参谋令（一九二三年四月四日） …………… 18

派古日光为工兵局筹备委员令（一九二三年四月四日） …………………… 18

任命马伯麟为虎门要塞司令手令（一九二三年四月四日） ………………… 19

派杨鹤龄为港澳特务调查员手令（一九二三年四月四日） ………………… 19

派梅光培接收官产处归大本营财政部直接管理令（一九二三年四月六日） ……… 19

准大本营会计司司长王棠呈请添设司员书记官各一员令（一九二三年四月六日）

…………………………………………………………………………………… 20

核复大理院长兼暂行兼管司法行政事务赵士北呈报就职及启用印信日期令

（一九二三年四月七日） ………………………………………………… 20

核复徐树荣呈报就任东江缉匪司令及启用关防令（一九二三年四月七日） ……… 21

核复广东无线电报总局局长冯伟呈报奉任命日期并准改换关防令

（一九二三年四月七日） ………………………………………………… 21

准任命张国森为大本营参军处少校副官令（一九二三年四月九日） ……… 22

准任命吴文龙为大本营参军处上校副官令（一九二三年四月九日） ……… 22

核复直辖第五军军长李易标呈报启用印信日期并备案令（一九二三年四月九日）

…………………………………………………………………………………… 23

委任林有祥等五十六人为吉礁霹雳喻乞二埠中国国民党分部职员状

（一九二三年四月九日） ………………………………………………… 23

委任林耀如等三人分为吉礁霹雳喻乞二埠中国国民党组织宣传科正副主任状

（一九二三年四月九日）·········· 24

委任林润泽等三人分为吉礁霹雳唪乞二埠中国国民党组织会计科正副主任状

（一九二三年四月九日）·········· 24

委任陈英担等三人分为吉礁霹雳唪乞二埠中国国民党组织党务科正副主任状

（一九二三年四月九日）·········· 25

委任李引口等八人为吉礁霹雳唪乞二埠中国国民党支（分）部职员状

（一九二三年四月九日）·········· 25

特派萱野长知为调查戒烟事宜专员状（一九二三年四月九日）········· 26

准蒋中正辞大本营参谋长令（一九二三年四月十日）········· 26

特任张开儒为大本营参谋长令（一九二三年四月十日）········· 27

派陈仲甫等三人为宣传委员会委员令（一九二三年四月十日）········· 27

免马超俊工兵局筹备委员令（一九二三年四月十日）········· 27

任命梅光培为广东全省官产清理处处长令（一九二三年四月十一日）········· 28

特派廖仲恺为劳军使令（一九二三年四月十二日）········· 28

任命刘玉山为直辖第七军军长兼直辖第二师师长令（一九二三年四月十二日）··· 29

任命陈天太为直辖第三师师长令（一九二三年四月十二日）········· 29

核复黄焕庭呈报点交广南船澳及解除总办职务准予销差令（一九二三年四月十二日）

·········· 30

核复广东海防司令陈策呈报启用关防日期令（一九二三年四月十三日）·········· 30

核复直辖滇军广州卫成总司令杨希闵呈报接收印信牙章及启用日期令

（一九二三年四月十三日）·········· 31

任命杨虎等三人为大本营海军特派员令（一九二三年四月十四日）·········· 31

核复邓泽如呈报就任建设部长日期及择定办公处令（一九二三年四月十四日）··· 32

核复直辖广东讨贼军第三师师长郑润奇呈报奉到印信及启用日期令

（一九二三年四月十四日）·········· 32

核复徐绍桢呈报省署日行公事派政务厅长陈树人代行令（一九二三年四月十四日）

·········· 33

任命赵德恒为大本营高级参谋令（一九二三年四月十六日）·········· 33

派李绮庵为工兵局筹备委员令（一九二三年四月十六日）　……………… 33

派陈兴汉管理粤汉铁路事务令（一九二三年四月十七日）　……………… 34

任命廖湘芸为虎门要塞司令令（一九二三年四月十七日）　……………… 34

委任黄冠三等三人为中国国民党哗造通讯处职员状（一九二三年四月十七日）　… 35

委任陈金晃为中国国民党哗造通讯处党务科科长状（一九二三年四月十七日）　… 35

委任吴泽庭为中国国民党哗造通讯处会计科科长状（一九二三年四月十七日）　… 36

委任陈祥为中国国民党哗造通讯处宣传科科长状（一九二三年四月十七日）　…… 36

委任苏孟裔等十九人为中国国民党哗造通讯处职员状（一九二三年四月十七日）

　………………………………………………………………………………… 37

准任命吴嵋为大本营参军处上校副官令（一九二三年四月十八日）　……… 37

任命胡谦为大本营高级参谋令（一九二三年四月十八日）　……………… 38

着胡谦在大本营军政部服务令（一九二三年四月十八日）　……………… 38

免杨蓁大本营高级参谋令（一九二三年四月十八日）　…………………… 38

任命杨蓁为大本营秘书令（一九二三年四月十八日）　…………………… 39

着朱培德兼军政部长手令（一九二三年四月十八日）　…………………… 39

着秘书处取消谢心准之委任手令（一九二三年四月十八日）　…………… 40

派黄垣即往收管广州市电报局手令（一九二三年四月十八日）　………… 40

委任李晖等四十三人分为横滨等四十二埠中国国民党组织党务科正副主任或科长
　状（一九二三年四月十八日）　…………………………………………… 40

委任陈顺成等四十四人分为横滨等四十三埠中国国民党组织会计科正副主任或科
　长状（一九二三年四月十八日）　………………………………………… 42

委任罗翙云等四十三人分为横滨等四十三埠中国国民党组织宣传科主任或科长状
　（一九二三年四月十八日）　……………………………………………… 43

委任黄焯民等八百二十七人为横滨等四十三埠中国国民党组织职员状
　（一九二三年四月十八日）　……………………………………………… 44

委任鲍应隆等一百六十五人为横滨等四十三埠中国国民党组织职员状
　（一九二三年四月十八日）　……………………………………………… 51

免朱卓文广东兵工厂厂长令（一九二三年四月十九日）　………………… 55

免朱和中大本营高级参谋令（一九二三年四月十九日） ……………………… 55

任命朱和中为广东兵工厂厂长令（一九二三年四月十九日） ……………… 56

任命陈同赞为钦防司令手令（一九二三年四月十九日） …………………… 56

任命喻毓西为大本营高级参谋令（一九二三年四月二十日） ……………… 57

褫夺李易标沈荣光直辖第五第六军军长并悬赏购拿令（一九二三年四月二十日）

……………………………………………………………………………… 57

派赵士觐为管理俘虏主任委员及另二人为委员令（一九二三年四月二十日） …… 58

特任罗翼群为大本营兵站总监令（一九二三年四月二十日） ……………… 58

为饬转令前敌将领知照派赵士觐为管理俘虏主任委员黄馥生关汉光为委员给程潜

等人的训令（一九二三年四月二十日） ………………………………… 59

委任霍居南等十二人为南非洲等三地中国国民党支（分）部职员状

（一九二三年四月二十日） …………………………………………… 59

委任廖文科等五人分为南非洲等三地中国国民党支（分）部党务科正副主任状

（一九二三年四月二十日） …………………………………………… 60

委任邓伯朋等五人分为南非洲等三地中国国民党（支）分部会计科正副主任状

（一九二三年四月二十日） …………………………………………… 61

委任霍胜刚等五人分为南非洲等三地中国国民党支（分）部宣传科正副主任状

（一九二三年四月二十日） …………………………………………… 61

委任黎铁石等四十八人分为南非洲等三地中国国民党支（分）部职员状

（一九二三年四月二十日） …………………………………………… 62

派黄馥生为管理俘虏委员状（一九二三年四月二十日） …………………… 62

与彭素民联署委任刘进旭为中国国民党万隆分部干事状（一九二三年四月二十日）

……………………………………………………………………………… 63

准林云陔辞财政部第三局局长令（一九二三年四月二十一日） …………… 63

核复李济深呈报就任直辖广东讨贼军第一师师长及启用印信令

（一九二三年四月二十一日） ………………………………………… 64

核复广东江防司令杨廷培呈报启用关防并缴销旧关防令（一九二三年四月二十一日）

……………………………………………………………………………… 64

核复梁鸿楷呈报就任直辖广东讨贼军第四军军长及启用印信令

　　（一九二三年四月二十一日）　…………………………………………… 65

准梁鸿楷呈辞大本营驻江办事处主任兼职令（一九二三年四月二十一日）　……… 65

任命陈可钰为广东宪兵司令令（一九二三年四月二十三日）　………………… 66

任命蒋隆棻为大本营高级参谋令（一九二三年四月二十四日）　……………… 66

派宋子文为中央银行筹备员令（一九二三年四月二十四日）　………………… 66

核复参军长朱培德呈报遵令兼理军政部务令（一九二三年四月二十四日）　……… 67

核复伍学煜呈已令行高雷等处绥靖处长查照办理具复令（一九二三年四月二十四日）

　　………………………………………………………………………… 67

任命卢焘为大本营高级参谋手令（一九二三年四月二十四日）　……………… 68

委任郭铸人等十二人为中国国民党棉兰分部职员状（一九二三年四月二十四日）

　　………………………………………………………………………… 68

委任张蓝田为中国国民党棉兰分部宣传科主任状（一九二三年四月二十四日）　… 69

委任冯少强为中国国民党棉兰分部会计科主任状（一九二三年四月二十四日）　… 69

委任潘奕源为中国国民党棉兰分部党务科主任状（一九二三年四月二十四日）　… 69

委任陈白宣等四人为中国国民党棉兰分部职员状（一九二三年四月二十四日）　… 70

委任黄同发等三十二人为威灵顿等八埠中国国民党分部职员状

　　（一九二三年四月二十五日）　…………………………………………… 70

委任陈中等八人分为威灵顿等八埠中国国民党分部党务科主任状

　　（一九二三年四月二十五日）　…………………………………………… 72

委任杨刘安等八人分为威灵顿等八埠中国国民党分部会计科主任状

　　（一九二三年四月二十五日）　…………………………………………… 72

委任颜丽邦等八人分为威灵顿等八埠中国国民党分部宣传科主任状

　　（一九二三年四月二十五日）　…………………………………………… 73

委任颜鉴光等二百三十六人为威灵顿等八埠中国国民党分部职员状

　　（一九二三年四月二十五日）　…………………………………………… 73

核复直辖滇军第三师师长范石生呈报启用印信日期令（一九二三年四月二十五日）

　　………………………………………………………………………… 75

核复杨希闵呈报杨廷培暂行代理所有广州卫戍事宜令（一九二三年四月二十五日）

　　……………………………………………………………………………… 76

核复直辖西路讨贼军总司令刘震寰呈报启用印信日期令（一九二三年四月二十五日）

　　……………………………………………………………………………… 76

准刘玉山呈请颁发直辖第七军军长兼第二师师长关防令（一九二三年四月二十五日）

　　……………………………………………………………………………… 77

核复朱和中呈报就任广东兵工厂厂长及启用关防日期令（一九二三年四月二十五日）

　　……………………………………………………………………………… 77

核复管理粤汉铁路事务陈兴汉呈报视事日期令（一九二三年四月二十五日）　…… 78

核复陈兴汉呈报启用管理粤汉铁路事务关防日期令（一九二三年四月二十五日）

　　……………………………………………………………………………… 78

任命周演明等四人为大本营兵站总监部各局局长令（一九二三年四月二十六日）

　　……………………………………………………………………………… 79

准任命依鼎和为大本营参谋处上校参谋令（一九二三年四月二十六日）　………… 79

派王国璇为广东造币厂总办及另三人为会办等职令（一九二三年四月二十六日）

　　……………………………………………………………………………… 80

核复杨廷培呈报暂行代理广州卫戍事宜令（一九二三年四月二十六日）　………… 80

核复蒋光亮呈报启用直辖滇军第四师师长印信日期令（一九二三年四月二十六日）

　　……………………………………………………………………………… 81

准任命王吉壬杨泰为大本营参军处少校副官令（一九二三年四月二十七日）　…… 81

准任命高中禹为参军处少校副官令（一九二三年四月二十七日）　………………… 82

任命林直勉为大本营秘书令（一九二三年四月二十八日）　………………………… 82

准任命张鉴藻为大本营兵站第一支部长令（一九二三年四月二十八日）　………… 82

准杨熙绩辞大本营秘书令（一九二三年四月二十八日）　…………………………… 83

核复杨池生呈报奉发直辖滇军第一师师长印信及启用日期令

　　（一九二三年四月二十八日）　…………………………………………… 83

核复罗翼群呈报就任大本营兵站总监及启用印信日期令（一九二三年四月二十八日）

　　……………………………………………………………………………… 84

派李亦梅等十八人为中央财政委员会委员令（一九二三年四月二十八日）·········84

任命卢兴原为总检察厅检察长令（一九二三年四月二十九日）·········85

派万黄裳为潮桥运副令（一九二三年四月二十九日）·········85

任命田士捷为大本营参军令（一九二三年四月二十九日）·········86

徐于为大本营军事委员手令（一九二三年四月二十九日）·········86

任命戴任为大本营参军令（一九二三年四月三十日）·········86

准任命容景芳为大本营参军处上校副官令（一九二三年四月三十日）·········87

任命罗伟疆为直辖东路警备军第一路司令令（一九二三年四月三十日）·········87

核复廖湘芸呈报接收虎门要塞司令印视事日期令（一九二三年四月三十日）·········88

准王棠辞广东造币厂会办令（一九二三年五月一日）·········88

派余育之为中央财政委员会委员令（一九二三年五月一日）·········89

准任命汪彦平为大本营审计局主任审计官令（一九二三年五月一日）·········89

饬关景星刻日交代广东盐务稽核分所经理令（一九二三年五月一日）·········89

核复梅光培呈报接任广东全省官产清理处处长视事日期令（一九二三年五月一日）

·········90

任命陈天太为直辖第七军第三师师长令（一九二三年五月二日）·········90

准任命李民雨为大本营兵站第二支部长令（一九二三年五月二日）·········91

任命蒋中正兼粤军总司令部参谋长令（一九二三年五月二日）·········91

准王棠呈辞广东造币厂会办兼职令（一九二三年五月二日）·········92

准刘纪文呈请任命汪彦平为大本营审计局主任审计官令（一九二三年五月二日）

·········92

准林直勉辞大本营秘书令（一九二三年五月四日）·········93

任命黄子聪为大本营秘书令（一九二三年五月四日）·········93

核复刘玉山呈报就任直辖第七军军长兼第二师师长及启用印信日期令

（一九二三年五月四日）·········94

免周之贞四邑两阳香顺八属绥靖处处长令（一九二三年五月五日）·········94

任命周之贞为直辖广东讨贼军第二师师长令（一九二三年五月五日）·········95

任命盛荣超为大本营参军令（一九二三年五月五日）·········95

任叶恭绰徐绍桢为财政内政部长及另五人职务手谕（一九二三年五月七日前）… 95

任邓泽如为两广盐运使及免赵士觐本职手令（一九二三年五月七日前） ………… 96

免谭延闿内政部长令（一九二三年五月七日） ……………………………………… 96

免邓泽如建设部长兼财政部长各职令（一九二三年五月七日） …………………… 97

特任徐绍桢叶恭绰谭延闿分为内政财政建设三部部长令（一九二三年五月七日）

　　……………………………………………………………………………………… 97

免徐绍桢广东省长令（一九二三年五月七日） …………………………………… 98

特任廖仲恺为广东省长令（一九二三年五月七日） ……………………………… 98

免杨西岩广东财政厅长及伍学熀两广盐运使令（一九二三年五月七日） ……… 98

着叶恭绰兼理广东财政厅长令（一九二三年五月七日） ………………………… 99

任命邓泽如为两广盐运使令（一九二三年五月七日） …………………………… 99

免邓泰中大本营高级参谋令（一九二三年五月七日） …………………………… 99

任命邓泰中等四人分为各部次长令（一九二三年五月七日） …………………… 100

派邓慕韩为大本营广东宣传委员令（一九二三年五月七日） …………………… 100

核复卸警备军军长姚雨平呈报交代清楚日期令（一九二三年五月七日） ……… 101

委任汤连等五人为中国国民党亚洲皇后船分部筹备员状（一九二三年五月九日）

　　……………………………………………………………………………………… 101

委任陈焕庭为中国国民党亚洲皇后船分部筹备主任状（一九二三年五月九日）

　　……………………………………………………………………………………… 102

任黄国璇为广东财政厅长并饬通缉黄大伟手令（一九二三年五月十日前） ……… 102

任王国璇为广东财政厅长令（一九二三年五月十日） …………………………… 103

委任朱凤吾等二十一人为坝罗等七埠中国国民党组织职员状

　　（一九二三年五月十日） ………………………………………………………… 103

委任符潮波等五人分为坝罗等五埠中国国民党组织党务科主任或科长状

　　（一九二三年五月十日） ………………………………………………………… 104

委任朱维烈等六人分为坝罗等六埠中国国民党组织会计科主任或科长状

　　（一九二三年五月十日） ………………………………………………………… 104

委任陈克珍等五人分为坝罗等五埠中国国民党组织宣传科主任或科长状

（一九二三年五月十日）　·················· 105

委任符汉精等六十七人为坝罗等七埠中国国民党组织职员状（一九二三年五月十日）

　　　·················· 105

核复王棠呈报启用会计司司长印信日期令（一九二三年五月十一日）　·········· 106

核复黄伯耀呈报复任广东印花税分处处长及恢复分处日期令

　　　（一九二三年五月十一日）　·················· 107

准任命曾拔为大本营参军处中校副官令（一九二三年五月十二日）　·········· 107

准林达存辞大本营财政部第二局局长令（一九二三年五月十二日）　·········· 108

准朱培德呈请解除其兼理军政部部务职令（一九二三年五月十二日）　·········· 108

核复陈天太呈报就任直辖第七军第三师师长及启用印信日期令

　　　（一九二三年五月十二日）　·················· 108

委黄白马伯麟为大本营特务委员手谕（一九二三年五月十四日前）　·········· 109

派黄白马伯麟为大本营特务委员令（一九二三年五月十四日）　·········· 109

特派魏邦平为西江讨贼军总指挥令（一九二三年五月十四日）　·········· 110

准任命罗桂芳为大本营兵站第三支部长令（一九二三年五月十四日）　·········· 110

任命尹骥为直辖陆军第一第二两师指挥令（一九二三年五月十四日）　·········· 110

特派周震鳞为大本营劳军使兼督率直辖第一第二两师事宜令

　　　（一九二三年五月十四日）　·················· 111

任命夏醉雄为大本营咨议令（一九二三年五月十四日）　·········· 111

核复万黄裳呈送履历及就任潮桥运副视事日期令（一九二三年五月十四日）　·· 112

委谢心准为大本营特务委员手令（一九二三年五月十五日）　·········· 112

派谢心准为大本营特务委员令（一九二三年五月十六日）　·········· 112

任命王隆中为大本营咨议令（一九二三年五月十六日）　·········· 113

任命姜汇清为大本营咨议令（一九二三年五月十七日）　·········· 113

准叶恭绰辞广东财政厅长兼职令（一九二三年五月十七日）　·········· 114

核复伍学熀呈报卸两广盐运使职日期令（一九二三年五月十七日）　·········· 114

核复廖湘芸呈报启用新颁虎门要塞司令印信并缴销旧关防令

　　　（一九二三年五月十七日）　·················· 114

核复徐绍桢呈报交卸广东省长职日期令（一九二三年五月十七日）…………… 115

任命邹鲁为广东财政厅长令（一九二三年五月十八日）………………………… 115

任命姜汇清为大本营咨议状（一九二三年五月十八日）………………………… 116

准李章达呈请开去广东电政监督兼广州电报局局长职并迅饬林直勉复任令

　　（一九二三年五月十九日）………………………………………………… 116

核复廖仲恺呈报就任广东省长日期令（一九二三年五月十九日）…………… 117

核复邓泽如呈报就任两广盐运使日期令（一九二三年五月十九日）………… 117

核复高雷绥靖处长林树巍呈复遵令已饬电茂梅崀盐场局克日交代令

　　（一九二三年五月十九日）………………………………………………… 117

核复王棠呈报接收庶务司事务情形并缴庶务司长象牙小章令

　　（一九二三年五月十九日）………………………………………………… 118

免陈树人广东政务厅长令（一九二三年五月二十一日）……………………… 118

任命陈树人为大本营内政部总务厅长令（一九二三年五月二十一日）……… 119

任命古应芬为广东政务厅长令（一九二三年五月二十一日）………………… 119

任命谢百城等四人为大本营咨议令（一九二三年五月二十一日）…………… 119

派刘成禺陈群为大本营宣传委员令（一九二三年五月二十一日）………… 120

委任骆谭等四人为中国国民党利物浦支部职员状（一九二三年五月二十一日）

　　…………………………………………………………………………… 120

委任吴池波为中国国民党利物浦支部党务科正主任状（一九二三年五月二十一日）

　　…………………………………………………………………………… 121

委任岑相佐黄球为中国国民党利物浦支部会计科正副主任状

　　（一九二三年五月二十一日）………………………………………… 121

委任谢五有为中国国民党利物浦支部宣传科正主任状（一九二三年五月二十一日）

　　…………………………………………………………………………… 122

委任张静愚等三十八人为中国国民党利物浦支部职员状（一九二三年五月二十一日）

　　…………………………………………………………………………… 122

派刘成禺为大本营宣传委员状（一九二三年五月二十一日）………… 123

免黄白大本营特务委员令（一九二三年五月二十二日）……………… 123

准任黄白为大本营参军处上校副官令（一九二三年五月二十二日） …………… 123

免彭澄江固舰舰长令（一九二三年五月二十二日） ………………………… 124

委任袁良骅为江固舰舰长令（一九二三年五月二十二日） ………………… 124

任命卢启泰陶炯为大本营咨议令（一九二三年五月二十二日） …………… 125

准杨西岩呈请因病续假五天广东财政厅署日行公事由秘书梁桂山代行令

（一九二三年五月二十二日） …………………………………………… 125

任命涂震亚为大本营咨议令（一九二三年五月二十三日） ………………… 126

核复谭延闿呈报交卸内政部长职日期并请备案令（一九二三年五月二十三日）

……………………………………………………………………………… 126

核复赵士北呈报令派陈芝昌代理总检察厅检察官令（一九二三年五月二十三日）

……………………………………………………………………………… 127

核复杨西岩呈报就任内政部次长日期令（一九二三年五月二十五日） …… 127

任命周家琳为大本营咨议令（一九二三年五月二十六日） ………………… 128

饬前江固舰舰长彭澄克日交代令（一九二三年五月二十七日） …………… 128

核复李章达呈报卸广东电政监督兼广州电报局局长职日期及移交印章各情令

（一九二三年五月二十八日） …………………………………………… 128

核复广东电政监督兼广州电报局局长林直勉呈报到任视事及接收印章各情令

（一九二三年五月二十八日） …………………………………………… 129

免林云陔大本营秘书令（一九二三年五月二十九日） ……………………… 129

任命林云陔宋子文为中央银行正副行长令（一九二三年五月二十九日） … 130

任命王柏龄为大本营高级参谋令（一九二三年五月二十九日） …………… 130

派徐方济丁士杰为大本营出勤委员令（一九二三年五月二十九日） ……… 131

准任周尧坤等八人分为大本营参谋处秘书参谋副官令（一九二三年五月二十九日）

……………………………………………………………………………… 131

委任刘芦隐为加拿大总支部总干事电（一九二三年五月二十九日） ……… 132

致总务部长彭素民委任刘芦隐为加拿大总支部总干事电（一九二三年五月二十九日）

……………………………………………………………………………… 132

委任刘芦隐为中国国民党加拿大总支部总干事状（一九二三年五月二十九日） …… 132

任命朱霁青为大本营咨议令（一九二三年五月三十日）············· 133

免温树德海军舰队司令令（一九二三年五月三十一日）··········· 133

任命吴志馨等八人为海圻等八舰舰长及另四人职务令（一九二三年五月三十一日）

　　·· 134

任命黄实为大本营参军令（一九二三年六月一日）················· 134

大元帅出征期内特派胡汉民代行职权令（一九二三年六月一日）····· 135

委任刘谦祥等四人为中国国民党宿务支部职员状（一九二三年六月二日）········ 135

委任林不帝王武昌分为中国国民党宿务支部党务科正副主任状

　　（一九二三年六月二日）····································· 136

委任蔡兆庆黄爱逊分为中国国民党宿务支部会计科正副主任状

　　（一九二三年六月二日）····································· 136

委任黄蜇声郭锡年分为中国国民党宿务支部宣传科正副主任状

　　（一九二三年六月二日）····································· 137

委任林伸寿等十二人为中国国民党宿务支部职员状（一九二三年六月二日）····· 137

准任命张国元伍大光为大本营建设部秘书令（一九二三年六月二日）········ 138

准鱼雷局局长谢铁良呈请续假二星期养伤令（一九二三年六月二日）········ 138

核复赵士北转呈卢兴原就任总检察厅检察长及启用印信日期令

　　（一九二三年六月二日）····································· 138

核复谭延闿呈报就任建设部长日期令（一九二三年六月二日）········ 139

核复伍学熿呈报就任建设部次长日期令（一九二三年六月二日）········ 139

委任林美回等四人为中国国民党纳卯支部职员状（一九二三年六月三日）········ 140

委任陈毅梁侣梅分为中国国民党纳卯支部党务科正副主任状（一九二三年六月三日）

　　·· 140

委任李赍明李吉庭分为中国国民党纳卯支部会计科正副主任状

　　（一九二三年六月三日）····································· 141

委任甄海山余仕豪分为中国国民党纳卯支部宣传科正副主任状

　　（一九二三年六月三日）····································· 141

委任余民钟等十九人为中国国民党纳卯支部职员状（一九二三年六月三日）··· 142

特任熊克武为川军讨贼军总司令令（一九二三年六月四日）…………………… 142

特任刘成勋为四川省长兼川军总司令令（一九二三年六月四日）…………………… 143

任命赖星辉为川军讨贼军总指挥令（一九二三年六月四日）…………………… 143

特派古应芬督办西江筹饷事宜令（一九二三年六月四日）…………………… 143

准谭延闿呈请任命张国元伍大光等为建设部秘书令（一九二三年六月四日）… 144

委任余和鸿等九人为墨国等三地中国国民党组织职员状（一九二三年六月五日）

　………………………………………………………………………………… 144

委任胡联等三人分为墨国苏萱二地中国国民党支（分）部党务科正副主任状

　（一九二三年六月五日）………………………………………………………… 145

委任梁修林等三人分为墨国苏萱二地中国国民党支（分）部会计科正副主任状

　（一九二三年六月五日）………………………………………………………… 145

委任朱义然等三人分为墨国苏萱二地中国国民党支（分）部宣传科正副主任状

　（一九二三年六月五日）………………………………………………………… 146

委任甄增培等三十三人为墨国等三地中国国民党组织职员状（一九二三年六月五日）

　………………………………………………………………………………… 146

委任黄二明为三藩市《少年中国报》编辑状（一九二三年六月五日）………… 147

核复邓泽如呈报卸大本营建设部长职日期令（一九二三年六月五日）………… 147

任命林震为大本营高级参谋令（一九二三年六月七日）………………………… 148

准任陈庆森等四人为大本营内政部科长令（一九二三年六月七日）…………… 148

核复邓慕韩呈报就任广东宣传局局长日期令（一九二三年六月七日）………… 148

准徐绍桢呈请任命陈庆森等为内政部科长令（一九二三年六月七日）………… 149

核复大本营宣传委员会委员长陈独秀呈报启印视事日期令（一九二三年六月八日）

　………………………………………………………………………………… 149

派刘翰如为大本营出勤委员令（一九二三年六月九日）………………………… 150

核复邓慕韩呈报启用广东宣传局长关防日期令（一九二三年六月九日）………… 150

委任陈振华等三十一人为典的市等八埠中国国民党组织职员状

　（一九二三年六月九日）………………………………………………………… 150

委任黄振三等八人分为典的市等八埠中国国民党组织党务科主任或科长状

（一九二三年六月九日）……………………………………………… 152

委任李晓楼等八人分为典的市等八埠中国国民党组织会计科主任或科长状

　　（一九二三年六月九日）………………………………………… 152

委任麦雅各等八人分为典的市等八埠中国国民党组织宣传科主任或科长状

　　（一九二三年六月九日）………………………………………… 153

委任黄仕元等一百三十五人为典的市等八埠中国国民党组织职员状

　　（一九二三年六月九日）………………………………………… 153

委任曾唯为中国国民党上海第四分部筹备处主任状（一九二三年六月十日）…… 155

派徐文镜为大本营出勤委员令（一九二三年六月十一日）　……………… 155

派谢荫民为大本营宣传委员令（一九二三年六月十一日）　……………… 156

委任阮炎等四人为中国国民党檀香山支部职员状（一九二三年六月十一日）…… 156

委任麦民生为中国国民党檀香山支部党务科正主任状（一九二三年六月十一日）

　　……………………………………………………………………… 157

委任许棠为中国国民党檀香山支部会计科正主任状（一九二三年六月十一日）

　　……………………………………………………………………… 157

委任欧绍欣为中国国民党檀香山支部宣传科正主任状（一九二三年六月十一日）

　　……………………………………………………………………… 158

委任杜广等四十五人为中国国民党檀香山支部职员状（一九二三年六月十一日）

　　……………………………………………………………………… 158

与彭素民联署委任任金为中国国民党檀香山支部评议部评议员状

　　（一九二三年六月十一日）……………………………………… 159

与彭素民联署委任张澍时为中国国民党南京第三分部筹备处主任状

　　（一九二三年六月十一日）……………………………………… 159

任命胡思清为大本营参军令（一九二三年六月十二日）………………… 160

派蔡懿恭为大本营出勤委员令（一九二三年六月十二日）……………… 160

核复古应芬呈报就任督办西江筹饷事宜日期令（一九二三年六月十二日）……… 160

准任命徐希元为内政部秘书令（一九二三年六月十三日）……………… 161

任命何应钦为陆军军官学校总教官状（一九二三年六月十三日）　……… 161

特任胡汉民为大本营总参议令（一九二三年六月十五日）……………………… 162

特任伍朝枢为大本营外交部长令（一九二三年六月十五日）………………… 162

准徐绍桢呈请任命徐希元为内政部秘书令（一九二三年六月十五日）……… 162

核复高雷绥靖处处长林树巍呈报换用新关防及缴销旧关防日期令

　　（一九二三年六月十六日）………………………………………………… 163

核复周之贞呈报启用直辖广东讨贼军第二师师长印信日期令

　　（一九二三年六月十六日）………………………………………………… 163

特任蒋中正为大元帅行营参谋长令（一九二三年六月十七日）…………… 164

准林云陔辞中央银行行长令（一九二三年六月十七日）…………………… 164

派徐谦为特务宣传员状（一九二三年六月十七日）………………………… 164

委李思唐为咨议手令（一九二三年六月十九日）…………………………… 165

委朱艮为出勤委员手令（一九二三年六月二十日前）……………………… 165

任命李思唐为大本营咨议令（一九二三年六月二十日）…………………… 166

任命赵全季为大本营咨议令（一九二三年六月二十日）…………………… 166

准任命温良为大本营秘书处科员令（一九二三年六月二十日）…………… 166

委任郑受炳等十六人为巴生等四埠中国国民党支（分）部职员状

　　（一九二三年六月二十日）………………………………………………… 167

委任林诗必等五人分为巴生等四埠中国国民党支（分）部党务科正副主任状

　　（一九二三年六月二十日）………………………………………………… 168

委任朱普元等五人分为巴生等四埠中国国民党支（分）部会计科正副主任状

　　（一九二三年六月二十日）………………………………………………… 168

委任陈北平等五人分为巴生等四埠中国国民党支（分）部宣传科正副主任状

　　（一九二三年六月二十日）………………………………………………… 169

委任詹扬文等一百零四人为巴生等四埠中国国民党支（分）部职员状

　　（一九二三年六月二十日）………………………………………………… 169

派朱艮为大本营出勤委员令（一九二三年六月二十日）…………………… 170

邱文彬为出勤委员令（一九二三年六月二十日）…………………………… 171

准任命李湛等四人为大本营建设部科长令（一九二三年六月二十一日）………… 171

准罗翼群呈请所有部中例行公事交由周演明代行令（一九二三年六月二十一日）

………………………………………………………………………………… 171

任命林子峰陆敬科为大本营外交部第一第二局局长令（一九二三年六月二十二日）

………………………………………………………………………………… 172

准谭延闿呈请任命李湛等为建设部科长令（一九二三年六月二十三日）………… 172

任命胡思舜为直辖滇军第五师师长令（一九二三年六月二十四日）…………… 173

免杨虎海军特派员本职令（一九二三年六月二十五日）…………………… 173

任命杨虎为大本营参军令（一九二三年六月二十五日）…………………… 173

核复邓泰中呈报就任军政部次长日期令（一九二三年六月二十五日）……… 174

委任麦燮棠朱辉如分为中国国民党仁丹分部正部长及评议部正议长状

（一九二三年六月二十五日）………………………………………… 174

委任练芳为中国国民党仁丹分部党务科主任状（一九二三年六月二十五日）…… 175

委任廖梓谦为中国国民党仁丹分部会计科主任状（一九二三年六月二十五日）

………………………………………………………………………………… 175

委任叶荣燊为中国国民党仁丹分部宣传科主任状（一九二三年六月二十五日）

………………………………………………………………………………… 175

委任林天相为中国国民党仁丹分部总务科主任状（一九二三年六月二十五日）

………………………………………………………………………………… 176

特派姚雨平为惠州安抚使令（一九二三年六月二十六日）………………… 176

准任命郑洪铸为内政部科长令（一九二三年六月二十六日）……………… 177

准任命叶佩瑜为内政部科长令（一九二三年六月二十六日）……………… 177

准黄仕强辞内政部科长令（一九二三年六月二十六日）…………………… 177

任命刘铁城黄仕强为财政部第二第三局局长令（一九二三年六月二十六日）…… 178

核复古应芬呈报启用督办西江筹饷事宜关防日期令（一九二三年六月二十六日）

………………………………………………………………………………… 178

准徐绍桢呈请任命郑洪铸为内政部科长令（一九二三年六月二十七日）………… 179

准徐绍桢呈报内政部科长黄仕强辞职任命叶佩瑜为科长令

（一九二三年六月二十七日）………………………………………… 179

派黄建勋为西江船舶检查所所长令（一九二三年六月二十八日）……………… 180

核复叶恭绰呈报就任财政部长日期令（一九二三年六月二十八日）……………… 180

核复伍朝枢呈报就任外交部长日期令（一九二三年六月二十八日）……………… 180

核复郑洪年呈报就任财政部次长日期令（一九二三年六月二十八日）………… 181

核复古应芬呈报启用新颁大本营驻江办事处全权主任关防小章并将旧关防毁销令

　　（一九二三年六月二十八日）…………………………………………………… 181

任命魏邦平兼广东西江戒严司令令（一九二三年六月二十九日）……………… 182

派程壮为大本营出勤委员令（一九二三年六月三十日）………………………… 182

准任命王祺等十五人分为军政部秘书等职令（一九二三年六月三十日）……… 182

准任命陈长乐伍大光为外交部秘书令（一九二三年六月三十日）……………… 183

准任命陈灏为大本营兵站第二支部长令（一九二三年六月三十日）…………… 183

任命张识尘为大本营咨议令（一九二三年六月三十日）………………………… 184

任命陈其瑗为财政部总务厅长令（一九二三年六月三十日）…………………… 184

准任命卢谔生等三人为财政部秘书令（一九二三年六月三十日）……………… 184

准任命黄乐诚等十二人为财政部科长令（一九二三年六月三十日）…………… 185

准程潜呈请任命王祺等为军政部荐任各职官令（一九二三年六月三十日）…… 185

核复邓泽如呈报卸财政部长兼职日期令（一九二三年六月三十日）…………… 186

委任曾唯等七人为中国国民党上海第四分部或山姐咕分部职员状

　　（一九二三年六月三十日）…………………………………………………… 186

委任黄俊林织云分为中国国民党上海第四分部和山姐咕分部党务科主任状

　　（一九二三年六月三十日）…………………………………………………… 187

委任张少繁郑明琨分为中国国民党上海第四分部和山姐咕分部会计科主任状

　　（一九二三年六月三十日）…………………………………………………… 187

委任石顺豫关崇掀分为中国国民党上海第四分部和山姐咕分部宣传科主任状

　　（一九二三年六月三十日）…………………………………………………… 188

委任罗桓等二十五人为中国国民党上海第四分部或山姐咕分部职员状

　　（一九二三年六月三十日）…………………………………………………… 188

与彭素民等五人联署委任刘恢汉为中国国民党山姐咕分部正部长状

（一九二三年六月三十日） ································· 189

任命邓慕韩为广东宣传局长令（一九二三年六月） ················· 189

准叶恭绰呈请简任陈其瑗为财政部总务厅长令（一九二三年七月三日）········· 190

准叶恭绰呈请任命卢谞生等三人为财政部秘书令（一九二三年七月三日） ······ 190

准叶恭绰呈请任命黄乐诚等为财政部科长令（一九二三年七月三日） ········· 190

委安健孙镜亚为咨议及另两人职任手谕（一九二三年七月五日前） ········· 191

任命安健孙镜亚为大本营咨议令（一九二三年七月五日） ············· 191

免姚观顺大本营参军兼卫士队长令（一九二三年七月五日） ············ 192

任命卢振柳为大本营参军兼卫士队队长令（一九二三年七月五日） ········· 192

准任命刘民畏为大本营秘书处科员令（一九二三年七月五日） ·········· 192

委任石青阳为中国国民党四川总支部部长状（一九二三年七月五日） ········ 193

准任命梁桂山为大本营内政部科长令（一九二三年七月六日） ·········· 193

准任命方孝纯为大本营参军处少校副官令（一九二三年七月六日） ········· 194

准任命王文翰为大本营参军处上校副官令（一九二三年七月七日） ········· 194

免伍岳代理广东高等审判厅厅长令（一九二三年七月七日） ············ 195

任命林云陔代理高等审判厅厅长令（一九二三年七月七日） ············ 195

派喻毓藩为湖北军事联络员手谕（一九二三年七月八日） ············· 195

准任朱全德为大本营参军处少校副官令（一九二三年七月十日） ·········· 196

委任符兆光等四人为中国国民党星洲分部职员状（一九二三年七月十一日）····· 196

委任朱拔英为中国国民党星洲分部党务科主任状（一九二三年七月十一日）····· 197

委任严光汉为中国国民党星洲分部会计科主任状（一九二三年七月十一日）····· 197

委任孔宪璟为中国国民党星洲分部宣传科主任状（一九二三年七月十一日）····· 198

委任钱开云等二十一人为中国国民党星洲分部职员状（一九二三年七月十一日）

································· 198

任命周鳌山等三人为大本营咨议令（一九二三年七月十二日） ·········· 199

免黄镇磐广东高等检察厅检察长令（一九二三年七月十二日） ·········· 199

任命车显承代理广东高等检察厅检察长令（一九二三年七月十二日）······· 199

核复韦冠英呈报奉到直辖西路讨贼军第一师师长大小印信并启用日期令

（一九二三年七月十二日）·· 200

准林直勉辞广东电政监督兼广州电报局局长本兼各职令（一九二三年七月十三日）

·· 200

任命范其务为广东电政监督兼广州电报局局长令（一九二三年七月十三日）····· 201

委任邢森洲为中国国民党暹罗各埠宣传委员状（一九二三年七月十三日）········ 201

委任王思恭为中国国民党东京第一分部筹备处主任状（一九二三年七月十三日）

·· 202

与邓泽如联署委任朱晋经为中国国民党清远分部长状（一九二三年七月十三日）

·· 202

特派杨希闵等六人为统一广东财政委员令（一九二三年七月十四日）·········· 203

委朱润德为咨议手谕（一九二三年七月十四日）··································· 203

任命朱润德为大本营咨议令（一九二三年七月十四日）···························· 203

派陈季博梁明致为大本营宣传委员令（一九二三年七月十四日）·················· 204

派陈正绳罗玉田为随营宣传委员令（一九二三年七月十四日）··················· 204

特任杨蓁代理大元帅行营参谋长手令（一九二三年七月十四日）·········· 205

任命朱培德为直辖第四军军长及王均为第四军第一师师长手谕

（一九二三年七月十六日前）····································· 205

任命杨希闵等三人为直辖滇军各军军长令（一九二三年七月十六日）·········· 205

免杨池生杨如轩直辖滇军第一第二师师长令（一九二三年七月十六日）······ 206

任命赵成梁等四人为直辖滇军各师师长令（一九二三年七月十六日）·········· 206

任命朱培德为直辖第一军军长令（一九二三年七月十六日）···················· 207

任命王均为直辖第一军第一师师长令（一九二三年七月十六日）················ 207

免蔡达三文明清大本营出勤委员令（一九二三年七月十六日）·················· 207

派邱仲川张熙为大本营出勤委员令（一九二三年七月十六日）·················· 208

派方觉慧为大本营宣传委员令（一九二三年七月十六日）························ 208

委派蒲名元为大本营宣传委员令（一九二三年七月十六日）····················· 209

核复林云陔呈报接任代理广东高等审判厅厅长日期并呈履历令

（一九二三年七月十六日）····································· 209

特任谭延闿为湖南省长兼湘军总司令令（一九二三年七月十六日）·········· 210

任命蔡钜猷等六人分为湖南讨贼军各军军长令（一九二三年七月十六日）········ 210

着金汉鼎免职并通缉金及黄毓成手谕（一九二三年七月十六日）·········· 211

李烈钧等四人分为江西等四省总司令兼省长手令（一九二三年七月十六日）······· 211

特任李烈钧为江西总司令兼省长令（一九二三年七月十六日）·········· 211

派赵士觐为大本营粮食管理处督办令（一九二三年七月十七日）·········· 212

任命刘崛为大本营咨议令（一九二三年七月十七日）·················· 212

任命谢适群为内政部第一局局长令（一九二三年七月十七日）·········· 213

准任命陈其瑗周诰分为中国银行及广东省银行监理官令（一九二三年七月十七日）

·· 213

任命黄昌谷为大元帅行营金库长令（一九二三年七月十八日）·········· 214

核复卢振柳呈报就任大本营参军兼卫士队队长日期令（一九二三年七月十八日）

·· 214

特派李济深兼西江善后督办令（一九二三年七月十九日）·········· 215

免黄建勋琼海关监督令（一九二三年七月十九日）·········· 215

任命黄建勋为梧州关监督兼外交部特派广西交涉员令（一九二三年七月十九日）

·· 216

任命韦一新为大本营秘书令（一九二三年七月十九日）·········· 216

不准黄镇磐呈以湛淮芬代行广东高等检察厅检察长令（一九二三年七月十九日）

·· 217

准叶恭绰呈请任命陈其瑗等为广东省各银行监理官令（一九二三年七月十九日）

·· 217

分别任免孙万乘等三人大本营咨议手令（一九二三年七月二十日前）····· 218

免孙万乘大本营咨议令（一九二三年七月二十日）·········· 218

派邢森洲为华侨宣慰员令（一九二三年七月二十日）·········· 218

任命杨希闵兼任粤赣湘边防督办令（一九二三年七月二十日）····· 219

任岳森卢师谡为咨议令（一九二三年七月二十日）·········· 219

免赵宝贤大本营咨议令（一九二三年七月二十一日）····· 219

任命赵宝贤为大本营高级参谋令（一九二三年七月二十一日）　…………………… 220

准任命邓彦华为大本营参军处上校副官令（一九二三年七月二十一日）　………… 220

核复胡思舜呈报就任直辖滇军第五师师长日期并启用印章令

　　（一九二三年七月二十一日）　………………………………………………… 221

任杨池生杨如轩为大本营参谋令（一九二三年七月二十一日）　………………… 221

特任林森为建设部长未到任前着叶恭绰兼理令（一九二三年七月二十一日）　…… 221

任命林丽生为大本营咨议令（一九二三年七月二十二日）　……………………… 222

任命黄芸苏黄子聪为秘书手令（一九二三年七月二十二日）　…………………… 222

免谭延闿建设部长令（一九二三年七月二十四日）　……………………………… 222

着叶恭绰暂代建设部长令（一九二三年七月二十四日）　………………………… 223

准免汪宗准财政部秘书令（一九二三年七月二十四日）　………………………… 223

准陈敬汉署理财政部秘书令（一九二三年七月二十四日）　……………………… 224

委任刘友珊等三人为中国国民党砂朥越分部职员状（一九二三年七月二十四日）

　　…………………………………………………………………………………… 224

委任李鸿标为中国国民党砂朥越分部党务科主任状（一九二三年七月二十四日）

　　…………………………………………………………………………………… 225

委任黄呈光为中国国民党砂朥越分部会计科主任状（一九二三年七月二十四日）

　　…………………………………………………………………………………… 225

委任杨子琪为中国国民党砂朥越分部宣传科主任状（一九二三年七月二十四日）

　　…………………………………………………………………………………… 226

委任郭川衡等十三人为中国国民党砂朥越分部职员状（一九二三年七月二十四日）

　　…………………………………………………………………………………… 226

任邹鲁为广东财政厅长令（一九二三年七月二十四日）　………………………… 227

准任命王任化为建设部科长令（一九二三年七月二十五日）　…………………… 227

特派范石生蒋光亮为统一广东财政委员令（一九二三年七月二十六日）　……… 227

任路孝忱为直辖山陕讨贼军司令令（一九二三年七月二十七日）　……………… 228

准叶恭绰呈请以陈敬汉署理汪宗准递移之财政部秘书一职令

　　（一九二三年七月二十八日）　………………………………………………… 228

核复黄昌谷呈报启用大元帅行营金库长印信日期令（一九二三年七月二十八日）

　　　　　　…………………………………………………………………… 229

核复黄骚呈报移交广东造币分厂监督职情形并请备案令（一九二三年七月二十八日）

　　　　　　…………………………………………………………………… 229

准容景芳辞大本营参军处上校副官令（一九二三年七月三十日）………… 230

准朱培德呈免去容景芳参军处副官本职令（一九二三年七月三十日）…… 230

不准伍学熀呈辞建设部次长令（一九二三年七月三十日）………………… 230

核复谢铁良呈报鱼雷局局务暂委副官陈仲斌代行令（一九二三年七月三十日）

　　　　　　…………………………………………………………………… 231

派王恒为大本营宣传委员令（一九二三年七月三十一日）………………… 231

核复黄建勋呈报启用西江船舶检查所所长关防日期令（一九二三年七月三十一日）

　　　　　　…………………………………………………………………… 232

准张国元辞建设部秘书令（一九二三年八月一日）………………………… 232

核复蒋光亮呈报胡思舜遵令就任直辖滇军第三军第五师师长及启用印章令

　　（一九二三年八月一日）………………………………………………… 233

准罗翼群呈大本营兵站所属第三支部增加委员五名并令行审计局备案令

　　（一九二三年八月一日）………………………………………………… 233

准朱培德呈参军处上校副官吴文龙请假三月令（一九二三年八月一日）… 234

派张国元为大本营宣传委员令（一九二三年八月二日）…………………… 234

核复黄建勋呈报就任梧州关监督兼外交部特派广西交涉员及启用印信日期令

　　（一九二三年八月二日）………………………………………………… 234

致胡汉民程潜廖仲恺杨庶堪告一切政事由胡汉民代行例外之事由其四人会议函

　　（一九二三年八月四日）………………………………………………… 235

特派宋渊源为闽南宣慰使令（一九二三年八月四日）……………………… 235

准任命王应潮为大本营参军处少校副官令（一九二三年八月四日）……… 236

委任周高伦等四人为中国国民党胜缅分部职员状（一九二三年八月四日）…… 236

委任谭裔炽为中国国民党胜缅分部党务科主任状（一九二三年八月四日）　…… 237

委任叶君培为中国国民党胜缅分部会计科主任状（一九二三年八月四日）　…… 237

委任任春华为中国国民党胜缅分部宣传科主任状（一九二三年八月四日）　······ 238

委任叶达煦等十三人为中国国民党胜缅分部职员状（一九二三年八月四日）······ 238

派焦易堂为陕西河南军事特派员状（一九二三年八月四日）　·················· 239

核复杨廷培呈报领到直辖滇军第三师师长印章及启用日期令（一九二三年八月四日）

　　·· 239

核复范其务呈报就任广东电政监督兼广州电报局长日期及接收关防小章各情令

　　（一九二三年八月七日）　·· 240

核复谭延闿呈报交卸建设部长日期令（一九二三年八月七日）　·············· 240

任命陈嘉祐为湖南讨贼军湘东第一军军长令（一九二三年八月八日）　······ 241

准程潜呈请更正军法处长名称并予改任令（一九二三年八月八日）　·········· 241

核复姚雨平呈报就任惠州安抚使及启用印信日期令（一九二三年八月八日）　··· 242

核复范石生呈报启用直辖滇军第二军军长印信日期令（一九二三年八月八日）

　　·· 242

准朱培德呈请任命王应潮为参军处少校副官令（一九二三年八月八日）　······ 243

核复蒋光亮呈报启用直辖滇军第三军军长印信日期及自行毁销木质关防令

　　（一九二三年八月八日）　·· 243

特派魏邦平为琼崖实业督办令（一九二三年八月九日）　······················ 243

任命黄隆生为大元帅行营军用票监督令（一九二三年八月九日）　············ 244

任命安宝恕为大本营咨议令（一九二三年八月九日）　························· 244

准任命范望为大本营参谋处上校参谋令（一九二三年八月九日）　············ 245

准任命李承翼为大本营财政部科长令（一九二三年八月九日）　··············· 245

准魏邦平辞西江讨贼军总指挥兼西江戒严司令令（一九二三年八月九日）　··· 245

准免梁廷槐财政部科长令（一九二三年八月九日）　··························· 246

核复古应芬呈报遵令办理收束经管事宜并催李督办到肇接替令

　　（一九二三年八月十日）　·· 246

准叶恭绰呈报以李承翼接任梁廷槐所遗财政部科长一职令

　　（一九二三年八月十日）　·· 247

特派程潜等五人为西江善后委员令（一九二三年八月十一日）　············· 247

开去董鸿勋戴永萃本职及戴任与盛荣超为参军手谕（一九二三年八月十一日）

　　…………………………………………………………………… 248

免董鸿勋大本营参军令（一九二三年八月十一日）………… 248

解除董鸿勋滇军游击司令听候查办令（一九二三年八月十一日）………… 248

委任李执中等五人为惩戒委员组织惩戒委员会叶夏声一案着交该会审查批

　　（一九二三年八月十三日）………………………………… 249

准任命郑校之为大元帅行营庶务科长令（一九二三年八月十五日）………… 249

准任命陆华显为大本营庶务科长令（一九二三年八月十五日）………… 250

派文明清蔡达三为大元帅行营委员令（一九二三年八月十五日）………… 250

委派李植生为惠阳安抚委员令（一九二三年八月十五日）………… 251

特任古应芬为大元帅行营秘书长令（一九二三年八月十五日）………… 251

委任黄仲衡等十六人为洞口等四埠中国国民党支（分）部职员状

　　（一九二三年八月十五日）………………………………… 251

委任钟克明等五人分为洞口等四埠中国国民党支（分）部党务科正副主任状

　　（一九二三年八月十五日）………………………………… 252

委任潘瑞香等五人分为洞口等四埠中国国民党支（分）部会计科正副主任状

　　（一九二三年八月十五日）………………………………… 253

委任刘卓英等五人分为洞口等四埠中国国民党支（分）部宣传科正副主任状

　　（一九二三年八月十五日）………………………………… 253

委任卢运球等七十四人为洞口等四埠中国国民党支（分）部职员状

　　（一九二三年八月十五日）………………………………… 254

委方寿龄为行营中校参谋手谕（一九二三年八月十五日）………… 255

任命何克夫为□□师师长手令（一九二三年八月十五日）………… 255

任命黄绍雄为直辖西路讨贼军第五师师长令（一九二三年八月十六日）………… 255

准徐绍桢呈请由内政部委派视学令（一九二三年八月十六日）………… 256

特派梁鸿楷兼两阳三罗等处安抚使令（一九二三年八月十七日）………… 256

任命邱鸿钧为大本营参军令（一九二三年八月十七日）………… 257

任命杨子嘉为大本营技师令（一九二三年八月十七日）………… 257

准叶恭绰呈请委派李济准接办广西榷运局令（一九二三年八月十七日）…………… 257

任命吴东启为大本营参议令（一九二三年八月十八日）…………………………… 258

任命于若愚为大本营咨议令（一九二三年八月十八日）…………………………… 258

派胡镜波为大本营出勤委员令（一九二三年八月十八日）………………………… 259

准任命吴靖为大本营参军处上校副官令（一九二三年八月十八日）……………… 259

任命赵锄非等三人为大本营咨议令（一九二三年八月十八日）…………………… 259

着姚雨平仍兼直辖警备军司令令（一九二三年八月二十日）……………………… 260

委任余轼和等八人为映市仓哗造二埠中国国民党分部职员状

　　（一九二三年八月二十日）……………………………………………………… 260

委任余蓁中黄孟裔分为映市仓哗造二埠中国国民党分部党务科主任状

　　（一九二三年八月二十日）……………………………………………………… 261

委任余辉中陈进枝分为映市仓哗造二埠中国国民党分部会计科主任状

　　（一九二三年八月二十日）……………………………………………………… 261

委任陈斗邓孺子分为映市仓哗造二埠中国国民党分部宣传科主任状

　　（一九二三年八月二十日）……………………………………………………… 262

委任谢协民等三十八人为映市仓哗造二埠中国国民党分部职员状

　　（一九二三年八月二十日）……………………………………………………… 262

任命冯镇东为大元帅行营秘书令（一九二三年八月二十一日）…………………… 263

着即发委黄骚为造币厂监督手谕（一九二三年八月二十二日）…………………… 263

派黄骚为广东造币分厂监督令（一九二三年八月二十二日）……………………… 263

准车显承辞广东高等检察厅检察长令（一九二三年八月二十二日）……………… 264

任命何蔚代理广东高等检察厅检察长令（一九二三年八月二十二日）…………… 264

任命胡汉民等三人为大本营军法裁判官令（一九二三年八月二十三日）………… 265

委陈楚楠为咨议手令（一九二三年八月二十三日）………………………………… 265

任命陈楚楠为大本营咨议令（一九二三年八月二十三日）………………………… 265

不准赵梯昆呈辞海军司令部参谋长兼职令（一九二三年八月二十三日）………… 266

不准魏邦平呈请收回琼崖实业督办成命令（一九二三年八月二十三日）………… 266

核复王得庆呈报启用湖南讨贼军第三路司令大小印信日期令

（一九二三年八月二十三日）…………………………………………… 267

核复廖行超呈报奉到直辖滇军第二师师长大小印信及启用日期令

　　（一九二三年八月二十三日）………………………………………… 267

核复林森呈报就任建设部长日期令（一九二三年八月二十四日）……… 268

准朱培德呈为参军邱鸿钧请假一月令（一九二三年八月二十四日）…… 268

准叶恭绰呈派区濂为广东造币分厂总办令（一九二三年八月二十四日）… 268

准任命赵士养等三人为大元帅行营金库各科主任令（一九二三年八月二十五日）

　　………………………………………………………………………… 269

准任命刘殿臣为大本营参军处上校副官令（一九二三年八月二十五日）… 269

委任谭声根等六人为孟米啤喇二埠中国国民党分部职员状

　　（一九二三年八月二十五日）………………………………………… 270

委任谭伟南区启丁分为孟米啤喇二埠中国国民党分部党务科主任状

　　（一九二三年八月二十五日）………………………………………… 270

委任谭裁之黄广星分为孟米啤喇二埠中国国民党分部会计科主任状

　　（一九二三年八月二十五日）………………………………………… 271

委任梁顾西区林兆分为孟米啤喇二埠中国国民党分部宣传科主任状

　　（一九二三年八月二十五日）………………………………………… 271

委任谭钜盛等十三人为中国国民党孟米分部职员状（一九二三年八月二十五日）

　　………………………………………………………………………… 272

准黄为材辞广东陆军测量局局长兼测量学校校长令（一九二三年九月一日）… 272

准任命吴宗民为广东陆军测量局局长兼测量学校校长令（一九二三年九月一日）

　　………………………………………………………………………… 273

核复黄建勋呈报遵令停止检查并立将关防缴销令（一九二三年九月一日）…… 273

核复路孝忱呈报就任中央直辖山陕讨贼军司令及启用印信日期令

　　（一九二三年九月一日）……………………………………………… 274

准免梁仿谘财政部科长令（一九二三年九月三日）…………………… 274

准任命任传伯为财政部科长令（一九二三年九月三日）……………… 274

派徐效师为大本营出勤委员令（一九二三年九月三日）………………… 275

核复李济深呈报奉到西江善后督办关防小章及启用日期令（一九二三年九月三日）
………………………………………………………………………………… 275

准蒋光亮呈报防地卫戍事宜责成第四师师长王秉钧令（一九二三年九月三日）
………………………………………………………………………………… 276

委任欧汀贺等四人为中国国民党印京支部职员状（一九二三年九月三日）……… 276

委任熊文初古悦我分为中国国民党印京支部党务科正副主任状

（一九二三年九月三日）………………………………………………………… 277

委任黄志元陈祝三分为中国国民党印京支部会计科正副主任状

（一九二三年九月三日）………………………………………………………… 277

委任谭雨翘熊尧佐分为中国国民党印京支部宣传科正副主任状

（一九二三年九月三日）………………………………………………………… 278

委任李冠英等五十二人为中国国民党印京支部职员状（一九二三年九月三日）

………………………………………………………………………………… 278

委任王京岐等四人分为里昂等三地中国国民党组织筹备处筹备员状

（一九二三年九月三日）………………………………………………………… 279

委任雷揖臣邝林为中国国民党林肯总统船通讯处筹备处筹备员状

（一九二三年九月四日）………………………………………………………… 279

任命梁楚三蒋道日为大本营咨议令（一九二三年九月五日）………………… 280

委邹竞为上校参谋手令（一九二三年九月五日）………………………………… 280

任命李蟠为大元帅行营秘书令（一九二三年九月五日）……………………… 280

委任陈添陈全分为中国国民党勿地顺船通讯处执行部正副主任状

（一九二三年九月八日）………………………………………………………… 281

委任董方域等三人为中国国民党本部宣传部宣传员状（一九二三年九月十日）

………………………………………………………………………………… 281

委任陈安仁为中国国民党南洋群岛特派员状（一九二三年九月十日）……… 282

委任孙祥夫为海军陆战队司令令（一九二三年九月十日）…………………… 282

任命赵锡昌为大本营咨议令（一九二三年九月十一日）……………………… 283

核复张开儒呈报黄为材交卸广东陆军测量局局长兼测量学校校长职并准予备案令

（一九二三年九月十二日）………………………………………………283

准任命郑文轩为财政部秘书令（一九二三年九月十四日）……………284

准叶恭绰呈以卢谔生署理财政部第二局局长一职令（一九二三年九月十五日）

　　　………………………………………………………………284

委任朱运南等六人为中国国民党坡厘士璧山地杯分部职员状

　　（一九二三年九月十五日）…………………………………………285

委任黎光裕等二十二人为中国国民党坡厘士璧山地杯分部职员状

　　（一九二三年九月十五日）…………………………………………285

委任梁德明李宏为中国国民党坡厘士璧山地杯分部党务科主任状

　　（一九二三年九月十五日）…………………………………………286

委任张藻华余盛为中国国民党坡厘士璧山地杯分部会计科主任状

　　（一九二三年九月十五日）…………………………………………286

委任李炳龙余义和为中国国民党坡厘士璧山地杯分部宣传科主任状

　　（一九二三年九月十五日）…………………………………………287

准免卢谔生财政部秘书令（一九二三年九月十七日）…………………287

任命卢谔生署理财政部第二局局长令（一九二三年九月十七日）……288

任命何克夫为连阳绥靖处长令（一九二三年九月十七日）……………288

准任命寸性奇为直辖滇军宪兵司令令（一九二三年九月十八日）……288

免王棠大本营会计司司长令（一九二三年九月十八日）………………289

任命王棠为东江商运局局长令（一九二三年九月十八日）……………289

任命黄隆生为大本营会计司司长令（一九二三年九月十八日）………290

委欧阳格为参军及李宗黄调任参议手令（一九二三年九月十八日）…290

任命欧阳格为大本营参军令（一九二三年九月十八日）………………290

任命李宗黄为大本营参议令（一九二三年九月十八日）………………291

委任程致刚等四人为中国国民党古鲁士分部职员状（一九二三年九月十八日）

　　　………………………………………………………………291

委任程玉波等十八人为中国国民党古鲁士分部职员状（一九二三年九月十八日）……292

委任□□□为中国国民党古鲁士分部党务科主任状（一九二三年九月十八日）

·· 292

委任周端文为中国国民党古鲁士分部会计科主任状（一九二三年九月十八日）

·· 293

委任王鸿盛潘震亚为中国国民党组织职员状（一九二三年九月十八日）　·········· 293

准舞凤舰舰长吴熹炤呈请给假三星期令（一九二三年九月十九日）　·········· 293

准罗翼群呈请以蔡慎接充冯启民所遗兵站第三支部长令（一九二三年九月十九日）　···

·· 294

准杨希闵呈请任命寸性奇为滇军宪兵司令令（一九二三年九月十九日）　·········· 294

与彭素民联署委任陈安仁为本部南洋群岛特派员状（一九二三年九月二十一日）

·· 295

准张开儒呈请委任吴应昌等三人为广东陆军测量局各课课长令

（一九二三年九月二十二日）　·································· 295

准张开儒呈将黄为材交卸广东陆军测量局局长兼测量学校校长职情形备案令

（一九二三年九月二十二日）　·································· 296

任马伯麟为长洲要塞司令马晓军为参军手令（一九二三年九月二十六日前）　··· 296

任命马伯麟为长洲要塞司令令（一九二三年九月二十六日）　·················· 296

任命马晓军为大本营参军令（一九二三年九月二十六日）　·················· 297

准刘纪文辞大本营审计局局长令（一九二三年九月二十七日）　·············· 297

任命林翔为大本营审计局局长令（一九二三年九月二十七日）　·············· 298

任命甘蕃为大本营咨议令（一九二三年九月二十八日）　·················· 298

准任命蔡慎为大本营兵站第三支部长令（一九二三年九月二十八日）　·········· 298

核复刘纪文呈准辞大本营审计局局长并告已任命林翔接替令

（一九二三年九月二十八日）　·································· 299

核复罗翼群呈准任命蔡慎为大本营兵站第三支部长并告可自行加委其兼军车管理处

职务令（一九二三年九月二十八日）　························· 299

任陈友仁为航空局长手令（一九二三年九月三十日）　·················· 300

任命陈友仁为航空局局长令（一九二三年九月三十日）　·················· 300

任命郭泰祺为外交部次长令（一九二三年九月三十日）　·················· 301

任命张国威为大元帅行营参谋令（一九二三年十月二日）　…………………　301

准任命余壮鸣胡家弼为大本营参军处上校副官令（一九二三年十月二日）　………　302

核复罗翼群呈报大本营兵站卫生局第一分病院拟添设三等军医正一员准予备案令

　　（一九二三年十月三日）　…………………………………………………　302

核复罗翼群呈报大本营兵站卫生局第二科拟请添设三等科员一名准予备案令

　　（一九二三年十月三日）　…………………………………………………　303

委任陈德徵为上海第五分部筹备处主任令（一九二三年十月五日）　…………　303

着本部办理委孙天孙张晋分为大连哈尔滨支部长批（一九二三年十月五日）　………　304

核复马伯麟呈报就任长洲要塞司令日期令（一九二三年十月六日）　…………　304

准徐绍桢呈请给假二十一日内政部部务由次长杨西岩暂代令（一九二三年十月六日）

　　……………………………………………………………………………………　305

核复林翔呈报就任大本营审计局局长日期令（一九二三年十月六日）　………　305

核复梁鸿楷呈报遵令就任两阳三罗等处安抚使兼职日期令（一九二三年十月六日）　…

　　……………………………………………………………………………………　306

任命黄明堂为钦廉绥靖处处长令（一九二三年十月八日）　……………………　306

准任命刘钺为大本营参军处中校副官令（一九二三年十月八日）　……………　306

准任命陈尧廷为大本营秘书处科员令（一九二三年十月八日）　………………　307

核复郭泰祺呈报就任外交部次长日期令（一九二三年十月八日）　……………　307

委任方寿龄为大元帅行营中校参谋令（一九二三年十月十一日）　……………　308

核复王棠呈报就任东江商运局局长日期及启用关防令（一九二三年十月十一日）

　　……………………………………………………………………………………　308

任命田钟毅为大本营高级参谋令（一九二三年十月十三日）　…………………　309

任命陈中孚为大本营参议令（一九二三年十月十三日）　………………………　309

准任命宋韬石汝霖为大本营参军处少校副官令（一九二三年十月十三日）　……　309

任命周道万为大本营咨议令（一九二三年十月十三日）　………………………　310

任命徐苏中为宣传委员手令（一九二三年十月十三日）　………………………　310

派徐苏中为大本营宣传委员令（一九二三年十月十三日）　……………………　311

核复何克夫呈报就任连阳绥靖处处长及启用关防日期令（一九二三年十月十三日）　…

　　……………………………………………………………………………………　311

任命狄侃为大本营秘书令（一九二三年十月十四日）·················· 312

派吴公干为大本营宣传员令（一九二三年十月十四日）·············· 312

任命邝公燿王度为大本营咨议令（一九二三年十月十四日）·········· 312

与彭素民等五人联署委任李庆标为中国国民党缅甸支部副部长状

　　（一九二三年十月十四日）······························ 313

与彭素民叶楚伧联署委任邝金保为中国国民党缅甸支部宣传科正主任状

　　（一九二三年十月十四日）······························ 314

与彭素民孙镜联署委任朱伟民为中国国民党缅甸支部党务科副主任状

　　（一九二三年十月十四日）······························ 314

与彭素民联署委任许大德为中国国民党缅甸支部干事状（一九二三年十月十四日）···

　　·· 315

与彭素民联署委任黄振兴为中国国民党缅甸支部干事状（一九二三年十月十四日）···

　　·· 315

与彭素民联署委任何荫三为中国国民党缅甸支部评议部评议员状

　　（一九二三年十月十四日）······························ 316

与彭素民孙镜联署委任符众为中国国民党双溪大年分部党务科主任状

　　（一九二三年十月十四日）······························ 316

不准赵梯昆呈辞永翔舰舰长兼海军司令部参谋长令（一九二三年十月十五日）··· 317

核复航空局局长陈友仁呈报到任视事及接收印信小章飞机机件等项令

　　（一九二三年十月十七日）······························ 317

任命刘冠群为大本营咨议令（一九二三年十月十八日）·············· 318

委任鲍罗庭为国民党组织教练员状（一九二三年十月十八日）·········· 318

准调任胡名扬为大本营参军处少校副官令（一九二三年十月二十二日）···· 318

任命万咸一万世勋为大本营咨议令（一九二三年十月二十四日）········ 319

特派梁鸿楷兼高雷钦廉各军总指挥令（一九二三年十月二十四日）······ 319

通告中国国民党诸同志委廖仲恺邓泽如为本部改组特别会议召集人函

　　（一九二三年十月二十四日）····························· 319

准任命刘通为建设部秘书令（一九二三年十月二十五日）·············· 320

派马晓军为抚河招抚使令（一九二三年十月二十五日）……………… 320

核复廖仲恺呈报许崇清就任教育厅长并启用印信日期令（一九二三年十月二十五日）
　　………………………………………………………………… 321

核复朱培德呈报由参谋长赵德恒代行东江所有驻省事务令

　　（一九二三年十月二十五日）………………………………… 321

特派廖仲恺兼大本营筹饷总局总办令（一九二三年十月二十七日）……… 322

派邹鲁兼大本营筹饷总局会办令（一九二三年十月二十七日）………… 322

免伍汝康广东盐务稽核分所经理令（一九二三年十月二十七日）……… 322

任命宋子文为两广盐务稽核所经理令（一九二三年十月二十七日）…… 323

准邓泽如辞两广盐运使令（一九二三年十月二十七日）………………… 323

任命伍汝康为两广盐运使令（一九二三年十月二十七日）……………… 324

免李烈钧闽赣边防督办令（一九二三年十月二十八日）………………… 324

特任李烈钧为大本营参谋长令（一九二三年十月二十八日）…………… 324

免张开儒大本营参谋长令（一九二三年十月二十八日）………………… 325

免朱培德大本营参军长令（一九二三年十月二十八日）………………… 325

特任张开儒为大本营参军长令（一九二三年十月二十八日）…………… 326

免黄建勋梧州关监督兼外交部特派广西交涉员令（一九二三年十月二十八日）…… 326

任命戴恩赛为梧州关监督兼外交部特派广西交涉员令（一九二三年十月二十八日）

　　………………………………………………………………… 327

不准陈策呈辞广东盐务缉私舰队主任兼职令（一九二三年十月二十八日）…… 327

准廖仲恺呈请加给任命筹饷总局总会办令（一九二三年十月二十八日）……… 328

核复赵士觐呈报就任大本营粮食管理处督办并启用关防日期令

　　（一九二三年十月二十九日）………………………………… 328

准任命谭长年等三人为大本营粮食管理处各科科长令（一九二三年十月三十日）

　　………………………………………………………………… 329

调任李宗黄为大本营高级参谋令（一九二三年十月三十日）…………… 329

准赵士觐呈请任命谭长年等为大本营粮食管理处科长令（一九二三年十月三十一日）

　　………………………………………………………………… 330

特派胡汉民等九人为中国国民党临时执行委员另五人为候补委员令

　　（一九二三年十月）　…………………………………………………… 330

任命王国辅为大本营咨议令（一九二三年十一月一日）　……………… 331

准王任化辞建设部科长令（一九二三年十一月一日）　………………… 331

任邓泽如为大本营参议并列席政务会议手令（一九二三年十一月一日）　…… 331

任命邓泽如为大本营参议令（一九二三年十一月一日）　……………… 332

派余维谦等四人分任虎门长洲二要塞临时正副指挥令（一九二三年十一月二日）

　　……………………………………………………………………………… 332

免宋渊源闽南宣慰使令（一九二三年十一月二日）　…………………… 333

任黄绍雄为广西讨贼军第一军长廖百芳为大本营咨议手令（一九二三年十一月二日）

　　……………………………………………………………………………… 333

核复林森呈称准王任化辞科长职请鉴核令（一九二三年十一月二日）　… 333

核复张开儒呈报准将交卸大本营参谋长职日期备案令（一九二三年十一月二日）

　　……………………………………………………………………………… 334

派杨虎办理海军事务令（一九二三年十一月三日）　…………………… 334

任命刘殿臣为永丰军舰枪炮教练官令（一九二三年十一月三日）　…… 335

任命江屏藩为建设部交通局局长令（一九二三年十一月三日）　……… 335

任命罗翼群兼大本营参议令（一九二三年十一月三日）　……………… 336

任命曾稚南等三人为大本营咨议令（一九二三年十一月三日）　……… 336

任命黄梦麟为大本营咨议令（一九二三年十一月三日）　……………… 336

任命廖百芳为大本营咨议令（一九二三年十一月三日）　……………… 337

核复邓泽如呈报交卸两广盐运使职日期并请鉴核令（一九二三年十一月三日）

　　……………………………………………………………………………… 337

准调任依鼎和等三人为大本营参军处各级副官令（一九二三年十一月五日）　…… 338

任命韦荣熙为北江商运局局长令（一九二三年十一月六日）　………… 338

准张开儒呈请调参谋处上校参谋依鼎和等以原职任参军处副官令

　　（一九二三年十一月六日）　…………………………………………… 339

核复广东地方善后委员会呈准备案启用关防日期令（一九二三年十一月六日）

··· 339

核复宋子文呈报就任两广盐务稽核所经理日期并准予备案令

　　（一九二三年十一月六日）·································· 340

派石青阳兼理中央银行四川分行行长令（一九二三年十一月七日）··· 340

准免黄白大本营参军处上校副官令（一九二三年十一月七日）······· 340

核复大本营参军长张开儒呈报视事日期令（一九二三年十一月七日）·· 341

不准福安舰舰长潘文治呈调任他职令（一九二三年十一月八日）····· 341

核复伍汝康呈报就任两广盐运使日期令（一九二三年十一月八日）··· 342

核复杨虎呈缴南路讨贼军临时指挥关防小印乞注销令（一九二三年十一月八日）

　　··· 342

特派陈其瑗等六人为广东地方善后委员手令（一九二三年十一月八日）· 343

特任杨廷培暂代广州卫戍总司令令（一九二三年十一月九日）··········· 343

派石青阳兼任中央银行四川分行长饬克日就职令（一九二三年十一月九日）····· 343

准任命章烈为大本营参军处中校副官（一九二三年十一月十日）········· 344

核复路孝忱呈报出发日期及委派张宗福代行部务令（一九二三年十一月十日）

　　··· 344

特派杨希闵兼滇粤桂联军前敌总指挥令（一九二三年十一月十四日）··· 345

准任命罗为雄为大本营中校参谋令（一九二三年十一月十四日）········· 345

着寸性奇暂代广东江防司令事宜令（一九二三年十一月十四日）········· 346

核复邹鲁呈委邹琳为广东全省田土业佃保证局局长予以备案令

　　（一九二三年十一月十六日）·································· 346

不准邹鲁呈请收回大本营筹饷总局会办明令令（一九二三年十一月十六日）····· 347

仍不准陈策呈辞广东盐务缉私舰队主任兼职令（一九二三年十一月十七日）····· 347

免寸性奇兼代广东江防司令令（一九二三年十一月十九日）··········· 348

着杨廷培回广东江防司令兼任令（一九二三年十一月十九日）········· 348

派伍学煜兼广东全省船民自治联防督办令（一九二三年十一月二十日）··· 348

准任命谷春芳为大本营参军处中校副官令（一九二三年十一月二十日）··· 349

特任许崇智为粤军总司令令（一九二三年十一月二十一日）··········· 349

特任刘震寰为桂军总司令令（一九二三年十一月二十一日）…………………… 350

任命宋鹤庚等六人为湘军各军军长令（一九二三年十一月二十一日）………… 350

任命鲁涤平为湘军总指挥令（一九二三年十一月二十一日）…………………… 350

着方鼎英代理湘军第一军军长令（一九二三年十一月二十一日）……………… 351

准将廖仲恺呈请拟于筹饷总局添设数员予以备案令（一九二三年十一月二十一日）

　　　　……………………………………………………………………………… 351

核复杨希闵呈报就滇粤桂联军前敌总指挥兼职及启用关防日期令

　　（一九二三年十一月二十一日）……………………………………………… 352

核复黄建勋呈缴西江船舶检查所所长关防小章令（一九二三年十一月二十一日）

　　　　……………………………………………………………………………… 352

核复韦荣熙呈报就任北江商运局局长及启用关防日期令

　　（一九二三年十一月二十一日）……………………………………………… 353

核复叶恭绰呈委派科长李承翼暂行兼理财政部第二局局长令

　　（一九二三年十一月二十一日）……………………………………………… 353

核复黄建勋呈缴梧州关监督关防小章及兼外交部特派广西交涉员印信令

　　（一九二三年十一月二十一日）……………………………………………… 354

任命蒋尊簋为大本营参谋处主任令（一九二三年十一月二十三日）…………… 354

任命吴介璋等六人为大本营高级参谋令（一九二三年十一月二十三日）……… 355

准任命曾勇甫等六人为大本营参谋处秘书参谋或副官令

　　（一九二三年十一月二十三日）……………………………………………… 355

特派许崇智兼滇粤桂联军前敌副指挥令（一九二三年十一月二十四日）……… 356

任命李怀霜等六人分为大本营参谋处军事参议及军事顾问令

　　（一九二三年十一月二十四日）……………………………………………… 356

核复朱培德呈报移交大本营参军长职情形令（一九二三年十一月二十四日）…… 357

任命吕超石青阳各为四川讨贼军第一第三军总司令令（一九二三年十一月二十五日）

　　　　……………………………………………………………………………… 357

任命汤子模等三人为四川讨贼军各师师长令（一九二三年十一月二十五日）…… 358

任命李昌权等四人为四川讨贼军各补充旅旅长令（一九二三年十一月二十五日）

·· 358

任命贺龙为四川讨贼军第一混成旅旅长令（一九二三年十一月二十五日） ········ 359

任命王度为大本营参军令（一九二三年十一月二十六日） ·············· 359

准任命马超俊等四人分为广东兵工厂各处处长令（一九二三年十一月二十六日）

·· 359

准林云陔辞代理广东高等审判厅厅长令（一九二三年十一月二十七日） ········ 360

着陈融回复广东高等审判厅厅长原任令（一九二三年十一月二十七日） ········ 360

任命田桐为参议手令（一九二三年十一月二十七日） ················· 361

任命田桐为大本营参议令（一九二三年十一月二十七日） ·············· 361

任命方震为大本营咨议令（一九二三年十一月二十七日） ·············· 361

任命程鸿轩为大本营咨议令（一九二三年十一月二十七日） ············· 362

免赵士觐大本营粮食管理处督办令（一九二三年十一月二十七日） ········· 362

任命邹鲁兼高等师范学校校长令（一九二三年十一月二十七日） ·········· 362

核复樊钟秀呈报就任豫军讨贼军总司令日期令（一九二三年十一月二十七日）

·· 363

不准刘沛呈请辞参军处副官令（一九二三年十一月二十七日） ··········· 363

不准张开儒呈请升参军处少校副官张国森为中校令（一九二三年十一月二十七日）

·· 364

准程潜呈请任命马超俊等为广东兵工厂总务处等处长令

（一九二三年十一月二十七日） ····································· 364

准任命刘景新等三人为内政部科长令（一九二三年十一月二十九日） ········ 365

着陈树人暂代广东政务厅厅长令（一九二三年十一月二十九日） ·········· 365

准姚褆昌辞大本营秘书令（一九二三年十一月二十九日） ············· 365

任命梅光培为广东财政厅长令（一九二三年十一月三十日） ············ 366

任命张九维为大本营高级参谋令（一九二三年十一月三十日） ··········· 366

准范其务辞广东电政监督兼广州电报局局长令（一九二三年十一月三十日） ···· 367

任萧冠英为广东电政监督兼广州电报局局长手令（一九二三年十一月三十日） ··· 367

准廖仲恺呈请委陈树人暂代广东省政务厅长令（一九二三年十一月三十日） ···· 367

派姚禔昌为大本营宣传委员令（一九二三年十二月一日） …… 368
派王仁熙为大本营出勤委员令（一九二三年十二月一日） …… 368
任命何家猷为广东电政监督兼广州电报局局长令（一九二三年十二月一日） …… 369
免邓慕韩广东宣传局局长令（一九二三年十二月一日） …… 369
任命冯自由为广东宣传局局长令（一九二三年十二月一日） …… 369
准朱和中辞广东兵工厂厂长令（一九二三年十二月一日） …… 370
任命马超俊为广东兵工厂厂长令（一九二三年十二月一日） …… 370
准任命罗继善张麟为财政部科长令（一九二三年十二月一日） …… 371
任命李承翼为财政部第二局局长令（一九二三年十二月一日） …… 371
免卢谔生财政部第二局局长令（一九二三年十二月一日） …… 371
准免陈煊黄民生大本营参军处副官令（一九二三年十二月一日） …… 372
核复大本营驻增城命令传达所所长胡谦呈报收到颁发关防小章并启用日期令（一九二三年十二月一日） …… 372
如兵工厂长令已发表即派朱和中查办兵工厂员司事宜手令（一九二三年十二月二日） …… 373
派朱和中查办广东兵工厂员司事宜令（一九二三年十二月二日） …… 373
特任孔庚为湖北讨贼军总司令令（一九二三年十二月二日） …… 373
任命刘鸿逵为湖北讨贼军第一路司令令（一九二三年十二月二日） …… 374
任命李化民为大本营咨议令（一九二三年十二月三日） …… 374
任命胡谦为军政部军务局局长令（一九二三年十二月三日） …… 375
着胡谦代理军政部次长令（一九二三年十二月三日） …… 375
调任李宗黄为大本营参议令（一九二三年十二月三日） …… 375
任命杨子毅李景纲分别署理财政部总务厅长第一局局长令（一九二三年十二月三日） …… 376
准李炳垣署理财政部科长令（一九二三年十二月三日） …… 376
准冯祝万辞军政部军务局长令（一九二三年十二月三日） …… 377
准免胡家弼余壮鸣大本营参军处副官令（一九二三年十二月三日） …… 377
任命吕苾筹为大本营秘书令（一九二三年十二月三日） …… 377

核复邹鲁呈准其辞广东财政厅厅长兼大本营筹饷总局会办令

　　（一九二三年十二月三日）·· 378

准叶恭绰呈请升任财政部科员罗继善张麟为该部科长令（一九二三年十二月三日）

　　·· 378

不准路孝忱辞大本营参军及山陕讨贼军司令准取销督战队队长令

　　（一九二三年十二月四日）·· 379

派雷大同为大本营宣传委员令（一九二三年十二月五日）········· 379

派李宗唐等四人为大本营特务委员令（一九二三年十二月五日）····· 380

准范其务呈请辞去广东电政监督兼广州电报局局长令（一九二三年十二月五日）

　　·· 380

委朱霁青为咨议手谕（一九二三年十二月六日）·················· 381

任命范熙绩为高级参谋即派驻厦门办事手令（一九二三年十二月六日）····· 381

核复广东兵工厂厂长马超俊呈报到差及启用关防日期令（一九二三年十二月六日）

　　·· 381

核复马晓军呈报就任抚河招抚使及启用关防日期令（一九二三年十二月六日）

　　·· 382

准将叶恭绰呈报委派邓慕韩为广东沙田验领部照处处长予以备案令

　　（一九二三年十二月六日）·· 382

特派杨西岩为禁烟督办令（一九二三年十二月七日）············· 383

派宋以梅为钦廉安抚委员令（一九二三年十二月七日）··········· 383

任命范熙绩为大本营高级参谋令（一九二三年十二月七日）······· 383

免刘泳闿内政部第二局局长令（一九二三年十二月七日）········· 384

任命刘泳闿为大本营秘书令（一九二三年十二月七日）··········· 384

核复何家猷呈报就任广东电政监督兼广州电报局局长日期令

　　（一九二三年十二月七日）·· 385

核复梅光培呈报接任广东财政厅长日期令（一九二三年十二月七日）··· 385

任命徐希元为内政部第二局局长令（一九二三年十二月八日）····· 385

核复陈融呈报回任广东高等审判厅厅长日期令（一九二三年十二月八日）··· 386

核复黄隆生呈报交卸大本营会计司司长职日期令（一九二三年十二月八日）······ 386

准任命陈新燮为内政部秘书令（一九二三年十二月十日）··············· 387

准陈策呈请辞去盐务舰队主任兼职令（一九二三年十二月十日）··········· 387

任命刘毅为大本营高级参谋令（一九二三年十二月十一日）············· 387

核复谢国光呈报就任湘军第三军军长及启用印信日期令（一九二三年十二月十一日）
　　······································· 388

核复吴剑学呈报祗领湘军第四军军长任状及启用印信日期令
　　（一九二三年十二月十一日）························· 388

核复范其务呈报交卸广东电政监督兼广州电报局局长职日期令
　　（一九二三年十二月十一日）························· 389

准徐绍桢呈请分别以徐希元陈新燮升任内政部第二局局长及秘书令
　　（一九二三年十二月十一日）························· 389

与邓泽如联署委任赵汉一为台山分部长状（一九二三年十二月十一日）········· 390

派梅光培兼大本营筹饷总局会办令（一九二三年十二月十三日）··········· 390

核复黄隆生呈不准辞大本营会计司长准给假一月并由黄昌谷代理令
　　（一九二三年十二月十三日）························· 390

派陈个民为潮汕安抚委员手令（一九二三年十二月十四日）············· 391

任命高凤桂为直辖第一师师长令（一九二三年十二月十五日）············ 391

派关汉光为东江招抚委员手令（一九二三年十二月十五日）············· 392

核复国立高等师范学校校长邹鲁呈报视事日期令（一九二三年十二月十七日）
　　······································· 392

任命林云陔为广东高等检察厅检察长令（一九二三年十二月十八日）········· 393

准任命葛昆山席楚霖为大本营参军处少校副官令（一九二三年十二月十八日）
　　······································· 393

准任命陈煊等四人为广东兵工厂职员令（一九二三年十二月十八日）········· 394

准免何蔚代理广东高等检察厅检察长令（一九二三年十二月十八日）········· 394

准路孝忱辞大本营参军兼职令（一九二三年十二月十八日）············· 395

准胡思清辞大本营参军兼职令（一九二三年十二月十八日）············· 395

特派赵杰为豫鲁招抚使令（一九二三年十二月十九日）……………………… 396

准赵士北呈免何蔚代理广东高等检察厅检察长并由林云陔接替令

（一九二三年十二月二十日）……………………………………………… 396

准程潜呈请任命陈煊等为广东兵工厂总务处处长等职令（一九二三年十二月二十日）

……………………………………………………………………………… 397

准黄昌谷呈请任命赵士养等为大本营会计司各课主任令（一九二三年十二月二十日）

……………………………………………………………………………… 397

核复廖湘芸呈告已明令准免其大本营参军兼职令（一九二三年十二月二十一日）

……………………………………………………………………………… 398

委萧湘为咨议手谕（一九二三年十二月二十二日前）……………… 398

准任命赵士养罗磊生分为大本营会计司统计课支出课主任令

（一九二三年十二月二十二日刊载）……………………………………… 398

准任命崔炽黄为大本营参军处三等军医正令（一九二三年十二月二十二日刊载）

……………………………………………………………………………… 399

任命萧湘为大本营咨议令（一九二三年十二月二十二日）………… 399

任命徐方济为大本营参军令（一九二三年十二月二十二日）……… 399

任命陈可钰为大本营参军令（一九二三年十二月二十二日）……… 400

派张苇村为山东军事委员令（一九二三年十二月二十三日）……… 400

任命黄明堂为直辖第二军军长令（一九二三年十二月二十四日）……… 400

任命陈树人兼大本营内政部侨务局局长令（一九二三年十二月二十四日）……… 401

核复广东高等检察厅检察长林云陔呈报接印视事日期令

（一九二三年十二月二十四日）…………………………………………… 401

核复宋子文呈报启用两广盐务稽核所经理关防日期令（一九二三年十二月二十四日）

……………………………………………………………………………… 402

准鲁涤平辞湘军总指挥兼职令（一九二三年十二月二十五日）……… 402

任命宋鹤庚兼湘军总指挥令（一九二三年十二月二十五日）……… 402

核复鲁涤平呈准辞湘军总指挥兼职以宋鹤庚继任令（一九二三年十二月二十五日）

……………………………………………………………………………… 403

任命岳森卢师谡为大本营咨议令（一九二三年十二月二十七日刊载）　…………… 403

准韦增复辞广东兵工厂工务处长令（一九二三年十二月二十七日）　…………… 404

准任命汤熙为广东兵工厂工务处长令（一九二三年十二月二十七日）　…………… 404

免伍汝康两广盐运使令（一九二三年十二月二十七日）　…………………………… 404

核复赵杰呈报就任豫鲁招抚使及启用关防日期令（一九二三年十二月二十七日）

　………………………………………………………………………………………… 405

核复程潜呈告已明令准韦增复辞广东兵工厂工务处长职以汤熙补充令

　（一九二三年十二月二十七日）　………………………………………………… 405

派叶恭绰等九人为财政委员会委员令（一九二三年十二月三十一日）　………… 406

准伍学煜呈荐伍炎陈润棠等分别为广东全省船民自治联防坐办科长令

　（一九二三年十二月三十一日）　………………………………………………… 406

准张开儒呈请任命葛昆山席楚霖为参军处少校副官令（一九二三年十二月）　… 407

着财厅加委程璧金为航政局长手谕（一九二三年）　………………………………… 407

任命卢焘为大本营高等顾问手令（一九二三年）　…………………………………… 407

任命格德林为公路建筑兼公路运输顾问手令（一九二三年）　……………………… 408

委陈群李文湄为大本营党务筹备委员手令（一九二三年）　………………………… 408

派陈中孚为广东造币监督手令（一九二三年）　……………………………………… 408

任命李朗如为参军及邓慕韩为广东宣传局长手谕（一九二三年）　………………… 409

派林国英为潮州善后委员会委员状（一九二四年一月二日）　……………………… 409

任命林凤游为大本营参谋处军事参议令（一九二四年一月三日）　………………… 409

任命高家祺胡盈川为大本营参谋处军事咨议令（一九二四年一月三日）　………… 410

准免郑文轩财政部秘书令（一九二四年一月三日）　………………………………… 410

任命钟明阶为桂军第四军军长令（一九二四年一月三日）　………………………… 411

免直辖滇军第四师师长王秉钧本兼各职听候查办令（一九二四年一月三日）　… 411

免直辖滇军第三军总参谋长禄国藩第四师参谋长吴震东本兼各职听候查办令

　（一九二四年一月三日）　………………………………………………………… 412

任命王汝为为直辖滇军第四师师长令（一九二四年一月三日）　…………………… 412

核复高凤桂呈准委任直辖第一师各旅团长令（一九二四年一月三日）　…………… 412

准叶恭绰呈免郑文轩财政部秘书令（一九二四年一月三日）……………… 413

任命田桓为大本营咨议令（一九二四年一月四日刊载）………………… 413

任命张士仁陶礼燊为大本营咨议令（一九二四年一月四日刊载）………… 414

任命赵士觐为两广盐运使令（一九二四年一月四日刊载）……………… 414

核复直辖第一师师长高凤桂呈报就职启用印章日期令（一九二四年一月四日）
　　……………………………………………………………………… 414

核复刘震寰呈告已明令简任钟明阶为桂军第四军军长令（一九二四年一月四日）
　　……………………………………………………………………… 415

免汤廷光广东治河督办令（一九二四年一月五日）……………………… 415

派姚雨平为广东治河督办令（一九二四年一月五日）…………………… 415

派陈其瑗为财政委员会委员令（一九二四年一月五日）………………… 416

任命高培臣廖刚为直辖第一师第一第二旅旅长令（一九二四年一月七日）…… 416

任命薛履新等四人为直辖第一师第一第二旅各团团长令（一九二四年一月七日）
　　……………………………………………………………………… 417

着省长委李蟠为香山县长令（一九二四年一月七日）…………………… 417

特任曲同丰为北洋招讨使令（一九二四年一月八日）…………………… 417

任命柏文蔚为北伐讨贼军第二军军长令（一九二四年一月八日）………… 418

派范石生等四人为禁烟会办令（一九二四年一月八日）………………… 418

派廖行超等五人为禁烟帮办令（一九二四年一月八日）………………… 418

准免宾镇远等四人大本营参军处副官令（一九二四年一月九日）………… 419

准免吴靖等十一人大本营参军处副官令（一九二四年一月九日）………… 419

不准何克夫呈辞连阳绥靖处长令（一九二四年一月九日）……………… 420

核复前两广盐运使伍汝康呈报卸事日期令（一九二四年一月九日）……… 420

准派廖朗如为财政委员会秘书长令（一九二四年一月十日）…………… 421

核复张开儒呈告已令将副官宾镇远等免去本职令（一九二四年一月十日）…… 421

核复张开儒呈告已明令免吴靖等参军处副官本职令（一九二四年一月十日）… 422

核复两广盐运使赵士觐呈报到任日期令（一九二四年一月十一日）……… 422

核复叶恭绰廖仲恺呈告另有明令派廖朗如为财政委员会秘书长令

（一九二四年一月十二日） ·············· 423

核复杨西岩呈委任陈鸾谔为戒烟总所所长郑文华为制药总所所长令

（一九二四年一月十二日） ·············· 423

派黄仕强等三人为禁烟督办署厅处长令（一九二四年一月十三日） ·············· 424

准派杨宜生等十五人分为禁烟督办署科长及秘书令（一九二四年一月十三日）

·············· 424

核复杨西岩呈告已明令准任杨宜生等为科长秘书令（一九二四年一月十四日）

·············· 425

准任命郑德铭为内政部科长令（一九二四年一月十五日） ·············· 425

免陈策广东海防司令令（一九二四年一月十六日） ·············· 425

任命冯肇铭代理广东海防司令令（一九二四年一月十六日） ·············· 426

任命洪慈为大本营咨议令（一九二四年一月十六日） ·············· 426

派许崇灏为财政委员会委员令（一九二四年一月十六日） ·············· 427

派张福堂为禁烟帮办令（一九二四年一月十六日） ·············· 427

核复徐绍桢呈告已明令准任郑德铭为内政部科长令（一九二四年一月十六日）

·············· 427

准黄隆生呈再给假一月令（一九二四年一月十六日） ·············· 428

准何克夫呈给假一月令（一九二四年一月十七日） ·············· 428

核复前广东治河督办汤廷光呈报交卸日期令（一九二四年一月十七日） ·············· 429

任命朱世贵为直辖滇军第四师师长令（一九二四年一月十八日） ·············· 429

任命覃超曾彦为咨议手谕（一九二四年一月十八日） ·············· 429

任命覃超曾彦为大本营咨议令（一九二四年一月十八日） ·············· 430

准任命徐经训为大本营参军处上校副官令（一九二四年一月十八日） ·············· 430

任命陈兴汉兼理广三铁路管理局局长令（一九二四年一月十九日） ·············· 431

核复广东全省治河督办姚雨平呈报就职日期令（一九二四年一月十九日） ·············· 431

准任命杨述凝为大本营参谋处秘书令（一九二四年一月二十一日） ·············· 431

饬陈策克日移交海防司令任内手续电（一九二四年一月二十二日刊载） ·············· 432

派陈兴汉为财政委员会委员令（一九二四年一月二十四日） ·············· 432

派卢师谛为禁烟会办令（一九二四年一月二十四日） …………………… 433

派黄范一等三人为禁烟帮办令（一九二四年一月二十四日） ………… 433

准任命陈伯任为禁烟督办署秘书令（一九二四年一月二十四日） ……… 433

派刘毅为粤闽湘军招抚使令（一九二四年一月二十四日） …………… 434

派潘鸿图李维珩为禁烟帮办令（一九二四年一月二十四日） ………… 434

核复禁烟督办杨西岩呈报就职及启用关防日期令（一九二四年一月二十五日）
　　…………………………………………………………………… 435

核复直辖第二军军长黄明堂呈报就职及启用印信日期令（一九二四年一月二十五日）
　　…………………………………………………………………… 435

免杨庶堪大本营秘书长令（一九二四年一月二十九日） ……………… 436

免廖仲恺广东省长令（一九二四年一月二十九日） …………………… 436

特任杨庶堪为广东省长令（一九二四年一月二十九日） ……………… 436

特任廖仲恺为大本营秘书长令（一九二四年一月二十九日） ………… 437

着谭延闿兼代大本营秘书长令（一九二四年一月二十九日） ………… 437

核复张开儒呈准续给副官朱全德长假令（一九二四年一月二十九日） … 437

手书邓泽如等十人为中国国民党第一届中央监察委员候补委员名单

　　（一九二四年一月三十日） ……………………………………… 438

中国国民党第一届中央执行委员名单（一九二四年一月三十日） …… 438

指定邵元冲等十七人为中国国民党中央执行候补委员手谕（一九二四年一月三十日）
　　…………………………………………………………………… 439

任命周潜为潮梅守备司令状（一九二四年一月三十一日） …………… 439

任李守常等七人为预算委员会批（一九二四年一月） ………………… 439

任命刘光烈等七人为大本营咨议令（一九二四年二月一日） ………… 440

任命周亚南刘伯英为咨议手谕（一九二四年二月二日） ……………… 440

准梅光培辞广东财政厅长兼大本营筹饷总局会办本兼各职令（一九二四年二月三日）
　　…………………………………………………………………… 441

派郑洪年兼大本营筹饷总局会办令（一九二四年二月三日） ………… 441

派张启荣为钦廉高雷招抚使令（一九二四年二月三日） ……………… 442

派雷洪基朱公彦为大本营出勤委员令（一九二四年二月三日）　…………………　442

核复梅光培呈告已明令准免其本兼各职令（一九二四年二月三日）　…………………　442

派邹鲁为广东大学筹备主任令（一九二四年二月四日）　………………………………　443

任命周亚南刘伯英为大本营咨议令（一九二四年二月六日）　…………………………　443

免温德章广九铁路局长并着听候查办令（一九二四年二月六日）　……………………　444

着陈兴汉兼代广九铁路局长令（一九二四年二月六日）　………………………………　444

不准陈兴汉呈请收回兼理广三铁路管理局局长成命令（一九二四年二月六日）

　　…………………………………………………………………………………………　444

核复张开儒呈准大本营参军处中校副官谷青芳请假一月令（一九二四年二月六日）

　　…………………………………………………………………………………………　445

核复兼理湘军总指挥第一军军长宋鹤庚呈报就职并启用关防日期令

　　（一九二四年二月六日）　…………………………………………………………　445

核复代理广东海防司令冯肇铭呈报就职日期令（一九二四年二月六日）　…………　446

核复大本营参军长张开儒呈准副官葛昆山充任原职令（一九二四年二月八日）

　　…………………………………………………………………………………………　446

任命黄玉田为大本营参议手令（一九二四年二月十日）　………………………………　447

任命黄玉田为大本营参议令（一九二四年二月十一日）　………………………………　447

任命蒋群为大本营参军令（一九二四年二月十一日）　…………………………………　448

派陈应麟为禁烟帮办令（一九二四年二月十一日）　……………………………………　448

准任命钟震岳楼守光为大本营参谋处秘书令（一九二四年二月十一日）　……………　448

任命何应钦为大本营参谋处军事参议令（一九二四年二月十一日）　…………………　449

准任命黄建勋为财政部秘书令（一九二四年二月十四日）　……………………………　449

核复兼代大本营秘书长谭延闿呈报就职日期令（一九二四年二月十五日）　…………　450

特任蒋尊簋为中央军需总监令（一九二四年二月十六日）　……………………………　450

准李雄伟辞直辖广东讨贼军第三师第五旅旅长令（一九二四年二月十六日）　……　450

任命巫琦为直辖广东讨贼军第三师第五旅旅长令（一九二四年二月十六日）　……　451

为特任蒋尊簋为军需总监整理海陆各军会计经理事宜给各军通令

　　（一九二四年二月十九日刊载）　…………………………………………………　451

任命杨言昌为中央军需处参事令（一九二四年二月十九日）…………… 452

准任命平宝善等三人为中央军需处科长令（一九二四年二月十九日）…… 452

核复湖北讨贼军总司令孔庚呈报就职日期并勉厚望令（一九二四年二月十九日）

…………………………………………………………………………… 452

核复兼代广东财政厅长郑洪年呈报接任视事日期令（一九二四年二月十九日）

…………………………………………………………………………… 453

特派范石生为广东筹饷总局督办令（一九二四年二月二十日）………… 453

任命胡谦为北伐讨贼军第三军军长令（一九二四年二月二十日）……… 454

任命李文炳为大本营咨议令（一九二四年二月二十日）………………… 454

派李纪堂为财政委员会委员令（一九二四年二月二十日）……………… 455

核复前大清银行清理处委员陈其瑗宋子文呈报刊用关防及视事日期令

（一九二四年二月二十日）………………………………………………… 455

免廖仲恺郑洪年大本营筹饷总局总办会办兼职令（一九二四年二月二十一日）

…………………………………………………………………………… 456

准任命曾省三为大本营秘书处科员令（一九二四年二月二十一日）…… 456

任命乌勒吉为大本营咨议兼蒙文翻译官令（一九二四年二月二十一日）… 456

任命谢远涵为大本营参议令（一九二四年二月二十二日）……………… 457

任命林镜台为大本营咨议手令（一九二四年二月二十二日）…………… 457

任命林镜台为大本营咨议令（一九二四年二月二十二日）……………… 458

准任命陈似为大本营秘书处科员令（一九二四年二月二十三日）……… 458

核复中央军需总监蒋尊簋呈报就职及启用印信日期令（一九二四年二月二十三日）

…………………………………………………………………………… 458

不准蒋中正函辞陆军军官学校校长批（一九二四年二月二十三日）…… 459

　　附：国民党中央执行委员会呈函摘由 ………………………………… 459

派李福林为广东筹饷总局会办令（一九二四年二月二十五日）………… 459

准免罗桂芳禁烟帮办兼职令（一九二四年二月二十六日）……………… 460

派刘觉任为禁烟帮办令（一九二四年二月二十六日）…………………… 460

核复广东大学筹备主任邹鲁呈报就职及启用关防日期令（一九二四年二月二十六日）

…………………………………………………………………………… 461

任命张继等七人为大本营参议令（一九二四年二月二十八日）·············· 461

不准张启荣呈请加委王鸿鉴等为钦廉高雷招抚署处长令（一九二四年二月二十八日）

·············· 462

任命张翼鹏为大本营高级参谋令（一九二四年三月一日）·············· 462

派杨庶堪为财政委员会委员令（一九二四年三月一日）·············· 463

核复广东筹饷总局督办范石生呈报就职视事设局开办日期令（一九二四年三月一日）

·············· 463

核复财政委员会呈准简派杨庶堪为该会主席委员令（一九二四年三月三日）··· 464

不准东路讨贼军第三军军长李福林呈请收回广东筹饷总局会办成命令

（一九二四年三月五日）·············· 464

核复广东省长杨庶堪呈报就职日期令（一九二四年三月五日）·············· 465

核复兼理广三铁路管理局局长陈兴汉呈报就职日期令（一九二四年三月五日）

·············· 465

不准委政府宣传员批（一九二四年三月六日）·············· 466

任命陈树人为广东政务厅长令（一九二四年三月七日）·············· 466

任命萧萱为广东省长公署秘书长令（一九二四年三月十日）·············· 466

任命杨虎为北伐讨贼军第二军第一师师长令（一九二四年三月十日）·········· 467

准派陈鸾谔郑文华分为戒烟制药二总所所长令（一九二四年三月十日）········ 467

任命宋鹤庚兼讨贼军第二路联军军政执法长令（一九二四年三月十二日）···· 468

任命覃振为参议手谕（一九二四年三月十二日）·············· 468

任命覃振为大本营参议令（一九二四年三月十二日）·············· 468

任命林若时为广东海防司令令（一九二四年三月十三日）·············· 469

特派邓泽如为禁烟督办令（一九二四年三月十七日）·············· 469

任命谢晋等三人为大本营咨议令（一九二四年三月十七日）·············· 469

免杨西岩禁烟督办并着听候查办令（一九二四年三月十七日）·············· 470

核复张开儒呈准给大本营参军处中校副官谷春芳长假令（一九二四年三月十七日）

·············· 470

任命欧阳豪为咨议手谕（一九二四年三月十八日）·············· 471

任命欧阳豪为大本营咨议令（一九二四年三月十八日） ················ 471

准任命张沛为广东银行监理官令（一九二四年三月十八日） ·········· 471

准任命文任儒为大本营会计司收入科主任令（一九二四年三月十八日） ······· 472

派张翼鹏为湘边宣慰使令（一九二四年三月十八日） ··············· 472

派韦冠英为广东筹饷总局会办令（一九二四年三月十八日） ········· 473

准杨虎辞办理海军事务令（一九二四年三月十八日） ··············· 473

准免杨子毅等三人大本营财政部厅长局长署职令（一九二四年三月十八日） ····· 473

准免李炳垣李载德财政部科长署职令（一九二四年三月十八日） ········· 474

准免黄建勋等十三人财政部秘书及科长令（一九二四年三月十八日） ········ 474

准免陈其瑗等四人财政部厅长局长本职令（一九二四年三月十八日） ········ 475

核复杨庶堪转呈广东省政务厅长陈树人呈报就职令（一九二四年三月十八日）

··· 475

核复杨庶堪转呈广东省长公署秘书长萧萱呈报就职令（一九二四年三月十八日）

··· 476

任命王用宾为大本营参议状（一九二四年三月十八日） ·············· 476

任命王用宾谭惟洋为大本营参议令（一九二四年三月十九日） ········ 477

核复杨虎呈准辞办理海军事务并缴还关防令（一九二四年三月十九日） ······· 477

派李国恺为大本营出勤委员令（一九二四年三月十九日） ············ 477

任命李景纲李承翼分为财政部赋税局泉币局局长令（一九二四年三月二十日）

··· 478

准任命沈欣吾等十一人分为财政部秘书佥事令（一九二四年三月二十日） ····· 478

派蒋中正为陆军军官学校入校试验委员长令（一九二四年三月二十日） ······ 479

派王柏龄等八人为陆军军官学校入学试验委员令（一九二四年三月二十日） ···· 479

任命杨子毅黄建勋为大本营财政部参事令（一九二四年三月二十日） ······· 479

任命周自得为直辖滇军总司令部中将参谋长令（一九二四年三月二十日） ······ 480

核复叶恭绰呈告已明令免陈其瑗等职令（一九二四年三月二十日） ······ 480

核复大本营财政部长叶恭绰呈告已明令任命杨子毅等为参事等令

（一九二四年三月二十日） ··························· 481

核复叶恭绰呈准造币厂总会办辞职及停止履行联商公司合约令

　　（一九二四年三月二十日）……481

派范石生为财政委员会委员令（一九二四年三月二十一日）……482

免张启荣钦廉高雷招抚使令（一九二四年三月二十二日）……482

准郑里铎辞琼崖招抚使令（一九二四年三月二十二日）……482

核复杨希闵呈准晋升周自得为中将参谋长并告已颁布令（一九二四年三月二十二日）

　　……483

饬邓泽如克日就任禁烟督办令（一九二四年三月二十一至二十四日间）……483

任命吴铁城为广东省警卫军司令令（一九二四年三月二十四日）……484

核复杨西岩呈告已令催新任禁烟督办克日就职令（一九二四年三月二十四日）

　　……484

特派鲁涤平为禁烟督办并重新改组禁烟机关手令（一九二四年三月二十五日）

　　……485

派鲁涤平为禁烟督办令（一九二四年三月二十六日）……485

准邓泽如辞禁烟督办令（一九二四年三月二十六日）……486

派潘文治整理海军飞鹰等三舰事宜令（一九二四年三月二十六日）……486

准周鳌山辞禁烟帮办令（一九二四年三月二十七日）……486

任命杜起云为闽南讨贼军第一师师长令（一九二四年三月二十八日）……487

核复湘边宣慰使张翼鹏呈报设处就职及启用关防日期令（一九二四年三月二十九日）

　　……487

准黄仕强辞禁烟督办署总务厅长兼职令（一九二四年三月三十一日）……487

准马武颂等五人辞禁烟督办署秘书及科长令（一九二四年三月三十一日）……488

撤销对前禁烟督办杨西岩的查办令（一九二四年三月三十一日）……488

核复广东海防司令林若时呈报就职及启用关防日期令（一九二四年三月三十一日）

　　……489

免赵士北大理院长兼管司法行政事务令（一九二四年四月一日）……489

特任吕志伊为大理院长令（一九二四年四月一日）……489

特派吕志伊兼管司法行政事务令（一九二四年四月一日）……490

准郑述龄辞禁烟督办署查验处处长令（一九二四年四月一日）……………………… 490

准余浩廷等八人辞禁烟督办署科长及所长令（一九二四年四月一日）…………… 491

派鲁涤平宋子文为财政委员会委员令（一九二四年四月一日）…………………… 491

核复杨西岩呈告已明令准免黄仕强兼职令（一九二四年四月一日）……………… 491

核复杨西岩呈告已明令准马武颂等辞职令（一九二四年四月一日）……………… 492

任命吴铁城为广东省警卫军司令状（一九二四年四月二日刊载）………………… 492

准任命黄家齐为大本营参军处中校副官令（一九二四年四月三日）……………… 493

核复杨西岩呈告已明令准郑述龄辞职令（一九二四年四月三日）………………… 493

准杨西岩呈告已明令准余浩廷等辞职令（一九二四年四月三日）………………… 493

派雷飚缪笠仁分为禁烟督办署总务厅长督察处长令（一九二四年四月四日）… 494

准伍学熿辞广东全省船民自治联防督办兼职令（一九二四年四月四日）……… 494

核复禁烟督办鲁涤平呈报就职日期令（一九二四年四月四日）…………………… 495

核复广东省警卫军司令吴铁城呈报就职及启用印信日期令（一九二四年四月四日）

………………………………………………………………………………………… 495

特任方声涛为福建省长兼闽省民军总司令令（一九二四年四月四日）………… 496

任命方鼎英等六人分为湘军师长令（一九二四年四月五日）…………………… 496

准方孝纯辞大本营参军处少校副官令（一九二四年四月七日）………………… 496

追赠萧学智陆军中将令（一九二四年四月七日）………………………………… 497

准任命陈荣贵为广东兵工厂审验处长令（一九二四年四月八日）……………… 497

任命朱和中为秘书手谕（一九二四年四月八日）………………………………… 497

任命朱和中为大本营秘书令（一九二四年四月八日）…………………………… 498

核复伍学熿呈告已明令准其辞广东全省船民自治督办兼职并已将此督办裁撤令

　　（一九二四年四月九日）……………………………………………………… 498

核复鲁涤平呈告已分别令派雷飚缪笠仁职务令（一九二四年四月九日）……… 499

核复张开儒呈准方孝纯辞大本营参军处少校副官令（一九二四年四月十日）… 499

核复鲁涤平呈暂委雷飚代行禁烟督办准予备案令（一九二四年四月十日）…… 500

派古应芬等七人为法制委员会委员令（一九二四年四月十一日）……………… 500

特任叶恭绰兼盐务督办令（一九二四年四月十二日）…………………………… 501

任命郑洪年兼盐务署署长令（一九二四年四月十二日）……………… 501

派张汉为大本营海军委员令（一九二四年四月十二日）……………… 501

准伍学熀辞财政委员会委员令（一九二四年四月十二日）…………… 502

核复伍学熀呈准其辞财政委员会委员令（一九二四年四月十二日）…… 502

核复大理院长兼管司法行政事务吕志伊呈报就职日期令（一九二四年四月十四日）

　　………………………………………………………………………… 503

准任命曾镛为中央军需处运输处长令（一九二四年四月十五日）…… 503

不准陈天太辞师长令（一九二四年四月十八日刊载）………………… 503

免赵士觐两广盐运使令（一九二四年四月十八日）…………………… 504

任命邓泽如为两广盐运使令（一九二四年四月十八日）……………… 504

任李翊东郑校之为大本营技师手令（一九二四年四月十八日）……… 505

核复鲁涤平呈告已明令准任吴家麟等为禁烟督办署科长等职令

　　（一九二四年四月十九日）…………………………………………… 505

核复张开儒呈告已明令任命郑继周为大本营参军处少校副官令

　　（一九二四年四月十九日）…………………………………………… 506

任命郑洪年兼广东财政厅长令（一九二四年四月二十一日）………… 506

任命李翊东郑校之为大本营技师令（一九二四年四月二十一日）…… 507

派邓泽如为财政委员会委员令（一九二四年四月二十一日）………… 507

派廖仲恺等四人为法制委员会委员令（一九二四年四月二十一日）… 507

核复兼盐务督办叶恭绰呈报就职日期令（一九二四年四月二十一日）… 508

核复兼盐务署长郑洪年呈报就职日期令（一九二四年四月二十一日）… 508

面谕邓泽如赶行接任两广盐运使（一九二四年四月二十二日刊载）… 509

核复杨庶堪呈告已明令任命郑洪年兼广东财政厅长令（一九二四年四月二十二日）

　　………………………………………………………………………… 509

准任命陈敬汉杨志章兼盐务署秘书令（一九二四年四月二十三日）… 509

准任命郑继周为大本营参军处少校副官令（一九二四年四月二十三日）………… 510

准派吴家麟等十二人分为禁烟督办署科长及秘书令（一九二四年四月二十三日）

　　………………………………………………………………………… 510

准赵士觐呈辞财政委员会委员令（一九二四年四月二十三日）················ 511

准赵士觐辞财政委员会委员令（一九二四年四月二十四日）················ 511

为饬迅即撤销前委护沙局长杨王超给廖湘芸的训令（一九二四年四月二十四日）

·············· 511

核复广东全省船民自治联防督办伍学煜呈缴关防等件令（一九二四年四月二十四日）

·············· 512

任命李铎等三人分为军政部参事及审计局长令（一九二四年四月二十五日）····· 513

派张民达兼理盐务缉私主任令（一九二四年四月二十五日）··············· 513

核复法制委员会委员长戴传贤呈报就职及启用关防日期令

（一九二四年四月二十五日）·············· 514

核复两广盐运使邓泽如呈报到任视事日期令（一九二四年四月二十五日）········ 514

核复叶恭绰呈准设立广东航运保卫处及任命黄石等为监督等职令

（一九二四年四月二十五日）·············· 515

派周自得为广东铁路护路司令手令（一九二四年四月二十五日）············ 515

批于右任函慰留不准辞职文（一九二四年四月二十五日）·············· 516

派周自得为广九铁路护路司令令（一九二四年四月二十六日）············ 516

任命廖朗如为财政部佥事令（一九二四年四月二十八日）·············· 516

准任命陆仲履为财政部佥事令（一九二四年四月二十八日）············· 517

任命戴季陶为参议邹若衡为咨议手谕（一九二四年四月二十八日）········· 517

任命戴季陶为大本营参议令（一九二四年四月二十八日）·············· 517

任命邹若衡为大本营咨议令（一九二四年四月二十八日）·············· 518

准任命梁海秋为盐务署秘书令（一九二四年四月三十日）·············· 518

准邓泽如辞大本营参议令（一九二四年四月三十日）················ 519

核复马伯麟呈报委任李思汉为长洲要塞总台长准予备案令（一九二四年四月三十日）

·············· 519

核复叶恭绰呈告已明令准任命陈敬汉等兼盐务秘书令（一九二四年四月三十日）

·············· 520

核复大本营参议邓泽如呈准其辞职令（一九二四年四月三十日）········· 520

任命王家琦为大本营参军令（一九二四年五月一日）……………………… 521

特任蒋中正为陆军军官学校校长令（一九二四年五月三日）…………… 521

任命蒋中正兼粤军总司令部参谋长令（一九二四年五月三日）………… 521

任命张乃燕为大本营参议令（一九二四年五月三日）……………………… 522

核复叶恭绰呈告已明令任命廖朗如陆仲履令（一九二四年五月三日）… 522

交秘书长办理张静江不必辞委员并其侄任为参议手谕

　　（一九二四年五月三日）………………………………………………… 523

任命林翔为大本营审计处处长令（一九二四年五月五日）……………… 523

准任命温挺修为大本营参谋处上校参谋令（一九二四年五月五日）…… 524

准任命陶勉斋为内政部科长令（一九二四年五月六日）………………… 524

核复兼理盐务缉私主任张民达呈报就职及启用关防日期令（一九二四年五月七日）

　　…………………………………………………………………………… 524

核复大理院长兼管司法行政事务吕志伊呈报接收情形令（一九二四年五月八日）

　　…………………………………………………………………………… 525

核复广东省长杨庶堪呈报办理张伯荃等请收回派委顺绅充东海十六沙局长成命一

　　案情形令（一九二四年五月八日）……………………………………… 525

核复大本营审计处长林翔呈报接收前任移交情形令（一九二四年五月八日）… 526

任命何克夫为直辖第一混成旅旅长令（一九二四年五月九日）………… 526

核复大本营审计处长林翔呈报遵令改处暨启用印信日期令（一九二四年五月十日）

　　…………………………………………………………………………… 527

免黄骚广东造币厂监督令（一九二四年五月十二日）…………………… 527

派梅光培为广东造币厂监督令（一九二四年五月十二日）……………… 527

准任命陈宏毅伍自立分为福安舞凤舰长令（一九二四年五月十二日）… 528

核复广九铁路护路司令周自得呈报就职及启用关防日期令（一九二四年五月十二日）

　　…………………………………………………………………………… 528

核复两广盐运使邓泽如呈报设处视事及启用关防令（一九二四年五月十二日）

　　…………………………………………………………………………… 529

促许崇智迅速就职克日遴员接收粤军现驻各防地财政令

（一九二四年五月十三日刊载） ………………………………………… 529

派邵元冲等三人为法制委员会委员令（一九二四年五月十四日） ……… 530

准刘毅辞粤闽湘军招抚使令（一九二四年五月十四日） ………………… 530

核复潘文治呈告已明令任命陈宏毅伍自立令（一九二四年五月十四日） … 530

核复陆军军官学校校长蒋中正呈报就职及启用关防日期令

　　（一九二四年五月十四日） ………………………………………… 531

核复陆军军官学校中国国民党代表廖仲恺呈报就职及启用印章日期令

　　（一九二四年五月十四日） ………………………………………… 531

任命李济深兼梧州善后处处长令（一九二四年五月十五日） …………… 532

核复粤闽湘军招抚使刘毅呈准其辞职令（一九二四年五月十五日） …… 532

派程潜林翔为财政委员会委员令（一九二四年五月十九日） …………… 532

任命谢无量为特务秘书手令（一九二四年五月十九日） ………………… 533

任命谢无量为大本营特务秘书令（一九二四年五月十九日） …………… 533

派罗镇湘为大本营军事委员令（一九二四年五月二十日） ……………… 534

准蒋尊簋辞中央军需总监令（一九二四年五月二十日） ………………… 534

核复叶恭绰呈报委任劳勉蔡炳分为广东造币分厂总办会办准予备案令

　　（一九二四年五月二十日） ………………………………………… 534

核复中央军需总监蒋尊簋呈准其辞职令（一九二四年五月二十日） …… 535

任命彭介石为大本营参议令（一九二四年五月二十一日） ……………… 535

准杨泰辞大本营参军处少校副官令（一九二四年五月二十一日） ……… 536

派黄昌谷为财政委员会委员令（一九二四年五月二十二日） …………… 536

核复张开儒呈告已明令准少校副官杨泰辞职令（一九二四年五月二十二日） … 536

核复大本营参军长张开儒呈告已明令准杨泰辞职存薪陆续补发令

　　（一九二四年五月二十二日） ……………………………………… 537

核复广东造币厂监督梅光培呈报就职日期令（一九二四年五月二十三日） ……… 537

核复粤军总司令许崇智呈报就职及启用印信日期令（一九二四年五月二十六日）

　　…………………………………………………………………… 538

任命黄昌谷为大本营会计司司长令（一九二四年五月二十七日） ……… 538

任命顾忠琛为北伐讨贼军第四军军长令（一九二四年五月二十七日） …………… 538

任命萧养晦为大本营咨议令（一九二四年五月二十七日） ……………………… 539

任命和炉时为政府商业顾问令（一九二四年五月二十七日） …………………… 539

任命黄仕强张沛为中央税捐整理处正副处长令（一九二四年五月二十七日） …… 540

准黄隆生辞大本营会计司长令（一九二四年五月二十七日） …………………… 540

准任命严宽为大本营参军处少校副官令（一九二四年五月二十七日） ………… 540

核复直辖第一混成旅旅长何克夫呈报就职启用关防日期令

　　（一九二四年五月二十七日） ……………………………………………… 541

核复广东省长杨庶堪呈给假一月并准陈树人代行省署公务令

　　（一九二四年五月二十七日） ……………………………………………… 541

核复黄隆生呈告已明令准免其本职令（一九二四年五月二十七日） …………… 542

核复叶恭绰呈准设处整理税捐并告已明令简任正副处长令

　　（一九二四年五月二十七日） ……………………………………………… 542

令樊钟秀为东路作战军右翼总指挥及作战指导隶属由参谋处定令

　　（一九二四年五月二十八日刊载） ………………………………………… 543

任命杨泰峰为大本营咨议令（一九二四年五月二十八日） ……………………… 543

核复张开儒呈告已明令准任命严宽为参军处少校副官令（一九二四年五月二十八日）

　　………………………………………………………………………………… 543

任命潘文治为海军练习舰队司令令（一九二四年五月三十一日） ……………… 544

派杨瑞亭李子英为大本营出勤委员令（一九二四年五月三十一日） …………… 544

派胡谦为财政委员会委员令（一九二四年五月三十一日） ……………………… 545

任命孙统纲为广东讨贼军别动队司令令（一九二四年六月四日） ……………… 545

饬令潘文治仍兼管福安飞鹰舞凤三舰整理事宜令（一九二四年六月四日） …… 545

任命林直勉为大本营秘书令（一九二四年六月七日） …………………………… 546

任命王懋功为大本营参军令（一九二四年六月七日） …………………………… 546

任命邹鲁为广东大学校长令（一九二四年六月九日） …………………………… 547

为派邹鲁任处理俄国部分庚款委员会成员及先由易培基代行其职致加拉罕函

　　（一九二四年六月九日） …………………………………………………… 547

准黄隆生辞大元帅行营军用票监督令（一九二四年六月十一日）…………… 547

核复大元帅行营军用票监督黄隆生呈告已明令准免其职令（一九二四年六月十一日）

　　…………………………………………………………………………… 548

准杨庶堪辞广东省长令（一九二四年六月十二日）…………………………… 548

特任廖仲恺为广东省长令（一九二四年六月十二日）………………………… 549

核复海军练习舰队司令潘文治呈报就职及启用关防日期令（一九二四年六月十二日）

　　…………………………………………………………………………… 549

核复北伐讨贼军第四军军长顾忠琛呈报接收任状印章及就职日期令

　　（一九二四年六月十二日）……………………………………………… 550

准姚雨平辞广东治河督办令（一九二四年六月十三日）……………………… 550

派林森兼理广东治河督办事宜令（一九二四年六月十三日）………………… 551

任命高杞为大本营咨议令（一九二四年六月十三日）………………………… 551

任命陈贞瑞为大本营咨议令（一九二四年六月十三日）……………………… 551

任命李济深等四人为陆军军官学校职员令（一九二四年六月十三日）……… 552

给何应钦任命状（一九二四年六月十三日）…………………………………… 552

任命何应钦为陆军军官学校总教官状（一九二四年六月十三日）…………… 553

核复蒋中正廖仲恺呈告已明令任命李济深等为陆军军官学校各部主任令

　　（一九二四年六月十四日）……………………………………………… 553

准任命冯轶裴等八人为粤军总司令部职员令（一九二四年六月十四日）…… 554

任命梁鸿楷李福林为粤军第一第三军军长及另五人分为师旅长令

　　（一九二四年六月十四日）……………………………………………… 554

准陈兴汉辞管理粤汉铁路事务令（一九二四年六月十四日）………………… 555

派许崇灏管理粤汉铁路事务令（一九二四年六月十四日）…………………… 555

准任命卢善矩为江固舰舰长令（一九二四年六月十四日）…………………… 555

着周自得兼任管理军车事宜令（一九二四年六月十六日刊载）……………… 556

核复管理粤汉铁路事务陈兴汉呈告已明令准其辞职令（一九二四年六月十六日）

　　…………………………………………………………………………… 556

核复江海警委员长许崇智呈报启用关防日期令（一九二四年六月十六日）……… 556

核复林若时呈告已明令准任命卢善矩为江固舰舰长令（一九二四年六月十六日）

　　·· 557

任命古应芬为经界局督办令（一九二四年六月十七日）　·········· 557

派古应芬兼办广东沙田清理事宜令（一九二四年六月十七日）　········ 558

准任命林振雄等十七人分为陆军军官学校正副主任教官等职务令

　　（一九二四年六月十七日）　·· 558

准任命吕梦熊等四人为陆军军官学校各队队长令（一九二四年六月十七日）　······ 559

免刘成禺大本营宣传委员令（一九二四年六月十七日）　············· 559

任命刘成禺为大本营参议令（一九二四年六月十七日）　············· 559

任命姚雨平为参议手令（一九二四年六月十七日）　················· 560

任命姚雨平为大本营参议令（一九二四年六月十七日）　············· 560

核复粤军总司令许崇智呈告已明令任命各军长师长旅长令（一九二四年六月十七日）

　　·· 561

核复许崇智呈告已明令准任冯轶裴等为粤军总司令部参谋处长等职令

　　（一九二四年六月十七日）　·· 561

任命刘成禺为大本营参议状（一九二四年六月十七日）　············· 562

派胡谦郑洪年经理大本营军需处事宜令（一九二四年六月十九日）　····· 562

核复谭延闿呈报湘军总司令部一切事宜由岳森代拆代行准予备案令

　　（一九二四年六月十九日）　·· 562

核复卸管理粤汉铁路事务陈兴汉呈报移交日期准予备案令（一九二四年六月二十日）

　　·· 563

任命蒋中正兼粤军总司令部参谋长状（一九二四年六月二十三日刊载）　····· 563

核复广东省长廖仲恺呈报就职日期令（一九二四年六月二十三日）　····· 564

核复广东治河督办林森呈报就职日期令（一九二四年六月二十三日）　····· 564

任命萧炳章为大本营参议令（一九二四年六月二十四日）　··········· 564

任命林赤民等三人为大本营咨议令（一九二四年六月二十四日）　······· 565

任命陈其瑗为广东财政厅厅长令（一九二四年六月二十四日）　········ 565

准郑洪年辞广东财政厅长兼职令（一九二四年六月二十四日）　········ 566

准免廖朗如财政委员会秘书长令（一九二四年六月二十四日）……………… 566

准派姜和椿等四人为财政委员会秘书令（一九二四年六月二十四日）………… 566

派廖朗如李承翼分为财政委员会总副干事令（一九二四年六月二十四日）……… 567

核复郑洪年呈告已明令发表准其辞广东财政厅长兼职令（一九二四年六月二十四日）

　　………………………………………………………………………………… 567

准免陆仲履财政部佥事本职令（一九二四年六月二十五日）………………… 568

准邵元冲辞法制委员会委员令（一九二四年六月二十五日）………………… 568

准林云陔辞法制委员会委员令（一九二四年六月二十五日）………………… 568

准陈兴汉辞财政委员会委员令（一九二四年六月二十五日）………………… 569

核复叶恭绰廖仲恺呈告廖朗如等已分别任免令（一九二四年六月二十五日）…… 569

核复叶恭绰呈告已明令准免陆仲履本职令（一九二四年六月二十五日）………… 570

核复何成濬呈不准辞直辖福建各军总指挥令（一九二四年六月二十六日）……… 570

核复许崇智转呈粤军参谋长蒋中正就职日期令（一九二四年六月二十六日）…… 571

核复陈兴汉呈告已明令准其辞财政委员会委员令（一九二四年六月二十六日）

　　………………………………………………………………………………… 571

任命古应芬为经界局督办状（一九二四年六月二十七日刊载）…………… 571

派古应芬兼办广东沙田清理事宜状（一九二四年六月二十七日刊载）……… 572

核复广东大学校长邹鲁呈报就职启用关防日期令（一九二四年六月二十七日）

　　………………………………………………………………………………… 572

派廖仲恺等三人为财政委员会委员令（一九二四年六月二十八日）………… 572

准任命王南微郑炳烜各为陆军军官学校国文及技术教官令

　　（一九二四年六月二十八日）……………………………………………… 573

准任命程滨等四人分为大本营参谋处少校参谋等职务令（一九二四年六月二十九日）

　　………………………………………………………………………………… 573

核复蒋中正呈谕俄顾问四员应由陆军军官学校函聘并已准任命王南微等令

　　（一九二四年六月三十日）………………………………………………… 574

准陈兴汉辞兼代广九铁路局长令（一九二四年七月一日）………………… 574

任命周自得兼广九铁路局长令（一九二四年七月一日）…………………… 575

准任命徐坚等四人为陆军军官学校特别官佐令（一九二四年七月二日）⋯⋯⋯⋯ 575

准任命金汉生为财政部佥事令（一九二四年七月二日）⋯⋯⋯⋯⋯⋯⋯⋯⋯⋯ 575

任命李景纲杨子毅为财政部参事及赋税局长令（一九二四年七月二日）⋯⋯⋯ 576

准免杨子毅李景纲本职令（一九二四年七月二日）⋯⋯⋯⋯⋯⋯⋯⋯⋯⋯⋯⋯ 576

任赵超为参军手令（一九二四年七月二日）⋯⋯⋯⋯⋯⋯⋯⋯⋯⋯⋯⋯⋯⋯⋯ 577

任命赵超为大本营参军令（一九二四年七月二日）⋯⋯⋯⋯⋯⋯⋯⋯⋯⋯⋯⋯ 577

核复冯伟呈准给假并委司徒莹代行广东无线电报局局务令（一九二四年七月二日）
　　⋯⋯⋯⋯⋯⋯⋯⋯⋯⋯⋯⋯⋯⋯⋯⋯⋯⋯⋯⋯⋯⋯⋯⋯⋯⋯⋯⋯⋯⋯ 577

准任命林君复为盐务署秘书令（一九二四年七月三日）⋯⋯⋯⋯⋯⋯⋯⋯⋯⋯ 578

准任命黄元彬等三人为盐务署秘书令（一九二四年七月三日）⋯⋯⋯⋯⋯⋯⋯ 578

核复蒋中正廖仲恺呈准通饬军政各机关不准录用吕梦雄令（一九二四年七月三日）
　　⋯⋯⋯⋯⋯⋯⋯⋯⋯⋯⋯⋯⋯⋯⋯⋯⋯⋯⋯⋯⋯⋯⋯⋯⋯⋯⋯⋯⋯⋯ 579

任命谢英伯等三人为大本营参议令（一九二四年七月四日）⋯⋯⋯⋯⋯⋯⋯⋯ 579

任命丁超五等四人为大本营咨议令（一九二四年七月四日）⋯⋯⋯⋯⋯⋯⋯⋯ 580

核复叶恭绰呈告已明令分别任命杨子毅等令（一九二四年七月四日）⋯⋯⋯⋯ 580

核复大本营经界局督办兼办广东沙田清理事宜古应芬呈报就职及接收日期令
　　（一九二四年七月四日）⋯⋯⋯⋯⋯⋯⋯⋯⋯⋯⋯⋯⋯⋯⋯⋯⋯⋯⋯⋯ 580

准马伯麟辞长洲要塞司令令（一九二四年七月七日）⋯⋯⋯⋯⋯⋯⋯⋯⋯⋯⋯ 581

任命蒋中正兼长洲要塞司令令（一九二四年七月七日）⋯⋯⋯⋯⋯⋯⋯⋯⋯⋯ 581

派林森为太平洋粮食保存会委员令（一九二四年七月七日）⋯⋯⋯⋯⋯⋯⋯⋯ 582

核复陈兴汉呈告已明令准其辞兼代广九铁路局局长令（一九二四年七月七日）
　　⋯⋯⋯⋯⋯⋯⋯⋯⋯⋯⋯⋯⋯⋯⋯⋯⋯⋯⋯⋯⋯⋯⋯⋯⋯⋯⋯⋯⋯⋯ 582

准何家猷辞广东电政监督兼广州电报局局长令（一九二四年七月八日）⋯⋯⋯ 582

任命黄桓为广东电政监督兼广州电报局局长令（一九二四年七月八日）⋯⋯⋯ 583

免黄桓广东电话总局局长令（一九二四年七月八日）⋯⋯⋯⋯⋯⋯⋯⋯⋯⋯⋯ 583

委任陆云志为广东电话总局局长令（一九二四年七月八日）⋯⋯⋯⋯⋯⋯⋯⋯ 584

派谢瀛洲为法制委员会委员令（一九二四年七月八日）⋯⋯⋯⋯⋯⋯⋯⋯⋯⋯ 584

核复叶恭绰呈告已有明令任命林君复为盐务署秘书令（一九二四年七月九日）

．．　584

核复叶恭绰呈告已有明令任命黄元彬等为盐务署秘书令（一九二四年七月九日）

．．　585

任命蒋作宾等三人为大本营参议令（一九二四年七月十日）．．．．．．．．．．．．．　585

任命张拱辰陈保群为大本营咨议令（一九二四年七月十日）．．．．．．．．．．．．．　586

派朱道南为大本营出勤委员令（一九二四年七月十日）．．．．．．．．．．．．．．．．．　586

任命张鉴藻等三人为直辖滇军军需正副监令（一九二四年七月十日）．．．．．．．　586

核复马伯麟呈告已明令准免其长洲要塞司令令（一九二四年七月十日）．．．．．．．．．　587

准免陈敬汉盐务署秘书兼职令（一九二四年七月十一日）．．．．．．．．．．．．．．．．．　587

聘穆赖尔为教官范望为翻译暂以六个月为限口谕（一九二四年七月十二日刊载）

．．　588

准任命李之腴为盐务署秘书令（一九二四年七月十二日）．．．．．．．．．．．．．．．．．　588

准派曾镛为大本营军需处参事令（一九二四年七月十二日）．．．．．．．．．．．．．．．．．　588

准派黄启元等五人为大本营军需处副官及科长令（一九二四年七月十二日）．．．．．　589

准任命郭敏卿为大本营参军处少校副官令（一九二四年七月十二日）．．．．．．．．．．．　589

任李其芳为大本营医官手令（一九二四年七月十二日）．．．．．．．．．．．．．．．．．　590

任命李其芳为大本营医官令（一九二四年七月十二日）．．．．．．．．．．．．．．．．．　590

准任命陆福廷甘乃光为陆军军官学校军事学教官及英文秘书令

　　（一九二四年七月十二日）．．．．．．．．．．．．．．．．．．．．．．．．．．．．．．．．．．．　590

核复杨希闵呈告已任命直辖滇军军需正副监令（一九二四年七月十二日）．．．．．．．．　591

委任麦仲勤为秘书处电报室主任令（一九二四年七月十四日）．．．．．．．．．．．．．．．　591

委任姚荣森等七人为秘书处电报室电报员令（一九二四年七月十四日）．．．．．．．．．　592

委任陈大典等四人为秘书处电报室翻译员令（一九二四年七月十四日）．．．．．．．．．　592

任命庄庶管为大本营咨议令（一九二四年七月十五日）．．．．．．．．．．．．．．．．．　592

派陈玉麟为大本营出勤委员令（一九二四年七月十五日）．．．．．．．．．．．．．．．．．　593

核复胡谦郑洪年呈告已另有明令准派曾镛为参事令（一九二四年七月十五日）

．．　593

核复胡谦郑洪年呈告已有明令发表黄启元等为军需处副官及科长令

（一九二四年七月十五日）　………………………………………………　594

核复张开儒呈告另有明令任命郭敏卿为少校副官令（一九二四年七月十五日）

　………………………………………………………………………………　594

核复蒋中正呈告另有明令任命陆福廷甘乃光为军事学教官及英文秘书令

　　（一九二四年七月十五日）　…………………………………………　595

派蒋中正汪兆铭许崇智分为各军军事政治训练及筹画广州防卫委员长并由各军选

　　派委员谕（一九二四年七月十五日）　………………………………　595

为转饬知照潘文治准给其假二十日给许崇智的训令（一九二四年七月十六日）

　………………………………………………………………………………　596

核复卸广东电政监督兼广州电报局长何家猷呈报卸事日期令

　　（一九二四年七月十六日）　…………………………………………　596

准麦仲勤呈请加委秘书处电报室职员令（一九二四年七月十六日）　………　597

派宋子文等六人为税制整理委员会委员另一人为秘书令

　　（一九二四年七月十九日刊载）　……………………………………　597

准廖湘芸辞虎门要塞司令令（一九二四年七月十九日）　…………………　597

任命陈肇英为虎门要塞司令令（一九二四年七月十九日）　………………　598

任命黄实为直辖第一军参谋长令（一九二四年七月二十一日）　…………　598

核复许崇智呈告已明令任命陈肇英为虎门要塞司令令（一九二四年七月二十二日）

　………………………………………………………………………………　599

核复朱培德呈告已明令任命黄实为直辖第一军参谋长令（一九二四年七月二十二日）

　………………………………………………………………………………　599

核复许崇智呈报兼长洲要塞司令蒋中正视事及启用印信日期令

　　（一九二四年七月二十三日）　………………………………………　600

任命余和鸿为大本营咨议令（一九二四年七月二十八日）　………………　600

派汪啸涯为大本营出勤委员令（一九二四年七月二十八日）　……………　601

核复北江商运局局长韦荣熙呈缴关防小章核销令（一九二四年七月二十八日）

　………………………………………………………………………………　601

批张静江称病请辞职函（一九二四年七月）　………………………………　601

任命陶澄孝余鹤松为大本营咨议令（一九二四年八月一日）·····················602

准任李思辕为经界局总务处处长令（一九二四年八月一日）·················602

准免宋荣昌陆军军官学校军医部主任令（一九二四年八月一日）·············602

准任李其芳为陆军军官学校军医部主任令（一九二四年八月一日）···········603

任命宋子文黄隆生为中央银行正副行长令（一九二四年八月二日）···········603

核复蒋中正呈告已明令准免宋荣昌陆军军官学校军医部主任由李其芳充补令

　　（一九二四年八月二日）······································604

着李其芳往驻黄埔军校训练救护队令（一九二四年八月二日）·············604

核复古应芬呈告已明令照准任命李思辕为经界局总务处处长令

　　（一九二四年八月四日）······································605

派陆嗣曾为法制委员会委员令（一九二四年八月五日）·················605

准任命招桂章为粤军总司令部舰务处处长令（一九二四年八月七日）·········605

准林若时辞广东海防司令令（一九二四年八月七日）···················606

核复林若时呈告已明令准免其本职令（一九二四年八月七日）·············606

核复粤军总司令许崇智呈告准裁撤广东海防司令部已明令任命招桂章令

　　（一九二四年八月七日）······································607

准任命张子丹为大本营会计司统计科主任令（一九二四年八月七日）·········607

准赵士养辞大本营会计司统计科主任令（一九二四年八月七日）···········608

准调任邓士章等三人分为广东兵工厂处长及工程师令（一九二四年八月七日）

　　···608

委任军政部副部长胡谦暂行兼理广九军车处事宜（一九二四年八月七日）······609

任命陈光祖陈威廉为大本营咨议令（一九二四年八月八日刊载）···········609

任命林丽生为中央银行副行长令（一九二四年八月八日刊载）·············609

准任命陆耀文林凤生各为经界局调查及测丈处处长令（一九二四年八月八日）

　　···610

派胡汉民等七人为中央银行董事令（一九二四年八月八日）···············610

核复黄昌谷呈告已明令任免会计司统计科主任令（一九二四年八月八日）······611

核复程潜呈告已明令准调任邓士章等为广东兵工厂工务处处长等职令

（一九二四年八月八日）···611

核复古应芬呈告已明令准任命陆耀文林凤生为经界局调查及测丈处处长令

　　（一九二四年八月九日）···612

派杜墨林为大本营出勤委员令（一九二四年八月十一日）···············612

任命梁龙为大理院庭长令（一九二四年八月十四日）·····················613

核复宋子文呈报就任中央银行行长及该行开幕日期令（一九二四年八月十五日）

　　···613

不准鲁涤平呈辞禁烟督办令（一九二四年八月十五日）···················613

派胡汉民等五人审查哪威运载军火船案令（一九二四年八月十六日）·······614

准免沈欣吾徐承燠财政部秘书及佥事令（一九二四年八月二十一日）·······614

准任命胡奂为财政部秘书令（一九二四年八月二十一日）·················615

准任周骏声为财政部佥事令（一九二四年八月二十一日）·················615

核复叶恭绰呈告已明令任免财政部秘书佥事令（一九二四年八月二十二日）······615

特派胡汉民等三人为军事委员会委员令（一九二四年八月二十三日刊载）·······616

特派杨希闵等五人为大本营军事委员会委员令（一九二四年八月二十三日刊载）

　　···616

免卢振柳大本营卫士队长兼职令（一九二四年八月二十三日）·············616

任命邓彦华为大本营卫士队长令（一九二四年八月二十三日）·············617

委任陈廷诗为大本营秘书处书记官令（一九二四年八月二十三日）·········617

着管理粤汉铁路事务许崇灏即停职听候查办令（一九二四年八月二十五日）······617

派陈兴汉管理粤汉铁路事务令（一九二四年八月二十五日）···············618

准郑洪年辞盐务署署长兼职令（一九二四年八月二十七日）···············618

准免黄建勋参事及黄仕强中央税捐整理处处长令（一九二四年八月二十七日）

　　···619

任命黄仕强为大本营财政部参事令（一九二四年八月二十七日）···········619

任命黄建勋为盐务署署长令（一九二四年八月二十七日）·················619

核复叶恭绰呈告已明令分别任免准辞盐务署长及参事令（一九二四年八月二十七日）

　　···620

派蒋介石等七人为平枭局委员手令（一九二四年八月二十七日）　⋯⋯⋯⋯⋯　620

任命邓彦华为大本营参军令（一九二四年八月二十八日）　⋯⋯⋯⋯⋯　621

准鲁涤平辞禁烟督办令（一九二四年八月三十日）　⋯⋯⋯⋯⋯⋯⋯⋯⋯　621

特派谢国光为禁烟督办令（一九二四年八月三十日）　⋯⋯⋯⋯⋯⋯⋯⋯　621

派李卓峰等八人为铜鼓开埠筹备委员令（一九二四年九月一日）　⋯⋯⋯　622

核复鲁涤平呈准其辞禁烟督办并另派谢国光接任令（一九二四年九月一日）　⋯　622

批农品展览会筹备委员会秘书长函呈准派任廖仲恺为该会委员长谕

　　（一九二四年九月二日刊载）　⋯⋯⋯⋯⋯⋯⋯⋯⋯⋯⋯⋯⋯⋯⋯⋯⋯　623

准林森等会呈派铜鼓开埠筹备委员令（一九二四年九月二日）　⋯⋯⋯⋯　623

准雷飚缪笠仁辞禁烟督办署总务厅长及督察处长令（一九二四年九月四日）　⋯　623

准龙廷杰等三人辞禁烟督办署科长及秘书令（一九二四年九月四日）　⋯⋯　624

核复鲁涤平呈告已明令准雷飚等人辞禁烟督办署总务厅长等职令

　　（一九二四年九月四日）　⋯⋯⋯⋯⋯⋯⋯⋯⋯⋯⋯⋯⋯⋯⋯⋯⋯⋯⋯　624

核复禁烟督办谢国光呈报就职日期令（一九二四年九月四日）　⋯⋯⋯⋯　625

特派谢国光为禁烟督办状（一九二四年九月五日刊载）　⋯⋯⋯⋯⋯⋯⋯　625

派吴煦泉为大本营出勤委员令（一九二四年九月五日）　⋯⋯⋯⋯⋯⋯⋯　625

任命马素为秘书专理对外宣传事宜手令（一九二四年九月五日）　⋯⋯⋯　626

任命马素为大本营秘书令（一九二四年九月六日）　⋯⋯⋯⋯⋯⋯⋯⋯⋯　626

免冯伟广东无线电报总局局长令（一九二四年九月六日）　⋯⋯⋯⋯⋯⋯　626

派陈宜禧为筹办铜鼓商埠委员手令（一九二四年九月六日）　⋯⋯⋯⋯⋯　627

任命江天柱为北伐讨贼军第四军参谋长令（一九二四年九月八日）　⋯⋯⋯　627

免李伯恺大本营秘书令（一九二四年九月八日）　⋯⋯⋯⋯⋯⋯⋯⋯⋯⋯　627

派李伯恺为大本营宣传委员令（一九二四年九月八日）　⋯⋯⋯⋯⋯⋯⋯　628

核复管理粤汉铁路事务陈兴汉呈报就职视事日期令（一九二四年九月八日）　⋯　628

派谢国光陈兴汉为财政委员会委员令（一九二四年九月九日）　⋯⋯⋯⋯　629

任命高冠吾为大本营咨议令（一九二四年九月十日）　⋯⋯⋯⋯⋯⋯⋯⋯　629

核复卸禁烟督办鲁涤平呈报交卸日期令（一九二四年九月十日）　⋯⋯⋯　629

指定叶恭绰为驻浙代表令（一九二四年九月十日）　⋯⋯⋯⋯⋯⋯⋯⋯⋯　630

免廖仲恺广东省长令（一九二四年九月十二日）　·················　630

特任胡汉民兼广东省长令（一九二四年九月十二日）　·················　630

免叶恭绰财政部长令（一九二四年九月十二日）　·················　631

特任廖仲恺为大本营财政部长令（一九二四年九月十二日）　·········　631

特任廖仲恺兼军需总监令（一九二四年九月十二日）　·················　632

准任黄裳等五人为禁烟督办署各科科长令（一九二四年九月十二日）　·····　632

免谢无量大本营特务秘书令（一九二四年九月十二日）　·················　632

任命谢无量为大本营参议令（一九二四年九月十二日）　·················　633

准陈其瑗辞广东财政厅长令（一九二四年九月十二日）　·················　633

着廖仲恺兼领广东财政厅长令（一九二四年九月十二日）　·············　634

着吴铁城兼理大本营参军处事宜令（一九二四年九月十二日）　·········　634

特派胡汉民留守广东代行大元帅职权令（一九二四年九月十三日）　·····　634

为令知特派胡汉民留守广东代行大元帅职权并启用大元帅印给程潜等人的训令

　　（一九二四年九月十三日）　·················　635

核复谢国光呈告已明令准予任命所荐科长令（一九二四年九月十三日）　···　636

核复陈其瑗呈告已明令准其辞职并简员接替令（一九二四年九月十三日）　··　636

准陈树人辞广东政务厅长令（一九二四年九月十五日）　·················　636

任命李文范为广东政务厅长令（一九二四年九月十五日）　·············　637

任命林云陔为大本营秘书令（一九二四年九月十五日）　·················　637

任命祁耿寰陈民钟为大本营参军令（一九二四年九月十六日）　·········　638

任命余维谦为大本营参谋处军事参议令（一九二四年九月十六日）　·····　638

准免戴恩赛梧州关监督兼外交部特派广西交涉员令（一九二四年九月十六日）

　　·················　638

任命林子峰为梧州关监督兼外交部特派广西交涉员令（一九二四年九月十六日）

　　·················　639

着余维谦暂行兼代大本营参谋处主任令（一九二四年九月十六日）　·····　639

核复邓泽如呈谕以北江盐务督运专员毋庸大元帅加委令（一九二四年九月十六日）

　　·················　640

准任徐天深为参军处上校副官及另四人为少校副官令（一九二四年九月十七日）

　　………………………………………………………………………… 640

核复兼理大本营参军处事宜吴铁城呈报视事日期令（一九二四年九月十八日）

　　………………………………………………………………………… 641

核复吴铁城呈告已明令分别任命徐天源等为大本营参军处副官令

　　（一九二四年九月十八日）………………………………………… 641

咨唐继尧请宣布就副元帅职以慰众望文（一九二四年九月十八日） 642

准任蔡汉升为大本营运输委员令（一九二四年九月十九日）……… 642

着撤销查办许崇灏令（一九二四年九月二十日）…………………… 643

核复叶恭绰伍朝枢会呈告已明令准戴恩赛辞职并简任林子峰令

　　（一九二四年九月二十日）………………………………………… 643

核复吴铁城呈告已明令照准任命蔡汉升为大本营运输委员令

　　（一九二四年九月二十日）………………………………………… 644

特任古应芬为财政部长兼广东财政厅长手令（一九二四年九月二十二日）……… 644

特任古应芬为中央军需总监手令（一九二四年九月二十二日）……… 644

准廖仲恺辞大本营财政部长兼领广东财政厅长令（一九二四年九月二十三日）

　　………………………………………………………………………… 645

特任古应芬为大本营财政部长兼广东财政厅长令（一九二四年九月二十三日）

　　………………………………………………………………………… 645

准廖仲恺辞军需总监令（一九二四年九月二十三日）……… 646

特任古应芬为军需总监令（一九二四年九月二十三日）……… 646

准杨志章辞大本营财政部秘书令（一九二四年九月二十三日）……… 646

准任黄乃铺为大本营财政部秘书令（一九二四年九月二十三日）……… 647

核复叶恭绰呈告已明令准予任免大本营财政部秘书令（一九二四年九月二十三日）

　　………………………………………………………………………… 647

核复郑润琦呈缴注销直辖广东讨贼军第三师师长旧印令（一九二四年九月二十四日）

　　………………………………………………………………………… 648

准曾西盛呈辞安抚委员令（一九二四年九月二十五日）……… 648

任命赖天球为大本营参谋处谍报局长令（一九二四年九月二十七日）……………… 649

准任张惠臣毛如璋为大本营参军处三等军医正令（一九二四年九月二十八日）

　　……………………………………………………………………………………… 649

聘任张开儒为大本营高等顾问手谕（一九二四年九月二十九日前）……………… 649

特任张开儒为大本营高等顾问令（一九二四年九月二十九日）…………………… 650

核复兼理大本营参军处事宜吴铁城呈告已明令准任命张惠臣等为该处三等军医正

　　令（一九二四年九月二十九日）………………………………………………… 650

简任方声涛代理大本营参谋部长令（一九二四年九月三十日刊载）……………… 651

任命冯宝森练炳章各为粤军第一第三军军司令部参谋长令（一九二四年九月三十日）

　　……………………………………………………………………………………… 651

核复许崇智呈告已明令任命粤军第一军第三军军部参谋长令

　　（一九二四年九月三十日）……………………………………………………… 652

不准马超俊辞广东兵工厂厂长批（一九二四年十月三日刊载）…………………… 652

核复广东全省民团督办李福林呈报就职日期令（一九二四年十月三日）………… 652

特任方声涛代理大本营参谋长令（一九二四年十月四日）………………………… 653

特任谭延闿兼建国军北伐总司令令（一九二四年十月四日）……………………… 653

慰留马超俊广东兵工厂厂长谕（一九二四年十月六日刊载）……………………… 654

特任程潜为建国军攻鄂总司令令（一九二四年十月六日）………………………… 654

任命孙绍尧为赣南善后委员会委员长令（一九二四年十月六日）………………… 654

任命林支宇为赣鄂宣抚使令（一九二四年十月八日）……………………………… 655

准任谭璟等六人为禁烟督办署秘书令（一九二四年十月八日）…………………… 655

核复谢国光呈告已明令准任谭璟曹惠等六员为禁烟督办署秘书令

　　（一九二四年十月八日）………………………………………………………… 655

特任古应芬兼盐务督办令（一九二四年十月九日）………………………………… 656

特任许崇智兼军政部长令（一九二四年十月九日）………………………………… 656

准任叶次周等三人分为财政部秘书及科长令（一九二四年十月九日）…………… 657

准任岑念慈为财政部秘书令（一九二四年十月九日）……………………………… 657

免郑洪年财政部次长兼盐务署长令（一九二四年十月九日）……………………… 657

任命林云陔兼代财政部次长兼盐务署长令（一九二四年十月九日）…………… 658

免胡谦军政部军务局长及代理军政部次长令（一九二四年十月九日）………… 658

着免程潜军政部长令（一九二四年十月九日）……………………………………… 659

准胡鲁等四人辞财政部秘书或佥事令（一九二四年十月九日）………………… 659

免叶恭绰本职令（一九二四年十月九日）………………………………………… 659

准李承翼辞财政部泉币局长令（一九二四年十月九日）………………………… 660

准徐绍桢呈续病假三星期暂由陈树人代行内政部部务令（一九二四年十月九日）

　　……………………………………………………………………………………… 660

核复叶恭绰呈告李承翼等已有明令准予免职令（一九二四年十月九日）………… 661

核复古应芬呈告已明令准任叶次周等分为财政部秘书及科长令

　　（一九二四年十月九日）……………………………………………………… 661

核复古应芬呈告已明令准任岑念慈为财政部秘书令（一九二四年十月九日）… 662

核复广东省长胡汉民呈报就职日期令（一九二四年十月十一日）……………… 662

核复胡汉民转呈李文范就政务厅长职令（一九二四年十月十一日）…………… 663

核复财政部长古应芬呈报就职日期令（一九二四年十月十一日）……………… 663

核复兼广东财政厅长古应芬呈报就职日期令（一九二四年十月十一日）……… 663

免傅秉常海关监督兼职并任命罗桂芳为海关监督手令（一九二四年十月十一日）

　　……………………………………………………………………………………… 664

派陈友仁等三人为收取关余全权委员手令（一九二四年十月十一日）………… 664

特派许崇智等六人为革命委员会全权委员令（一九二四年十月十一日）……… 665

聘任鲍罗庭为革命委员会顾问状（一九二四年十月十一日）…………………… 665

准免黄梦熊大本营参军处上校副官令（一九二四年十月十二日）……………… 665

准黄松俦升任大本营参军处少校副官令（一九二四年十月十二日）…………… 666

核复吴铁城呈告已明令准免黄梦熊本职令（一九二四年十月十二日）………… 666

准王焕龙辞大本营参军处少校副官令（一九二四年十月十三日）……………… 667

任命宋鹤庚等四人分为建国军北伐中央总指挥及左右翼与先遣队指挥令

　　（一九二四年十月十三日）……………………………………………………… 667

任命何成濬等五人分为建国军北伐总司令部参谋长及各指挥部参谋长令

（一九二四年十月十三日）·················· 668

核复吴铁城呈告已明令分别任免王焕龙黄松俦令（一九二四年十月十三日）······ 668

核复福建建国军总司令方声涛呈报就职及启用印信日期令（一九二四年十月十三日）

·················· 669

准黎泽闿呈辞广东地方善后委员令（一九二四年十月十三日）·········· 669

任命曾杰为赣边先遣队司令令（一九二四年十月十四日）·········· 670

任命井岳秀为直辖陕西讨贼军临时总指挥状（一九二四年十月十四日）·········· 670

广州事变未平定期内所有军队统归蒋中正指挥及廖仲恺谭平山各为正副监察令

（一九二四年十月十四日）·················· 670

准傅秉常辞粤海关监督令（一九二四年十月十五日）·········· 671

任命罗桂芳为粤海关监督令（一九二四年十月十五日）·········· 671

派吴枬为广东西江十九县禁烟总局局长令（一九二四年十月十五日）·········· 672

核复谢国光呈告另有明令简派西江十九县禁烟总局局长令（一九二四年十月十五日）

·················· 672

任命何成濬为湖北招讨使令（一九二四年十月十八日）·········· 672

准李朗如呈辞财政委员会委员并涂销派状令（一九二四年十月十八日）·········· 673

任张继等五人为军事委员令（一九二四年十月十九日）·········· 673

特派徐谦等三人分为冯玉祥等三军慰问使令（一九二四年十月十九日）·········· 674

致谢持任命张继等五人为军事委员电（一九二四年十月十九日）·········· 674

为着马超俊交代后赴韶并任黄骚代理兵工厂厂长致胡汉民电

（一九二四年十月十九日）·················· 674

派章烈为大本营出勤委员令（一九二四年十月二十日）·········· 675

免马超俊广东兵工厂厂长职并听候查办令（一九二四年十月二十日）·········· 675

任命黄骚代理广东兵工厂厂长令（一九二四年十月二十日）·········· 675

准派李藩国为北江盐务督运处专员令（一九二四年十月二十日）·········· 676

核复伍学熀呈建设部务暂派李卓峰代行准予备案令（一九二四年十月二十日）

·················· 676

核复古应芬呈告已明令准派李藩国为北江盐务督运处专员令

（一九二四年十月二十日） ·················· 677

核复古应芬呈告已明令准免其军需总监兼职令（一九二四年十月二十日） ········ 677

核复朱培德呈告已明令晋授黄实为陆军中将令（一九二四年十月二十日） ········ 678

晋授黄实为陆军中将令（一九二四年十月二十一日） ·················· 678

准古应芬辞军需总监兼职令（一九二四年十月二十一日） ·················· 678

准免林志华大本营参军处少校副官令（一九二四年十月二十一日） ········ 679

准任命陈言为参军处少校副官令（一九二四年十月二十一日） ·················· 679

准任命陈翊忠等七人为赣南善后委员会委员令（一九二四年十月二十一日） ····· 680

派王棠暂代粤汉铁路事务状（一九二四年十月二十一日） ·················· 680

核复吴铁城呈告已明令分别任免大本营参军处副官令（一九二四年十月二十二日）

················· 681

核复孔绍尧呈告已明令准任陈翊忠等七人为赣南善后委员会委员令

（一九二四年十月二十二日） ·················· 681

派王用宾为直军慰问使状（一九二四年十月二十二日） ·················· 682

任命李卓峰代理建设部次长仍兼工商局局长令（一九二四年十月二十三日） ····· 682

核复林森呈告已任命李卓峰代理建设部次长仍兼工商局局长令

（一九二四年十月二十四日） ·················· 682

核复兼代财政部次长林云陔呈报就职日期令（一九二四年十月二十五日） ····· 683

任命李铎等六人分为建国军攻鄂总司令部参谋处长等职令

（一九二四年十月二十六日） ·················· 683

特任胡谦为中央军需总监令（一九二四年十月二十七日） ·················· 684

核复建国军攻鄂总司令程潜呈报就职及启用印信日期令（一九二四年十月二十八日）

················· 684

核复谢国光转据西江十九县禁烟总局局长吴枬呈报视事及启用关防日期令

（一九二四年十月二十八日） ·················· 685

免罗桂芳粤海关监督令（一九二四年十一月一日） ·················· 685

任命范其务为粤海关监督令（一九二四年十一月一日） ·················· 686

任命谢心准为大本营秘书专管电报事务手令（一九二四年十一月二日） ·········· 686

着郑校之交留守府任用令（一九二四年十一月二日）　………………………　686

黄昌谷谢心准为秘书林直勉为会计司长手谕（一九二四年十一月三日前）　………　687

免黄昌谷大本营会计司司长令（一九二四年十一月三日）　…………………………　687

任命黄昌谷为大本营秘书令（一九二四年十一月三日）　………………………………　687

任命林直勉兼大本营会计司司长令（一九二四年十一月三日）　………………………　688

准徐绍桢辞大本营内政部长令（一九二四年十一月三日）　……………………………　688

派内政部次长杨西岩代理部务令（一九二四年十一月三日）　…………………………　688

着吴铁城兼代理卫队长手令（一九二四年十一月三日）　………………………………　689

着谭延闿全权办理所有大本营北伐事宜北伐各军概归节制调遣令

　　（一九二四年十一月四日）　………………………………………………………　689

派张民达兼广东兵工厂监督令（一九二四年十一月四日）　……………………………　690

特任刘震寰为广西省长令（一九二四年十一月五日）　…………………………………　690

准李缮国辞北江盐务督运处专员令（一九二四年十一月六日）　………………………　690

准派廖燮为北江盐务督运处专员令（一九二四年十一月六日）　………………………　691

派马耿光为大本营出勤委员令（一九二四年十一月六日）　……………………………　691

核复胡汉民呈李福林辞广东警务处处长以吴铁城接充令（一九二四年十一月六日）

　　………………………………………………………………………………………　692

核复古应芬呈告已分别准予任免北江盐务督运处专员令（一九二四年十一月六日）

　　………………………………………………………………………………………　692

核复林森转呈代理建设部次长李卓峰呈报就职日期令（一九二四年十一月六日）

　　………………………………………………………………………………………　693

核复古应芬呈报派烟酒公卖局长航政局正副局长令（一九二四年十一月七日）

　　………………………………………………………………………………………　693

准任命叶子琼为大本营会计司文牍科主任余焯礼为驻韶收支主任令

　　（一九二四年十一月八日）　………………………………………………………　694

派李翊东前往赣州办理要事令（一九二四年十一月八日）　……………………………　694

准任命钟华廷等七人为赣南善后委员会委员令（一九二四年十一月九日）　…………　694

准任命胡芳辉等五人分为虔南等五县知事令（一九二四年十一月九日）　…………　695

核复孔绍尧呈告已明令准任命钟华廷等为赣南善后委员会委员令

　　（一九二四年十一月九日）　·················· 695

核复孔绍尧呈告已明令准任命胡芳辉等为虔南等县知事令（一九二四年十一月九日）

　　··· 696

任命蔡舒为上犹县知事状（一九二四年十一月九日）　············ 696

准吴衍慈郑德铭辞内政部科长令（一九二四年十一月十日）　········· 697

准陈树人辞内政部总务厅长兼侨务局长令（一九二四年十一月十日）　···· 697

准徐希元辞内政部第二局局长令（一九二四年十一月十日）　········· 697

准杨西岩辞内政部次长令（一九二四年十一月十日）　············· 698

任命陈翰誉为参军手令（一九二四年十一月十日）　·············· 698

任命谢适群代理内政部次长仍兼第一局局长令（一九二四年十一月十一日）　····· 699

派代理内政部次长谢适群代理部务令（一九二四年十一月十一日）　····· 699

核复杨西岩呈告已明令准免其职并任命谢适群代理内政部次长令

　　（一九二四年十一月十一日）　··················· 699

核复徐绍桢呈告已明令准免陈树人本兼各职令（一九二四年十一月十一日）　····· 700

核复徐绍桢呈告徐希元等三人均已明令准予免职令（一九二四年十一月十一日）

　　··· 700

任命廖仲恺为大本营参议手令（一九二四年十一月十一日）　········· 701

着廖仲恺等四人任部长及其他职务令（一九二四年十一月十一日）　····· 701

任免吴铁城卢振柳卫士队长手令（一九二四年十一月四日至十二日间）　···· 701

免吴铁城大本营卫士队队长兼职令（一九二四年十一月十二日）　······· 702

任命卢振柳兼大本营卫士队队长令（一九二四年十一月十二日）　······· 702

任命廖仲恺为大本营参议令（一九二四年十一月十二日）　·········· 703

任命冯朝宗为大本营高级参谋令（一九二四年十一月十五日）　········ 703

任命吉名瀛为大本营咨议令（一九二四年十一月十五日）　·········· 703

准葛昆山升为大本营参军处中校副官令（一九二四年十一月十五日）　···· 704

免胡谦中央军需总监本职令（一九二四年十一月十五日）　·········· 704

核复吴铁城呈告已有明令准升葛昆山为中校副官令（一九二四年十一月十五日）

.... 705

核复卸大本营会计司司长黄昌谷呈报交代清楚情形请鉴核令

　　（一九二四年十一月十五日）...................................... 705

准任命杨允恭为大本营参谋处少校副官令（一九二四年十一月十六日）......... 706

任命梁弼群为赣中善后委员会委员长令（一九二四年十一月十七日）......... 706

派林直勉为财政委员会委员令（一九二四年十一月十七日）......... 706

核复伍朝枢呈准傅秉常给假一月令（一九二四年十一月十七日）......... 707

核复程潜呈军政部长未到任前暂派云瀛桥代行令（一九二四年十一月十七日）

　　.. 707

准任命谭炳鉴为禁烟督办署第一科科长令（一九二四年十一月十八日）......... 708

任命罗翼群为大本营军需总局局长令（一九二四年十一月十八日）......... 708

任命任应岐兼建国豫军总指挥令（一九二四年十一月十九日）......... 709

任命任应岐为建国军豫军第一师师长兼第二旅旅长令（一九二四年十一月十九日）

　　.. 709

任命陈青云为建国军豫军第二师师长兼第三旅旅长令（一九二四年十一月十九日）

　　.. 709

任命卢兴邦为福建上游指挥官令（一九二四年十一月十九日）......... 710

免张毅等十一人军职令（一九二四年十一月二十日刊载）......... 710

任命陈新燮为内政部第二局局长令（一九二四年十一月二十日）......... 711

核复内政部次长谢适群呈报就职日期令（一九二四年十一月二十日）......... 711

核复卸内政部长徐绍桢呈报交卸清楚令（一九二四年十一月二十日）......... 711

核复大本营卫士队队长卢振柳呈报就职日期并接管各件令

　　（一九二四年十一月二十日）...................................... 712

任命杨愿公为大本营参议令（一九二四年十一月二十一日）......... 712

核复陈兴汉呈准给假一月并告已令派王棠暂代粤汉铁路事务令

　　（一九二四年十一月二十一日）...................................... 713

派王棠暂行代理粤汉铁路事务令（一九二四年十一月二十二日刊载）......... 713

特任李宗仁为广西全省绥靖处督办令（一九二四年十一月二十四日）......... 713

特任黄绍竑为广西全省绥靖处会办令（一九二四年十一月二十四日）……………… 714

任命钟华廷为定南县知事状（一九二四年十一月二十四日）……………… 714

委任刘培寿为宣言宣传员证书（一九二四年十一月二十四日）……………… 714

革陈天太建国第七军第三师师长令（一九二四年十一月二十六日）……………… 715

核复林森转呈陈兴汉请假一月广三铁路管理局局务由潘鸿图代行令

　　（一九二四年十一月二十六日）……………… 715

核复大本营军需总局局长罗翼群呈报就职及启用印信日期令

　　（一九二四年十一月二十六日）……………… 716

核复管理粤汉铁路事务陈兴汉呈报移交情形令（一九二四年十一月二十六日）

　　……………… 716

核复暂代理粤汉铁路事务王棠呈报就职日期令（一九二四年十一月二十六日）

　　……………… 717

特任赵杰为大本营高等顾问令（一九二四年十一月二十七日）……………… 717

核复谢适群呈准内政部侨务局长由该部次长暂行兼理令

　　（一九二四年十一月二十七日）……………… 717

派王棠为财政委员会委员状（一九二四年十一月二十七日）……………… 718

核复建国滇军总司令杨希闵呈报收到大小印章及启用日期令

　　（一九二四年十一月二十八日）……………… 718

核复建国豫军第二师师长陈青云呈报就职日期令（一九二四年十一月三十日）

　　……………… 719

指定汪精卫等十四人为文武随员手谕（一九二四年十一月）……………… 719

准林直勉辞大本营会计司司长兼职令（一九二四年十二月一日）……………… 719

任命余和鸿为大本营会计司司长令（一九二四年十二月一日）……………… 720

准董福开辞直辖赣军总指挥令（一九二四年十二月一日）……………… 720

任命董福开为大本营参议令（一九二四年十二月一日）……………… 721

任命周雍能为赣军警备司令令（一九二四年十二月一日）……………… 721

任命周雍能为赣军警备司令状（一九二四年十二月一日）……………… 721

准伍大光辞建设部秘书令（一九二四年十二月一日）……………… 722

核复林森呈告已明令准伍大光辞职令（一九二四年十二月一日）……………… 722

核复董福开呈告已明令准免其本职并裁撤直辖赣军总指挥一职令

　　（一九二四年十二月一日）　……………………………………………… 723

准卫鼐辞建设部科长令（一九二四年十二月三日）………………………… 723

任命赵端为大本营咨议令（一九二四年十二月三日）……………………… 723

核复建国桂军第一师师长韦冠英呈报启用新印及销毁旧印令

　　（一九二四年十二月三日）　……………………………………………… 724

核复建国桂军第二师师长严兆丰呈报启用印信日期令（一九二四年十二月三日）

　　………………………………………………………………………………… 724

核复林森呈告已明令准卫鼐辞职令（一九二四年十二月四日）…………… 725

不准粤军第三军军长李福林呈辞本兼各职令（一九二四年十二月四日）… 725

特派范石生为广东全省筹饷总局监督令（一九二四年十二月五日）……… 726

准任命杨允恭为龙南县知事令（一九二四年十二月五日）………………… 726

准任命王紫剑等三人为赣南三县知事及另六人为各县局长令

　　（一九二四年十二月五日）　……………………………………………… 726

派罗翼群梅光培分为广东全省筹饷总局总办会办令（一九二四年十二月五日）

　　………………………………………………………………………………… 727

派谢国光韦冠英为广东全省筹饷总局副监督令（一九二四年十二月五日）… 727

核复建国桂军第四师师长伍毓瑞呈报领到新颁印信及启用日期令

　　（一九二四年十二月五日）　……………………………………………… 728

核复林直勉呈告已明令准免其大本营会计司司长兼职令（一九二四年十二月五日）

　　………………………………………………………………………………… 728

核复孔绍尧呈告另有明令准任命杨允恭为龙南县知事令（一九二四年十二月五日）

　　………………………………………………………………………………… 729

核复孔绍尧呈告王紫剑等另有明令分别任命（一九二四年十二月五日）… 729

任命蒋群为建国军宪兵司令令（一九二四年十二月六日）………………… 730

任命陈翰誉为大本营咨议令（一九二四年十二月八日）…………………… 730

派余和鸿为财政委员会委员令（一九二四年十二月九日）………………… 730

核复建国豫军第二师师长陈青云呈报就职及启用印信日期令

　　（一九二四年十二月十日）　…………………………………………… 731

核复大本营会计司司长余和鸿呈报就职日期令（一九二四年十二月十日）……… 731

仍不准粤军第三军军长李福林呈辞本兼各职令（一九二四年十二月十日）……… 732

任命祁耿寰为建国豫军总指挥部参谋长令（一九二四年十二月十一日）………… 732

准任命张贞为大本营参谋处主任参谋及另十四人为各级参谋令

　　（一九二四年十二月十一日）　…………………………………………… 733

核复方声涛呈告另有明令准任命张贞等令（一九二四年十二月十一日）……… 733

任命林支宇为建国军湘西援鄂第一路总司令令（一九二四年十二月十二日）…… 734

特派谢国光为粤赣边防善后督办令（一九二四年十二月十二日）…………… 734

着陈青云代理建国豫军总指挥令（一九二四年十二月十二日）　…………… 734

核复建国豫军第二师师长陈青云呈报启用印信日期令（一九二四年十二月十二日）

　　…………………………………………………………………………… 735

核复卸兼大本营会计司司长林直勉呈报交卸日期暨交代情形令

　　（一九二四年十二月十二日）　…………………………………………… 735

核复建国军北伐第三军军长胡谦呈报启用新印日期令（一九二四年十二月十二日）

　　…………………………………………………………………………… 736

准黄桓呈辞无线电局兼差令（一九二四年十二月十五日）　………………… 736

任命韦冠英为建国桂军第一军军长令（一九二四年十二月十六日）………… 737

任命伍毓瑞为建国桂军第二军军长令（一九二四年十二月十六日）………… 737

任命刘震寰兼建国桂军第三军军长令（一九二四年十二月十六日）………… 737

任命潘文治为大本营咨议令（一九二四年十二月十七日）　………………… 738

派范石生等四人为财政委员会委员令（一九二四年十二月十七日）………… 738

核复刘震寰呈告已明令任命建国桂军拟编三军军长令（一九二四年十二月十七日）

　　…………………………………………………………………………… 739

准潘文治辞海军练习舰队司令兼管海军三舰整理事宜本兼各职令

　　（一九二四年十二月十八日）　…………………………………………… 739

准任命冯兆霖等三人分为大本营军需总局秘书或科长令（一九二四年十二月十九日）

　　…………………………………………………………………………… 740

任命刘一道为江西筹饷总局总办令（一九二四年十二月二十日）　⋯⋯⋯⋯　740

任命魏会英巢寒青为江西筹饷总局会办令（一九二四年十二月二十日）　⋯⋯⋯　740

派李世军为临时宣传委员证书（一九二四年十二月二十一日）　⋯⋯⋯⋯　741

准田炳章辞飞鹰舰舰长令（一九二四年十二月二十三日）　⋯⋯⋯⋯⋯⋯　741

核复建国滇军第二军军长范石生呈报启用印信日期令（一九二四年十二月二十三日）

　　　⋯⋯⋯⋯⋯⋯⋯⋯⋯⋯⋯⋯⋯⋯⋯⋯⋯⋯⋯⋯⋯⋯⋯⋯⋯　742

核复建国军第一师师长沈健飞呈报就职及启用印信日期令

　　　（一九二四年十二月二十三日）　⋯⋯⋯⋯⋯⋯⋯⋯⋯⋯⋯⋯⋯　742

核复卸海军练习舰队司令兼管海军三舰整理事宜潘文治呈缴关防牙章令

　　　（一九二四年十二月二十四日）　⋯⋯⋯⋯⋯⋯⋯⋯⋯⋯⋯⋯⋯　743

任何家瑞为鄂军总指挥及另四人任职令（一九二四年十二月二十六日刊载）　⋯⋯　743

核复伍朝枢呈报广东特派交涉员傅秉常病愈销假令（一九二四年十二月二十七日）

　　　⋯⋯⋯⋯⋯⋯⋯⋯⋯⋯⋯⋯⋯⋯⋯⋯⋯⋯⋯⋯⋯⋯⋯⋯⋯⋯⋯　743

核复谢国光呈暂行办理禁烟情形并准委任钟忠为禁烟督办署第三科科长令

　　　（一九二四年十二月二十七日）　⋯⋯⋯⋯⋯⋯⋯⋯⋯⋯⋯⋯⋯　744

免陈兴汉管理粤汉铁路事务令（一九二四年十二月二十九日）　⋯⋯⋯⋯　744

免王棠暂代粤汉铁路事务令（一九二四年十二月二十九日）　⋯⋯⋯⋯⋯　745

派林直勉管理粤汉铁路事务令（一九二四年十二月二十九日）　⋯⋯⋯⋯　745

任命潘震亚为赣东善后委员会委员长令（一九二四年十二月三十日）　⋯⋯⋯　745

准任命钟忠为禁烟督办署第三科科长令（一九二四年十二月三十日）　⋯⋯⋯　746

准任刘国祥为广州市联军军警督察处督察长及另五人为督察官令

　　　（一九二五年一月五日）　⋯⋯⋯⋯⋯⋯⋯⋯⋯⋯⋯⋯⋯⋯⋯⋯　746

核复卸大本营经界局督办古应芬呈缴印信小章令（一九二五年一月五日）　⋯⋯　747

核复卸兼办广东沙田清理事宜古应芬呈缴广东沙田清理事宜关防官章令

　　　（一九二五年一月五日）　⋯⋯⋯⋯⋯⋯⋯⋯⋯⋯⋯⋯⋯⋯⋯⋯　747

核复杨希闵呈告已明令准任刘国祥等六人令（一九二五年一月五日）　⋯⋯　748

核复管理粤汉铁路事务林直勉呈报就职日期令（一九二五年一月五日）　⋯⋯　748

核复广州市联军军警督察处督办杨希闵呈报就职日期准予备案令

　　　（一九二五年一月五日）　⋯⋯⋯⋯⋯⋯⋯⋯⋯⋯⋯⋯⋯⋯⋯⋯　749

准廖燮辞北江盐务督运处专员令（一九二五年一月七日）　…………………… 749

准派祝膏如为北江盐务督运处专员令（一九二五年一月七日）　…………………… 750

核复卸禁烟督办谢国光呈报移交清楚缴销关防小章令（一九二五年一月七日）

　　………………………………………………………………………………………… 750

核复古应芬呈告已明令准任命祝膏如令（一九二五年一月七日）　…………………… 750

准林直勉呈照旧设置车务处副总管一职免于裁撤令（一九二五年一月九日）　　… 751

核复广东全省筹饷总局监督范石生呈报该局监督副监督总办会办各员就职日期令

　　（一九二五年一月十三日）　……………………………………………………… 751

准任命陈鼎芬等九人为广东全省筹饷总局职员令（一九二五年一月十六日）　…… 752

核复广东全省筹饷总局总办罗翼群呈告已明令任命该局主任秘书科长各员令

　　（一九二五年一月十六日）　……………………………………………………… 752

着谢星继等三人组织军事委员会决定广宁绥缉上一切军事动作令

　　（一九二五年一月十九日）　……………………………………………………… 753

为着卢振柳即回省并任命谢星继代理前方卫士队长对卢振柳令

　　（一九二五年一月十九日）　……………………………………………………… 753

任命王鸣亚为建国军琼崖军第二路司令状（一九二五年一月二十日）　…………… 754

令中央执行委员会政治委员会移北京以吴敬恒等七人为委员鲍乐廷为顾问谕

　　（一九二五年一月二十六日）　…………………………………………………… 754

任命林俊廷为粤桂边防督办令（一九二五年一月二十七日）　…………………… 754

核复建国赣军警卫军司令欧阳琳呈报启用印信日期令（一九二五年一月三十一日）

　　………………………………………………………………………………………… 755

核复广东筹饷总局督办范石生会办韦冠英呈报移交接管各情令

　　（一九二五年一月三十一日）　…………………………………………………… 755

不准罗翼群呈辞大本营军需总局局长令（一九二五年二月四日）　………………… 756

核复邹鲁呈报广东大学校务委托褚民谊代行准予备案令（一九二五年二月四日）

　　………………………………………………………………………………………… 756

任命余际唐为建国川军第一军军长令（一九二五年二月十二日）　………………… 757

任命汤子模为建国川军第二军军长令（一九二五年二月十二日）　………………… 757

任命林支宇为建国联军湘军第一军总司令令（一九二五年二月十二日）　………… 757

核复建国川军总司令熊克武呈报遵令改编为建国川军并暂刊印信及就职日期令

　　（一九二五年二月十二日）　…………………………………………　758

核复熊克武呈告已明令任命余际唐汤子模令（一九二五年二月十二日）　…………　758

核复熊克武呈告已明令任命林支宇令（一九二五年二月十二日）　……………………　759

核复林森呈督办广东治河事宜派江屏藩代行并准予备案令（一九二五年二月十六日）

　　…………………………………………………………………………　759

核复朱培德呈报启用奉颁新印日期并缴销旧印令（一九二五年二月十六日）　……　760

核复林森呈建设部部务派李卓峰代行并准予备案令（一九二五年二月十六日）

　　…………………………………………………………………………　760

核复建国军粤军第三军军长李福林呈报启用新颁印章日期令

　　（一九二五年二月二十一日）　………………………………………　761

核复程潜呈军政部审计局归并军衡局由邹建廷兼充局长令

　　（一九二五年二月二十四日）　………………………………………　761

核复杨希闵呈广州市联军军警督察处督察官李寅调离改派傅翼接充令

　　（一九二五年二月二十四日）　………………………………………　762

准免岑念慈财政部秘书令（一九二五年二月二十六日）　………………………………　762

准任命陆幼刚为财政部秘书令（一九二五年二月二十六日）　…………………………　763

核复古应芬呈告已明令任免财政部秘书令（一九二五年二月二十六日）　………………　763

核复李福林呈缴粤军第三军军长印章令（一九二五年二月二十六日）　…………………　763

核复杨希闵呈委派刘骅廖鼎铭充任粤路验票委员令（一九二五年三月二日）　……　764

派苏世杰为财政委员会委员令（一九二五年三月五日）　………………………………　764

核复胡汉民古应芬呈告已明令派任苏世杰令（一九二五年三月五日）　…………………　765

核复建国粤军第三师师长郑润琦呈报启用新印日期令（一九二五年三月五日）

　　…………………………………………………………………………　765

准梁桂山辞内政部科长令（一九二五年三月九日）　……………………………………　766

核复谢适群呈告已明令准梁桂山辞职令（一九二五年三月九日）　……………………　766

令黄隆生往海防办事手谕（时间不详）　………………………………………………　767

谕胡汉民给张佑丞职务函（时间不详）　………………………………………………　767

人事任免（下）

任命赵志戎为工兵委员手谕

（一九二三年四月二日前）

赵志戎。英国土木工程毕〈业〉。工兵委员。文。

据原件影印件，载谭延闿编：《总理遗墨》第一辑，一九二八年五月校印①

委黄梦熊等三人分为副官工商局长手谕

（一九二三年四月二日前）

委黄梦熊、黎工□为副官。

任李卓峰为工商局长。

孙文

据原件影印件，载谭延闿编：《总理遗墨》第一辑，一九二八年五月校印

派赵志戎为工兵局筹备委员令

（一九二三年四月二日）

大元帅令

派赵志戎为工兵局筹备委员。此令。

（中华民国陆海军大元帅之印）

中华民国十二年四月二日

据《命令》，载广州《陆海军大元帅大本营公报》② 第六号，一九二三年四月十三日

---

① 校印时间据谭延闿跋。

② 大本营文官部政务处第三课一九二二年一月起在桂林发行，大本营秘书处一九二三年三月起在广州发行。

任命李卓峰为建设部工商局长令

（一九二三年四月二日）

大元帅令

　　任命李卓峰为大本营建设部工商局局长。此令。

　　　　　　　　　　　　　（中华民国陆海军大元帅之印）

　　　　　　　　　　　　　中华民国十二年四月二日

　　　　　　　　　据《命令》，载广州《陆海军大元帅大本营
　　　　　　　　　公报》第六号，一九二三年四月十三日

任命宋辑先为大本营秘书令

（一九二三年四月二日）

大元帅令

　　任命宋辑先为大本营秘书。此令。

　　　　　　　　　　　　　（中华民国陆海军大元帅之印）

　　　　　　　　　　　　　中华民国十二年四月二日

　　　　　　　　　据《命令》，载广州《陆海军大元帅大本营
　　　　　　　　　公报》第六号，一九二三年四月十三日

特派古应芬为大本营驻江办事处
全权主任节制驻江门各军令

（一九二三年四月二日）

大元帅令

　　查大本营驻江办事处各主任等，近或因事去任，或另授他职，组织不完，遂致责无专属。兹特派古应芬为大本营驻江办事处全权主任，所有留驻江门水陆各军队，概归节制、调遣。此令。

中华民国十二年四月二日

据《命令》，载广州《陆海军大元帅大本营
公报》第六号，一九二三年四月十三日

委任蒋道日等九十四人为古巴等
二十八埠中国国民党组织职员状

（一九二三年四月二日）

委任蒋道日为古巴中国国民党支部名誉部长，雷溢潮为古巴中国国民党支部正部长，周启刚为古巴中国国民党支部副部长，赵式睦为古巴中国国民党支部评议部正议长，钟翰生为古巴中国国民党支部评议部副议长；蒋北斗为夏湾拿中国国民党分部正部长，高发明为夏湾拿中国国民党分部副部长，高奎吾为夏湾拿中国国民党分部评议部正议长，何麟溪为夏湾拿中国国民党分部评议部副议长；李生为大沙华中国国民党分部正部长，甄永治为大沙华中国国民党分部副部长，钟伯磷为大沙华中国国民党分部评议部正议长，古惠行为大沙华中国国民党分部评议部副议长；陈明庆为万山李祐中国国民党分部正部长，徐觉为万山李祐中国国民党分部副部长，黄炤文为万山李祐中国国民党分部评议部正议长，郭洪为万山李祐中国国民党分部评议部副议长；加路麻女氏为边拿李耀中国国民党分部名誉部长，容逸卿为边拿李耀中国国民党分部正部长，陈朔竞为边拿李耀中国国民党分部副部长，何伯葵为边拿李耀中国国民党分部评议部正议长，郑信为边拿李耀中国国民党分部评议部副议长；何教为舍咭中国国民党分部正部长，林世爵为舍咭中国国民党分部副部长，陈伯仁为舍咭中国国民党分部评议部正议长，关锡祺为舍咭中国国民党分部评议部副议长；冼荣祥为个窿中国国民党分部正部长，吴裕安为个窿中国国民党分部副部长，何根恺为个窿中国国民党分部评议部正议长，关铱铨为个窿中国国民党分部评议部副议长；郑公禄为介华连中国国民党分部名誉部长，潘惠居为介华连中国国民党分部正部长，潘朝生为介华连中国国民党分

部副部长，岑孔时为介华连中国国民党分部评议部正议长，曾汉川为介华连中国国民党分部评议部副议长；刘宝珊为加马威中国国民党分部正部长，刘汉清为加马威中国国民党分部副部长，关意诚为加马威中国国民党分部评议部正议长，陈祥光为加马威中国国民党分部评议部副议长；关弼初为柯景中国国民党分部正部长，雷家楚为柯景中国国民党分部副部长，赵树艺为柯景中国国民党分部评议部正议长，李学缉为柯景中国国民党分部评议部副议长；梅荣为美京中国国民党分部正部长，陈保祥为美京中国国民党分部副部长，陈保祥为美京中国国民党分部评议部正议长，梅濂洒为美京中国国民党分部评议部副议长；黄荣渠为菜苑中国国民党分部正部长，赵华麟为菜苑中国国民党分部副部长，黄茂为菜苑中国国民党分部评议部正议长；周文培为北架斐中国国民党分部正部长，郑泽概为北架斐中国国民党分部副部长，黄龙光为北架斐中国国民党分部评议部正议长，朱熊为北架斐中国国民党分部评议部副议长；余卓凡为企城中国国民党分部正部长，蒋道护为企城中国国民党分部副部长，黄华为企城中国国民党分部评议部正议长，黄琼衍为企城中国国民党分部评议部副议长；杨菊坡为乾雪地中国国民党分部正部长，余禧中为乾雪地中国国民党分部副部长，周祝三为乾雪地中国国民党分部评议部正议长，邓配之为乾雪地中国国民党分部评议部副议长；陈东有为跛打中国国民党分部正部长，蔡文业为跛打中国国民党分部副部长，李发为跛打中国国民党分部评议部正议长，陈庆桂为跛打中国国民党分部评议部副议长；文锐成为道禧中国国民党分部正部长，方长宁为道禧中国国民党分部副部长，曹祐明为道禧中国国民党分部评议部正议长，冯贤为道禧中国国民党分部评议部副议长；刘聘为茂宜中国国民党分部正部长，谭池为茂宜中国国民党分部副部长，程康简为茂宜中国国民党分部评议部正议长，谭长为茂宜中国国民党分部评议部副议长；程耀初为古鲁市中国国民党通讯处正主任，程致刚为古鲁市中国国民党通讯处副主任；邓朝勋为庇叻咭中国国民党通讯处正主任，戚秩嗹为庇叻咭中国国民党通讯处评议部正议长；黄馥为亚华吉地中国国民党通讯处正主任，关国河为亚华吉地中国国民党通讯处副主任，孔汉璋为亚华吉地中国国民党通讯处评议部正议长，孔昭荣为亚华吉地中国国民党通讯处评议部副议长；甄煦球为高路鳞中国国民党通讯处正主任；余百逢为山寅打兆中国国民党通讯处正主任；黄福桢为山路自路中国国民党通讯处正主任，梁广然为山路自路中国国民党通讯处副主任，黄达廷为山路自路中国国民党通讯处评议部正议长；胡尔勤为墨京中国国民党通讯处正主任，谭恭发为墨京中国国民党通讯处评议部正议长；梁观瑞为罗士舞珠中国国民党通讯处正主任；唐英沛为磨诗耀中国国民党通讯处正主任，区暗汉为磨诗耀中国国民党通讯处副主任，朱自治为磨诗耀中国国民党通讯处评议部正议长；容嵩光为山多些中国国民党通讯处正主任。此状。

总理（印）

总务部部长彭素民副署

代理党务部部长孙镜副署

财务部部长林业明副署

宣传部部长叶楚伧副署

交际部部长张秋白副署

据《总理任命·四月二日》，载上海《中国国民党本部公报》第一卷第十五号，一九二三年五月三十日出版

委任黄吉庵等二十七人分为古巴等二十六埠
中国国民党组织党务科正副主任或科长状

（一九二三年四月二日）

委任黄吉庵为古巴中国国民党支部党务科正主任，潘君谷为古巴中国国民党支部党务科副主任；潘君谷为夏湾拿中国国民党分部党务科主任；甄永楠为大沙华中国国民党分部党务科主任；莫康益为万山李祐中国国民党分部党务科主任；劳亮平为边拿李耀中国国民党分部党务科主任；陈满为舍咭中国国民党分部党务科主任；侯中庸为个窿中国国民党分部党务科主任；李鸿藻为介华连中国国民党分部党务科主任；马玉廷为加马威中国国民党分部党务科主任；李孔仕为柯景中国国民党分部党务科主任；余祖荫为美京中国国民党分部党务科主任；黄子桢为菜苑中国国民党分部党务科主任；严东胜为北架斐中国国民党分部党务科主任；余炎为企城中国国民党分部党务科主任；萧竞三为乾雪地中国国民党分部党务科

主任；吕藻奇为跛打中国国民党分部党务科主任；何鉴为道禧中国国民党分部党务科主任；陆进为茂宜中国国民党分部党务科主任；沈秋舫为古鲁市中国国民党通讯处党务科科长；蔡蓁兆为庇叻咕中国国民党通讯处党务科科长；关国河为亚华吉地中国国民党通讯处党务科科长；余立和为山寅打兆中国国民党通讯处党务科科长；黄福桢为山路自路中国国民党通讯处党务科科长；伍其悦为墨京中国国民党通讯处党务科科长；伍植鸿为磨诗耀中国国民党通讯处党务科科长；关蔚为山多些中国国民党通讯处党务科科长。此状。

总理（印）

总务部部长彭素民副署

代理党务部部长孙镜副署

据《总理任命·四月二日》，载上海《中国国民党本部公报》第一卷第十五号，一九二三年五月三十日出版

委任蒋修身等二十七人分为古巴等二十六埠中国国民党组织会计科正副主任或科长状

（一九二三年四月二日）

委任蒋修身为古巴中国国民党支部会计科正主任，李月华为古巴中国国民党支部会计科副主任；蔡浦泉为夏湾拿中国国民党分部会计科主任；李迪枢为大沙华中国国民党分部会计科主任；陈彩彦为万山李祐中国国民党分部会计科主任；梁蕴兴为边拿李耀中国国民党分部会计科主任；蔡秩南为舍咕中国国民党分部会计科主任；朱应銮为个窿中国国民党分部会计科主任；潘酉元为介华连中国国民党分部会计科主任；关周泉为加马威中国国民党分部会计科主任；关弼初为柯景中国国民党分部会计科主任；李孔广为美京中国国民党分部会计科主任；余锡为菜苑中国国民党分部会计科主任；张耀为北架斐中国国民党分部会计科主任；李任山为企城中国国民党分部会计科主任；陈文广为乾雪地中国国民党分部会计科主任；古元章为跛打中国国民党分部会计科主任；许兆基为道禧中国国民党分部会计科主任；龚旺为茂宜中国国民党分部会计科主任；冯广华为古鲁市中国国民

党通讯处会计科科长；何兆伦为庇叻咕中国国民党通讯处会计科科长；关鉴享为亚华吉地中国国民党通讯处会计科科长；余柱庆为山寅打兆中国国民党通讯处会计科科长；黄池安为山路自路中国国民党通讯处会计科科长；容梅初为墨京中国国民党通讯处会计科科长；黄玉堂为磨诗耀中国国民党通讯处会计科科长；关棣为山多些中国国民党通讯处会计科科长。此状。

总理（印）

总务部部长彭素民副署

财务部部长林业明副署

据《总理任命·四月二日》，载上海《中国国民党本部公报》第一卷第十五号，一九二三年五月三十日出版

委任高发明等二十八人分为古巴等二十七埠中国国民党组织宣传科正副主任或科长状

（一九二三年四月二日）

委任高发明为古巴中国国民党支部宣传科正主任，伍梓林为古巴中国国民党支部宣传科副主任；关国祥为夏湾拿中国国民党分部宣传科主任；黄锭德为大沙华中国国民党分部宣传科主任；关仪三为万山李祐中国国民党分部宣传科主任；梁瑞生为边拿李耀中国国民党分部宣传科主任；陈礼廷为舍咕中国国民党分部宣传科主任；何连富为个窿中国国民党分部宣传科主任；刘丽泉为介华连中国国民党分部宣传科主任；蒋纪臣为加马威中国国民党分部宣传科主任；蒋汉光为柯景中国国民党分部宣传科主任；梅灼为美京中国国民党分部宣传科主任；关源为莱苑中国国民党分部宣传科主任；黄龙光为北架斐中国国民党分部宣传科主任；李国扬为企城中国国民党分部宣传科主任；陈竞适为乾雪地中国国民党分部宣传科主任；陈国樑为跛打中国国民党分部宣传科主任；陈克武为道禧中国国民党分部宣传科主任；邓明三为茂宜中国国民党分部宣传科主任；程玉波为古鲁市中国国民党通讯处宣传科科长；蔡祐民为庇叻咕中国国民党通讯处宣传科科长；关朝阳为亚华吉地中国国民党通讯处宣传科科长；陈富朝为高路罅中国国民党通讯处宣

传科科长；刘明德为山寅打兆中国国民党通讯处宣传科科长；彭銮清为山路自路中国国民党通讯处宣传科科长；伍福尧为墨京中国国民党通讯处宣传科科长；关允全为磨诗耀中国国民党通讯处宣传科科长；李炎源为山多些中国国民党通讯处宣传科科长。此状。

总理（印）

总务部部长彭素民副署

宣传部部长叶楚伧副署

据《总理任命·四月二日》，载上海《中国国民党本部公报》第一卷第十五号，一九二三年五月三十日出版

委任方以情等三百八十人为古巴等二十七埠中国国民党组织职员状

（一九二三年四月二日）

委任方以情为古巴中国国民党支部总务科正主任，蔡容先为古巴中国国民党支部总务科副主任，黄绍蕃为古巴中国国民党支部执行部书记，罗乐三为古巴中国国民党支部评议部书记，蒋修身、高发明、罗乐三、容秩卿、赵继猷、蒋道日、胡贯瑜、蔡浦泉、刘民三、何麟溪、黄鼎之、潘君谷、卢伟廉、蒋北斗、陈述、周宪达、彭伯勋、赵师贡、陈孟瑜、李生、高奎吾、黄绍蕃、吴城一、赵翘初、苏悖悖为古巴中国国民党支部评议部评议员；陈孟瑜为夏湾拿中国国民党分部总务科主任，黄绍蕃为夏湾拿中国国民党分部执行部书记，周梦如、黄玉书、容秩卿、陈德谦为夏湾拿中国国民党分部干事，赵继猷为夏湾拿中国国民党分部评议部书记，钟翰生、蔡容仙、伍梓林、周天达、赵师贡、方以情、赵继猷、张崇智、苏茕茕、李运球、黄吉庵、胡贯瑜为夏湾拿中国国民党分部评议部评议员；雷栋材为大沙华中国国民党分部总务科主任，蔡樑伯、伍乃章为大沙华中国国民党分部执行部书记，李丽川、黄肇炳、程树荣为大沙华中国国民党分部干事，陈嘉辉为大沙华中国国民党分部评议部书记，陈嘉辉、陈超八、邓达泉、潘擎石、吴瑞、潘维安、黄名康、姚植朋、伍楠、潘干谦、刘蔼余、陈钜为大沙华中国国民党分

部评议部评议员；黄颂平为万山李祐中国国民党分部总务科主任，黄雨亭为万山李祐中国国民党分部执行部书记，潘颂球、陈荣、陈炽明、黄雨亭、黄秋博、仇卓文、潘丽山、李赞宗、梁公拔、潘颂三、蒋玉阶、黄衍沛为万山李祐中国国民党分部干事；黄耀南为边拿李耀中国国民党分部总务科主任，郑煜、陈礼起为边拿李耀中国国民党分部执行部书记，容扬、林观胜、傅柳朋、钟业为边拿李耀中国国民党分部干事，劳汉生为边拿李耀中国国民党分部评议部书记，郑和利、阮惠、李湛、陈伯生、容炳南、梁兆荣、林昶、张松为边拿李耀中国国民党分部评议部评议员；黄栋云为舍咕中国国民党分部总务科主任，黎凤朝、黄苇一为舍咕中国国民党分部执行部书记，赵卓湛、何盈富、黎仕启、容树尧为舍咕中国国民党分部干事，何煜胜为舍咕中国国民党分部评议部书记，林斗南、张松源、杜锦荣、劳廷波、蔡觐泉、江庆云、蒋道想、何鹏、黄德本、何煜胜为舍咕中国国民党分部评议部评议员；李德贵为个罗中国国民党分部总务科主任，李钧冲、关公羽为个罗中国国民党分部执行部书记，谭子光、何根恺、张韬来为个罗中国国民党分部干事，李伯湖为个罗中国国民党分部评议部书记，李伯湖、侯奕行、冯俭时、陈纯照、冯顺体、卢其芬、冯才奴为个罗中国国民党分部评议部评议员；吴汝登为介华连中国国民党分部总务科主任，潘容端、李现圣为介华连中国国民党分部执行部书记，曾桂芳、吴汝标、潘德廉、李孔荣为介华连中国国民党分部干事，李鸿藻为介华连中国国民党分部评议部书记，潘子贵、陈乐培、吴汝登、潘容端、吴汝标、潘德廉、刘丽泉、刘焯生、李鸿藻、黄联昌为介华连中国国民党分部评议部评议员；张荣茂为加马威中国国民党分部总务科主任，岑连在为加马威中国国民党分部执行部书记，李杏、岑连在、麦爕、陈智耀为加马威中国国民党分部干事，余坚良为加马威中国国民党分部评议部书记，郑泉、张棉祥、叶祝照、陈昌耀、朱华冲、关崧来、丁浩、李冠廷、冯庄毅、李赞年为加马威中国国民党分部评议部评议员；关其康为柯景中国国民党分部总务科主任，刘尊垣为柯景中国国民党分部执行部书记，蒋伟生、雷家楚、刘尊垣、李瑞龙为柯景中国国民党分部干事，蒋伟生为柯景中国国民党分部评议部书记，刘瑞年、甄平番、何尚敏、关盈安、黄恭释、聂受、梁子荣、蒋社欢为柯景中国国民党分部评议部评议员；李扶汉为美京中国国民党分部总务科主任，陈炎兴为美京中国国民党分部执行部书记，许军儒、陈保祥、曹惠卿、李孔广、李润生、李孔道、李宗兑为美京中国国民党分部干事，曹惠卿为美京中国国民党分部评议部书记，谢信彦、谢行三、李扶汉、梅荣、邝琪琛为美京中国国民党分部评议部评议员；黄福祯为菜苑中国国民党分部总务科主任，黄实为菜苑中国国民党分部执行部书记，关辰、黄作尧、余暮登、周洪为菜苑中国国民党分部干事，李梓莺为菜苑中国国民党分部评议部书记，彭清、胡添、黄灿、黄朝俊、黄汉南、伍于焯、关勋廷、黄进行为菜苑中国国民党分部评议部评议员；郑广池为北架斐中国国民党分部总务科主任，黄立淋为北架斐中国国民党分部执行部书记，周述尧、周文驹、蔡超群、曹月蟾、潘莲生、黄绍卓、周麟杏、缪金发为北架斐中国国民党分部干事，周麟开为北架斐中国国民党分部评议部书记，郑新皖、伍鸿谱、郑寿康、黄羡麟、郑胜、萧观灵、伍龙驹、周逢寿为北架斐中国国民党分部评议部评议员；邓芗泉为企城中国国民党分部总务科主任，黄力功、余莲舫为企城中国国民党分部执行部书记，李培、余寅礼、余焜和、余齐、黄月屏、余中永、李沾为企城中国国民党分部干事，余齐为企城中国国民党分部评议部书记，余焜和、李培、黄月屏、余炎、李国扬、蒋天照、蒋安爵、林伯成为企城中国国民党分部评议部评议员；杨宝成为乾雪地中国国民党分部总务科主任，黄益彰为乾雪地中国国民党分部执行部书记，廖管廷、谭宋、张沾桐、陈树程为乾雪地中国国民党分部干事；吕卓文为跋打中国国民党分部总务科主任，吕宗望为跋打中国国民党分部执行部书记，廖金吾、谢光廷、吕凤奇、古焕为跋打中国国民党分部干事，刘森为跋打中国国民党分部评议部书记，林建昌、吕伯陶、黄亮邦、龙旭池、刘和合、张汉森、吕善超、陈子壬、廖华炳、黄佑章为跋打中国国民党分部评议部评议员；梁励男为道禧中国国民党分部总务科主任，梁翰如、叶霖普为道禧中国国民党分部执行部书记，李世腾、张新志、李擎天、甘雪葵、黄南、包珍、谭寿、梁棠、蒙炮、陈德、陈科、江灌西、关西如、黄广、文振威为道禧中国国民党分部干事，何成芬为道禧中国国民党分部评议部书记，郑爽、李剑坡、伍桂、谭邦、许棠、方盛、李春、甄晋、李全、方耀、李任为道禧中国国民党分部评议部评议员；陈祥为茂宜中国国民党分部总务科主任，邓想为茂宜中国国民党分部执行部书记，邓秀山、谭三安、陈焯、杨炎、郑福、谭旺、黄池德、谭和发、黄养、朱缵、刘华、黄煊、曾有胜、叶观生、谭贵福、谭泗、邓富、李灿、杨潮、杨训畅、谭天祥、黄官兆、谭海、卓全为茂宜中国国民党分部干事，谭举云为茂宜中国国民党分部评议部书记，陆桐、黄照、邓瑞、李齐秀、詹义生、廖琚、唐纳、张来就、邓洽、詹大为茂宜中国国民党分部评议部评议员；林平波为古鲁市中国国民党通讯处总务科科长，朱达泉、聂绍南、林济泉、王鸿盛为古鲁市中国国民党通讯处科员；孔启昇为庇叻咕中国国民党通讯处总务科科长，凌云谱、陈德仁、杨秀衿为庇叻咕中国国民党通讯处评议部评议员；关鉴享为亚华吉地中国国民党通讯处总务科科长，黄思浓、孔汉璋为亚华吉地中国国民党通讯处执行部书记，张礼炯、关朝阳、孔汉璋、司徒享为亚华吉地中国国民党通讯处科员，蔡国安、吴福、区作樑、卢朝亨、梁铭楷为亚华吉地中国国民党通讯处评议部评议员；张泽荣为高路罅中国国民党通讯处总务科科长；余齐活为山寅打兆中国国民党通讯处总务科科长，余如登为山寅打兆中国国民党通讯处执行部书记；赵北京为山路自路中国国民党通讯处总务科科长，梁广然为山路自路中国国民党通讯处执行部书记，黄池广、梁广然为山路自路中国国民党通讯处科员，余铭元为山路自路中国国民党通讯处评议部书记，黄显慈、黄锦顺、黄炳赞、黄兆窗、雷昌顺、黄秋添、周荣庆、黄俊远为山路自路中国国民党通讯处评议部评议员；赵炜廷为墨京中国国民党通讯处总务科科长，赵拓平为墨京中国国民党通讯处执行部书记，阮振渠、朱煜森、赵瑞兰、关春培、赵烈庭为墨京中国国民党通讯处评议部评议员；陈富为磨诗耀中国国民党通讯处总务科科长，伍奇勋、胡植棉为磨诗耀中国国民党通讯处执行部书记，萧连开、邝阔光、曾瑜瑚、张百思为磨诗耀中国国民党通讯处科员，张百雄为磨诗耀中国国民党通讯处评议部书记，黄文就、张甫坚、关廉广、伍灿瑞、凌新益、梁占安、龙灶容、卢权旺为磨诗耀中国国民党通讯处评议部评议员；黄茂广为山多些中国国民党通讯处总务科科长，关棣为山多些中国国民党通讯处执行部书记。此状。

总理（印）

总务部部长彭素民副署

据《总理任命·四月二日》，载上海《中国国民党本部公报》第一卷第十五号，一九二三年五月三十日出版

与彭素民等五人联署委任何教为
中国国民党舍咕分部正部长状

（一九二三年四月二日）

委任状

　　委任何教为舍咕中国国民党分部正部长。此状。

中国国民党总理孙文（总理之印）

总务部部长彭素民（总务部长）

代理党务部部长孙镜（党务部长）

财政部部长林业明（财政部长）

宣传部部长叶楚伧（宣传部长）

交际部部长张秋白（交际部长）

（中国国民党本部之印）

中华民国十二年四月二日

据原件，台北、中国国民党
文化传播委员会党史馆藏

与彭素民联署委任杨嘉猷为中国
国民党东南大学分部筹备处主任状

（一九二三年四月二日）

委任状

　　委任杨嘉猷为中国国民党南京东南大学分部筹备处主任。此状。

总理孙文（总理之印）

总务部部长彭素民（总务部长）

（中国国民党本部之印）

中华民国十二年四月二日

据原件，台北、中国国民党
文化传播委员会党史馆藏

与彭素民孙镜联署委任侯中庸为中国国民党
個窿分部党务科主任状

（一九二三年四月二日）

委任状

委任侯中庸为個窿中国国民党分部党务科主任。此状。

中国国民党总理孙文（总理之印）

总务部部长彭素民（总务部长）

代理党务部部长孙镜（党务部长）

（中国国民党本部之印）

中华民国十二年四月二日

据原件，台北、中国国民党
文化传播委员会党史馆藏

核复兼理大本营财政部长邓泽如
呈报启用印信日期令

（一九二三年四月二日）

大元帅指令第七三号

令兼理大本营财政部长邓泽如呈报启用印信日期由。

呈悉。此令。

（中华民国陆海军大元帅之印）

中华民国十二年四月二日

据《指令》，载广州《陆海军大元帅大本营
公报》第六号，一九二三年四月十三日

核复刘纪文呈报就任大本营审计局
局长及启用印信日期令

（一九二三年四月二日）

大元帅指令第七四号

令大本营审计局局长刘纪文呈报就职及启用印信日期由。

呈悉。此令。

（中华民国陆海军大元帅之印）

中华民国十二年四月二日

据《指令》，载广州《陆海军大元帅大本营公报》第六号，一九二三年四月十三日

任命李济深郑润琦为直辖广东
讨贼军第一第三师师长令

（一九二三年四月四日）

大元帅令

任命李济深为中央直辖广东讨贼军第一师师长，郑润琦为中央直辖广东讨贼军第三师师长。此令。

（中华民国陆海军大元帅之印）

中华民国十二年四月四日

据《命令》，载广州《陆海军大元帅大本营公报》第六号，一九二三年四月十三日

任命林云陔为大本营秘书令

（一九二三年四月四日）

大元帅令

　　任命林云陔为大本营秘书。此令。

　　　　　　　　　　　（中华民国陆海军大元帅之印）

　　　　　　　　　　　　　中华民国十二年四月四日

　　　　　　　　据《命令》，载广州《陆海军大元帅大本营
　　　　　　　　公报》第六号，一九二三年四月十三日

任命梁鸿楷为直辖广东讨贼军第四军军长令

（一九二三年四月四日）

大元帅令

　　任命梁鸿楷为中央直辖广东讨贼军第四军军长。此令。

　　　　　　　　　　　（中华民国陆海军大元帅之印）

　　　　　　　　　　　　　中华民国十二年四月四日

　　　　　　　　据《命令》，载广州《陆海军大元帅大本营
　　　　　　　　公报》第六号，一九二三年四月十三日

任命杨蓁等五人为大本营高级参谋令

（一九二三年四月四日）

大元帅令

　　任命杨蓁、金汉鼎、邓泰中、朱和中、金华林为大本营高级参谋。此令。

（中华民国陆海军大元帅之印）

中华民国十二年四月四日

据《命令》，载广州《陆海军大元帅大本营
公报》第六号，一九二三年四月十三日

派古日光为工兵局筹备委员令

（一九二三年四月四日）

大元帅令

　　派古日光为工兵局筹备委员。此令。

（中华民国陆海军大元帅之印）

中华民国十二年四月四日

据《命令》，载广州《陆海军大元帅大本营
公报》第六号，一九二三年四月十三日

任命马伯麟为虎门要塞司令手令

（一九二三年四月四日）

任命马伯麟为虎门要塞司令。此令。

孙文

民国十二年四月四日

据原件影印件，载谭延闿编：《总理
遗墨》第一辑，一九二八年五月校印

派杨鹤龄为港澳特务调查员手令

（一九二三年四月四日）

派杨鹤龄为港澳特务调查员。此令。

孙文

民国十二年四月四日

据原件影印件，载谭延闿编：《总理
遗墨》第一辑，一九二八年五月校印

派梅光培接收官产处
归大本营财政部直接管理令

（一九二三年四月六日）

大元帅令

派梅光培即日接收官产处，归大本营财政部直接管理。此令。

（中华民国陆海军大元帅之印）

中华民国十二年四月六日

据《命令》，载广州《陆海军大元帅大本营
公报》第七号，一九二三年四月二十日

准大本营会计司司长王棠呈请
添设司员书记官各一员令

（一九二三年四月六日）

大元帅指令第七八号

令大本营会计司司长王棠呈请添设司员书记官各一员由。

呈悉。应予照准。此令。

（中华民国陆海军大元帅之印）

中华民国十二年四月六日

据《指令》，载广州《陆海军大元帅大本营公报》第七号，一九二三年四月二十日

核复大理院长兼暂行兼管司法行政事务
赵士北呈报就职及启用印信日期令

（一九二三年四月七日）

大元帅指令第七九号

令大理院长兼暂行兼管司法行政事务赵士北呈报就职及启用印信日期由。

呈悉。此令。

（中华民国陆海军大元帅之印）

中华民国十二年四月七日

据《指令》，载广州《陆海军大元帅大本营公报》第七号，一九二三年四月二十日

核复徐树荣呈报就任东江缉匪
司令及启用关防令

（一九二三年四月七日）

大元帅指令第八十号

　　令东江缉匪司令徐树荣呈报就职及启用关防由。

　　呈悉。此令。

（中华民国陆海军大元帅之印）

中华民国十二年四月七日

据《指令》，载广州《陆海军大元帅大本营公报》第七号，一九二三年四月二十日

核复广东无线电报总局局长冯伟呈报
奉任命日期并准改换关防令

（一九二三年四月七日）

大元帅指令第八二号

　　令广东无线电报总局局长冯伟呈报奉任命日期，并请改换关防由。

　　呈悉。照准。此令。

（中华民国陆海军大元帅之印）

中华民国十二年四月七日

据《指令》，载广州《陆海军大元帅大本营公报》第七号，一九二三年四月二十日

准任命张国森为大本营参军处少校副官令

（一九二三年四月九日）

大元帅令

　　大本营参军长朱培德呈请任命张国森为大本营参军处少校副官。应照准。此令。

（中华民国陆海军大元帅之印）

中华民国十二年四月九日

据《命令》，载广州《陆海军大元帅大本营
公报》第七号，一九二三年四月二十日

准任命吴文龙为大本营参军处上校副官令

（一九二三年四月九日）

大元帅令

　　大本营参军长朱培德呈请任命吴文龙为大本营参军处上校副官。应照准。此令。

（中华民国陆海军大元帅之印）

中华民国十二年四月九日

据《命令》，载广州《陆海军大元帅大本营
公报》第七号，一九二三年四月二十日

核复直辖第五军军长李易标呈报
启用印信日期并备案令

（一九二三年四月九日）

大元帅指令第八四号

令中央直辖第五军军长李易标呈报启用印信日期，请备案由。

呈悉。此令。

（中华民国陆海军大元帅之印）

中华民国十二年四月九日

据《指令》，载广州《陆海军大元帅大本营公报》第七号，一九二三年四月二十日

委任林有祥等五十六人为吉礁霹雳嗥乞
二埠中国国民党分部职员状

（一九二三年四月九日）

委任林有祥为吉礁中国国民党支部总务科正主任，陈万锦为吉礁中国国民党支部总务科副主任，李忍辱为吉礁中国国民党支部执行部书记，陈元机、李孔塔、林呈祥、陈悌英、吕俊典、李金銮、李大峙、嬴壬癸为吉礁中国国民党支部干事，林永昭为吉礁中国国民党支部评议部书记，陈丽水、林永洹、李引相、伍远锄、林箕忠、李国钗、郑文倩、何玉麟、李文梓、黄水龟为吉礁中国国民党支部评议部评议员；陈楚良为霹雳嗥乞中国国民党分部总务科主任，梁炳然、高周、冯如椿、郑润民、高石、罗林、周福为霹雳嗥乞中国国民党分部执行部书记，张统垂、梁锡余、梁荣锐、李文卿、杨玉、谭祖幸、何玉、蔡恒钊、叶春谱、吴海华为霹雳嗥乞中国国民党分部干事，翁镜祥为霹雳嗥乞中国国民党分部评议部书记，梁元亨、冯藉生、周九、伍子金、林贤、胡杰生、黄连、林逵九、黎业初、

黄万湖、赵永、陈炎初、蓝杨、陈炎成、张澄和为霹雳嗥乞中国国民党分部评议部评议员。此状。

总理（印）

总务部部长彭素民副署

据《总理任命·四月九日》，载上海《中国国民党本部公报》第一卷第十六号，一九二三年六月十日出版

委任林耀如等三人分为吉礁霹雳嗥乞二埠中国国民党组织宣传科正副主任状

（一九二三年四月九日）

委任林耀如为吉礁中国国民党支部宣传科正主任，陈诰远为吉礁中国国民党支部宣传科副主任；岑醒亚为霹雳嗥乞中国国民党分部宣传科主任。此状。

总理（印）

总务部部长彭素民副署

宣传部部长叶楚伧副署

据《总理任命·四月九日》，载上海《中国国民党本部公报》第一卷第十六号，一九二三年六月十日出版

委任林润泽等三人分为吉礁霹雳嗥乞二埠中国国民党组织会计科正副主任状

（一九二三年四月九日）

委任林润泽为吉礁中国国民党支部会计科正主任，陈玉兔为吉礁中国国民党支部会计科副主任；麦森为霹雳嗥乞中国国民党分部会计科主任。此状。

总理（印）

总务部部长彭素民副署

财务部部长林业明副署

据《总理任命·四月九日》，载上海《中国国民党本部公报》第一卷第十六号，一九二三年六月十日出版

委任陈英担等三人分为吉礁霹雳嗥乞二埠中国国民党组织党务科正副主任状

（一九二三年四月九日）

委任陈英担为吉礁中国国民党支部党务科正主任，李茂海为吉礁中国国民党支部党务科副主任；高逸山为霹雳嗥乞中国国民党分部党务科主任。此状。

总理（印）

总务部部长彭素民副署

代理党务部部长孙镜副署

据《总理任命·四月九日》，载上海《中国国民党本部公报》第一卷第十六号，一九二三年六月十日出版

委任李引口等八人为吉礁霹雳嗥乞二埠中国国民党支（分）部职员状

（一九二三年四月九日）

委任李引口为吉礁中国国民党支部正部长，颜金叶为吉礁中国国民党支部副部长，戴匍季为吉礁中国国民党支部评议部正议长，张日新为吉礁中国国民党支部评议部副议长；梁栋英为霹雳嗥乞中国国民党分部正部长，胡□为霹雳嗥乞中国国民党分部副部长，钟发为霹雳嗥乞中国国民党分部评议部正议长，李智寿为霹雳嗥乞中国国民党分部评议部副议长。此状。

总理（印）

总务部部长彭素民副署

代理党务部部长孙镜副署

财务部部长林业明副署

宣传部部长叶楚伧副署

交际部部长张秋白副署

据《总理任命·四月九日》，载上海《中国国民党本部公报》第一卷第十六号，一九二三年六月十日出版

特派萱野长知为调查戒烟事宜专员状

（一九二三年四月九日）

特派状

特派萱野长知为调查戒烟事宜专员。此状。

孙文

中华民国十二年四月九日

据秦孝仪主编：《国父全集》第八册（转录中国国民党文化传播委员会党史馆藏原件），台北，近代中国出版社一九八九年十一月出版

准蒋中正辞大本营参谋长令

（一九二三年四月十日）

大元帅令

大本营参谋长蒋中正呈请辞职。蒋中正准免本职。此令。

（中华民国陆海军大元帅之印）

中华民国十二年四月十日

据《命令》，载广州《陆海军大元帅大本营公报》第七号，一九二三年四月二十日

特任张开儒为大本营参谋长令

（一九二三年四月十日）

大元帅令

　　特任张开儒为大本营参谋长。此令。

（中华民国陆海军大元帅之印）

中华民国十二年四月十日

据《命令》，载广州《陆海军大元帅大本营
公报》第七号，一九二三年四月二十日

派陈仲甫等三人为宣传委员会委员令

（一九二三年四月十日）

大元帅令

　　派陈仲甫、谭平山、马超俊为宣传委员会委员。此令。

（中华民国陆海军大元帅之印）

中华民国十二年四月十日

据《命令》，载广州《陆海军大元帅大本营
公报》第七号，一九二三年四月二十日

免马超俊工兵局筹备委员令

（一九二三年四月十日）

大元帅令

　　工兵局筹备委员马超俊另有任用，应即免去本职。此令。

（中华民国陆海军大元帅之印）

中华民国十二年四月十日

据《命令》，载广州《陆海军大元帅大本营公报》第七号，一九二三年四月二十日

任命梅光培为广东全省官产清理处处长令

（一九二三年四月十一日）

大元帅令

　　任命梅光培为广东全省官产清理处处长。此令。

（中华民国陆海军大元帅之印）

中华民国十二年四月十一日

据《命令》，载广州《陆海军大元帅大本营公报》第七号，一九二三年四月二十日

特派廖仲恺为劳军使令

（一九二三年四月十二日）

大元帅令

　　特派廖仲恺为劳军使。此令。

（中华民国陆海军大元帅之印）

中华民国十二年四月十二日

据《命令》，载广州《陆海军大元帅大本营公报》第七号，一九二三年四月二十日

任命刘玉山为直辖第七军
军长兼直辖第二师师长令

（一九二三年四月十二日）

大元帅令

　　任命刘玉山为中央直辖第七军军长兼中央直辖第二师师长。此令。

（中华民国陆海军大元帅之印）

中华民国十二年四月十二日

据《命令》，载广州《陆海军大元帅大本营
公报》第七号，一九二三年四月二十日

任命陈天太为直辖第三师师长令

（一九二三年四月十二日）

大元帅令

　　任命陈天太为中央直辖第三师师长。此令。

（中华民国陆海军大元帅之印）

中华民国十二年四月十二日

据《命令》，载广州《陆海军大元帅大本营
公报》第七号，一九二三年四月二十日

核复黄焕庭呈报点交广南船澳及
解除总办职务准予销差令

（一九二三年四月十二日）

大元帅指令第八八号

令卸广南船厂总办黄焕庭呈报点交广南船澳及解除总办职务，请核准销差由。

呈及清册均悉。准予销差。此令。

（中华民国陆海军大元帅之印）

中华民国十二年四月十二日

据《指令》，载广州《陆海军大元帅大本营公报》第七号，一九二三年四月二十日

核复广东海防司令陈策呈报启用关防日期令

（一九二三年四月十三日）

大元帅指令第八九号

令广东海防司令陈策呈报启用关防日期由。

呈悉。此令。

（中华民国陆海军大元帅之印）

中华民国十二年四月十三日

据《指令》，载广州《陆海军大元帅大本营公报》第八号，一九二三年四月二十七日

核复直辖滇军广州卫戍总司令杨希闵
呈报接收印信牙章及启用日期令

（一九二三年四月十三日）

大元帅指令第九一号

令中央直辖滇军广州卫戍总司令杨希闵呈报接收印信牙章及启用日期由。

呈悉。此令。

（中华民国陆海军大元帅之印）

中华民国十二年四月十三日

据《指令》，载广州《陆海军大元帅大本营公报》第八号，一九二三年四月二十七日

任命杨虎等三人为大本营海军特派员令

（一九二三年四月十四日）

大元帅令

任命杨虎、孙祥夫、李元著为大本营海军特派员。此令。

（中华民国陆海军大元帅之印）

中华民国十二年四月十四日

据《命令》，载广州《陆海军大元帅大本营公报》第八号，一九二三年四月二十七日

核复邓泽如呈报就任建设部长
日期及择定办公处令

（一九二三年四月十四日）

大元帅指令第九二号

令大本营建设部长邓泽如呈报就职日期及择定办公处由。

呈悉。此令。

（中华民国陆海军大元帅之印）

中华民国十二年四月十四日

据《指令》，载广州《陆海军大元帅大本营公报》第八号，一九二三年四月二十七日

核复直辖广东讨贼军第三师师长郑润奇
呈报奉到印信及启用日期令

（一九二三年四月十四日）

大元帅指令第九四号

令中央直辖广东讨贼军第三师师长郑润奇呈报奉到印信及启用日期由。

呈悉。此令。

（中华民国陆海军大元帅之印）

中华民国十二年四月十四日

据《指令》，载广州《陆海军大元帅大本营公报》第八号，一九二三年四月二十七日

核复徐绍桢呈报省署日行公事派
政务厅长陈树人代行令

（一九二三年四月十四日）

大元帅指令第九五号

令广东省长徐绍桢呈报因事赴港，省署日行公事派政务厅长陈树人代行由。

呈悉。此令。

（中华民国陆海军大元帅之印）

中华民国十二年四月十四日

据《指令》，载广州《陆海军大元帅大本营
公报》第八号，一九二三年四月二十七日

任命赵德恒为大本营高级参谋令

（一九二三年四月十六日）

大元帅令

任命赵德恒为大本营高级参谋。此令。

（中华民国陆海军大元帅之印）

中华民国十二年四月十六日

据《命令》，载广州《陆海军大元帅大本营
公报》第八号，一九二三年四月二十七日

派李绮庵为工兵局筹备委员令

（一九二三年四月十六日）

大元帅令

派李绮庵为工兵局筹备委员。此令。

（中华民国陆海军大元帅之印）

中华民国十二年四月十六日

据《命令》，载广州《陆海军大元帅大本营公报》第八号，一九二三年四月二十七日

派陈兴汉管理粤汉铁路事务令①

（一九二三年四月十七日）

大元帅令

派陈兴汉管理粤汉铁路事务。此令。

（中华民国陆海军大元帅之印）

中华民国十二年四月十七日

据《命令》，载广州《陆海军大元帅大本营公报》第八号，一九二三年四月二十七日

任命廖湘芸为虎门要塞司令令

（一九二三年四月十七日）

大元帅令

任命廖湘芸为虎门要塞司令。此令。

（中华民国陆海军大元帅之印）

中华民国十二年四月十七日

据《命令》，载广州《陆海军大元帅大本营公报》第八号，一九二三年四月二十七日

---

① 谭延闿编《总理遗墨》第一辑收有手令影印件。

委任黄冠三等三人为中国
国民党哗造通讯处职员状

（一九二三年四月十七日）

委任黄冠三为哗造中国国民党通讯处正主任，刘芹为哗造中国国民党通讯处评议部正议长，杨结扳为哗造中国国民党通讯处评议部副议长。此状。

总理　（印）

总务部部长彭素民副署

代理党务部部长孙镜副署

财务部部长林业明副署

宣传部部长叶楚伧副署

交际部部长张秋白副署

据《总理任命·四月十七日》，载上海《中国国民党本部公报》第一卷第十六号，一九二三年六月十日出版

委任陈金晃为中国国民党
哗造通讯处党务科科长状

（一九二三年四月十七日）

委任陈金晃为哗造中国国民党通讯处党务科科长。此状。

总理　（印）

总务部部长彭素民副署

代理党务部部长孙镜副署

据《总理任命·四月十七日》，载上海《中国国民党本部公报》第一卷第十六号，一九二三年六月十日出版

委任吴泽庭为中国国民党
哗造通讯处会计科科长状

（一九二三年四月十七日）

委任吴泽庭为哗造中国国民党通讯处会计科科长。此状。

总理（印）

总务部部长彭素民副署

财务部部长林业明副署

据《总理任命·四月十七日》，载上海《中国国民党本部公报》第一卷第十六号，一九二三年六月十日出版

委任陈祥为中国国民党
哗造通讯处宣传科科长状

（一九二三年四月十七日）

委任陈祥为哗造中国国民党通讯处宣传科科长。此状。

总理（印）

总务部部长彭素民副署

宣传部部长叶楚伧副署

据《总理任命·四月十七日》，载上海《中国国民党本部公报》第一卷第十六号，一九二三年六月十日出版

委任苏孟裔等十九人为中国
国民党哗造通讯处职员状

（一九二三年四月十七日）

委任苏孟裔为哗造中国国民党通讯处总务科科长，孔超武为哗造中国国民党通讯处执行部书记，蔡翊超、李电轮、梁紫垣、方铁侠、蔡子文、何宽荣、陈秩生、刘润祥、郑衍祥为哗造中国国民党通讯处科员，曾秩军为哗造中国国民党通讯处评议部书记，梁帝柱、刘森耀、陈仲良、黄华贵、古振煊、黄耀祺、简军权为哗造中国国民党通讯处评议部评议员。此状。

总理（印）

总务部部长彭素民副署

据《总理任命·四月十七日》，载上海《中国国民党本部公报》第一卷第十六号，一九二三年六月十日出版

准任命吴嵋为大本营参军处上校副官令

（一九二三年四月十八日）

大元帅令

大本营参军长朱培德呈请任命吴嵋为大本营参军处上校副官。应照准。此令。

（中华民国陆海军大元帅之印）

中华民国十二年四月十八日

据《命令》，载广州《陆海军大元帅大本营公报》第八号，一九二三年四月二十七日

任命胡谦为大本营高级参谋令

（一九二三年四月十八日）

大元帅令

　　任命胡谦为大本营高级参谋。此令。

（中华民国陆海军大元帅之印）

中华民国十二年四月十八日

据《命令》，载广州《陆海军大元帅大本营
公报》第八号，一九二三年四月二十七日

着胡谦在大本营军政部服务令

（一九二三年四月十八日）

大元帅令

　　大本营高级参谋胡谦，着在大本营军政部服务。此令。

（中华民国陆海军大元帅之印）

中华民国十二年四月十八日

据《命令》，载广州《陆海军大元帅大本营
公报》第八号，一九二三年四月二十七日

免杨蓁大本营高级参谋令

（一九二三年四月十八日）

大元帅令

　　大本营高级参谋杨蓁另有任用，应免本职。此令。

（中华民国陆海军大元帅之印）

中华民国十二年四月十八日

据《命令》，载广州《陆海军大元帅大本营公报》第八号，一九二三年四月二十七日

任命杨蓁为大本营秘书令

（一九二三年四月十八日）

大元帅令

任命杨蓁为大本营秘书。此令。

（中华民国陆海军大元帅之印）

中华民国十二年四月十八日

据《命令》，载广州《陆海军大元帅大本营公报》第八号，一九二三年四月二十七日

着朱培德兼军政部长手令

（一九二三年四月十八日）

军政部长程潜出差，着参军长朱培德兼军政部长。此令。

孙文

中华民国十二年四月十八日

据原件影印件，载谭延闿编：《总理遗墨》第一辑，一九二八年五月校印

着秘书处取消谢心准之委任手令

（一九二三年四月十八日）

着秘书处取消谢心准之委任，另有任务。此令。①

孙文

中华民国十二年四月十八日

据原件影印件，载谭延闿编：《总理
遗墨》第一辑，一九二八年五月校印

派黄垣即往收管广州市电报局手令

（一九二三年四月十八日）

大元帅令

　　派大本营技师黄垣即往收管广州市电报局，以利军用。此令。

孙文（大元帅章）

中华民国十二年四月十八日

据原件影印件，载谭延闿编：《总理
遗墨》第一辑，一九二八年五月校印

委任李晖等四十三人分为横滨等四十二埠
中国国民党组织党务科正副主任或科长状

（一九二三年四月十八日）

　　委任李晖为横滨中国国民党支部党务科正主任，冯隆阶为横滨中国国民党支

---

①　原件附注：谢曾充大本营秘书。以杨秘书长委为科员，向大元帅辞不就。故下此令。

部党务科副主任；关松远为市必汗中国国民党分部党务科主任；陈竹山为叻架伙中国国民党分部党务科主任；郑松盛为品夫中国国民党分部党务科主任；麦元景为列孔列姐中国国民党分部党务科主任；朱炯昌为喜路市姊中国国民党分部党务科主任；周竞持为把利佛中国国民党分部党务科主任；伍俊荣为片市阻珠中国国民党分部党务科主任；黄汉儿为卡忌利中国国民党分部党务科主任；冯晓楼为都朗杜中国国民党分部党务科主任；黄雄甫为点问顿中国国民党分部党务科主任；黄先求为宙巴仑中国国民党分部党务科主任；敖英三为古璧中国国民党分部党务科主任；曾沛传为片市鲁别中国国民党分部党务科主任；方远龙为夏路弗市中国国民党分部党务科主任；黄能民为宙布碌中国国民党分部党务科主任；李维砚为多榄喜亚中国国民党分部党务科主任；曾桂芳为云高华中国国民党分部党务科主任；余保纲为尾利慎血中国国民党分部党务科主任；黄焕珍为片的顿中国国民党分部党务科主任；潘子才为市打罅中国国民党分部党务科主任；周长福为约顿中国国民党分部党务科主任；黄恭穗为伙伟林中国国民党分部党务科主任；马相荣为汝利慎中国国民党分部党务科主任；蔡雨松为所慎尾利中国国民党分部党务科主任；黄昂儒为波兰佛中国国民党分部党务科主任；邓叔平为雷城中国国民党分部党务科主任；李醒汉为顷士顿中国国民党分部党务科主任；马才晃为沙城中国国民党分部党务科主任；李桓为波兰顿中国国民党分部党务科主任；谭润兴为圣转中国国民党分部党务科主任；麦晋三为柯京中国国民党分部党务科主任；司徒仲明为片市打佛中国国民党分部党务科主任；陈占四为委伴中国国民党分部党务科主任；梁雨金为温谙中国国民党分部党务科主任；李礽嵩为吉治打中国国民党通讯处党务科科长；马仟修为老市仑中国国民党通讯处党务科科长；和泮为尾利和中国国民党通讯处党务科科长；司徒汉南为笠夫李市中国国民党通讯处党务科科长；郑良民为企仑打中国国民党通讯处党务科科长；黄衡石为圣卡顿中国国民党分部党务科科长；赵楚珩为且砧中国国民党通讯处党务科科长。此状。

总理（印）

总务部部长彭素民副署

代理党务部部长孙镜副署

据《总理任命·四月十八日》，载上海《中国国民党本部公报》第一卷第十七号，一九二三年六月二十日出版

委任陈顺成等四十四人分为横滨等四十三埠中国国民党组织会计科正副主任或科长状

（一九二三年四月十八日）

委任陈顺成为横滨中国国民党支部会计科正主任，梁芍坡为横滨中国国民党支部会计科副主任；黄焕南为市必汗中国国民党分部会计科主任；司徒侠夫为叻架伙中国国民党分部会计科主任；袁炎为品夫中国国民党分部会计科主任；余演中为列孔列姐中国国民党分部会计科主任；李松光为喜路市姊中国国民党分部会计科主任；梁仁沛为把利佛中国国民党分部会计科主任；黄洪德为片市阻珠中国国民党分部会计科主任；雷维浣为卡忌利中国国民党分部会计科主任；许炯昌为都朗杜中国国民党分部会计科主任；马鸿本为点问顿中国国民党分部会计科主任；黄宽芹为宙巴仑中国国民党分部会计科主任；司徒卓廷为古璧中国国民党分部会计科主任；黄名祥为片市鲁别中国国民党分部会计科主任；叶如富为夏路弗市中国国民党分部会计科主任；徐荔为宙布碌中国国民党分部会计科主任；麦乾初为多榄喜亚中国国民党分部会计科主任；黄华尧为云高华中国国民党分部会计科主任；马铭林为尾利慎血中国国民党分部会计科主任；周遂鳌为片的顿中国国民党分部会计科主任；潘镒荣为市打罅中国国民党分部会计科主任；李宗佳为约顿中国国民党分部会计科主任；林荣滋为伙伟林中国国民党分部会计科主任；马大合为汝利慎中国国民党分部会计科主任；李彰时为所慎尾利中国国民党分部会计科主任；李询云为波兰佛中国国民党分部会计科主任；周汉裔为雷城中国国民党分部会计科主任；何铁汉为顷士顿中国国民党分部会计科主任；黎星为沙城中国国民党分部会计科主任；黄混林为波兰顿中国国民党分部会计科主任；谭声耀为圣转中国国民党分部会计科主任；薛德光为柯京中国国民党分部会计科主任；梁象灼为片市打佛中国国民党分部会计科主任；关伯仲为委伴中国国民党分部会计科主任；黄热血为温谙中国国民党分部会计科主任；李礽饶为吉治打中国国民党通讯处会计科科长；雷振声为老市仑中国国民党通讯处会计科科长；龚槐桢为迫架中国国民党通讯处会计科科长；舜中为尾利和中国国民党通讯处会计科科长；陈毓生为笠夫李市中国国民党通讯处会计科科长；黄颂声为企仑打中国国民党通讯处会计科科长；方协民为圣卡顿中国国民党通讯处会计科科长；张寿南为且砧中国国民党通讯处会计科科长。此状。

总理（印）

总务部部长彭素民副署

财务部部长林业明副署

据《总理任命·四月十八日》，载上海《中国国民党本部公报》第一卷第十七号，一九二三年六月二十日出版

委任罗翩云等四十三人分为横滨等四十三埠中国国民党组织宣传科主任或科长状

（一九二三年四月十八日）

委任罗翩云为横滨中国国民党支部宣传科正主任，关羡华为市必汗中国国民党分部宣传科主任，张梦汉为叻架伙中国国民党分部宣传科主任，余庆强为品夫中国国民党分部宣传科主任，麦松稳为列孔列姐中国国民党分部宣传科主任，盘尚呆为喜路市姊中国国民党分部宣传科主任，周家麟为把利佛中国国民党分部宣传科主任，周家苑为片市阻珠中国国民党分部宣传科主任，雷家赏为卡忌利中国国民党分部宣传科主任，王硕果为都朗杜中国国民党分部宣传科主任，刘梓森为点问顿中国国民党分部宣传科主任，黄文甫为宙巴仑中国国民党分部宣传科主任，周世钊为古璧中国国民党分部宣传科主任，马峤峰为片市鲁别中国国民党分部宣传科主任，林举辉为夏路弗市中国国民党分部宣传科主任，徐子禄为宙布碌中国国民党分部宣传科主任，曾毓鳌为多榄喜亚中国国民党分部宣传科主任，黄占元为云高华中国国民党分部宣传科主科〔任〕，张毅卿为尾利慎血中国国民党分部宣传科主任，黄民举为片的顿中国国民党分部宣传科主任，邓汉进为市打罅中国国民党分部宣传科主任，司徒石泉为约顿中国国民党分部宣传科主任，李捷安为伙伟林中国国民党分部宣传科主任，周广柏为汝利慎中国国民党分部宣传科主任，林善焯为所慎尾利中国国民党分部宣传科主任，黄国良为波兰佛中国国民党分部

宣传科主任，余稔中为雷城中国国民党分部宣传科主任，王怀乐为顷士顿中国国民党分部宣传科主任，关双为沙城中国国民党分部宣传科主任，梁松生为波兰顿中国国民党分部宣传科主任，谭声永为圣转中国国民党分部宣传科主任，吴茂为柯京中国国民党分部宣传科主任，司徒怀汉为片市打佛中国国民党分部宣传科主任，周南山为委伴中国国民党分部宣传科主任，黄星楼为温谙中国国民党分部宣传科主任，张自强为吉治打中国国民党通讯处宣传科科长，黄华焕为老市仑中国国民党通讯处宣传科科长，马砺周为迫架中国国民党通讯处宣传科科长，金良为尾利和中国国民党通讯处宣传科科长，陈履生为笠夫李市中国国民党通讯处宣传科科长，刘英元为企仑打中国国民党通讯处宣传科科长，司徒文华为圣卡顿中国国民党通讯处宣传科科长，黄松辅为且砧中国国民党通讯处宣传科科长。此状。

总理（印）

总务部部长彭素民副署

宣传部部长叶楚伦副署

据《总理任命·四月十八日》，载上海《中国国民党本部公报》第一卷第十七号，一九二三年六月二十日出版

委任黄焯民等八百二十七人为横滨等四十三埠中国国民党组织职员状

（一九二三年四月十八日）

委任黄焯民为横滨中国国民党支部总务科正主任，鲍连就为横滨中国国民党支部总务科副主任，杨光庆为横滨中国国民党支部执行部书记，陈春树、郑德泉、欧阳静山、梁有长、赵日初、张瑞荃、刘炳初、陈燎辉、成崇本、温国恩、李电英、周国清、鲍胜常、吴焕云、林文联为横滨中国国民党支部干事，李晋光为横滨中国国民党支部评议部书记，李寅佳、陆耀芸、刘泽泉、谢俊亨、黄维忻、陈火秀、李润璋、鲍州昭为横滨中国国民党支部评议部评议员；关勋旋为市必汗中国国民党分部党务科主任，关我愚为市必汗中国国民党分部执行部书记，关烈民、关鼎之、关元深、关省吾、关碧峰、梁炎、胡樨荣、余祝三、黄兰韵、关健民、

关勋焯、余伟和为市必汗中国国民党分部干事，关卓臣、余松林、余锡坤、胡锡如、关伯荣、余玖、关砚池、余衍廷、余卓、余稳和、关璧池为市必汗中国国民党分部评议部评议员；张栋耀为叻架伙中国国民党分部总务科主任，司徒铁魂为叻架伙中国国民党分部执行部书记，吴汇正、甄子逵、陈再生、梁洪藉、余国俊为叻架伙中国国民党分部干事，谢诣斌为叻架伙中国国民党分部评议部书记，麦宝山、陈连会、余飞腾、郑鉴明、李礽质、张文资为叻架伙中国国民党分部评议员；黄雅秀为品夫中国国民党分部总务科主任，黄施博为品夫中国国民党分部执行部书记，阮若春、敖瑞、阮汉生、朱荣仕、黄镇兰、周禧、周自怀、钟毓兰、黄敖为品夫中国国民党分部干事，黄渭北为品夫中国国民党分部评议部书记，周松均、黄树攉、卢朝伟、朱牛姝、余燦礼、袁奕相、阮珍耀、黄挺生为品夫中国国民党分部评议部评议员；周宏瑞为列孔列姐中国国民党分部总务科主任，朱本固为列孔列姐中国国民党分部执行部书记，朱乾、余百年、马华祥、余强、胡维喜为列孔列姐中国国民党分部干事，黄桢瑞为列孔列姐中国国民党分部评议部书记，麦德娟、余荣鋈、余百璁、马洪藻、陈利、胡锦、麦乾彩、曾优群、周日初、邝安为列孔列姐中国国民党分部评议部评议员；盘活隆为喜路市姊中国国民党分部总务科主任，马恒慈为喜路市姊中国国民党分部执行部书记，盘炯隆、骆伙、李波、冯鸣楫、李炳祥、盘文杰为喜路市姊中国国民党分部干事，黄庭炜为喜路市姊中国国民党分部评议部书记，芹昌、马恒广、朱奕墼、盘铨昌、盘英元、盘达尊、邓兆、盘煜隆、盘国昌、黄灿邦、马华芳为喜路市姊中国国民党分部评议部评议员；司徒威林为把利佛中国国民党分部总务科主任，司徒颂舆为把利佛中国国民党分部执行部书记，周中坚、周孔生、梁安、周爵臣、梁植臣、周兴盛、周颂平、梁泳溟、司徒日月、吕浩芳、周在焯、周溢之、陆光宿、周秉三、周玉衡、周家香、周翼常为把利佛中国国民党分部干事，周杰三为把利佛中国国民党分部评议部书记，梁礼庭、周家甜、周孔生、梁燮、周瑞述、周道伟、周梦生、周开泉、梁市三、司徒位畚为把利佛中国国民党分部评议部评议员；周侠志为片市阻珠中国国民党分部总务科主任，陈拔南、周汉醒为片市阻珠中国国民党分部执行部书记，周英鹄、马友梧、赵一枝、许同得为片市阻珠中国国民党分部干事，聂耀初为片市阻珠中国国民党分部评议部书记，黄雅良、许福民、余杰庆、马泂濩、郑烈民、周宪良、梁璧柱、许球为片市阻珠中国国民党分部评议部评议员；陈屠帝为卡忌利中国国民党分部总务科主任，潘侠魂、黄陶阶为卡忌利中国国民党分部执行部书记，马臻璇、雷震光、余耀棠、何荣川为卡忌利中国国民党分部干事，雷卓平为卡忌利中国国民党分部评议部书记，周我汉、余子燕、李镜如、雷家祺、李子平、袁勤能、黄仲珊、谢宇擎、黄进秀、林龙波、梁礼、雷少俊、余礼彬为卡忌利中国国民党分部评议部评议员；吴志革为都朗杜中国国民党分部总务科主任，赵泮生为都朗杜中国国民党分部执行部书记，曹惠民、刘希惠、叶仕林、杨可任、赵华石、许月波、张烈民、黄白天、戚泽民、钟辅戚、卓卿、周雄彪、吴熊、李铁如、彭家广、林振华、许良瑞、黄惠民、薛毅夫为都朗杜中国国民党分部干事，宋卓勋为都朗杜中国国民党分部评议部书记，林卓平、林鹤余、李剑侠、冯一枝、曾成裘、李耀云、何梦龄、吴清华、胡郎、赵贤为都朗杜中国国民党分部评议部评议员；马求德为点问顿中国国民党分部总务科主任，马镜池为点问顿中国国民党分部执行部书记，马畅廷、马汉修、黄精华、黄启瀹、李润富、马恒立、朱五郎、朱赞棠、马锦章、黄兆鲸为点问顿中国国民党分部干事，黄醒非为点问顿中国国民党分部评议部书记，马祝三、黄润生、马荣日、马卓元、朱若愚、黄龙强、马伯志、黄天习、李松轩、马鸿禧、朱广奕、余朝恩、陈璧池为点问顿中国国民党分部评议部评议员；杨汉三为宙巴仑中国国民党分部总务科主任，马典如为宙巴仑中国国民党分部执行部书记，马尚伟、曾广理、余常、马血民、锦云为宙巴仑中国国民党分部干事，黄奕贤为宙巴仑中国国民党分部评议部书记，黄磊民、谢四女、马宏达、马锦铎、胡宽卓、张海一、林敏岩、黄槐、胡叶、梁旺、黄利民、马为韶为宙巴仑中国国民党分部评议部评议员；吴侠夫为古璧中国国民党分部总务科主任，方是男、关伟民为古璧中国国民党分部执行部书记，司徒泽民、司徒润生、陈雅卿、黄昂照、黄联辅、方振民、梁城广、司徒雅轩、司徒丽川、周家楣、关兆康、陈卓男、梁域裕为古璧中国国民党分部干事，司徒树兰为古璧中国国民党分部评议部书记，黄作谦、司徒道之、方智农、梁旭强、敖兴三、李儒均、司徒绪堂、司徒绩懿、周世灿、林举礼为古璧中国国民党分部评议部评议员；黄道显为片市鲁别中国国民党分部总务科主任，曾惠霖为片市鲁别中国国民党分部执行部书记，张椿协、谭华汉、黄国辉、裘灿、黄仲琳、

马祥、郑德昌、周拱彬为片市鲁别中国国民党分部干事，黄馥庭为片市鲁别中国
国民党分部评议部书记，黄世信、李美安、丘修瑞、李其信、曾连胜、陈寿桐、
周如日、陈社雄、黄松后、黄名珍为片市鲁别中国国民党分部评议部评议员；黄
辉石为夏路弗市中国国民党分部总务科主任，区广常为夏路弗市中国国民党分部
执行部书记，谭文沾、王伟昌、黄治、文良永、叶云生、司徒光军为夏路弗市中
国国民党分部干事，伍耀畅为夏路弗市中国国民党分部评议部书记，区圣爵、陈
元勋、徐双丁、谭鸿源、余熙和、伍色旗、司徒福年、张贵子、马科民、生兢雄
为夏路弗市中国国民党分部评议部评议员；周泽波为宙布碌中国国民党分部总务
科主任，李景伦为宙布碌中国国民党分部执行部书记，马本葵、徐见龙、李振美、
李维周、邓祥、李福、吴胜、李有女为宙布碌中国国民党分部干事，邓深为宙布
碌中国国民党分部评议部书记，李芳南、李仲田、伍甲、陈灼贤、李赵南、董翰、
伍耀康、李泽、徐贯、李社保为宙布碌中国国民党分部评议部评议员；李玉堂为
多榄喜亚中国国民党分部总务科主任，谢章云、黄纪乾为多榄喜亚中国国民党分
部执行部书记，麦锡祥、谢汝程、李显、李仲来、罗燮南、谢铭为、李俭持、杨
庸夫、罗卓生、余卓、冯洪生、罗信琼、黎天然为多榄喜亚中国国民党分部干事，
吴禄为多榄喜亚中国国民党分部评议部书记，黄炳德、袁瑞石、李松亭、雷寿如、
黄赞规、廖国林、梁朝栋、梁邦栋、李敏钦、曾春仪、何谅、罗养法、潘百生、
曾纪华为多榄喜亚中国国民党分部评议部评议员；李琼为云高华中国国民党分部
总务科主任，黄卫为云高华中国国民党分部执行部书记，盘爱隆、陈启裕、黄民
生、赵荣灿、甄良染为云高华中国国民党分部干事，黄信杰为云高华中国国民党
分部评议部书记，黄赞、黄超衍、陈桂芳、黄锦旺、谭毅强、谭伯棠、司徒衍衢、
马松筠、林福业、甄新辉、梁福昌、黄贺穰、苏汉生、杨日晓、谭锦元、苏护民
为云高华中国国民党分部评议部评议员；谢鉴强为尾利慎血中国国民党分部总务
科主任，梁若泉为尾利慎血中国国民党分部执行部书记，余鸣岐、谢能钦、马本
洁、余雄飞为尾利慎血中国国民党分部干事，马海为尾利慎血中国国民党分部评
议部书记，李醒民、余汝珊、余丰和、余鸿毛、余植三、谢福来、余明三为尾利
慎血中国国民党分部评议部评议员；刘炳焯为片的顿中国国民党分部总务科主任，
刘瑞石为片的顿中国国民党分部执行部书记，黄保之、黄绵传、刘希煖、罗永基、

马奖修、关自琳为片的顿中国国民党分部干事，周卫东为片的顿中国国民党分部评议部书记；陈明星、林举焜、胡奕生、黄涛世、陈津渔、黄维熊为片的顿中国国民党分部评议部评议员；谢星南为市打罅中国国民党分部总务科主任，潘孔嘉、梁灯欣为市打罅中国国民党分部执行部书记，钟毓群、李发遇、梁安家、伍时仰、潘逢有、黄道大、邝灼南为市打罅中国国民党分部干事，潘超元为市打罅中国国民党分部评议部书记，黄慕强、胡维就、李发集、谢爵臣、许积芹、邓道炎、李如山、邓道行、邓鎏文、潘国亮、潘若涛、潘南山、潘植生、潘枢善、潘国强、潘泽民、潘杏棠、梁石稳为市打罅中国国民党分部评议部评议员；余章森为约顿中国国民党分部总务科主任，关兆槐为约顿中国国民党分部执行部书记，谢家琚为约顿中国国民党分部评议部书记，李康衢、谢瑞德、余光礼、余启华、周麟、雷林、李德、谢沐、谭柏为约顿中国国民党分部评议部评议员；钟吉辰为伙伟林中国国民党分部总务科主任，王复甦、李伟三为伙伟林中国国民党分部执行部书记，李琼南、徐长盛、司徒携区、卓光、李炳烈、李福培、林德盘为伙伟林中国国民党分部干事，钟英勤为伙伟林中国国民党分部评议部书记，林北立、李金练、赵林、黄振坤、黄金洪、卫旺、李仁巧为伙伟林中国国民党分部评议部评议员；谢维早为汝利慎中国国民党分部总务科主任，朱仁甫为汝利慎中国国民党分部执行部书记，黄百宽、马维霖、黄锦棠、叶春裔、谢其鸿、朱卓修、叶春华为汝利慎中国国民党分部干事，雷法尧为汝利慎中国国民党分部评议部书记，周廷卫、陈礼光、黄纪祥、胡燮畴、雷锡平、李东初、朱连谦、朱炳长、马荣尧、黄栋铨为汝利慎中国国民党分部评议部评议员；林汉兴为所慎尾利中国国民党分部总务科主任，李树庭、李明东为所慎尾利中国国民党分部执行部书记，李玉亭、林焯雄、林奕权、李芳华为所慎尾利中国国民党分部干事，赵景福为所慎尾利中国国民党分部评议部书记，林长胜、甄祥伟、林进三、李玉三、林日章、李玉庵、李卓平、李振民、李健初、赵国乔、李怀民、冯贤起为所慎尾利中国国民党分部评议部评议员；黄业初为波兰佛中国国民党分部总务科主任，黄护民、李植庭为波兰佛中国国民党分部执行部书记，许昌登、伍浩川、许生、黄求丁、李云熠、李启光、许会民、黄撰文，黄亦民、黄新有为波兰佛中国国民党分部干事，黄洪卓为波兰佛中国国民党分部评议部书记，黄人杰、黄昂赞、黄作严、黄东三、黄芝桢、黄雄亚、许植民、李谷棠为波兰佛中国国民党分部评议部评议员；麦世泽为雷城中国国民党分部总务科主任，李血生为雷城中国国民党分部执行部书记，余海和、刘希初、李一一、梁鸿威、陈西就、余卫汉、余燊熙、蔡燊盛为雷城中国国民党分部干事，蔡蕃春为雷城中国国民党分部评议部书记，李谷全、陈命之、雷康勉、陈明、李惠民、李朗天、周寿民、余毓照、黄焕业、马悦常为雷城中国国民党分部评议部评议员；吕燿南为顷士顿中国国民党分部总务科主任，李雄亚为顷士顿中国国民党分部执行部书记，谭文键、李向景、李宪章、李景民、谭廷芳、邝镇修、张浣兴、李寄汉、李侠民、李世暹、梁凤韶、林立楠为顷士顿中国国民党分部干事，李镜如为顷士顿中国国民党分部评议部书记，李达民、林进元、雷我武、林德云、李康平、谭颂平、蔡珠盛为顷士顿中国国民党分部评议部评议员；黄锦如为沙城中国国民党分部总务科主任，廖麟为沙城中国国民党分部执行部书记，黎保、叶元、阮石瑚、马炳林、陆逢、黄毓相、李猷新、胡沃如、林胜、黄贞民、梁在为沙城中国国民党分部干事，黄育为沙城中国国民党分部评议部书记，胡杖昌、李文、余富、廖振、李英、李逸民、陈潜、胡遵滋为沙城中国国民党分部评议部评议员；余端和为波兰顿中国国民党分部总务科主任，陈宪民、谭扳为波兰顿中国国民党分部执行部书记，谭品臣、黄显逢、黄树彭、梁勤、曾显锋、李炳银、李梓云、黄合、曾云渠、黄健夫为波兰顿中国国民党分部干事，黄树沾为波兰顿中国国民党分部评议部书记，黄昂舜、胡江林、谭显德、曾玉麟、黄兆钿、方仲海、曾祐荣、冯少平为波兰顿中国国民党分部评议部评议员；谭家豪为圣转中国国民党分部总务科主任，谭宇明、赵镛大为圣转中国国民党分部执行部书记，李期进、余修中、谭家岳、谭昌琛、郑传发为圣转中国国民党分部干事，谭蔚文为圣转中国国民党分部评议部书记，谭声鉴、谭伟林、孔洪生、谭杰芬、谭昌琛、郑厚聪、郑号亮为圣转中国国民党分部评议部评议员；司徒仕焯为柯京中国国民党分部总务科主任，梁凤年为柯京中国国民党分部执行部书记，周荫南、麦国兴、梁竞雄、林善逵、谭步觉为柯京中国国民党分部干事，周豪伟为柯京中国国民党分部评议部书记，黄福盛、司徒文海、周在俭、司徒俊璧、林廷干、周一新、司徒文质、李树屏、司徒文学、梁羡如、敖文锦、谭杰生为柯京中国国民党分部评议部评议员；司徒若海为片市打佛中国国民党分部总务科主任，司徒德彬、李尚志为片市打佛中国国民党分部执行部书记，麦炳煖、司徒汉庭、李达、麦琼三、马培灿为片市打佛中国国民党分部干事，司徒仲明为片市打佛中国国民党分部评议部书记，司徒俊照、陈若民、马力强、麦伯干、黄福盈、麦圣雪、梁玉书、李秉均、叶卫民、司徒如、麦锡儿、梁锦棠、谭开锦、司徒业、麦侣云、司徒发淦、李溥、李维、陈郁、司徒发舜为片市打佛中国国民党分部评议部评议员；石美基为委伴中国国民党分部总务科主任，石美基、余新为委伴中国国民党分部执行部书记，黄燕和、黄昂参、陈江如、李圣福、李献立、李圣庭、李绣石、余述畲为委伴中国国民党分部干事，陈彪为委伴中国国民党分部评议部书记，陈明熠、陈应学、李云达、李民丁、梁天池、陈日光、陈华、陈大、胡寂然、朱开强为委伴中国国民党分部评议部评议员；黄焕伦为温谐中国国民党分部总务科主任，黄静村为温谐中国国民党分部执行部书记，周干平、黄凤朝、黄绰洪、马炯刚、梁信仍、黄瑞云、陈杰民、郑聘三、盘益民、李日昇、郑民强、黄国荣、李雨琴、黄广森、黄祐之、黄同享为温谐中国国民党分部干事，郑侠夫为温谐中国国民党分部评议部书记，黄传尧、陈丽初、苏树洪、李成兆、廖兰初、黄宽启、黄惠初、梁煜成、麦英球、黄振华为温谐中国国民党分部评议部评议员；李云奎为吉治打中国国民党通讯处总务科科长，陈肇元为吉治打中国国民党通讯处执行部书记，梁福为吉治打中国国民党通讯处评议部评议员；黄培进为老市仑中国国民党通讯处总务科科长，黄纯杰为老市仑中国国民党通讯处执行部书记，梁社元、马庄修、黄朝舜为老市仑中国国民党通讯处评议部评议员；龚莘平为迫架中国国民党通讯处执行部书记，黄均旺为迫架中国国民党通讯处评议部书记，谢汝畅、盘润、曾优群、梁璞珊、周馥兰为迫架中国国民党通讯处评议部评议员；爁和为尾利和中国国民党通讯处总务科科长，燿田为尾利和中国国民党通讯处执行部书记，蔡洪为尾利和中国国民党通讯处评议部书记，大礼、瑞安、瑞铿、余保、荣润、祥盛为尾利和中国国民党通讯处评议部评议员；关天民为笠夫李市中国国民党通讯处总务科科长，李文藻为笠夫李市中国国民党通讯处执行部书记，关天民为笠夫李市中国国民党通讯处评议部书记，陈伯衮、余少民、陈福、陈始平为笠夫李市中国国民党通讯处评议部评议员；马锦棠为企仑打中国国民党通讯处总务科科长，李根民为企仑打中国国民党通讯处执行部书记，李琼波、黄颂棠为企仑打中国国民党通讯处科员，李天洽、黄英德、黄达强、马淮清、黄洽传为企仑打中国国民党通讯处评议部评议员；何剑侠为圣卡顿中国国民党通讯处总务科科长，伍权洽为圣卡顿中国国民党通讯处执行部书记，黄衡石、甄天民、邝卓云、张黻臣、方持平、司徒懿渠为圣卡顿中国国民党通讯处科员，赵一山为圣卡顿中国国民党通讯处评议部书记，谢伯杰、黄洛运、张觐庆、李光华、刘省三、李兆汉、李育之、张纬培、张汉雄为圣卡顿中国国民党通讯处评议部评议员；赵卓忠为且砝中国国民党通讯处总务科科长，赵楚珩为且砝中国国民党通讯处执行部书记，林我醒为且砝中国国民党通讯处评议部书记，甄明霭、汤名惠、李如松为且砝中国国民党通讯处评议部评议员。此状。

总理（印）

总务部部长彭素民副署

据《总理任命·四月十八日》，载上海《中国国民党本部公报》第一卷第十七号，一九二三年六月二十日出版

委任鲍应隆等一百六十五人为横滨等四十三埠中国国民党组织职员状

（一九二三年四月十八日）

委任鲍应隆为横滨中国国民党支部正部长，阮茂熊为横滨中国国民党支部副部长，鲍次楼为横滨中国国民党支部评议部正议长，梁觐三为横滨中国国民党支部评议部副议长；关瑞祥为市必汗中国国民党分部正部长，胡恪廷为市必汗中国国民党分部副部长，余锦森为市必汗中国国民党分部评议部正议长，关国仪为市必汗中国国民党分部评议部副议长；张晓初为叻架伙中国国民党分部正部长，关洪德为叻架伙中国国民党分部副部长，李育之为叻架伙中国国民党分部评议部正议长，张元章为叻架伙中国国民党分部评议部副议长；黄惠民为品夫中国国民党分部正部长，敖奕生为品夫中国国民党分部副部长，黄俊伟为品夫中国国民党分部评议部正议长，黄树畅为品夫中国国民党分部评议部副议长；黄毅夫为列孔列

姐中国国民党分部正部长，陈定之为列孔列姐中国国民党分部副部长，梁龙廷为列孔列姐中国国民党分部评议部正议长，黄黔禺为列孔列姐中国国民党分部评议部副议长；黄松友为喜路市姊中国国民党分部正部长，盘璀隆为喜路市姊中国国民党分部副部长，盘铨隆为喜路市姊中国国民党分部评议部正议长，盘炯尊为喜路市姊中国国民党分部评议部副议长；周瑞述为把利佛中国国民党分部正部长，胡汉宸为把利佛中国国民党分部副部长，周匡时为把利佛中国国民党分部评议部正议长，胡汉辰为把利佛中国国民党分部评议部副议长；曾民权为片市阻珠中国国民党分部正部长，钟铨如为片市阻珠中国国民党分部副部长，马锦登为片市阻珠中国国民党分部评议部正议长，梁成光为片市阻珠中国国民党分部评议部副议长；余庆宗为卡忌利中国国民党分部正部长，何井立为卡忌利中国国民党分部副部长，黄民章为卡忌利中国国民党分部评议部正议长，李沛如为卡忌利中国国民党分部评议部副议长；伍愤然为都朗杜中国国民党分部正部长，陈志英为都朗杜中国国民党分部副部长，赵文蔚为都朗杜中国国民党分部评议部副议长，吴竞道为都朗杜中国国民党分部评议部副议长；马光珠为点问顿中国国民党分部正部长，朱祖汉为点问顿中国国民党分部副部长，黄纯亨为点问顿中国国民党分部评议部正议长，马大扬为点问顿中国国民党分部评议部副议长；李华隆为宙巴仑中围中国国民党分部正部长，黄惠谦为宙巴仑中国国民党分部副部长，关荣燊为宙巴仑中国国民党分部评议部正议长，马宗孟为宙巴仑中国国民党分部评议部副议长；梁星初为古璧中国国民党分部正部长，司徒绚墀为古璧中国国民党分部副部长，司徒碧珊为古璧中国国民党分部评议部正议长，黄树庆为古璧中国国民党分部评议部副议长；黄修平为片市鲁别中国国民党分部正部长，黄桂荣为片市鲁别中国国民党分部副部长，黄卓凡为片市鲁别中国国民党分部评议部正议长，林举多为片市鲁别中国国民党分部评议部副议长；司徒朝相为夏路弗市中国国民党分部正部长，司徒乙秀为夏路弗市中国国民党分部副部长，区栋纲为夏路弗市中国国民党分部评议部正议长，谭炳堃为夏路弗市中国国民党分部评议部副议长；马世源为宙布碌中国国民党分部正部长，苏准如为宙布碌中国国民党分部副部长，李惠元为宙布碌中国国民党分部评议部正议长，伍宏汉为宙布碌中国国民党分部评议部副议长；梁贤天为多榄喜亚中国国民党分部正部长，罗璧初为多榄喜亚中国国民党分部副部长，李自坚为多榄喜亚中国国民党分部评议部正议长，关崇汉为多榄喜亚中国国民党分部评议部副议长；黄信德为云高华中国国民党分部正部长，周直民为云高华中国国民党分部副部长，朱直民为云高华中国国民党分部评议部正议长，马观宦为云高华中国国民党分部评议部副议长；黄亦蓁为尾利慎血中国国民党分部正部长，余卫民为尾利慎血中国国民党分部副部长，余礼敦为尾利慎血中国国民党分部评议部正议长；黄述传为片的顿中国国民党分部正部长，黄广传为片的顿中国国民党分部副部长，邓钜普为片的顿中国国民党分部评议部正议长，朱灼均为片的顿中国国民党分部评议部副议长；梁廷相为市打罅中国国民党分部正部长，潘德芳为市打罅中国国民党分部副部长，潘璧光为市打罅中国国民党分部评议部正议长，潘寅善为市打罅中国国民党分部评议部副议长；余金中为约顿中国国民党分部正部长，李楷为约顿中国国民党分部副部长，谢参为约顿中国国民党分部评议部正议长，周达为约顿中国国民党分部评议部副议长；黄举昌为火伟林中国国民党分部正部长，李穗农为火伟林中国国民党分部副部长，李崇殿为火伟林中国国民党分部评议部正议长，黄超励为火伟林中国国民党分部评议部副议长；马大俸为汝利慎中国国民党分部正部长，刘绍勋为汝利慎中国国民党分部副部长，马群生为汝利慎中国国民党分部评议部正议长，马高明为汝利慎中国国民党分部评议部副议长；赵耀楼为所慎尾利中国国民党分部正部长，李榆南为所慎尾利中国国民党分部副部长，林共进为所慎尾利中国国民党分部评议部正议长，李廷光为所慎尾利中国国民党分部评议部副议长；许瑞轩为波兰弗中国国民党分部正部长，黄剑魂为波兰弗中国国民党分部副部长，黄少白为波兰佛中国国民党分部评议部正议长，黄茂兰为波兰佛中国国民党分部评议部副议长；余衮羡为雷城中国国民党分部正部长，李庆宏为雷城中国国民党分部副部长，李平来为雷城中国国民党分部评议部正议长，李忠为雷城中国国民党分部评议部副议长；林启文为顷士顿中国国民党分部正部长，李唤觉为顷士顿中国国民党分部副部长，李辅仁为顷士顿中国国民党分部评议部正议长，叶伯英为顷士顿中国国民党分部评议部副议长；谭在田为沙城中国国民党分部正部长，麦泳舟为沙城中国国民党分部副部长，胡启为沙城中国国民党分部评议部正议长，黎藉为沙城中国国民党分部评议部副议长；谭显辉为波兰顿中国国民党分部正部长，冯达生为波兰顿中国国民党分部副部长，马亮为波兰顿中国国民党分部评议部正议长，谭洛川为波兰顿中国国民党分部评议部副议长；谭声兆为圣转中国国民党分部正部长，李期戬为圣转中国国民党分部副部长，谭炳桓为圣转中国国民党分部评议部正议长，关崇宇为圣转中国国民党分部评议部副议长；林举棠为柯京中国国民党分部正部长，梁博平为柯京中国国民党分部副部长，司徒德伦为柯京中国国民党分部评议部正议长，陈明铨为柯京中国国民党分部评议部副议长；麦林为片市打佛中国国民党分部正部长，马耀星为片市打佛中国国民党分部副部长，李屈儿为片市打佛中国国民党分部评议部正议长，陈惠予为片市打佛中国国民党分部评议部副议长；陈众憎为委伴中国国民党分部正部长，李富为委伴中国国民党分部副部长，朱开鳌为委伴中国国民党分部评议部正议长，李池为委伴中国国民党分部评议部副议长；盘卓山为温谙中国国民党分部正部长，黄钊传为温谙中国国民党分部副部长，黄嵩亭为温谙中国国民党分部评议部正议长，黄文波为温谙中国国民党分部评议部副议长；李经五为吉治打中国国民党通讯处正主任，周华林为吉治打中国国民党通讯处副主任，李礽彬为吉治打中国国民党通讯处评议部副议长；梁求贤为老市仑中国国民党通讯处正主任，黄晃纯为老市仑中国国民党通讯处评议部正议长，黄树俊为老市仑中国国民党通讯处评议部副议长；马砺余为迫架中国国民党通讯处正主任，伍禄寿为迫架中国国民党通讯处副主任，黄贻亮为迫架中国国民党通讯处评议部正议长，马惠群为迫架中国国民党通讯处评议部副议长；马培为尾利和中国国民党通讯处正主任，煦章为尾利和中国国民党通讯处评议部正议长；陈新民为笠夫李市中国国民党通讯处正主任，宋柏多为笠夫李市中国国民党通讯处副主任，关仲民为笠夫李市中国国民党通讯处评议部正议长，陈仲平为笠夫李市中国国民党通讯处评议部副议长；关占鳌为企仑打中国国民党通讯处正主任，李昌庭为企仑打中国国民党通讯处评议部正议长；罗振邦为圣卡顿中国国民党通讯处正主任，刘冀生为圣卡顿中国国民党通讯处副主任，谢渔伯为圣卡顿中国国民党通讯处评议部正议长，黎日初为圣卡顿中国国民党通讯处评议部副议长；刘宗汉为且砧中国国民党通讯处正主任，雷任庄为且砧中国国民党通讯处副主任，汤名骥为且砧中国国民党通讯处评议部正议长，黄植生为且砧中国国民党通讯处评议部副议长。此状。

总理（印）

总务部部长彭素民副署

代理党务部部长孙镜副署

财务部部长林业明副署

宣传部部长叶楚伧副署

交际部部长张秋白副署

据《总理任命·四月十八日》，载上海《中国国民党本部公报》第一卷第十七号，一九二三年六月二十日出版

免朱卓文广东兵工厂厂长令

（一九二三年四月十九日）

大元帅令

广东兵工厂厂长朱卓文另有任用，应免本职。此令。

（中华民国陆海军大元帅之印）

中华民国十二年四月十九日

据《命令》，载广州《陆海军大元帅大本营公报》第八号，一九二三年四月二十七日

免朱和中大本营高级参谋令

（一九二三年四月十九日）

大元帅令

大本营高级参谋朱和中另有任用，应免本职。此令。

（中华民国陆海军大元帅之印）

中华民国十二年四月十九日

据《命令》，载广州《陆海军大元帅大本营公报》第八号，一九二三年四月二十七日

任命朱和中为广东兵工厂厂长令①

（一九二三年四月十九日）

大元帅令

　　任命朱和中为广东兵工厂厂长。此令。

（中华民国陆海军大元帅之印）

中华民国十二年四月十九日

据《命令》，载广州《陆海军大元帅大本营公报》第八号，一九二三年四月二十七日

任命陈同赞为钦防司令手令

（一九二三年四月十九日）

大元帅令　　密

　　任命陈同赞为钦防司令。此令。

孙文

中华民国十二年四月十九日

据原件影印件，载谭延闿编：《总理遗墨》第一辑，一九二八年五月校印

---

①　谭延闿编《总理遗墨》第一辑收有手令影印件。

任命喻毓西为大本营高级参谋令①

（一九二三年四月二十日）

大元帅令

任命喻毓西为大本营高级参谋。此令。

（中华民国陆海军大元帅之印）

中华民国十二年四月二十日

据《命令》，载广州《陆海军大元帅大本营
公报》第八号，一九二三年四月二十七日

褫夺李易标沈荣光直辖第五
第六军军长并悬赏购拿令

（一九二三年四月二十日）

大元帅令

沈逆鸿英称兵作乱，业经明令讨伐。各军分途进击，期速荡平。所有附逆军
官李易标、沈荣光等甘心从乱，扰害地方，均属罪无可逭。中央直辖第五军军长
李易标、第六军军长沈荣光，着即褫夺本职，并着各军长官饬令前敌将领，将沈
鸿英、李易标、沈荣光悬赏购拿，务获惩办，以伸国法而快人心。此令。

（中华民国陆海军大元帅之印）

中华民国十二年四月廿日

据《命令》，载广州《陆海军大元帅大本营
公报》第八号，一九二三年四月二十七日

---

① 谭延闿编《总理遗墨》第一辑收有手令影印件。

派赵士觐为管理俘虏主任委员及另二人为委员令①

（一九二三年四月二十日）

大元帅令

　　派赵士觐为管理俘虏主任委员，黄馥生、关汉光为管理俘虏委员。此令。

（中华民国陆海军大元帅之印）

中华民国十二年四月廿日

据《命令》，载广州《陆海军大元帅大本营
公报》第八号，一九二三年四月二十七日

特任罗翼群为大本营兵站总监令②

（一九二三年四月二十日）

大元帅令

　　特任罗翼群为大本营兵站总监。此令。

（中华民国陆海军大元帅之印）

中华民国十二年四月廿日

据《命令》，载广州《陆海军大元帅大本营
公报》第八号，一九二三年四月二十七日

---

①　谭延闿编《总理遗墨》第一辑收有手令影印件。
②　谭延闿编《总理遗墨》第一辑收有手令影印件。

为饬转令前敌将领知照派赵士觐为管理俘虏
主任委员黄馥生关汉光为委员给程潜等人的训令

（一九二三年四月二十日）

大元帅训令第九七号

　　令大本营军政部长程潜、令中央直辖滇军总司令兼广州卫戍总司令杨希闵、令大本营巩卫军司令朱培德、令中央直辖西路讨贼军总司令刘震寰、令东路讨贼军总司令许崇智、令南路讨贼军总司令黄明堂、令闽赣边防督办李烈钧、令东路讨贼军第三军军长李福林、令中央直辖第三军军长卢师谛、令中央直辖第七军军长刘玉山、令海军舰队司令温树德、令广东江防司令杨廷培、令大本营驻江办事处全权主任古应芬、令广东海防司令陈策、令高雷讨贼军总司令兼绥靖处处长林树巍、令警备军军长姚雨平

　　兹令派赵士觐为管理俘虏主任委员，黄馥生、关汉光为管理俘虏委员。除饬该委员等遵照赶行筹备办理外，合行令仰该部长、总司令、司令、督办、军长、主任转令所部前敌将领一体知照。此令。

（中华民国陆海军大元帅之印）

中华民国十二年四月廿日

据《训令》，载广州《陆海军大元帅大本营公报》第九号，一九二三年五月四日

委任霍居南等十二人为南非洲等三地
中国国民党支（分）部职员状

（一九二三年四月二十日）

　　委任霍居南为南非洲中国国民党支部正部长，陈佐兴为南非洲中国国民党支部副部长，朱轰为南非洲中国国民党支部评议部正议长，何伟臣为南非洲中国国

民党支部评议部副议长；郭致安为苏洛中国国民党支部正部长，吕水源为苏洛中国国民党支部副部长，何君子为苏洛中国国民党支部评议部正议长，林兴为苏洛中国国民党支部评议部副议长；池任男为万隆中国国民党分部正部长，周子球为万隆中国国民党分部副部长，陈骏衡为万隆中国国民党分部评议部正议长，李觉民为万隆中国国民党分部评议部副议长。此状。

总理（印）

总务部部长彭素民副署

代理党务部部长孙镜副署

财务部部长林业明副署

宣传部部长叶楚伧副署

交际部部长张秋白副署

据《总理任命·四月二十日》，载上海《中国国民党本部公报》第一卷第十八号，一九二三年六月三十日出版

委任廖文科等五人分为南非洲等三地中国国民党支（分）部党务科正副主任状

（一九二三年四月二十日）

委任廖文科为南非洲中国国民党支部党务科正主任，廖云炳为南非洲中国国民党支部党务科副主任；张汉持为苏洛中国国民党支部党务科正主任，赵卓为苏洛中国国民党支部党务科副主任；张伯轩为万隆中国国民党分部党务科主任。此状。

总理（印）

总务部部长彭素民副署

代理党务部部长孙镜副署

据《总理任命·四月二十日》，载上海《中国国民党本部公报》第一卷第十八号，一九二三年六月三十日出版

委任邓伯朋等五人分为南非洲等三地中国
国民党支（分）部会计科正副主任状

（一九二三年四月二十日）

委任邓伯朋为南非洲中国国民党支部会计科正主任，霍锡桂为南非洲中国国民党支部会计科副主任；吕青云为苏洛中国国民党支部会计科正主任，林开宗为苏洛中国国民党支部会计科副主任；古继鹏为万隆中国国民党分部会计科主任。此状。

总理（印）

总务部部长彭素民副署

财务部部长林业明副署

据《总理任命·四月二十日》，载上海《中国国民党本部公报》第一卷第十八号，一九二三年六月三十日出版

委任霍胜刚等五人分为南非洲等三地中国
国民党支（分）部宣传科正副主任状

（一九二三年四月二十日）

委任霍胜刚为南非洲中国国民党支部宣传科正主任，朱印山为南非洲中国国民党支部宣传科副主任；吴麟趾为苏洛中国国民党支部宣传科正主任，林生江为苏洛中国国民党支部宣传科副主任；侯民柱为万隆中国国民党分部宣传科主任。此状。

总理（印）

总务部部长彭素民副署

宣传部部长叶楚伦副署

据《总理任命·四月二十日》，载上海《中国国民党本部公报》第一卷第十八号，一九二三年六月三十日出版

委任黎铁石等四十八人分为南非洲等三地
中国国民党支（分）部职员状

（一九二三年四月二十日）

委任黎铁石为南非洲中国国民党支部总务科正主任，岑宗焕为南非洲中国国民党支部总务科副主任，梁景星为南非洲中国国民党支部评议部书记，谭孙田、霍晋云、梁洁修、梁念德、霍锡根、万丽生、叶嵩庆、梁景星为南非洲中国国民党支部评议部评议员；吴克明为苏洛中国国民党支部总务科正主任，陈克明为苏洛中国国民党支部总务科副主任，林德雄、吕妈成为苏洛中国国民党支部执行部书记，余子豪、陈活生、陈胜、赵社龙为苏洛中国国民党支部干事，邓义、黄玉科、张贤、陈槐、符家衿、林烟、钟汉民、黎土启、刘益、李林、伍德为苏洛中国国民党支部评议部评议员；池任男为万隆中国国民党分部总务科主任，黄伯蕃为万隆中国国民党分部执行部书记，李问凡、刘进旭、蓝茂春、房蔚岩、彭梓彬、朱伟南、崔文灼、胡润盛为万隆中国国民党分部干事，彭伯良、杨辉兰、丘汉根、钟军凯、潘克修、方汉京、杨兆创、杨继初为万隆中国国民党分部评议部评议员。此状。

总理（印）

总务部部长彭素民副署

据《总理任命·四月二十日》，载上海《中国国民党本部公报》第一卷第十八号，一九二三年六月三十日出版

派黄馥生为管理俘虏委员状

（一九二三年四月二十日）

派状　令字第七号

派黄馥生为管理俘虏委员。此状。

孙文（孙文之印）

（中华民国陆海军大元帅之印）

（监印萧萱）

中华民国十二年四月二十日

据原件照片，台北、中国国民
党文化传播委员会党史馆藏

与彭素民联署委任刘进旭为中国
国民党万隆分部干事状

（一九二三年四月二十日）

委任状

委任刘进旭为万隆中国国民党分部干事。此状。

中国国民党总理孙文（总理之印）

总务部部长彭素民（总务部长）

（中国国民党本部之印）

中华民国十二年四月二十日

据原件，台北、中国国民党
文化传播委员会党史馆藏

准林云陔辞财政部第三局局长令

（一九二三年四月二十一日）

大元帅令

大本营财政部第三局局长林云陔呈请辞职，林云陔准免本职。此令。

（中华民国陆海军大元帅之印）

中华民国十二年四月廿一日

据《命令》，载广州《陆海军大元帅大本营
公报》第八号，一九二三年四月二十七日

核复李济深呈报就任直辖广东讨贼军
第一师师长及启用印信令

（一九二三年四月二十一日）

大元帅指令第一〇七号

令中央直辖广东讨贼军第一师师长李济深呈报就职及启用印信由。

呈悉。此令。

（中华民国陆海军大元帅之印）

中华民国十二年四月廿一日

据《指令》，载广州《陆海军大元帅大本营公报》第八号，一九二三年四月二十七日

核复广东江防司令杨廷培呈报启用
关防并缴销旧关防令

（一九二三年四月二十一日）

大元帅指令第一〇八号

令广东江防司令杨廷培呈报启用关防并缴销旧关防由。

呈悉。此令。

（中华民国陆海军大元帅之印）

中华民国十二年四月廿一日

据《指令》，载广州《陆海军大元帅大本营公报》第八号，一九二三年四月二十七日

核复梁鸿楷呈报就任直辖广东
讨贼军第四军军长及启用印信令

（一九二三年四月二十一日）

大元帅指令第一〇九号

令中央直辖广东讨贼军第四军军长梁鸿楷呈报就职及启用印信由。

呈悉。此令。

（中华民国陆海军大元帅之印）

中华民国十二年四月二十一日

据《指令》，载广州《陆海军大元帅大本营公报》第八号，一九二三年四月二十七日

准梁鸿楷呈辞大本营驻江办事处主任兼职令

（一九二三年四月二十一日）

大元帅指令第一一一号

令广东讨贼军第四军军长兼大本营驻江办事处主任梁鸿楷呈请解除驻江办事处主任兼职由。

呈悉。应照准。此令。

（中华民国陆海军大元帅之印）

中华民国十二年四月廿一日

据《指令》，载广州《陆海军大元帅大本营公报》第八号，一九二三年四月二十七日

任命陈可钰为广东宪兵司令令

（一九二三年四月二十三日）

大元帅令

　　任命陈可钰为广东宪兵司令。此令。

（中华民国陆海军大元帅之印）

中华民国十二年四月廿三日

据《命令》，载广州《陆海军大元帅大本营公报》第八号，一九二三年四月二十七日

任命蒋隆棻为大本营高级参谋令

（一九二三年四月二十四日）

大元帅令

　　任命蒋隆棻为大本营高级参谋。此令。

（中华民国陆海军大元帅之印）

中华民国十二年四月廿四日

据《命令》，载广州《陆海军大元帅大本营公报》第九号，一九二三年五月四日

派宋子文为中央银行筹备员令①

（一九二三年四月二十四日）

大元帅令

---

① 谭延闿编《总理遗墨》第一辑收有手令影印件。

派宋子文为中央银行筹备员。此令。

（中华民国陆海军大元帅之印）

中华民国十二年四月廿四日

据《命令》，载广州《陆海军大元帅大本营公报》第九号，一九二三年五月四日

核复参军长朱培德呈报遵令兼理军政部务令

（一九二三年四月二十四日）

大元帅指令第一一五号

令大本营参军长兼理军政部务朱培德呈报遵令兼理军政部务由。

呈悉。此令。

（中华民国陆海军大元帅之印）

中华民国十二年四月二十四日

据《指令》，载广州《陆海军大元帅大本营公报》第九号，一九二三年五月四日

核复伍学熀呈已令行高雷等处绥靖处长查照办理具复令

（一九二三年四月二十四日）

大元帅指令第一一六号

令两广盐运使伍学熀呈报委任伍时贤等接理电茂等处场知事员缺，未能到任，请令行高雷等处绥靖处转饬交代由。

呈悉。已令行该处长查照办理具复。此令。

（中华民国陆海军大元帅之印）

中华民国十二年四月廿四日

据《指令》，载广州《陆海军大元帅大本营公报》第九号，一九二三年五月四日

任命卢焘为大本营高级参谋手令[①]

（一九二三年四月二十四日）

卢焘为大本营高级参谋。此令。

孙文

民国十二年四月二十四日

据原件，台北、中国国民党文化传播委员会党史馆藏

委任郭铸人等十二人为中国国民党棉兰分部职员状

（一九二三年四月二十四日）

委任郭铸人为棉兰中国国民党分部总务科主任，郭铸人为棉兰中国国民党分部执行部书记，黄丕安、梁如九、罗中奭、李闻一、严子芸、赵璧磋为棉兰中国国民党分部干事，方怀南为棉兰中国国民党分部评议部书记，方怀南、苏维亚、李良芬、洪敬铭、纪晖生为棉兰中国国民党分部评议部评议员。此状。

总理（印）

总务部部长彭素民副署

据《总理任命·四月二十四日》，载上海《中国国民党本部公报》第一卷第十八号，一九二三年六月三十日出版

---

① 谭延闿编《总理遗墨》第一辑收有手令影印件。

委任张蓝田为中国国民党棉兰分部宣传科主任状

（一九二三年四月二十四日）

委任张蓝田为棉兰中国国民党分部宣传科主任。此状。

总理（印）

总务部部长彭素民副署

宣传部部长叶楚伧副署

据《总理任命·四月二十四日》，载上海《中国国民党本部公报》第一卷第十八号，一九二三年六月三十日出版

委任冯少强为中国国民党
棉兰分部会计科主任状

（一九二三年四月二十四日）

委任冯少强为棉兰中国国民党分部会计科主任。此状。

总理（印）

总务部部长彭素民副署

财务部部长林业明副署

据《总理任命·四月二十四日》，载上海《中国国民党本部公报》第一卷第十八号，一九二三年六月三十日出版

委任潘奕源为中国国民党
棉兰分部党务科主任状

（一九二三年四月二十四日）

委任潘奕源为棉兰中国国民党分部党务科主任。此状。

总理（印）

总务部部长彭素民副署

代理党务部部长孙镜副署

据《总理任命·四月二十四日》，载上海《中国国民党本部公报》第一卷第十八号，一九二三年六月三十日出版

委任陈白宣等四人为中国
国民党棉兰分部职员状

（一九二三年四月二十四日）

委任陈白宣为棉兰中国国民党分部正部长，伍璇玑为棉兰中国国民党分部副部长，苏英会为棉兰中国国民党分部评议部正议长，叶燕浅为棉兰中国国民党分部评议部副议长。此状。

总理（印）

总务部部长彭素民副署

代理党务部部长孙镜副署

财务部部长林业明副署

宣传部部长叶楚伧副署

交际部部长张秋白副署

据《总理任命·四月二十四日》，载上海《中国国民党本部公报》第一卷第十八号，一九二三年六月三十日出版

委任黄同发等三十二人为威灵顿等
八埠中国国民党分部职员状

（一九二三年四月二十五日）

委任黄同发为威灵顿中国国民党分部正部长，颜继昌为威灵顿中国国民党分

部副部长，周细为威灵顿中国国民党分部评议部正议长，吴楫康为威灵顿中国国民党分部评议部副议长；司徒桂为谷架坡中国国民党分部正部长，邝松为谷架坡中国国民党分部副部长，周想为谷架坡中国国民党分部评议部正议长，梁亚为谷架坡中国国民党分部评议部副议长；郭醴泉为苏华中国国民党分部正部长，方汉章为苏华中国国民党分部副部长，余顺为苏华中国国民党分部评议部正议长，张廷琛为苏华中国国民党分部评议部副议长；关嗣澄为普扶中国国民党分部正部长，谭英文为普扶中国国民党分部副部长，谢坤为普扶中国国民党分部评议部正议长，关嗣浣为普扶中国国民党分部评议部副议长；陈立梅为庇利士滨中国国民党分部正部长，萧庚盖为庇利士滨中国国民党分部副部长，阮力为庇利士滨中国国民党分部评议部正议长，杨健清为庇利士滨中国国民党分部评议部副议长；陈公秉为纽丝仑屋仑中国国民党分部正部长，吴群芳为纽丝仑屋仑中国国民党分部副部长，周桂枝为纽丝仑屋仑中国国民党分部评议部正议长，刘南为纽丝仑屋仑中国国民党分部评议部副议长；林甲为墨溪中国国民党分部正部长，赵珊达为墨溪中国国民党分部副部长，冯寿为墨溪中国国民党分部评议部正议长，余冠成为墨溪中国国民党分部评议部副议长；雷鹏为美利滨中国国民党分部正部长，陈任一为美利滨中国国民党分部副部长，雷惠和为美利滨中国国民党分部评议部正议长，刘希波为美利滨中国国民党分部评议部副议长。此状。

总理（印）

总务部部长彭素民副署

代理党务部部长孙镜副署

财务部部长林业明副署

宣传部部长叶楚伧副署

交际部部长张秋白副署

据《总理任命·四月二十五日》，载上海《中国国民党本部公报》第一卷第十八号，一九二三年六月三十日出版

委任陈中等八人分为威灵顿等八埠中国国民党分部党务科主任状

（一九二三年四月二十五日）

委任陈中为威灵顿中国国民党分部党务科主任，梁秩为谷架坡中国国民党分部党务科主任，朱许为苏华中国国民党分部党务科主任，胡迺和为普扶中国国民党分部党务科主任，陈景廉为庇利士滨中国国民党分部党务科主任，刘锦梁为纽丝仑屋仑中国国民党分部党务科主任，梁骚为墨溪中国国民党分部党务科主任，雷衡为美利滨中国国民党分部党务科主任。此状。

总理（印）

总务部部长彭素民副署

代理党务部部长孙镜副署

据《总理任命·四月二十五日》，载上海《中国国民党本部公报》第一卷第十八号，一九二三年六月三十日出版

委任杨刘安等八人分为威灵顿等八埠中国国民党分部会计科主任状

（一九二三年四月二十五日）

委任杨刘安为威灵顿中国国民党分部会计科主任，司徒圣为谷架坡中国国民党分部会计科主任，方生发为苏华中国国民党分部会计科主任，钟启镇为普扶中国国民党分部会计科主任，刘敬为庇利士滨中国国民党分部会计科主任，区星耀为纽丝仑屋仑中国国民党分部会计科主任，孙鉴贞为墨溪中国国民党分部会计科主任，周家珍为美利滨中国国民党分部会计科主任。此状。

总理（印）

总务部部长彭素民副署

财务部部长林业明副署

据《总理任命·四月二十五日》，载上海《中国国民党本部公报》第一卷第十八号，一九二三年六月三十日出版

委任颜丽邦等八人分为威灵顿等八埠
中国国民党分部宣传科主任状

（一九二三年四月二十五日）

委任颜丽邦为威灵顿中国国民党分部宣传科主任，梁秩为谷架坡中国国民党分部宣传科主任，梅迺铭为苏华中国国民党分部宣传科主任，黄达峰为普扶中国国民党分部宣传科主任，孙玉韶为庇利士滨中国国民党分部宣传科主任，鲍以文为纽丝仑屋仑中国国民党分部宣传科主任，曾三贵为墨溪中国国民党分部宣传科主任，萧述之为美利滨中国国民党分部宣传科主任。此状。

总理（印）

总务部部长彭素民副署

宣传部部长叶楚伧副署

据《总理任命·四月二十五日》，载上海《中国国民党本部公报》第一卷第十八号，一九二三年六月三十日出版

委任颜鉴光等二百三十六人为威灵顿等八埠
中国国民党分部职员状

（一九二三年四月二十五日）

委任颜鉴光为威灵顿中国国民党分部总务科主任，谢巨非为威灵顿中国国民党分部执行部书记，颜孟玑、黄嘉树、谢福煦、颜耀华、杨培基、苏树燊、黄灼南、颜焯辉为威灵顿中国国民党分部干事，颜利和为威灵顿中国国民党分部评议部书记，朱栋、黄子培、黄华健、颜炳坻、颜炳联、谢伯伦、谢容光、梁星俦、

苏炳培、颜绪华为威灵顿中国国民党分部评议部评议员；谢登为谷架坡中国国民党分部总务科主任，刘景三为谷架坡中国国民党分部执行部书记，李石、麦更、关敖、司徒宗、黄有、陈才为谷架坡中国国民党分部干事，杨焯为谷架坡中国国民党分部评议部书记，司徒福、李万、黄带、黎东、司徒扬、利亨为谷架坡中国国民党分部评议部评议员；梁寿显为苏华中国国民党分部总务科主任，苏惠潮为苏华中国国民党分部执行部书记，黄龙佐、司徒高、邝诚敬、刘麟、林芳、蔡铨、梅迺安、邝央、苏惠潮、邝日波、李祥、司徒专佑、邝敬活、黄品辉、萧福、黄添喜、黄用源、邝修献、毛周照、谭声攸为苏华中国国民党分部干事，谢参汉为苏华中国国民党分部评议部书记，陈石兰、黄照康、张元琼、邓创强、钟连福、余尧礼、邝修栋、雷华桂、李祐、马社祥、钟庆、邝松伟、谭南、李惠金为苏华中国国民党分部评议部评议员；司徒董为普扶中国国民党分部总务科主任，陈立祚、谭小赤为普扶中国国民党分部执行部书记，温振洽、胡昌炽、钱椿荣、谢华威、梁修文、潘积、谢海、钟大囊、陈典赛、尹德、黄麟望、何贻煐、谢维显、伍遇春、赵启棠、梁乃缵、何燕杰、谢永璁、钟孔心、潘保荣、李昌济、李传远、刘景士蒐女士、关柏、陈鸿荣为普扶中国国民党分部干事，谢栋为普扶中国国民党分部评议部书记，李仲泉、陈琼宜、范明扬、刘畅亭、潘盛财、黄宗培、朱始杏、廖登、胡植邦、黄彪、张文桑为普扶中国国民党分部评议部评议员；高绍清为庇利士滨中国国民党分部总务科主任，杨健清为庇利士滨中国国民党分部执行部书记，刘廷、高永安、刘敬、刘泗全、刘平、刘玉湖为庇利士滨中国国民党分部干事，郑昌信为庇利士滨中国国民党分部评议部书记，欧颂尧、萧介生、萧生贤、侯然、侯留、阮义顺、麦健昌、郑何、蔡己未、萧炤然、陈华庆、冯兴、刘见、李茂、刘耀伦、萧焯熙、黄兆光、阮礼宏为庇利士滨中国国民党分部评议部评议员；陈华福为纽丝仑屋仑中国国民党分部总务科主任，吴砥伯、陈华东为纽丝仑屋仑中国国民党分部执行部书记，陈兴、杨文捷、王北善、黄鉴澄、吴千蒿、吴涤凡、钟锦芬、张若湖、陈登翰、陈明、关燊南、谢麟柱、石大、黎并佳、李爱用、陈寿南、黄卓池、莫汝材、黄添培、黎闰华为纽丝仑屋仑中国国民党分部干事，钟桃辉为纽丝仑屋仑中国国民党分部评议部书记，张丽壎、黄锡尧、叶汝蓁、林茂龄、李敬之、李成、邵栋华、蔡永光、方祐、林泉、余淦、缪晃、卢玉颜、钟妙容、黄坤一为纽丝仑屋仑中国国民党分部评议部评议员；陈乾为墨溪中国国民党分部总务科主任，叶经和、刘晚江为墨溪中国国民党分部执行部书记，杨水、王保、梁金福、司徒双龙、赵祥、曹树棠、黄赐、梁达、梁望为墨溪中国国民党分部干事，刘海为墨溪中国国民党分部评议部书记，陈总平、黄丁贵、林锦华、何桐、陈傍、温观福、麦根、林达、陈仰、谭振、曾康义、黄来为墨溪中国国民党分部评议部评议员；陈孟枢为美利滨中国国民党分部总务科主任，黄襄望为美利滨中国国民党分部执行部书记，高厚华、刘维侣、余权和、钟镒、刘康民、雷学海、雷惠和夫人、林榛、刘维光、黄天祥、陈壮、张祥、萧述之夫人、周申、梁解、雷岳为美利滨中国国民党分部干事，雷丽琴为美利滨中国国民党分部评议部书记，黄孔望、黄铨昆、杨备朝、梁梅、黄楼望、雷家稔、张孔钿、陈宗权、关玉云、雷遇、潘森、钟燮、缪官维、李理臣为美利滨中国国民党分部评议部评议员。此状。

总理（印）

总务部部长彭素民副署

据《总理任命·四月二十五日》，载上海《中国国民党本部公报》第一卷第十八号，一九二三年六月三十日出版

核复直辖滇军第三师师长范石生
呈报启用印信日期令

（一九二三年四月二十五日）

大元帅指令第一一七号

令中央直辖滇军第三师师长范石生呈报启用印信日期由。

呈悉。此令。

（中华民国陆海军大元帅之印）

中华民国十二年四月廿五日

据《指令》，载广州《陆海军大元帅大本营公报》第九号，一九二三年五月四日

核复杨希闵呈报杨廷培暂行代理
所有广州卫戍事宜令

（一九二三年四月二十五日）

大元帅指令第一二〇号

令中央直辖滇军总司令兼广州卫戍总司令杨希闵呈报亲率本军出发，所有广州卫戍事宜由第五旅旅长杨廷培暂代行拆由。

呈悉。此令。

（中华民国陆海军大元帅之印）

中华民国十二年四月廿五日

据《指令》，载广州《陆海军大元帅大本营公报》第九号，一九二三年五月四日

核复直辖西路讨贼军总司令刘震寰
呈报启用印信日期令

（一九二三年四月二十五日）

大元帅指令第一二一号

令中央直辖西路讨贼军总司令刘震寰呈报启用印信日期由。

呈悉。此令。

（中华民国陆海军大元帅之印）

中华民国十二年四月廿五日

据《指令》，载广州《陆海军大元帅大本营公报》第九号，一九二三年五月四日

准刘玉山呈请颁发直辖第七军
军长兼第二师师长关防令

（一九二三年四月二十五日）

大元帅指令第一二二号

令中央直辖第七军军长兼第二师师长刘玉山呈请颁发关防由。

呈悉。应照准。仰候饬秘书处刊发可也。此令。

（中华民国陆海军大元帅之印）

中华民国十二年四月廿五日

据《指令》，载广州《陆海军大元帅大本营公报》第九号，一九二三年五月四日

核复朱和中呈报就任广东兵工厂
厂长及启用关防日期令

（一九二三年四月二十五日）

大元帅指令第一二三号

令广东兵工厂厂长朱和中呈报视事及启用关防日期由。

呈悉。此令。

（中华民国陆海军大元帅之印）

中华民国十二年四月廿五日

据《指令》，载广州《陆海军大元帅大本营公报》第九号，·九二三年五月四日

核复管理粤汉铁路事务陈兴汉呈报视事日期令

（一九二三年四月二十五日）

大元帅指令第一二四号

令管理粤汉铁路事务陈兴汉呈报视事日期由。

呈悉。此令。

（中华民国陆海军大元帅之印）

中华民国十二年四月廿五日

据《指令》，载广州《陆海军大元帅大本营公报》第九号，一九二三年五月四日

核复陈兴汉呈报启用管理粤汉
铁路事务关防日期令

（一九二三年四月二十五日）

大元帅指令第一二五号

令管理粤汉铁路事务陈兴汉呈报启用关防日期由。

呈悉。此令。

（中华民国陆海军大元帅之印）

中华民国十二年四月廿五日

据《指令》，载广州《陆海军大元帅大本营公报》第九号，一九二三年五月四日

任命周演明等四人为大本营兵站
总监部各局局长令

（一九二三年四月二十六日）

大元帅令

　　任命周演明为大本营兵站总监部交通局局长，徐伟为经理局局长，李奉藻为卫生局局长，陈兴汉为铁路输送局局长。此令。

（中华民国陆海军大元帅之印）

中华民国十二年四月廿六日

据《命令》，载广州《陆海军大元帅大本营公报》第九号，一九二三年五月四日

准任命侬鼎和为大本营参谋处上校参谋令

（一九二三年四月二十六日）

大元帅令

　　大本营参谋长张开儒呈请任命侬鼎和为大本营参谋处上校参谋。应照准。此令。

（中华民国陆海军大元帅之印）

中华民国十二年四月廿六日

据《命令》，载广州《陆海军大元帅大本营公报》第九号，一九二三年五月四日

派王国璇为广东造币厂总办及
另三人为会办等职令

（一九二三年四月二十六日）

大元帅令

　　派王国璇为广东造币厂总办，邝次昆、王棠为广东造币厂会办，黄骚为广东造币厂监督兼工程师。此令。

　　　　　　　　　　　　　　　（中华民国陆海军大元帅之印）

　　　　　　　　　　　　　　　中华民国十二年四月廿六日

　　　　　　　　据《命令》，载广州《陆海军大元帅大本营公报》第九号，一九二三年五月四日

核复杨廷培呈报暂行代理广州卫戍事宜令

（一九二三年四月二十六日）

大元帅指令第一二六号

　　令中央直辖滇军第三师第五旅旅长杨廷培呈报暂代行拆广州卫戍事宜由。呈悉。此令。

　　　　　　　　　　　　　　　（中华民国陆海军大元帅之印）

　　　　　　　　　　　　　　　中华民国十二年四月廿六日

　　　　　　　　据《指令》，载广州《陆海军大元帅大本营公报》第九号，一九二三年五月四日

核复蒋光亮呈报启用直辖滇军
第四师师长印信日期令

（一九二三年四月二十六日）

大元帅指令第一二七号

令中央直辖滇军第四师师长蒋光亮呈报启用印信日期由。

呈悉。此令。

（中华民国陆海军大元帅之印）

中华民国十二年四月廿六日

据《指令》，载广州《陆海军大元帅大本营公报》第九号，一九二三年五月四日

准任命王吉壬杨泰为
大本营参军处少校副官令

（一九二三年四月二十七日）

大元帅令

大本营参军长朱培德呈请任命王吉壬、杨泰为大本营参军处少校副官。均照准。此令。

（中华民国陆海军大元帅之印）

中华民国十二年四月廿七日

据《命令》，载广州《陆海军大元帅大本营公报》第九号，一九二二年五月四日

准任命高中禹为参军处少校副官令

（一九二三年四月二十七日）

大元帅令

　　大本营参军长朱培德呈请任命高中禹为大本营参军处少校副官。应照准。此令。

（中华民国陆海军大元帅之印）

中华民国十二年四月廿七日

据《命令》，载广州《陆海军大元帅大本营公报》第九号，一九二三年五月四日

任命林直勉为大本营秘书令

（一九二三年四月二十八日）

大元帅令

　　任命林直勉为大本营秘书。此令。

（中华民国陆海军大元帅之印）

中华民国十二年四月廿八日

据《命令》，载广州《陆海军大元帅大本营公报》第九号，一九二三年五月四日

准任命张鉴藻为大本营兵站第一支部长令

（一九二三年四月二十八日）

大元帅令

　　大本营兵站总监罗翼群呈请任命张鉴藻为大本营兵站第一支部长。应照准。

此令。

（中华民国陆海军大元帅之印）

中华民国十二年四月廿八日

据《命令》，载广州《陆海军大元帅大本营公报》第九号，一九二三年五月四日

准杨熙绩辞大本营秘书令

（一九二三年四月二十八日）

大元帅令

大本营秘书杨熙绩呈请辞职。杨熙绩准免本职。此令。

（中华民国陆海军大元帅之印）

中华民国十二年四月廿八日

据《命令》，载广州《陆海军大元帅大本营公报》第九号，一九二三年五月四日

核复杨池生呈报奉发直辖滇军第一师师长印信及启用日期令

（一九二三年四月二十八日）

大元帅指令第一三一号

令中央直辖滇军第一师师长杨池生呈报奉发印信及启用日期由。

呈悉。此令。

（中华民国陆海军大元帅之印）

中华民国十二年四月廿八日

据《指令》，载广州《陆海军大元帅大本营公报》第九号，一九二三年五月四日

核复罗翼群呈报就任大本营兵站
总监及启用印信日期令

（一九二三年四月二十八日）

大元帅指令第一三三号

令大本营兵站总监罗翼群呈报就职及启用印信日期由。

呈悉。此令。

（中华民国陆海军大元帅之印）

中华民国十二年四月廿八日

据《指令》，载广州《陆海军大元帅大本营公报》第九号，一九二三年五月四日

派李亦梅等十八人为中央财政委员会委员令

（一九二三年四月二十八日）

大元帅令

派李亦梅、李煜堂、吴东启、林护、徐仪峻、余斌臣、雷荫荪、黎海山、吴业创、林泽生、马永灿、蔡昌、王国璇、郭泉、林晖庭、李星衢、郑香题、伍于簪为中央财政委员会委员。此令。

（中华民国陆海军大元帅之印）

中华民国十二年四月廿八日

据《命令》，载广州《陆海军大元帅大本营公报》第十号，一九二三年五月十一日

任命卢兴原为总检察厅检察长令

（一九二三年四月二十九日）

大元帅令

任命卢兴原为总检察厅检察长。此令。

（中华民国陆海军大元帅之印）

中华民国十二年四月廿九日

据《命令》，载广州《陆海军大元帅大本营公报》第九号，一九二三年五月四日

派万黄裳为潮桥运副令①

（一九二三年四月二十九日）

大元帅令

派万黄裳为潮桥运副。此令。

（中华民国陆海军大元帅之印）

中华民国十二年四月廿九日

据《命令》，载广州《陆海军大元帅大本营公报》第九号，一九二三年五月四日

---

① 谭延闿编《总理遗墨》第一辑收有手令影印件。

任命田士捷为大本营参军令

（一九二三年四月二十九日）

大元帅令

　　任命田士捷为大本营参军。此令。

（中华民国陆海军大元帅之印）

中华民国十二年四月廿九日

据《命令》，载广州《陆海军大元帅大本营公报》第九号，一九二三年五月四日

徐于为大本营军事委员手令

（一九二三年四月二十九日）

大元帅令

　　徐于为大本营军事委员。此令。

孙文（大元帅章）

中华民国十二年四月廿九日

据原件，台北、中国国民党文化传播委员会党史馆藏

任命戴任为大本营参军令

（一九二三年四月三十日）

大元帅令

　　任命戴任为大本营参军。此令。

（中华民国陆海军大元帅之印）

中华民国十二年四月卅日

据《命令》，载广州《陆海军大元帅大本营公报》第十号，一九二三年五月十一日

准任命容景芳为大本营参军处上校副官令

（一九二三年四月三十日）

大元帅令

大本营参军长朱培德呈请任命容景芳为大本营参军处上校副官。应照准。此令。

（中华民国陆海军大元帅之印）

中华民国十二年四月卅日

据《命令》，载广州《陆海军大元帅大本营公报》第十号，一九二三年五月十一日

任命罗伟彊为直辖东路警备军第一路司令令

（一九二三年四月三十日）

大元帅令

任命罗伟彊为中央直辖东路警备军第一路司令。此令。

（中华民国陆海军大元帅之印）

中华民国十二年四月三十日

据《命令》，载广州《陆海军大元帅大本营公报》第十号，一九二三年五月十一日

核复廖湘芸呈报接收虎门要塞
司令印视事日期令

（一九二三年四月三十日）

大元帅指令第一三五号

令虎门要塞司令廖湘芸呈报接印视事日期由。

呈悉。此令。

（中华民国陆海军大元帅之印）

中华民国十二年四月三十日

据《指令》，载广州《陆海军大元帅大本营公报》第十号，一九二三年五月十一日

准王棠辞广东造币厂会办令

（一九二三年五月一日）

大元帅令

广东造币厂会办王棠呈请辞职。应照准。此令。

（中华民国陆海军大元帅之印）

中华民国十二年五月一日

据《命令》，载广州《陆海军大元帅大本营公报》第十号，一九二三年五月十一日

派余育之为中央财政委员会委员令^①

（一九二三年五月一日）

大元帅令

余育之为中央财政委员会委员。此令。

（中华民国陆海军大元帅之印）

中华民国十二年五月一日

据《命令》，载广州《陆海军大元帅大本营公报》第十号，一九二三年五月十一日

准任命汪彦平为大本营审计局主任审计官令

（一九二三年五月一日）

大元帅令

大本营审计局长刘纪文呈请任命汪彦平为大本营审计局主任审计官。应照准。此令。

（中华民国陆海军大元帅之印）

中华民国十二年五月一日

据《命令》，载广州《陆海军大元帅大本营公报》第十号，一九二三年五月十一日

饬关景星刻日交代广东盐务稽核分所经理令

（一九二三年五月一日）

大元帅训令第一一一号

---

① 谭延闿编《总理遗墨》第三辑收有手令影印件。

令前广东盐务稽核分所经理关景星

查广东盐务稽核分所经理一职，前经委任伍汝康接任，并令该员刻日交代各在案。除令饬伍汝康克日到任外，合行令仰该员刻日交代，毋得违抗干咎。切切。此令。

（中华民国陆海军大元帅之印）

中华民国十二年五月一日

据《训令》，载广州《陆海军大元帅大本营公报》第十号，一九二三年五月十一日

核复梅光培呈报接任广东全省官产
清理处处长视事日期令

（一九二三年五月一日）

大元帅指令第一三七号

令广东全省官产清理处处长梅光培呈报接任视事日期由。

呈悉。此令。

（中华民国陆海军大元帅之印）

中华民国十二年五月一日

据《指令》，载广州《陆海军大元帅大本营公报》第十号，一九二三年五月十一日

任命陈天太为直辖第七军第三师师长令

（一九二三年五月二日）

大元帅令

任命陈天太为中央直辖第七军第三师师长。此令。

（中华民国陆海军大元帅之印）

中华民国十二年五月二日

据《命令》，载广州《陆海军大元帅大本营公报》第十号，一九二三年五月十一日

准任命李民雨为大本营兵站第二支部长令

（一九二三年五月二日）

大元帅令

　　大本营兵站总监罗翼群呈请任命李民雨为大本营兵站第二支部长。应照准。此令。

（中华民国陆海军大元帅之印）

中华民国十二年五月二日

据《命令》，载广州《陆海军大元帅大本营公报》第十号，一九二三年五月十一日

任命蒋中正兼粤军总司令部参谋长令

（一九二三年五月二日）

大元帅令

　　任命蒋中正兼粤军总司令〈部〉参谋长。此令。

孙文

中华民国十二年五月二日

据原件影印件，载《国父图像墨迹集珍》，台北，近代中国出版社一九八四年二月初版

准王棠呈辞广东造币厂会办兼职令

（一九二三年五月二日）

大元帅指令第一四一号

令大本营会计司司长王棠呈请辞去广东造币厂会办兼职由。

呈悉。照准。此令。

（中华民国陆海军大元帅之印）

中华民国十二年五月二日

据《指令》，载广州《陆海军大元帅大本营
公报》第十号，一九二三年五月十一日

准刘纪文呈请任命汪彦平为大本营
审计局主任审计官令

（一九二三年五月二日）

大元帅指令第一四二号

令大本营审计局长刘纪文呈请任命汪彦平为该局主任审计官由。

呈悉。应照准。此令。

（中华民国陆海军大元帅之印）

中华民国十二年五月二日

据《指令》，载广州《陆海军大元帅大本营
公报》第十号，一九二三年五月十一日

准林直勉辞大本营秘书令①

（一九二三年五月四日）

大元帅令

大本营秘书林直勉呈请辞职。林直勉准免本职。此令。

（中华民国陆海军大元帅之印）

中华民国十二年五月四日

据《命令》，载广州《陆海军大元帅大本营公报》第十号，一九二三年五月十一日

任命黄子聪为大本营秘书令②

（一九二三年五月四日）

大元帅令

任命黄子聪为大本营秘书。此令。

（中华民国陆海军大元帅之印）

中华民国十二年五月四日

据《命令》，载广州《陆海军大元帅大本营公报》第十号，一九二三年五月十一日

---

① 谭延闿编《总理遗墨》第三辑收有手令影印件。
② 谭延闿编《总理遗墨》第三辑收有手令影印件。

核复刘玉山呈报就任直辖第七军军长兼第二师师长及启用印信日期令

（一九二三年五月四日）

大元帅指令第一四七号

　　令中央直辖第七军军长兼第二师师长刘玉山呈报就职视事及启用印信日期由。呈悉。此令。

（中华民国陆海军大元帅之印）

中华民国十二年五月四日

据《指令》，载广州《陆海军大元帅大本营
公报》第十号，一九二三年五月十一日

免周之贞四邑两阳香顺八属①绥靖处处长令

（一九二三年五月五日）

大元帅令

　　四邑、两阳、香、顺八属绥靖处业经明令裁撤，绥靖处长周之贞另有任用，应免本职。此令。

（中华民国陆海军大元帅之印）

中华民国十二年五月五日

据《命令》，载广州《陆海军大元帅大本营
公报》第十号，一九二三年五月十一日

---

　　①　四邑两阳香顺八属，指广东的台山、开平、恩平、新会、阳江、阳春、香山、顺德八县。

任命周之贞为直辖广东
讨贼军第二师师长令

（一九二三年五月五日）

大元帅令

　　任命周之贞为中央直辖广东讨贼军第二师师长。此令。

（中华民国陆海军大元帅之印）

中华民国十二年五月五日

据《命令》，载广州《陆海军大元帅大本营
公报》第十号，一九二三年五月十一日

任命盛荣超为大本营参军令

（一九二三年五月五日）

大元帅令

　　任命盛荣超为大本营参军。此令。

（中华民国陆海军大元帅之印）

中华民国十二年五月五日

据《命令》，载广州《陆海军大元帅大本营
公报》第十号，一九二三年五月十一日

任叶恭绰徐绍桢为财政内政部长
及另五人职务手谕

（一九二三年五月七日前）

大元帅令

任叶恭绰为财政部长，兼广东财政厅长。

任徐绍桢为内政部长，开去现职。

任邓泽如为两广盐运，使开去本兼各职。

任廖仲恺为广东省长。

任郑鸿年为财政部次长。

任伍学熀为建设部次长，开去现职。

任杨西岩为内政部次长，开去现职。

孙文

据原件影印件，载谭延闿编：《总理遗墨》第一辑，一九二八年五月校印

任邓泽如为两广盐运使及免赵士觐本职手令

（一九二三年五月七日前）

大元帅令

任邓泽如为两广盐运使。此令。

赵士觐另有任用，着免本职。此令。

孙文

据原件影印件，载谭延闿编：《总理遗墨》 第三辑，石印线装本，似出版于二十世纪三十年代初期①

免谭延闿内政部长令

（一九二三年五月七日）

大元帅令

————————————

① 按谭延闿所编《总理遗墨》第一、二辑分别印行于一九二八年、一九三〇年，则第三辑可能在二十世纪三十年代初期出版。

大本营内政部长谭延恺〔闿〕另有任用，应免本职。此令。

（中华民国陆海军大元帅之印）

中华民国十二年五月七日

据《命令》，载广州《陆海军大元帅大本营公报》第十号，一九二三年五月十一日

免邓泽如建设部长兼财政部长各职令

（一九二三年五月七日）

大元帅令

大本营建设部长兼理财政部长邓泽如另有任用，应免本兼各职。此令。

（中华民国陆海军大元帅之印）

中华民国十二年五月七日

据《命令》，载广州《陆海军大元帅大本营公报》第十号，一九二三年五月十一日

特任徐绍桢叶恭绰谭延闿分为
内政财政建设三部部长令

（一九二三年五月七日）

大元帅令

特任徐绍桢为大本营内政部长，叶恭绰为财政部长，谭延闿为建设部长。此令。

（中华民国陆海军大元帅之印）

中华民国十二年五月七日

据《命令》，载广州《陆海军大元帅大本营公报》第十号，一九二三年五月十一日

免徐绍桢广东省长令

（一九二三年五月七日）

大元帅令

　　广东省长徐绍桢另有任用，应免本职。此令。

（中华民国陆海军大元帅之印）

中华民国十二年五月七日

据《命令》，载广州《陆海军大元帅大本营
公报》第十号，一九二三年五月十一日

特任廖仲恺为广东省长令

（一九二三年五月七日）

大元帅令

　　特任廖仲恺为广东省长。此令。

（中华民国陆海军大元帅之印）

中华民国十二年五月七日

据《命令》，载广州《陆海军大元帅大本营
公报》第十号，一九二三年五月十一日

免杨西岩广东财政厅长及伍学熀两广盐运使令

（一九二三年五月七日）

大元帅令

　　广东财政厅长杨西岩、两广盐运使伍学熀均另有任用，应免本职。此令。

（中华民国陆海军大元帅之印）

中华民国十二年五月七日

据《命令》，载广州《陆海军大元帅大本营公报》第十号，一九二三年五月十一日

着叶恭绰兼理广东财政厅长令

（一九二三年五月七日）

大元帅令

　　财政部长叶恭绰着兼理广东财政厅长。此令。

（中华民国陆海军大元帅之印）

中华民国十二年五月七日

据《命令》，载广州《陆海军大元帅大本营公报》第十号，一九二三年五月十一日

任命邓泽如为两广盐运使令

（一九二三年五月七日）

大元帅令

　　任命邓泽如为两广盐运使。此令。

（中华民国陆海军大元帅之印）

中华民国十二年五月七日

据《命令》，载广州《陆海军大元帅大本营公报》第十号，一九二三年五月十一日

免邓泰中大本营高级参谋令

（一九二三年五月七日）

大元帅令

大本营高级参谋邓泰中另有任用，应免本职。此令。

（中华民国陆海军大元帅之印）

中华民国十二年五月七日

据《命令》，载广州《陆海军大元帅大本营公报》第十号，一九二三年五月十一日

任命邓泰中等四人分为各部次长令

（一九二三年五月七日）

大元帅令

任命邓泰中为大本营军政部次长①，杨西岩为内政部次长，郑鸿年为财政部次长，伍学熀为建设部次长。此令。

（中华民国陆海军大元帅之印）

中华民国十二年五月七日

据《命令》，载广州《陆海军大元帅大本营公报》第十号，一九二三年五月十一日

派邓慕韩为大本营广东宣传委员令

（一九二三年五月七日）

大元帅令

派邓慕韩为大本营广东宣传委员。此令。

（中华民国陆海军大元帅之印）

中华民国十二年五月七日

据《命令》，载广州《陆海军大元帅大本营公报》第十号，一九二三年五月十一日

① 谭延闿编《总理遗墨》第一辑收有手令影印件。

核复卸警备军军长姚雨平呈报交代清楚日期令

（一九二三年五月七日）

大元帅指令第一五一号

令卸警备军军长姚雨平呈报交代清楚日期由。

呈悉。此令。

（中华民国陆海军大元帅之印）

中华民国十二年五月七日

据《指令》，载广州《陆海军大元帅大本营公报》第十一号，一九二三年五月十八日

委任汤连等五人为中国国民党
亚洲皇后船分部筹备员状

（一九二三年五月九日）

委任汤连、黄全、袁肇春、莫泉、方成为亚洲皇后船中国国民党分部筹备员。此状。

总理（印）

总务部部长彭素民副署

据《总理任命·五月九日》，载上海《中国国民党本部公报》第一卷第十九号，一九二三年七月十日出版

委任陈焕庭为中国国民党
亚洲皇后船分部筹备主任状

（一九二三年五月九日）

委任陈焕庭为亚洲皇后船中国国民党分部筹备主任。此状。

总理（印）

总务部部长彭素民副署

代理党务部部长孙镜副署

财务部部长林业明副署

宣传部部长叶楚伧副署

交际部部长张秋白副署

据《总理任命·五月九日》，载上海《中国国民党本
部公报》第一卷第十九号，一九二三年七月十日出版

任黄国璇①为广东财政厅长并饬通缉黄大伟手令

（一九二三年五月十日前）

大元帅令第十二号

任黄国璇为广东财政厅长。发通缉黄大伟令。

孙文

据原件影印件，载谭延闿编：《总理
遗墨》第一辑，一九二八年五月校印

---

① 下件为王国璇。

任王国璇为广东财政厅长令

（一九二三年五月十日）

任王国璇为广东财政厅长。

孙文

据秦孝仪主编：《国父全集》第八册（转录中国国民党文化传播委员会党史馆藏抄件），台北，近代中国出版社一九八九年十一月出版

委任朱凤吾等二十一人为坝罗等七埠中国国民党组织职员状

（一九二三年五月十日）

委任朱凤吾为坝罗中国国民党分部正部长，詹仲民为坝罗中国国民党分部副部长，王莆鸿为坝罗中国国民党分部评议部正议长，李嘉鹏为坝罗中国国民党分部评议部副议长；黄一新为意基度中国国民党分部正部长，万民强为意基度中国国民党分部副部长，陈茂华为意基度中国国民党分部评议部正议长，钟昌鹤为意基度中国国民党分部评议部副议长；赵彪为智京中国国民党分部正部长，李满为智京中国国民党分部副部长，李珍为智京中国国民党分部评议部正议长，梁有成为智京中国国民党分部评议部副议长；陈福元为那卡利中国国民党通讯处正主任，罗景华为那卡利中国国民党通讯处副主任，李霖义为那卡利中国国民党通讯处评议部正议长，余百发为那卡利中国国民党通讯处评议部副议长；周澄清为主咕中国国民党通讯处正主任，陈锡棠为主咕中国国民党通讯处副主任；邝锦逵为高老沙中国国民党通讯处正主任，周瑞典为高老沙中国国民党通讯处副主任；邓以光为世利乔中国国民党通讯处正主任。此状。

总理（印）

总务部部长彭素民副署

代理党务部部长孙镜副署

财务部部长林业明副署

宣传部部长叶楚伧副署

交际部部长张秋白副署

据《总理任命·五月十日》，载上海《中国国民党本部公报》第一卷第十九号，一九二三年七月十日出版

委任符潮波等五人分为坝罗等
五埠中国国民党组织党务科主任或科长状

（一九二三年五月十日）

委任符潮波为坝罗中国国民党分部党务科主任，钟荫墀为智京中国国民党分部党务科主任，胡尧亚为那卡利中国国民党通讯处党务科科长，唐敬富为主咕中国国民党通讯处党务科科长，李年常为高老沙中国国民党通讯处党务科科长。此状。

总理（印）

总务部部长彭素民副署

代理党务部部长孙镜副署

据《总理任命·五月十日》，载上海《中国国民党本部公报》第一卷第十九号，一九二三年七月十日出版

委任朱维烈等六人分为坝罗等六埠中国
国民党组织会计科主任或科长状

（一九二三年五月十日）

委任朱维烈为坝罗中国国民党分部会计科主任，潘桃为智京中国国民党分部

会计科主任，甄增培为那卡利中国国民党通讯处会计科科长，唐敬富为主咕中国国民党通讯处会计科科长，陈棠为高老沙中国国民党通讯处会计科科长，司徒德炜为世利乔中国国民党通讯处会计科科长。此状。

> 总理（印）
>
> 总务部部长彭素民副署
>
> 财务部部长林业明副署

> 据《总理任命·五月十日》，载上海《中国国民党本部公报》第一卷第十九号，一九二三年七月十日出版

委任陈克珍等五人分为坝罗等五埠中国国民党组织宣传科主任或科长状

（一九二三年五月十日）

委任陈克珍为坝罗中国国民党分部宣传科主任，黄昌为智京中国国民党分部宣传科主任，朱义然为那卡利中国国民党通讯处宣传科科长，周澄清为主咕中国国民党通讯处宣传科科长，李岭南为高老沙中国国民党通讯处宣传科科长。此状。

> 总理（印）
>
> 总务部部长彭素民副署
>
> 宣传部部长叶楚伧副署

> 据《总理任命·五月十日》，载上海《中国国民党本部公报》第一卷第十九号，一九二三年七月十日出版

委任符汉精等六十七人为坝罗等七埠中国国民党组织职员状

（一九二三年五月十日）

委任符汉精为坝罗中国国民党分部总务科主任，张汉彰为坝罗中国国民党分

部执行部书记，朱儒翰、钟日南、符午坊、陈良谋、何信鲁、白继文、黄得光、吴汉光、詹所奉、李运淑为坝罗中国国民党分部干事，李命根为坝罗中国国民党分部评议部书记，梁月臣、许之禄、郑邦钟、洪熙初、詹开奉、詹开柏、陈壮英、吴坤珍、颜书鸾、黄汉章、陈汉英、陈良钰、黄自铭、符献川、何鑫、符寿山为坝罗中国国民党分部评议部评议员；刘民特为意基度中国国民党分部执行部书记，刘民特、冯树荣、刘广泰、邹科珍为意基度中国国民党分部干事，刘觉民为意基度中国国民党分部评议部书记，钟晓鸣、巫世珍、陈秀廷、郭德明为意基度中国国民党分部评议部评议员；邓香泉为智京中国国民党分部总务科主任，李起凤、邓香泉为智京中国国民党分部执行部书记，邝受田、罗肇初为智京中国国民党分部干事，马舜民为智京中国国民党分部评议部书记，陈树章、赖海珊、黄朗池、赵饶、余来、梁买为智京中国国民党分部评议部评议员；冯俊三为那卡利中国国民党通讯处总务科科长，甄香泉、冯俊三为那卡利中国国民党通讯处执行部书记，谢雨生、余仲强、练瑞隆、黄连优为那卡利中国国民党通讯处干事，胡联为那卡利中国国民党通讯处评议部书记，阮官成、刘富生、陈锐生、蔡成兴、梁修林、蔡民挥为那卡利中国国民党通讯处评议部评议员；周楫为主咭中国国民党通讯处总务科科长，陈锡棠为主咭中国国民党通讯处执行部书记；李维垣为高老沙中国国民党通讯处总务科科长，李锡蕃为高老沙中国国民党通讯处执行部书记；邓镜墀为世利乔中国国民党通讯处执行部书记。此状。

总理　（印）

总务部部长彭素民副署

据《总理任命·五月十日》，载上海《中国国民党本部公报》第一卷第十九号，一九二三年七月十日出版

核复王棠呈报启用会计司司长印信日期令

（一九二三年五月十一日）

大元帅指令第一五五号

令大本营会计司司长王棠呈报启用印信日期由。

呈悉。此令。

（中华民国陆海军大元帅之印）

中华民国十二年五月十一日

据《指令》，载广州《陆海军大元帅大本营
公报》第十一号，一九二三年五月十八日

核复黄伯耀呈报复任广东印花税
分处处长及恢复分处日期令

（一九二三年五月十一日）

大元帅指令第一五七号

令广东印花税分处处长黄伯耀呈报复职及恢复分处日期由。

呈悉。此令。

（中华民国陆海军大元帅之印）

中华民国十二年五月十一日

据《指令》，载广州《陆海军大元帅大本营
公报》第十一号，一九二三年五月十八日

准任命曾拔为大本营参军处中校副官令

（一九二三年五月十二日）

大元帅令

大本营参军长朱培德呈请任命曾拔为大本营参军处中校副官。应照准。此令。

（中华民国陆海军大元帅之印）

中华民国十二年五月十二日

据《命令》，载广州《陆海军大元帅大本营
公报》第十一号，一九二三年五月十八日

准林达存辞大本营财政部第二局局长令

（一九二三年五月十二日）

大元帅令

　　大本营财政部第二局局长林达存呈请辞职。林达存准免本职。此令。

（中华民国陆海军大元帅之印）

中华民国十二年五月十二日

据《命令》，载广州《陆海军大元帅大本营公报》第十一号，一九二三年五月十八日

准朱培德呈请解除其兼理军政部部务职令

（一九二三年五月十二日）

大元帅指令第一五九号

　　令大本营参军长朱培德呈请解除兼理军政部部务职由。

　　呈悉。应照准。此令。

（中华民国陆海军大元帅之印）

中华民国十二年五月十二日

据《指令》，载广州《陆海军大元帅大本营公报》第十一号，一九二三年五月十八日

核复陈天太呈报就任直辖第七军
第三师师长及启用印信日期令

（一九二三年五月十二日）

大元帅指令第一六〇号

令中央直辖第七军第三师师长陈天太呈报就职及启用印信日期由。

呈悉。此令。

（中华民国陆海军大元帅之印）

中华民国十二年五月十二日

据《指令》，载广州《陆海军大元帅大本营公报》第十一号，一九二三年五月十八日

委黄白马伯麟为大本营特务委员手谕

（一九二三年五月十四日前）

黄白、马伯麟二人委为大本营特务委员，每月公费三百元。

文

据原件影印件，载谭延闿编：《总理遗墨》第三辑，石印线装本，似出版于二十世纪三十年代初期

派黄白马伯麟为大本营特务委员令

（一九二三年五月十四日）

大元帅令

派黄白、马伯麟为大本营特务委员。此令。

（中华民国陆海军大元帅之印）

中华民国十二年五月十四日

据《命令》，载广州《陆海军大元帅大本营公报》第十一号，一九二三年五月十八日

特派魏邦平为西江讨贼军总指挥令

（一九二三年五月十四日）

大元帅令

特派魏邦平为西江讨贼军总指挥。此令。

（中华民国陆海军大元帅之印）

中华民国十二年五月十四日

据《命令》，载广州《陆海军大元帅大本营公报》第十一号，一九二三年五月十八日

准任命罗桂芳为大本营兵站第三支部长令

（一九二三年五月十四日）

大元帅令

大本营兵站总监罗翼群呈请任命罗桂芳为大本营兵站第三支部长。应照准。此令。

（中华民国陆海军大元帅之印）

中华民国十二年五月十四日

据《命令》，载广州《陆海军大元帅大本营公报》第十一号，一九二三年五月十八日

任命尹骥为直辖陆军第一第二两师指挥令

（一九二三年五月十四日）

大元帅令

任命尹骥为中央直辖陆军第一、第二两师指挥。此令。

（中华民国陆海军大元帅之印）

中华民国十二年五月十四日

据《命令》，载广州《陆海军大元帅大本营公报》第十一号，一九二三年五月十八日

特派周震鳞为大本营劳军使兼督率直辖第一第二两师事宜令

（一九二三年五月十四日）

大元帅令

特派周震鳞为大本营劳军使，兼督率中央直辖第一、第二两师事宜。此令。

（中华民国陆海军大元帅之印）

中华民国十二年五月十四日

据《命令》，载广州《陆海军大元帅大本营公报》第十一号，一九二三年五月十八日

任命夏醉雄为大本营咨议令

（一九二三年五月十四日）

大元帅令

任命夏醉雄为大本营咨议。此令。

（中华民国陆海军大元帅之印）

中华民国十二年五月十四日

据《命令》，载广州《陆海军大元帅大本营公报》第十二号，一九二三年五月二十五日

核复万黄裳呈送履历及就任
潮桥运副视事日期令

（一九二三年五月十四日）

大元帅指令第一六三号

　　令潮桥运副万黄裳呈送履历及到任视事日期由。

　　呈悉。履历存。此令。

（中华民国陆海军大元帅之印）

中华民国十二年五月十四日

据《指令》，载广州《陆海军大元帅大本营

公报》第十一号，一九二三年五月十八日

委谢心准为大本营特务委员手令

（一九二三年五月十五日）

　　任谢心准为大本营特务委员，每月公费三百元。此令。

孙文

中华民国十二年五月十五日

据原件影印件，载谭延闿编：《总理遗墨》第三辑，

石印线装本，似出版于二十世纪三十年代初期

派谢心准为大本营特务委员令

（一九二三年五月十六日）

大元帅令

　　派谢心准为大本营特务委员。此令。

（中华民国陆海军大元帅之印）

中华民国十二年五月十六日

据《命令》，载广州《陆海军大元帅大本营公报》第十二号，一九二三年五月二十五日

任命王隆中为大本营咨议令

（一九二三年五月十六日）

大元帅令

任命王隆中为大本营咨议。此令。

（中华民国陆海军大元帅之印）

中华民国十二年五月十六日

据《命令》，载广州《陆海军大元帅大本营公报》第十二号，一九二三年五月二十五日

任命姜汇清为大本营咨议令

（一九二三年五月十七日）

大元帅令

任命姜汇清为大本营咨议。此令。

（中华民国陆海军大元帅之印）

中华民国十二年五月十七日

据《命令》，载广州《陆海军大元帅大本营公报》第十二号，一九二三年五月二十五日

准叶恭绰辞广东财政厅长兼职令

（一九二三年五月十七日）

大元帅令

　　大本营财政部长叶恭绰呈请辞广东财政厅长兼职。应照准。此令。

（中华民国陆海军大元帅之印）

中华民国十二年五月十七日

据《命令》，载广州《陆海军大元帅大本营公
报》第十二号，一九二三年五月二十五日

核复伍学熿呈报卸两广盐运使职日期令

（一九二三年五月十七日）

大元帅指令第一七三号

　　令卸两广盐运使伍学熿呈报卸事日期由。

　　呈悉。此令。

（中华民国陆海军大元帅之印）

中华民国十二年五月十七日

据《指令》，载广州《陆海军大元帅大本营
公报》第十二号，一九二三年五月二十五日

核复廖湘芸呈报启用新颁虎门要塞
司令印信并缴销旧关防令

（一九二三年五月十七日）

大元帅指令第一七四号

　　令虎门要塞司令廖湘芸呈报启用新颁印信并缴销旧关防由。

呈悉。此令。

（中华民国陆海军大元帅之印）

中华民国十二年五月十七日

据《指令》，载广州《陆海军大元帅大本营公报》第十二号，一九二三年五月二十五日

核复徐绍桢呈报交卸广东省长职日期令

（一九二三年五月十七日）

大元帅指令第一七五号

令卸广东省长徐绍桢呈报交卸日期由。

呈悉。此令。

（中华民国陆海军大元帅之印）

中华民国十二年五月十七日

据《指令》，载广州《陆海军大元帅大本营公报》第十二号，一九二三年五月二十五日

任命邹鲁为广东财政厅长令①

（一九二三年五月十八日）

大元帅令

任命邹鲁为广东财政厅长。此令。

（中华民国陆海军大元帅之印）

中华民国十二年五月十八日

据《命令》，载广州《陆海军大元帅大本营公报》第十二号，一九二三年五月二十五日

---

① 谭延闿编《总理遗墨》第一辑收有手令影印件。

任命姜汇清为大本营咨议状

（一九二三年五月十八日）

任命状

　　任命姜汇清为大本营咨议。此状。

孙文

中华民国十二年五月十八日

据原件，台北、中国国民党
文化传播委员会党史馆藏

准李章达呈请开去广东电政监督兼广州
电报局局长职并迅饬林直勉复任令

（一九二三年五月十九日）

大元帅指令第一七九号

　　令代理广东电政监督兼广州电报局局长李章达呈请开去广东电政监督兼广州电报局局长职并恳迅饬林直勉复回原任由。

　　呈悉。应照准。此令。

（中华民国陆海军大元帅之印）

中华民国十二年五月十九日

据《指令》，载广州《陆海军大元帅大本营
公报》第十二号，一九二三年五月二十五日

核复廖仲恺呈报就任广东省长日期令

（一九二三年五月十九日）

大元帅指令第一八四号

令广东省长廖仲恺呈报就职视事日期由。

呈悉。此令。

（中华民国陆海军大元帅之印）

中华民国十二年五月十九日

据《指令》，载广州《陆海军大元帅大本营公报》第十二号，一九二三年五月二十五日

核复邓泽如呈报就任两广盐运使日期令

（一九二三年五月十九日）

大元帅指令第一八五号

令两广盐运使邓泽如呈报到任日期由。

呈悉。此令。

（中华民国陆海军大元帅之印）

中华民国十二年五月十九日

据《指令》，载广州《陆海军大元帅大本营公报》第十二号，一九二三年五月二十五日

核复高雷绥靖处长林树巍呈复遵令
已饬电茂梅菉盐场局克日交代令

（一九二三年五月十九日）

大元帅指令第一八六号

令高雷绥靖处长林树巍呈复遵令已饬电茂梅菉盐场局克日交代由。

呈悉。此令。

（中华民国陆海军大元帅之印）

中华民国十二年五月十九日

据《指令》，载广州《陆海军大元帅大本营公报》第十二号，一九二三年五月二十五日

核复王棠呈报接收庶务司事务情形并缴庶务司长象牙小章令

（一九二三年五月十九日）

大元帅指令第一八七号

令大本营会计司司长王棠呈报接收庶务司事务情形并缴庶务司长象牙小章由。

呈悉。此令。

（中华民国陆海军大元帅之印）

中华民国十二年五月十九日

据《指令》，载广州《陆海军大元帅大本营公报》第十二号，一九二三年五月二十五日

免陈树人广东政务厅长令

（一九二三年五月二十一日）

大元帅令

广东政务厅长陈树人另有任用，应免本职。此令。

（中华民国陆海军大元帅之印）

中华民国十二年五月廿一日

据《命令》，载广州《陆海军大元帅大本营公报》第十二号，一九二三年五月二十五日

任命陈树人为大本营内政部总务厅长令

（一九二三年五月二十一日）

大元帅令

任命陈树人为大本营内政部总务厅长。此令。

（中华民国陆海军大元帅之印）

中华民国十二年五月廿一日

据《命令》，载广州《陆海军大元帅大本营公报》第十二号，一九二三年五月二十五日

任命古应芬为广东政务厅长令

（一九二三年五月二十一日）

大元帅令

任命古应芬为广东政务厅长。此令。

（中华民国陆海军大元帅之印）

中华民国十二年五月廿一日

据《命令》，载广州《陆海军大元帅大本营公报》第十二号，一九二三年五月二十五日

任命谢百城等四人为大本营咨议令

（一九二三年五月二十一日）

大元帅令

任命谢百城、许行怿、唐支厦、宋镇华为大本营咨议。此令。

（中华民国陆海军大元帅之印）

中华民国十二年五月廿一日

据《命令》，载广州《陆海军大元帅大本营公报》第十二号，一九二三年五月二十五日

派刘成禺陈群为大本营宣传委员令

（一九二三年五月二十一日）

大元帅令

　　派刘成禺、陈群为大本营宣传委员。此令。

（中华民国陆海军大元帅之印）

中华民国十二年五月廿一日

据《命令》，载广州《陆海军大元帅大本营公报》第十二号，一九二三年五月二十五日

委任骆谭等四人为中国国民党利物浦支部职员状

（一九二三年五月二十一日）

　　委任骆谭为利物浦中国国民党支部正部长，黄球为利物浦中国国民党支部副部长，冯琳为利物浦中国国民党支部评议部正议长，黎琪为利物浦中国国民党支部评议部副议长。此状。

总理（印）

总务部部长彭素民副署

代理党务部部长孙镜副署

财务部部长林业明副署

宣传部部长叶楚伧副署

交际部部长张秋白副署

据《总理任命·五月廿一日》，载上海《中国国民党本部公报》第一卷第十九号，一九二三年七月十日出版

委任吴池波为中国国民党利物浦
支部党务科正主任状

（一九二三年五月二十一日）

委任吴池波为利物浦中国国民党支部党务科正主任。此状。

总理（印）

总务部部长彭素民副署

代理党务部部长孙镜副署

据《总理任命·五月廿一日》，载上海《中国国民党本部公报》第一卷第十九号，一九二三年七月十日出版

委任岑相佐黄球为中国国民党利物浦
支部会计科正副主任状

（一九二三年五月二十一日）

委任岑相佐为利物浦中国国民党支部会计科正主任，黄球为利物浦中国国民党支部会计科副主任。此状。

总理（印）

总务部部长彭素民副署

财务部部长林业明副署

据《总理任命·五月廿一日》，载上海《中国国民党本部公报》第一卷第十九号，一九二三年七月十日出版

委任谢五有为中国国民党利物浦
支部宣传科正主任状

（一九二三年五月二十一日）

委任谢五有为利物浦中国国民党支部宣传科正主任。此状。

总理（印）

总务部部长彭素民副署

宣传部部长叶楚伧副署

据《总理任命·五月廿一日》，载上海《中国国民党本
部公报》第一卷第十九号，一九二三年七月十日出版

委任张静愚等三十八人为中国国民党
利物浦支部职员状

（一九二三年五月二十一日）

委任张静愚、蔡锦全为利物浦中国国民党支部执行部书记，冯远、顾根福、吴钦德、曾福、邓利、冯普、马日龙为利物浦中国国民党支部干事，梅邦华为利物浦中国国民党支部评议部书记，黄明哲、梅宗才、杨容、唐煜秋、黄文卿、庄添、刘昌、郭云凤、黄仲兰、梅栋、张福安、庄保、黎福、严庆辉、黄玉波、周胜、邓镇鸿、谭维、冯广魁、甄深、谭俊信、黄均、司徒于业、邝权修、吴毅、江锦焕、冯昆鹏、邓柱进为利物浦中国国民党支部评议部评议员。此状。

总理（印）

总务部部长彭素民副署

据《总理任命·五月廿一日》，载上海《中国国民党本
部公报》第一卷第十九号，一九二三年七月十日出版

派刘成禹为大本营宣传委员状

（一九二三年五月二十一日）

派状　令字第三八号

　　派刘成禹为大本营宣传委员。此状。

孙文（孙文之印）

（中华民国陆海军大元帅之印）

（监印萧萱）

中华民国十二年五月二十一日

据原件，台北、中国国民党
文化传播委员会党史馆藏

免黄白大本营特务委员令

（一九二三年五月二十二日）

大元帅令

　　大本营特务委员黄白另有任用，应免本职。此令。

（中华民国陆海军大元帅之印）

中华民国十二年五月廿二日

据《命令》，载广州《陆海军大元帅大本营
公报》第十三号，一九二三年六月一日

准任黄白为大本营参军处上校副官令

（一九二三年五月二十二日）

大元帅令

　　大本营参军长朱培德呈请任命黄白为大本营参军处上校副官。应照准。此令。

（中华民国陆海军大元帅之印）

中华民国十二年五月廿二日

据《命令》，载广州《陆海军大元帅大本营公报》第十三号，一九二三年六月一日

免彭澄江固舰舰长令

（一九二三年五月二十二日）

大元帅令

江固舰舰长彭澄着即免去本职。此令。

（中华民国陆海军大元帅之印）

中华民国十二年五月廿二日

据《命令》，载广州《陆海军大元帅大本营公报》第十三号，一九二三年六月一日

委任袁良骅为江固舰舰长令

（一九二三年五月二十二日）

大元帅令

委任袁良骅为江固舰舰长。此令。

（中华民国陆海军大元帅之印）

中华民国十二年五月廿二日

据《命令》，载广州《陆海军大元帅大本营公报》第十三号，一九二三年六月一日

任命卢启泰陶炯为大本营咨议令

（一九二三年五月二十二日）

大元帅令

　　任命卢启泰、陶炯为大本营咨议。此令。

（中华民国陆海军大元帅之印）

中华民国十二年五月廿二日

据《命令》，载广州《陆海军大元帅大本营公报》第十三号，一九二三年六月一日

准杨西岩呈请因病续假五天广东财政厅署日行公事由秘书梁桂山代行令

（一九二三年五月二十二日）

大元帅指令第一九九号

　　令广东财政厅长杨西岩呈为因病请续假五天，厅署日行公事经饬秘书梁桂山代拆代行由。

　　呈悉。应照准。此令。

（中华民国陆海军大元帅之印）

中华民国十二年五月二十二日

据《指令》，载广州《陆海军大元帅大本营公报》第十三号，一九二三年六月一日

任命涂震亚为大本营咨议令

（一九二三年五月二十三日）

大元帅令

　　任命涂震亚为大本营咨议。此令。

（中华民国陆海军大元帅之印）

中华民国十二年五月廿三日

据《命令》，载广州《陆海军大元帅大本营公报》第十三号，一九二三年六月一日

核复谭延闿呈报交卸内政
部长职日期并请备案令

（一九二三年五月二十三日）

大元帅指令第二〇三号

　　令大本营内政部长谭延闿呈报交卸日期请备案由。

　　呈悉。此令。

（中华民国陆海军大元帅之印）

中华民国十二年五月二十三日

据《指令》，载广州《陆海军大元帅大本营公报》第十三号，一九二三年六月一日

核复赵士北呈报令派陈芝昌
代理总检察厅检察官令

（一九二三年五月二十三日）

大元帅指令第二〇四号

令大理院长兼管司法行政事务赵士北呈报令派陈芝昌代理总检察厅检察官由。

呈悉。此令。

（中华民国陆海军大元帅之印）

中华民国十二年五月廿三日

据《指令》，载广州《陆海军大元帅大本营公报》第十三号，一九二三年六月一日

核复杨西岩呈报就任内政部次长日期令

（一九二三年五月二十五日）

大元帅指令第二〇七号

令大本营内政部次长杨西岩呈报就职日期由。

呈悉。此令。

（中华民国陆海军大元帅之印）

中华民国十二年五月廿五日

据《指令》，载广州《陆海军大元帅大本营公报》第十三号，一九二三年六月一日

任命周家琳为大本营咨议令

（一九二三年五月二十六日）

大元帅令

　　任命周家琳为大本营咨议。此令。

（中华民国陆海军大元帅之印）

中华民国十二年五月廿六日

据《命令》，载广州《陆海军大元帅大本营公报》第十三号，一九二三年六月一日

饬前江固舰舰长彭澄克日交代令

（一九二三年五月二十七日）

大元帅训令第一五六号

　　令前江固舰舰长彭澄

　　查江固舰舰长一职，业经委任袁良骅接充，着该员克日交代。毋违。此令。

（中华民国陆海军大元帅之印）

中华民国十二年五月廿七日

据《训令》，载广州《陆海军大元帅大本营公报》第十四号，一九二三年六月八日

核复李章达呈报卸广东电政监督兼广州电报局局长职日期及移交印章各情令

（一九二三年五月二十八日）

大元帅指令第二一二号

令卸广东电政监督兼广州电报局局长李章达呈报卸事日期及移交印章各情由。呈悉。此令。

（中华民国陆海军大元帅之印）

中华民国十二年五月廿八日

据《指令》，载广州《陆海军大元帅大本营公报》第十四号，一九二三年六月八日

核复广东电政监督兼广州电报局局长林直勉呈报到任视事及接收印章各情令

（一九二三年五月二十八日）

大元帅指令第二一四号

令广东电政监督兼广州电报局局长林直勉呈报到任视事及接收印章各情由。呈悉。此令。

（中华民国陆海军大元帅之印）

中华民国十二年五月廿八日

据《指令》，载广州《陆海军大元帅大本营公报》第十四号，一九二三年六月八日

免林云陔大本营秘书令

（一九二三年五月二十九日）

大元帅令

大本营秘书林云陔另有任用，应免本职。此令。

（中华民国陆海军大元帅之印）

中华民国十二年五月廿九日

据《命令》，载广州《陆海军大元帅大本营公报》第十四号，一九二三年六月八日

任命林云陔宋子文为中央银行正副行长令[①]

（一九二三年五月二十九日）

大元帅令

　　任命林云陔为中央银行行长，宋子文为副行长。此令。

（中华民国陆海军大元帅之印）

中华民国十二年五月廿九日

据《命令》，载广州《陆海军大元帅大本营
公报》第十四号，一九二三年六月八日

任命王柏龄为大本营高级参谋令

（一九二三年五月二十九日）

大元帅令

　　任命王柏龄为大本营高级参谋。此令。

（中华民国陆海军大元帅之印）

中华民国十二年五月廿九日

据《命令》，载广州《陆海军大元帅大本营
公报》第十四号，一九二三年六月八日

---

① 谭延闿编《总理遗墨》第一辑收有手令影印件。

派徐方济丁士杰为大本营出勤委员令

（一九二三年五月二十九日）

大元帅令

　　派徐方济、丁士杰为大本营出勤委员。此令。

（中华民国陆海军大元帅之印）

中华民国十二年五月廿九日

据《命令》，载广州《陆海军大元帅大本营
公报》第十四号，一九二三年六月八日

准任周尧坤等八人分为大本营
参谋处秘书参谋副官令

（一九二三年五月二十九日）

大元帅令

　　大本营参谋长张开儒呈请任命周尧坤、周鳌山为大本营参谋处秘书，陈雄洲
为上校参谋，陈焯为中校参谋，卢汉为上校副官，谷春芳、黄伯度为中校副官，
苏俊伍为少校副官。均照准。此令。

（中华民国陆海军大元帅之印）

中华民国十二年五月廿九日

据《命令》，载广州《陆海军大元帅大本营
公报》第十四号，一九二三年六月八日

委任刘芦隐为加拿大总支部总干事电

（一九二三年五月二十九日）

委任刘芦隐为加拿大总支部总干事，着即赴任。总理孙文。民国十二年五月廿九日。①

据原件影印件，载谭延闿编：《总理遗墨》第一辑，一九二八年五月校印

致总务部长彭素民委任刘芦隐
为加拿大总支部总干事电

（一九二三年五月②二十九日）

委任刘芦隐为加拿大中国国民党总支部总干事，着速前往。

据《本部总务部致三藩市总支部陈总干事电》，载上海《中国国民党本部公报》第一卷第十六号，一九二三年六月十日出版

委任刘芦隐为中国国民党加拿大总支部总干事状

（一九二三年五月二十九日）

委任刘芦隐为加拿大中国国民党总支部总干事。此状。

总理（印）

总务部部长彭素民副署

---

① 原文边注：用 SS 密。
② 原文无月份。此据同日颁布的委任状。

代理党务部部长孙镜副署

财务部部长林业明副署

宣传部部长叶楚伧副署

交际部部长张秋白副署

据《总理任命·五月廿九日》，载上海《中国国民党本部公报》第一卷第十九号，一九二三年七月十日出版

任命朱霁青为大本营咨议令

（一九二三年五月三十日）

大元帅令

任命朱霁青为大本营咨议。此令。

（中华民国陆海军大元帅之印）

中华民国十二年五月卅日

据《命令》，载广州《陆海军大元帅大本营公报》第十四号，一九二三年六月八日

免温树德海军舰队司令令

（一九二三年五月三十一日）

大元帅令

海军舰队司令温树德不奉命令，擅离职守，应即免职。此令。

（中华民国陆海军大元帅之印）

中华民国十二年五月卅一日

据《命令》，载广州《陆海军大元帅大本营公报》第十四号，一九二三年六月八日

任命吴志馨等八人为海圻等八舰
舰长及另四人职务令

（一九二三年五月三十一日）

大元帅令

　　任命吴志馨为海圻舰舰长，何瀚澜为海深〔琛〕舰舰长，李国堂为肇和舰舰长，田忠柏为飞鹰舰舰长，潘文治为福安舰舰长，赵梯琨为永翔舰舰长兼海军舰队司令部参谋长，胡文溶为楚豫舰舰长，缪庆福为豫章舰舰长，任治龙为海军舰队司令部轮机长，郭朴为海军舰队司令部军需长，王文泰为海军警卫大队长，章焕文为海军司令部副官长。此令。

（中华民国陆海军大元帅之印）

中华民国十二年五月卅一日

据《命令》，载广州《陆海军大元帅大本营公报》第十四号，一九二三年六月八日

任命黄实为大本营参军令

（一九二三年六月一日）

大元帅令

　　任命黄实为大本营参军。此令。

（中华民国陆海军大元帅之印）

中华民国十二年六月一日

据《命令》，载广州《陆海军大元帅大本营公报》第十四号，一九二三年六月八日

大元帅出征期内特派胡汉民代行职权令

（一九二三年六月一日）

当大元帅出征期内，特派胡汉民代行职权。此令。

据《孙总统出巡后之粤局》，载一九二
三年六月九日上海《民国日报》第六版

委任刘谦祥等四人为中国
国民党宿务支部职员状

（一九二三年六月二日）

委任刘谦祥为宿务中国国民党支部正部长，伍尚铨为宿务中国国民党支部副
部长，黄瑞为宿务中国国民党支部评议部正议长，关汉生为宿务中国国民党支部
评议部副议长。此状。

总理（印）

总务部部长彭素民副署

代理党务部部长孙镜副署

财务部部长林业明副署

宣传部部长叶楚伧副署

交际部部长张秋白副署

据《总理任命·六月二日》，载上海《中国国民党本部
公报》第一卷第二十号，一九二三年七月二十日出版

委任林不帝王武昌分为中国国民党
宿务支部党务科正副主任状

（一九二三年六月二日）

委任林不帝为宿务中国国民党支部党务科正主任，王武昌为宿务中国国民党支部党务科副主任。此状。

总理（印）

总务部部长彭素民副署

代理党务部部长孙镜副署

据《总理任命·六月二日》，载上海《中国国民党本部公报》第一卷第二十号，一九二三年七月二十日出版

委任蔡兆庆黄爱逊分为中国国民党
宿务支部会计科正副主任状

（一九二三年六月二日）

委任蔡兆庆为宿务中国国民党支部会计科正主任，黄爱逊为宿务中国国民党支部会计科副主任。此状。

总理（印）

总务部部长彭素民副署

财务部部长林业明副署

据《总理任命·六月二日》，载上海《中国国民党本部公报》第一卷第二十号，一九二三年七月二十日出版

委任黄蜚声郭锡年分为中国国民党
宿务支部宣传科正副主任状

（一九二三年六月二日）

委任黄蜚声为宿务中国国民党支部宣传科正主任，郭锡年为宿务中国国民党支部宣传科副主任。此状。

总理（印）

总务部部长彭素民副署

宣传部部长叶楚伧副署

据《总理任命·六月二日》，载上海《中国国民党本部公报》第一卷第二十号，一九二三年七月二十日出版

委任林伸寿等十二人为中国
国民党宿务支部职员状

（一九二三年六月二日）

委任林伸寿为宿务中国国民党支部总务科正主任，包魏荣为宿务中国国民党支部总务科副主任，陈水根、朱玉亭、林正复、陈承祖、吴祥祝、陈夏莲、谢耀公、冯国华、江石龙、吴守箴为宿务中国国民党支部评议部评议员。此状。

总理（印）

总务部部长彭素民副署

据《总理任命·六月二日》，载上海《中国国民党本部公报》第一卷第二十号，一九二三年七月二十日出版

准任命张国元伍大光为大本营建设部秘书令

（一九二三年六月二日）

大元帅令

　　大本营建设部长谭延闿呈请任命张国元、伍大光为大本营建设部秘书。应照准。此令。

（中华民国陆海军大元帅之印）

中华民国十二年六月二日

据《命令》，载广州《陆海军大元帅大本营公报》第十五号，一九二三年六月十五日

准鱼雷局局长谢铁良呈请续假二星期养伤令

（一九二三年六月二日）

大元帅指令第二二四号

　　令鱼雷局局长谢铁良呈请续假二星期养伤由。

　　呈悉。应照准。此令。

（中华民国陆海军大元帅之印）

中华民国十二年六月二日

据《指令》，载广州《陆海军大元帅大本营公报》第十四号，一九二三年六月八日

核复赵士北转呈卢兴原就任总检察厅
检察长及启用印信日期令

（一九二三年六月二日）

大元帅指令第二二五号

令大理院长兼管司法行政事务赵士北转呈总检察厅检察长卢兴原就职及启用印信日期由。

呈悉。此令。

（中华民国陆海军大元帅之印）

中华民国十二年六月二日

据《指令》，载广州《陆海军大元帅大本营公报》第十四号，一九二三年六月八日

核复谭延闿呈报就任建设部长日期令

（一九二三年六月二日）

大元帅指令第二二七号

令大本营建设部长谭延闿呈报就职视事日期由。

呈悉。此令。

（中华民国陆海军大元帅之印）

中华民国十二年六月二日

据《指令》，载广州《陆海军大元帅大本营公报》第十四号，一九二三年六月八日

核复伍学熀呈报就任建设部次长日期令

（一九二三年六月二日）

大元帅指令第二二八号

令大本营建设部次长伍学熀呈报就职视事日期由。

呈悉。此令。

（中华民国陆海军大元帅之印）

中华民国十二年六月二日

据《指令》，载广州《陆海军大元帅大本营公报》第十四号，一九二三年六月八日

委任林美回等四人为中国国民党纳卯支部职员状

（一九二三年六月三日）

委任林美回为纳卯中国国民党支部正部长，苏广寿为纳卯中国国民党支部副部长，蔡振山为纳卯中国国民党支部评议部正议长，洪癸永为纳卯中国国民党支部评议部副议长。此状。

总理（印）

总务部部长彭素民副署

代理党务部部长孙镜副署

财务部部长林业明副署

宣传部部长叶楚伧副署

交际部部长张秋白副署

据《总理任命·六月三日》，载上海《中国国民党本部公报》第一卷第二十号，一九二三年七月二十日出版

委任陈毅梁侣梅分为中国国民党纳卯
支部党务科正副主任状

（一九二三年六月三日）

委任陈毅为纳卯中国国民党支部党务科正主任，梁侣梅为纳卯中国国民党支部党务科副主任。此状。

总理（印）

总务部部长彭素民副署

代理党务部部长孙镜副署

据《总理任命·六月三日》，载上海《中国国民党本部公报》第一卷第二十号，一九二三年七月二十日出版

委任李赍明李吉庭分为中国国民党
纳卯支部会计科正副主任状

（一九二三年六月三日）

委任李赍明为纳卯中国国民党支部会计科正主任，李吉庭为纳卯中国国民党支部会计科副主任。此状。

总理（印）

总务部部长彭素民副署

财务部部长林业明副署

据《总理任命·六月三日》，载上海《中国国民党本部公报》第一卷第二十号，一九二三年七月二十日出版

委任甄海山余仕豪分为中国国民党
纳卯支部宣传科正副主任状

（一九二三年六月三日）

委任甄海山为纳卯中国国民党支部宣传科正主任，余仕豪为纳卯中国国民党支部宣传科副主任。此状。

总理（印）

总务部部长彭素民副署

宣传部部长叶楚伧副署

据《总理任命·六月三日》，载上海《中国国民党本部公报》第一卷第二十号，一九二三年七月二十日出版

委任余民钟等十九人为中国国民党
纳卯支部职员状

（一九二三年六月三日）

委任余民钟为纳卯中国国民党支部总务科正主任，邝思汉为纳卯中国国民党支部总务科副主任，李松伟为纳卯中国国民党支部执行部书记，黄灿、陈文、马柏桐、黄玉麟、黄耀、许振、马冠可、邝信达为纳卯中国国民党支部干事，戴爵谷、李锦全、黄芳春、谭衡、黄锦、黄棠、梁炎炘、邝玉池为纳卯中国国民党支部评议部评议员。此状。

总理（印）

总务部部长彭素民副署

据《总理任命·六月三日》，载上海《中国国民党本部公报》第一卷第二十号，一九二三年七月二十日出版

特任熊克武为川军讨贼军总司令令

（一九二三年六月四日）

大元帅令

特任熊克武为川军讨贼军总司令。此令。

（中华民国陆海军大元帅之印）

中华民国十二年六月四日

据《命令》，载广州《陆海军大元帅大本营公报》第十五号，一九二三年六月十五日

特任刘成勋为四川省长兼川军总司令令

（一九二三年六月四日）

大元帅令

特任刘成勋为四川省长兼川军总司令。此令。

（中华民国陆海军大元帅之印）

中华民国十二年六月四日

据《命令》，载广州《陆海军大元帅大本营公报》第十五号，一九二三年六月十五日

任命赖星辉为川军讨贼军总指挥令

（一九二三年六月四日）

大元帅令

任命赖星辉为川军讨贼军总指挥。此令。

（中华民国陆海军大元帅之印）

中华民国十二年六月四日

据《命令》，载广州《陆海军大元帅大本营公报》第十五号，一九二三年六月十五日

特派古应芬督办西江筹饷事宜令

（一九二三年六月四日）

大元帅令

特任古应芬督办西江筹饷事宜。此令。

（中华民国陆海军大元帅之印）

中华民国十二年六月四日

据《命令》，载广州《陆海军大元帅大本营公报》第十五号，一九二三年六月十五日

准谭延闿呈请任命张国元
伍大光等为建设部秘书令

（一九二三年六月四日）

大元帅指令第二三一号

　　令大本营建设部长谭延闿呈请任命张国元、伍大光等为该部秘书由。

　　呈悉。应照准。此令。

（中华民国陆海军大元帅之印）

中华民国十二年六月四日

据《指令》，载广州《陆海军大元帅大本营公报》第十五号，一九二三年六月十五日

委任余和鸿等九人为墨国等三地
中国国民党组织职员状

（一九二三年六月五日）

　　委任余和鸿为墨国中国国民党支部正部长，李霖义为墨国中国国民党支部副部长，冯浚三为墨国中国国民党支部评议部正议长，谢雨生为墨国中国国民党支部评议部副议长；林万燕为苏萱中国国民党分部正部长，王福骈为苏萱中国国民党分部副部长，萧镒基为苏萱中国国民党分部评议部正议长，陈镜安为苏萱中国国民党分部评议部副议长；李炳为球那暗步中国国民党通讯处正主任。此状。

总理（印）

总务部部长彭素民副署

代理党务部部长孙镜副署

财务部部长林业明副署

宣传部部长叶楚伦副署

交际部部长张秋白副署

据《总理任命·六月五日》，载上海《中国国民党本部公报》第一卷第二十号，一九二三年七月二十日出版

委任胡联等三人分为墨国苏萱二地中国国民党支（分）部党务科正副主任状

（一九二三年六月五日）

委任胡联为墨国中国国民党支部党务科正主任，余仲强为墨国中国国民党支部党务科副主任；刘祺安为苏萱中国国民党分部党务科主任。此状。

总理（印）

总务部部长彭素民副署

代理党务部部长孙镜副署

据《总理任命·六月五日》，载上海《中国国民党本部公报》第一卷第二十号，一九二三年七月二十日出版

委任梁修林等三人分为墨国苏萱二地中国国民党支（分）部会计科正副主任状

（一九二三年六月五日）

委任梁修林为墨国中国国民党支部会计科正主任，余百发为墨国中国国民党支部会计科副主任；胡焯生为苏萱中国国民党分部会计科主任。此状。

总理（印）

总务部部长彭素民副署

财务部部长林业明副署

据《总理任命·六月五日》，载上海《中国国民党本部公报》第一卷第二十号，一九二三年七月二十日出版

委任朱义然等三人分为墨国苏萱二地中国
国民党支（分）部宣传科正副主任状

（一九二三年六月五日）

委任朱义然为墨国中国国民党支部宣传科正主任，甄增培为墨国中国国民党支部宣传科副主任；陈文锦为苏萱中国国民党分部宣传科主任。此状。

总理（印）

总务部部长彭素民副署

宣传部部长叶楚伧副署

据《总理任命·六月五日》，载上海《中国国民党本部公报》第一卷第二十号，一九二三年七月二十日出版

委任甄增培等三十三人为墨国等
三地中国国民党组织职员状

（一九二三年六月五日）

委任甄增培为墨国中国国民党支部总务科正主任，胡联为墨国中国国民党支部总务科副主任，胡联为墨国中国国民党支部执行部书记，余毓源为墨国中国国民党支部干事，陈福元为墨国中国国民党支部评议部书记，黄容济、刘富生、陈锐生、黄连优、练瑞隆、陈湛、余仕鸿、余仕清、吴允享、陈仕球、陈炯焕、蔡成兴、阮官成为墨国中国国民党支部评议部评议员；王凯旋为苏萱中国国民党分部总务科主任，王成为苏萱中国国民党分部执行部书记，刘祺安、林炳桥、黄桂屏、陈锦发、陈文锦、王森桂为苏萱中国国民党分部干事，萧国民为苏萱中国国

民党分部评议部书记，蔡棣生、林惠叶、胡汉辉、刘三苗、刘鸡、黄碧为苏萱中国国民党分部评议部评议员；彭惠贤为球那暗步中国国民党通讯处执行部书记。此状。

总理（印）

总务部部长彭素民副署

据《总理任命·六月五日》，载上海《中国国民党本部
公报》第一卷第二十号，一九二三年七月二十日出版

委任黄二明为三藩市《少年中国报》编辑状

（一九二三年六月五日）

委任黄二明为三藩市《少年中国报》编辑。此状。

总理（印）

据《总理任命·六月五日》，载上海《中国国民党本部
公报》第一卷第二十号，一九二三年七月二十日出版

核复邓泽如呈报卸大本营建设部长职日期令

（一九二三年六月五日）

大元帅指令第二三三号

令卸大本营建设部长邓泽如呈报卸事日期由。

呈悉。此令。

（中华民国陆海军大元帅之印）

中华民国十二年六月五日

据《指令》，载广州《陆海军大元帅大本营
公报》第十五号，一九二三年六月十五日

任命林震为大本营高级参谋令

（一九二三年六月七日）

大元帅令

　　任命林震为大本营高级参谋。此令。

（中华民国陆海军大元帅之印）

中华民国十二年六月七日

据《命令》，载广州《陆海军大元帅大本营公报》第十五号，一九二三年六月十五日

准任陈庆森等四人为大本营内政部科长令

（一九二三年六月七日）

大元帅令

　　大本营内政部长徐绍桢呈请任命陈庆森、黄仕强、吴衍慈、陈新燮为大本营内政部科长。应照准。此令。

（中华民国陆海军大元帅之印）

中华民国十二年六月七日

据《命令》，载广州《陆海军大元帅大本营公报》第十五号，一九二三年六月十五日

核复邓慕韩呈报就任广东宣传局局长日期令

（一九二三年六月七日）

大元帅指令第二三六号

　　令广东宣传局局长邓慕韩呈报就职日期由。

呈悉。此令。

（中华民国陆海军大元帅之印）

中华民国十二年六月七日

据《指令》，载广州《陆海军大元帅大本营公报》第十五号，一九二三年六月十五日

准徐绍桢呈请任命陈庆森等为内政部科长令

（一九二三年六月七日）

大元帅指令第二四三号

令大本营内政部部长徐绍桢呈请任命陈庆森等为该部科长由。

呈悉。应照准。此令。

（中华民国陆海军大元帅之印）

中华民国十二年六月七日

据《指令》，载广州《陆海军大元帅大本营公报》第十五号，一九二三年六月十五日

核复大本营宣传委员会委员长
陈独秀呈报启印视事日期令

（一九二三年六月八日）

大元帅指令第二四○号

令大本营宣传委员会委员长陈独秀呈报启印视事日期由。

呈悉。此令。

（中华民国陆海军大元帅之印）

中华民国十二年六月八日

据《指令》，载广州《陆海军大元帅大本营公报》第十五号，一九二三年六月十五日

派刘翰如为大本营出勤委员令

（一九二三年六月九日）

大元帅令

　　派刘翰如为大本营出勤委员。此令。

　　　　　　　　　　　　　　（中华民国陆海军大元帅之印）

　　　　　　　　　　　　　　　中华民国十二年六月九日

　　　　　　　　　据《命令》，载广州《陆海军大元帅大本营公报》第十六号，一九二三年六月二十二日

核复邓慕韩呈报启用广东宣传局长关防日期令

（一九二三年六月九日）

大元帅指令第二四五号

　　令广东宣传局长邓慕韩呈报启用关防日期由。

　　呈悉。此令。

　　　　　　　　　　　　　　（中华民国陆海军大元帅之印）

　　　　　　　　　　　　　　　中华民国十二年六月九日

　　　　　　　　　据《指令》，载广州《陆海军大元帅大本营公报》第十五号，一九二三年六月十五日

委任陈振华等三十一人为典的市等
八埠中国国民党组织职员状

（一九二三年六月九日）

委任陈振华为典的市中国国民党分部正部长，陈血生为典的市中国国民党分

部副部长，高根大为典的市中国国民党分部评议部正议长，陈雄英为典的市中国国民党分部评议部副议长；杨殿南为那市比中国国民党分部正部长，吴事业为那市比中国国民党分部副部长，汤发祥为那市比中国国民党分部评议部正议长，杨铁血为那市比中国国民党分部评议部副议长；黄发文为满地可中国国民党分部正部长，李光迎为满地可中国国民党分部副部长，李希槐为满可地〔地可〕中国国民党分部评议部正议长，李剑生为满地可中国国民党分部评议部副议长；刘起岩为温地辟中国国民党分部正部长，宋海平为温地辟中国国民党分部副部长，黄舜杰为温地辟中国国民党分部评议部正议长，宋少白为温地辟中国国民党分部评议部副议长；周瑞祝为打市巧夫中国国民党分部正部长，周道富为打市巧夫中国国民党分部副部长，周开旋为打市巧夫中国国民党分部评议部正议长，周宪禄为打市巧夫中国国民党分部评议部副议长；黄启瑞为始李巴中国国民党通讯处正主任，黄述焜为始李巴中国国民党通讯处副主任，李云霭为始李巴中国国民党通讯处评议部正议长，梁耀南为始李巴中国国民党通讯处评议部副议长；宋善生为尾步隙中国国民党通讯处正主任，李毓林为尾步隙中国国民党通讯处副主任，李锡三为尾步隙中国国民党通讯处评议部正议长，李堆衍为尾步隙中国国民党通讯处评议部副议长；黄松辅为晒宁中国国民党通讯处正主任，江卓熊为晒宁中国国民党通讯处副主任，麦铁根为晒宁中国国民党通讯处评议部正议长。此状。

总理（印）

总务部部长彭素民副署

代理党务部部长孙镜副署

财务部部长林业明副署

宣传部部长叶楚伧副署

交际部部长张秋白副署

据《总理任命·六月九日》，载上海《中国国民党本部公报》第一卷第二十一号，一九二三年七月三十日出版

委任黄振三等八人分为典的市等八埠
中国国民党组织党务科主任或科长状

（一九二三年六月九日）

委任黄振三为典的市中国国民党分部党务科主任，薛群昌为那市比中国国民党分部党务科主任，黄一扫为满地可中国国民党分部党务科主任，胡雁公为温地辟中国国民党分部党务科主任，黄良森为打市巧夫中国国民党分部党务科主任，梁显桓为始李巴中国国民党通讯处党务科科长，黄胜椿为尾步隙中国国民党通讯处党务科科长，朱芹衍为晒宁中国国民党通讯处党务科科长。此状。

总理（印）

总务部部长彭素民副署

代理党务部部长孙镜副署

据《总理任命·六月九日》，载上海《中国国民党本部公报》第一卷第二十一号，一九二三年七月三十日出版

委任李晓楼等八人分为典的市等八埠
中国国民党组织会计科主任或科长状

（一九二三年六月九日）

委任李晓楼为典的市中国国民党分部会计科主任，杨云鉴为那市比中国国民党分部会计科主任，陈乃文为满地可中国国民党分部会计科主任，麦积超为温地辟中国国民党分部会计科主任，周东朝为打市巧夫中国国民党分部会计科主任，梁碧城为始李巴中国国民党通讯处会计科科长，黄振卓为尾步障〔隙〕中国国民党通讯处会计科科长，朱光汉为晒宁中国国民党通讯处会计科科长。此状。

总理（印）

总务部部长彭素民副署

财务部部长林业明副署

据《总理任命·六月九日》，载上海《中国国民党本部公报》第一卷第二十一号，一九二三年七月三十日出版

委任麦雅各等八人分为典的市等八埠
中国国民党组织宣传科主任或科长状

（一九二三年六月九日）

委任麦雅各为典的市中国国民党分部宣传科主任，杨继志为那市比中国国民党分部宣传科主任，黄渊伟为满地可中国国民党分部宣传科主任，马荣植为温地辟中国国民党分部宣传科主任，吴季谦为打市巧夫中国国民党分部宣传科主任，梁汉志为始李巴中国国民党通讯处宣传科科长，黄皖经为尾步隙中国国民党通讯处宣传科科长，胡荫吾为晒宁中国国民党通讯处宣传科科长。此状。

总理（印）

总务部部长彭素民副署

宣传部部长叶楚伧副署

据《总理任命·六月九日》，载上海《中国国民党本部公报》第一卷第二十一号，一九二三年七月三十日出版

委任黄仕元等一百三十五人为典的市等
八埠中国国民党组织职员状

（一九二三年六月九日）

委任黄仕元为典的市中国国民党分部总务科主任，廖凤岐为典的市中国国民党分部执行部书记，黄松基、黄澧柟、廖伟理、关朝杞为典的市中国国民党分部干事，陈道荣为典的市中国国民党分部评议部书记，李养来、朱作民、黄纪超、黄宗广、林重平、马来庆、陈孙护为典的市中国国民党分部评议部评议员；杨英

三为那市比中国国民党分部总务科主任，高荣耀为那市比中国国民党分部执行部书记，杨裕厚、林昂、林韶、杨逸民为那市比中国国民党分部干事，杨凤岐为那市比中国国民党分部评议部书记，钟亦志、杨国卫、梁坚庭、邹耀元、吴泽松、杨旌贺、吴从光为那市比中国国民党分部评议部评议员；李雨生为满地可中国国民党分部总务科主任，谭君博为满地可中国国民党分部执行部书记，黄运耀、余毓伦、黄传海、余元乐、黄耀启、汤名振、李兆俊、余杰和、黄占鳌、黄中文、黄欣渠、邝文汉、谢连照、黄光锦、凌厚柏为满地可中国国民党分部干事，朱晓湖为满地可中国国民党分部评议部书记，黄浩民、黄名政、朱玉清、李一平、李期焜、余兆麟、周汉三、黄能文、伍云坡、谭宗喜为满地可中国国民党分部评议部评议员；关旭峰为温地辟中国国民党分部总务科主任，李狂父、黄达仁为温地辟中国国民党分部执行部书记，梅强、甄兆麟、蔡社德、李岳、黄启铨、何荣、李植、甄稳为温地辟中国国民党分部干事，黄元仕为温地辟中国国民党分部评议部书记，冯广林、余企中、高宗汉、甄郁林、黄茗兰、黄兆麟、黄杰生、林森、黄文炎、彭利、谭鳌、区富、张洪为温地辟中国国民党分部评议部评议员；梁奕德为打市巧夫中国国民党分部总务科主任，梁丽方为打市巧夫中国国民党分部执行部书记，谢崇现、梁美焯、谢焕庚、周惠生、梁邦和、陈锐明、周庆云为打市巧夫中国国民党分部干事，周寿眉为打市巧夫中国国民党分部评议部书记，黄庆云、周道凯、陈百森、苏成香、叶植生、梁章达、黄礼煖、周添瑶为打市巧夫中国国民党分部评议部评议员；李惠衡为始李巴中国国民党通讯处总务科科长，梁显宏为始李巴中国国民党通讯处执行部书记，梁就发为始李巴中国国民党通讯处评议部书记，李群业、张镛修、黄求大、梁品三为始李巴中国国民党通讯处评议部评议员；余竞生为尾步隙中国国民党通讯处总务科科长，李煦风、余善绪为尾步隙中国国民党通讯处执行部书记，黄洽述、黄沐濂、余植宪、李步云为尾步隙中国国民党通讯处科员，黄颖洲为尾步隙中国国民党通讯处评议部书记，宋卫国、任廷栋、关榜、余耀枝、李福廷、余藻、黄国平、李世濯为尾步隙中国国民党通讯处评议部评议员；彭卓光为晒宁中国国民党通讯处总务科科长，彭效文为晒宁中国国民党通讯处执行部书记，谢汝扬、苏守奎、张荣椿、黄毅民为晒宁中国国民党通讯处科员，黄初运为晒宁中国国民党通讯处评议部书记，赵文初、卢可銮、郑进行、朱箕安、谭宪龙、黄初运为晒宁中国国民党通讯处评议部评议员。此状。

总理（印）

总务部部长彭素民副署

据《总理任命·六月九日》，载上海《中国国民党本部
公报》第一卷第二十一号，一九二三年七月三十日出版

委任曾唯为中国国民党上海
第四分部筹备处主任状

（一九二三年六月十日）

委任曾唯为中国国民党上海第四分部筹备处主任。此状。

总理（印）

总务部部长彭素民副署

据《总理任命·六月十日》，载上海《中国国民党本部
公报》第一卷第二十二号，一九二三年八月十日出版

派徐文镜为大本营出勤委员令

（一九二三年六月十一日）

大元帅令

派徐文镜为大本营出勤委员。此令。

（中华民国陆海军大元帅之印）

中华民国十二年六月十一日

据《命令》，载广州《陆海军大元帅大本营
公报》第十六号，一九二三年六月二十二日

派谢荫民为大本营宣传委员令

（一九二三年六月十一日）

大元帅令

　　派谢荫民为大本营宣传委员。此令。

（中华民国陆海军大元帅之印）

中华民国十二年六月十一日

据《命令》，载广州《陆海军大元帅大本营

公报》第十六号，一九二三年六月二十二日

委任阮炎等四人为中国国民党檀香山支部职员状

（一九二三年六月十一日）

　　委任阮炎为檀香山中国国民党支部正部长，李成功为檀香山中国国民党支部副部长，刘福球为檀香山中国国民党支部评议部正议长，阮艺为檀香山中国国民党支部评议部副议长。此状。

总理（印）

总务部部长彭素民副署

代理党务部部长孙镜副署

财务部部长林业明副署

宣传部部长叶楚伧副署

交际部部长张秋白副署

据《总理任命·六月十一日》，载上海《中国国民党本部

公报》第一卷第二十二号，一九二三年八月十日出版

委任麦民生为中国国民党檀香山
支部党务科正主任状

（一九二三年六月十一日）

委任麦民生为檀香山中国国民党支部党务科正主任。此状。

总理（印）

总务部部长彭素民副署

代理党务部部长孙镜副署

据《总理任命·六月十一日》，载上海《中国国民党本部公报》第一卷第二十二号，一九二三年八月十日出版

委任许棠为中国国民党檀香山
支部会计科正主任状

（一九二三年六月十一日）

委任许棠为檀香山中国国民党支部会计科正主任。此状。

总理（印）

总务部部长彭素民副署

财务部部长林业明副署

据《总理任命·六月十一日》，载上海《中国国民党本部公报》第一卷第二十二号，一九二三年八月十日出版

委任欧绍欣为中国国民党檀香山
支部宣传科正主任状

（一九二三年六月十一日）

委任欧绍欣为檀香山中国国民党支部宣传科正主任。此状。

总理（印）

总务部部长彭素民副署

宣传部部长叶楚伧副署

据《总理任命·六月十一日》，载上海《中国国民党本部
公报》第一卷第二十二号，一九二三年八月十日出版

委任杜广等四十五人为中国国民党
檀香山支部职员状

（一九二三年六月十一日）

委任杜广为檀香山中国国民党支部总务科正主任，卓麟、余让为檀香山中国国民党支部执行部书记，吴君平、陈荃、余揖、吴赞庸、黄炽、冯就、程春雨、杨鼎新、冯玉棠、梁华显、林扬、黄北胜、萧全棣、张金胜、李绍祥、蔡海、刘润柱、林觐、林光、黄烈、黄华、苏霖、郑初、蔡正川为檀香山中国国民党支部干事，林祝泉为檀香山中国国民党支部评议部书记，陈近冬、古石云、刘棠、卢冠、杨华金、李流、杨帝荣、阮暖、王品、郑弼、宋金福、任金、许石贵、杨满、阮培、李进、李公武为檀香山中国国民党支部评议部评议员。此状。

总理（印）

总务部部长彭素民副署

据《总理任命·六月十一日》，载上海《中国国民党本部
公报》第一卷第二十二号，一九二三年八月十日出版

与彭素民联署委任任金为中国国民党
檀香山支部评议部评议员状

（一九二三年六月十一日）

委任状

委任任金为檀香山中国国民党支部评议部评议员。此状。

中国国民党总理孙文（总理之印）

总务部部长彭素民（总务部长）

（中国国民党本部之印）

中华民国十二年六月十一日

据原件，台北、中国国民党
文化传播委员会党史馆藏

与彭素民联署委任张澍时为中国国民党
南京第三分部筹备处主任状

（一九二三年六月十一日）

委任张澍时为中国国民党南京第三分部筹备处主任。此状。

总理孙文（总理之印）

总务部部长彭素民（总务部长）

（中国国民党本部之印）

中华民国十二年六月十一日

据原件，台北、中国国民党
文化传播委员会党史馆藏

任命胡思清为大本营参军令

（一九二三年六月十二日）

大元帅令

　　任命胡思清为大本营参军。此令。

（中华民国陆海军大元帅之印）

中华民国十二年六月十二日

据《命令》，载广州《陆海军大元帅大本营公报》第十六号，一九二三年六月二十二日

派蔡懿恭为大本营出勤委员令

（一九二三年六月十二日）

大元帅令

　　派蔡懿恭为大本营出勤委员。此令。

（中华民国陆海军大元帅之印）

中华民国十二年六月十二日

据《命令》，载广州《陆海军大元帅大本营公报》第十六号，一九二三年六月二十二日

核复古应芬呈报就任督办西江筹饷事宜日期令

（一九二三年六月十二日）

大元帅指令第二四八号

　　令督办西江筹饷事宜古应芬呈报就职日期由。

　　呈悉。此令。

（中华民国陆海军大元帅之印）

中华民国十二年六月十二日

据《指令》，载广州《陆海军大元帅大本营
公报》第十六号，一九二三年六月二十二日

准任命徐希元为内政部秘书令

（一九二三年六月十三日）

大元帅令

大本营内政部长徐绍桢呈请任命徐希元为大本营内政部秘书。应照准。此令。

（中华民国陆海军大元帅之印）

中华民国十二年六月十三日

据《命令》，载广州《陆海军大元帅大本营
公报》第十六号，一九二三年六月二十二日

任命何应钦为陆军军官学校总教官状

（一九二三年六月十三日）

任命状

任命何应钦为陆军军官学校总教官。此状。

孙文

中华民国十三年六月十三日

据《国父全集补编》（转录《何应钦将军九五纪事
长编》上，一九八四年台湾版），台北，中国国
民党中央委员会党史委员会一九八五年六月初版

特任胡汉民为大本营总参议令

（一九二三年六月十五日）

大元帅令

特任胡汉民为大本营总参议。此令。

（中华民国陆海军大元帅之印）

中华民国十二年六月十五日

据《命令》，载广州《陆海军大元帅大本营公报》第十六号，一九二三年六月二十二日

特任伍朝枢为大本营外交部长令

（一九二三年六月十五日）

大元帅令

特任伍朝枢为大本营外交部长。此令。

（中华民国陆海军大元帅之印）

中华民国十二年六月十五日

据《命令》，载广州《陆海军大元帅大本营公报》第十六号，一九二三年六月二十二日

准徐绍桢呈请任命徐希元为内政部秘书令

（一九二三年六月十五日）

大元帅指令第二五三号

令大本营内政部长徐绍桢呈请任命徐希元为该部秘书由。

呈悉。应照准。此令。

（中华民国陆海军大元帅之印）

中华民国十二年六月十五日

据《指令》，载广州《陆海军大元帅大本营公报》第十六号，一九二三年六月二十二日

核复高雷绥靖处处长林树巍呈报换用新关防及缴销旧关防日期令

（一九二三年六月十六日）

大元帅指令第二五八号

令高雷绥靖处处长林树巍呈报换用新关防日期及缴销旧关防日期由。

呈悉。此令。

（中华民国陆海军大元帅之印）

中华民国十二年六月十六日

据《指令》，载广州《陆海军大元帅大本营公报》第十六号，一九二三年六月二十二日

核复周之贞呈报启用直辖广东讨贼军第二师师长印信日期令

（一九二三年六月十六日）

大元帅指令第二六〇号

令中央直辖广东讨贼军第二师师长周之贞呈报启用印信日期由。

呈悉。此令。

（中华民国陆海军大元帅之印）

中华民国十二年六月十六日

据《指令》，载广州《陆海军大元帅大本营公报》第十六号，一九二三年六月二十二日

特任蒋中正为大元帅行营参谋长令[①]

（一九二三年六月十七日）

大元帅令

特任蒋中正为大元帅行营参谋长。此令。

（中华民国陆海军大元帅之印）

中华民国十二年六月十七日

据《命令》，载广州《陆海军大元帅大本营公报》第十六号，一九二三年六月二十二日

准林云陔辞中央银行行长令

（一九二三年六月十七日）

大元帅令

大〔中〕央银行行长林云陔呈请辞职。林云陔准免本职。此令。

（中华民国陆海军大元帅之印）

中华民国十二年六月十七日

据《命令》，载广州《陆海军大元帅大本营公报》第十六号，一九二三年六月二十二日

派徐谦为特务宣传员状

（一九二三年六月十七日）

派状　令字第二二四号

---

① 谭延闿编《总理遗墨》第一辑收有手令影印件。

派徐谦为特务宣传员。此状。

孙文（孙文之印）

（中华民国陆海军大元帅之印）

中华民国十二①年六月十七日

据杨雪峰：《国父给徐谦几封未见发表的函
电》原件影印②，载台北《传记文学》第
四十一卷第五期，一九八二年十一月出版

委李思唐为咨议手令

（一九二三年六月十九日）

委李思唐为咨议，每月公费二百元。此令。

孙文

中华民国十二年六月十九日

据原件影印件，载谭延闿编：《总理遗墨》第三辑，
石印线装本，似出版于二十世纪三十年代初期

委朱卨为出勤委员手令

（一九二三年六月二十日前）

朱卨乃黄花岗之役老同志，委为出勤委员，每月公费一百元。

孙文

据原件影印件，载谭延闿编：《总理遗墨》第三辑，
石印线装本，似出版于二十世纪三十年代初期

---

① "十二"二字模糊难辨，今据编者的判断暂行标出，待考。

② 当时由澳洲雪梨之徐政（徐谦女儿）提供原件。

任命李思唐为大本营咨议令

（一九二三年六月二十日）

大元帅令

　　任命李思唐为大本营咨议。此令。

　　　　　　　　　　　　（中华民国陆海军大元帅之印）

　　　　　　　　　　　　中华民国十二年六月廿日

　　　　　　　　据《命令》，载广州《陆海军大元帅大本营
　　　　　　　　公报》第十七号，一九二三年六月二十九日

任命赵全季为大本营咨议令

（一九二三年六月二十日）

大元帅令

　　任命赵全季为大本营咨议。此令。

　　　　　　　　　　　　（中华民国陆海军大元帅之印）

　　　　　　　　　　　　中华民国十二年六月廿日

　　　　　　　　据《命令》，载广州《陆海军大元帅大本营
　　　　　　　　公报》第十七号，一九二三年六月二十九日

准任命温良为大本营秘书处科员令

（一九二三年六月二十日）

大元帅令

　　大本营秘书长杨庶堪呈请任命温良为大本营秘书处科员。应照准。此令。

　　　　　　　　　　　　（中华民国陆海军大元帅之印）

中华民国十二年六月廿日

据《命令》，载广州《陆海军大元帅大本营
公报》第二十号，一九二三年七月二十日

委任郑受炳等十六人为巴生等四埠
中国国民党支（分）部职员状

（一九二三年六月二十日）

委任郑受炳为巴生中国国民党支部正部长，谭进为巴生中国国民党支部副部长，符昕为巴生中国国民党支部评议部正议长，黄方白为巴生中国国民党支部评议部副议长；陈利焕为布林中国国民党分部正部长，陈喜堂为布林中国国民党分部副部长，邝敬树为布林中国国民党分部评议部正议长，黄枝荣为布林中国国民党分部评议部副议长；麦斗元为嘉柄中国国民党分部正部长，司徒有拱为嘉柄中国国民党分部副部长，何义为嘉柄中国国民党分部评议部正议长，司徒俊明为嘉柄中国国民党分部评议部副议长；郑泗全为坚时中国国民党分部正部长，林有祥为坚时中国国民党分部副部长，王开为坚时中国国民党分部评议部正议长，陈北进为坚时中国国民党分部评议部副议长。此状。

总理（印）

总务部部长彭素民副署

代理党务部部长孙镜副署

财务部部长林业明副署

宣传部部长叶楚伧副署

交际部部长张秋白副署

据《总理任命·六月二十日》，载上海《中国国民党本部
公报》第一卷第二十三号，一九二三年八月二十日出版

委任林诗必等五人分为巴生等四埠中国国民党支（分）部党务科正副主任状

（一九二三年六月二十日）

委任林诗必为巴生中国国民党支部党务科正主任，潘汉亭为巴生中国国民党支部党务科副主任；邝敬铨为布林中国国民党分部党务科主任；司徒俊礼为嘉柄中国国民党分部党务科主任；李天燋为坚时中国国民党分部党务科主任。此状。

总理（印）

总务部部长彭素民副署

代理党务部部长孙镜副署

据《总理任命・六月二十日》，载上海《中国国民党本部公报》第一卷第二十三号，一九二三年八月二十日出版

委任朱普元等五人分为巴生等四埠中国国民党支（分）部会计科正副主任状

（一九二三年六月二十日）

委任朱普元为巴生中国国民党支部会计科正主任，何石安为巴生中国国民党支部会计科副主任；伍时宋为布林中国国民党分部会计科主任；叶全为嘉柄中国国民党分部会计科主任；陈卓祺为坚时中国国民党分部会计科主任。此状。

总理（印）

总务部部长彭素民副署

财务部部长林业明副署

据《总理任命・六月二十日》，载上海《中国国民党本部公报》第一卷第二十三号，一九二三年八月二十日出版

委任陈北平等五人分为巴生等四埠中国国民党支（分）部宣传科正副主任状

（一九二三年六月二十日）

委任陈北平为巴生中国国民党支部宣传科正主任，陈学选为巴生中国国民党支部宣传科副主任；雷连德为布林中国国民党分部宣传科主任；关华为嘉柄中国国民党分部宣传科主任；黄澄溪为坚时中国国民党分部宣传科主任。此状。

总理（印）

总务部部长彭素民副署

宣传部部长叶楚伧副署

据《总理任命·六月二十日》，载上海《中国国民党本部公报》第一卷第二十三号，一九二三年八月二十日出版

委任詹扬文等一百零四人为巴生等四埠中国国民党支（分）部职员状

（一九二三年六月二十日）

委任詹扬文为巴生中国国民党支部总务科正主任，陈景星为巴生中国国民党支部总务科副主任，赵汉余为巴生中国国民党支部执行部书记，阮平世、郑心儒、伍光宗、刘桂芬、朱炳酉、何惠民、黄汉雄、何福生为巴生中国国民党支部干事，曾纪孔为巴生中国国民党支部评议部书记，杨古杰、梁锦泰、赵儒忠、冯锐生、黄清相、叶南强、吕仲珊、张东健、郑开煨、姚金榜为巴生中国国民党支部评议部评议员；邝五敬为布林中国国民党分部总务科主任，陈喜堂为布林中国国民党分部执行部书记，陈水萍、余五中、王永宏、伍于定、司徒承彩、符世祥、陈绥良、伍仓德、梁桂昌、邝强、邝国桢、何清润、陈典学、黄广赐、余玉章、邝燮俊、邝修鏐、陈齐奕、陈养贻、黄德光、余铨章、列玉珊、邝栋敬、何国祥为布

林中国国民党分部干事，何恭鎏为布林中国国民党分部评议部书记，陈治连、何恭鎏、洪昌运、余琼中、廖安田、邝名安、邝祝三、潘德培为布林中国国民党分部评议部评议员；谢松初为嘉柄中国国民党分部总务科主任，凌焕文、陈长胜为嘉柄中国国民党分部执行部书记，司徒宗盛、司徒炳伸、周盛、司徒煦航、司徒永芳、余祐晃、司徒渠、司徒振厚、司徒石、司徒俊良、司徒寿、司徒仕芳为嘉柄中国国民党分部干事，李伯生为嘉柄中国国民党分部评议部书记，马福田、司徒榛、黄认、邝燕、司徒汝林、司徒绍、司徒福畴为嘉柄中国国民党分部评议部评议员；黄康实为坚时中国国民党分部总务科主任，郑梦兰、赵东垣为坚时中国国民党分部执行部书记，刘礼谋、阮飞、刘汉彩、刘胜意、黄床、林建安、李金时、周锦庸、王康财、古帝培、方安为坚时中国国民党分部干事，林秀山为坚时中国国民党分部评议部书记，林连富、缪祖绍、蔡连枝、李北、杨帝、郑连、汤建宽、李和、梁超为坚时中国国民党分部评议部评议员。此状。

总理（印）

总务部部长彭素民副署

据《总理任命·六月二十日》，载上海《中国国民党本部公报》第一卷第二十三号，一九二三年八月二十日出版

派朱艮为大本营出勤委员令

（一九二三年六月二十日）

大元帅令

派朱艮为大本营出勤委员。此令。

孙文

中华民国十二年六月二十日

据秦孝仪主编：《国父全集》第八册，台北，近代中国出版社一九八九年十一月出版

邱文彬为出勤委员令

（一九二三年六月二十日）

邱文彬为出勤委员，每月公费二百元。

文

民国十二年六月二十日

据原件，台北、中国国民党
文化传播委员会党史馆藏

准任命李湉等四人为大本营建设部科长令

（一九二三年六月二十一日）

大元帅令

　　大本营建设部长谭延闿呈请任命李湉、陈润棠、刘百泉、卫鼐为大本营建设部科长。应照准。此令。

（中华民国陆海军大元帅之印）

中华民国十二年六月廿一日

据《命令》，载广州《陆海军大元帅大本营
公报》第十七号，一九二三年六月二十九日

准罗翼群呈请所有部中例行
公事交由周演明代行令

（一九二三年六月二十一日）

大元帅指令第二七四号

　　令大本营兵站总监罗翼群呈请病假三日，所有部中例行公事由交通局长周演明代拆代行由。

呈悉。照准。此令。

（中华民国陆海军大元帅之印）

中华民国十二年六月二十一日

据《指令》，载广州《陆海军大元帅大本营公报》第十七号，一九二三年六月二十九日

任命林子峰陆敬科为大本营
外交部第一第二局局长令

（一九二三年六月二十二日）

大元帅令

　　任命林子峰为大本营外交部第一局局长，陆敬科为大本营外交部第二局局长。此令。

（中华民国陆海军大元帅之印）

中华民国十二年六月廿二日

据《命令》，载广州《陆海军大元帅大本营公报》第十七号，一九二三年六月二十九日

准谭延闿呈请任命李湛等为建设部科长令

（一九二三年六月二十三日）

大元帅指令第二七七号

　　令大本营建设部长谭延闿呈请任命李湛等为该部科长由。

　　呈悉。应照准。此令。

（中华民国陆海军大元帅之印）

中华民国十二年六月二十三日

据《指令》，载广州《陆海军大元帅大本营公报》第十七号，一九二三年六月二十九日

任命胡思舜为直辖滇军第五师师长令

（一九二三年六月二十四日）

大元帅令

任命胡思舜为中央直辖滇军第五师师长。此令。

（中华民国陆海军大元帅之印）

中华民国十二年六月廿四日

据《命令》，载广州《陆海军大元帅大本营
公报》第十七号，一九二三年六月二十九日

免杨虎海军特派员本职令

（一九二三年六月二十五日）

大元帅令

海军特派员杨虎另有任用，应免本职。此令。

（中华民国陆海军大元帅之印）

中华民国十二年六月廿五日

据《命令》，载广州《陆海军大元帅大本营
公报》第十七号，一九二三年六月二十九日

任命杨虎为大本营参军令

（一九二三年六月二十五日）

大元帅令

任命杨虎为大本营参军。此令。

（中华民国陆海军大元帅之印）

中华民国十二年六月廿五日

据《命令》，载广州《陆海军大元帅大本营公报》第十七号，一九二三年六月二十九日

核复邓泰中呈报就任军政部次长日期令

（一九二三年六月二十五日）

大元帅指令第二八〇号

令大本营军政部次长邓泰中〈呈报就职日期由〉。

呈悉。此令。

（中华民国陆海军大元帅之印）

中华民国十二年六月二十五日

据《指令》，载广州《陆海军大元帅大本营公报》第十七号，一九二三年六月二十九日

委任麦燮棠朱辉如分为中国国民党仁丹分部正部长及评议部正议长状

（一九二三年六月二十五日）

委任麦燮棠为仁丹中国国民党分部正部长，朱辉如为仁丹中国国民党分部评议部正议长。此状。

总理（印）

总务部部长彭素民副署

代理党务部部长孙镜副署

财务部部长林业明副署

宣传部部长叶楚伧副署

交际部部长张秋白副署

据《总理任命·六月二十五日》，载上海《中国国民党本部公报》第一卷第二十四号，一九二三年八月三十日出版

委任练芳为中国国民党仁丹分部党务科主任状

（一九二三年六月二十五日）

委任练芳为仁丹中国国民党分部党务科主任。此状。

总理（印）

总务部部长彭素民副署

代理党务部部长孙镜副署

据《总理任命·六月二十五日》，载上海《中国国民党本部公报》第一卷第二十四号，一九二三年八月三十日出版

委任廖梓谦为中国国民党仁丹分部会计科主任状

（一九二三年六月二十五日）

委任廖梓谦为仁丹中国国民党分部会计科主任。此状。

总理（印）

总务部部长彭素民副署

财务部部长林业明副署

据《总理任命·六月二十五日》，载上海《中国国民党本部公报》第一卷第二十四号，一九二三年八月三十日出版

委任叶荣燊为中国国民党仁丹分部宣传科主任状

（一九二三年六月二十五日）

委任叶荣燊为仁丹中国国民党分部宣传科主任。此状。

总理（印）

总务部部长彭素民副署

宣传部部长叶楚伧副署

据《总理任命·六月二十五日》，载上海《中国国民党本
部公报》第一卷第二十四号，一九二三年八月三十日出版

委任林天相为中国国民党仁丹
分部总务科主任状

（一九二三年六月二十五日）

委任林天相为仁丹中国国民党分部总务科主任。此状。

总理（印）

总务部部长彭素民副署

据《总理任命·六月二十五日》，载上海《中国国民党本
部公报》第一卷第二十四号，一九二三年八月三十日出版

特派姚雨平为惠州安抚使令

（一九二三年六月二十六日）

大元帅令

特派姚雨平为惠州安抚使。此令。

（中华民国陆海军大元帅之印）

中华民国十二年六月廿六日

据《命令》，载广州《陆海军大元帅大本营
公报》第十七号，一九二三年六月二十九日

准任命郑洪铸为内政部科长令

（一九二三年六月二十六日）

大元帅令

　　大本营内政部长徐绍桢呈请任命郑洪铸为大本营内政部科长。应照准。此令。

　　　　　　　　　　　　　　　　（中华民国陆海军大元帅之印）

　　　　　　　　　　　　　　　　中华民国十二年六月廿六日

　　　　　　　　据《命令》，载广州《陆海军大元帅大本营公报》第十七号，一九二三年六月二十九日

准任命叶佩瑜为内政部科长令

（一九二三年六月二十六日）

大元帅令

　　大本营内政部长徐绍桢呈请任命叶佩瑜为大本营内政部科长。应照准。此令。

　　　　　　　　　　　　　　　　（中华民国陆海军大元帅之印）

　　　　　　　　　　　　　　　　中华民国十二年六月廿六日

　　　　　　　　据《命令》，载广州《陆海军大元帅大本营公报》第十七号，一九二三年六月二十九日

准黄仕强辞内政部科长令

（一九二三年六月二十六日）

大元帅令

　　大本营内政部长徐绍桢呈大本营内政部科长黄仕强恳请辞职。应照准。此令。

　　　　　　　　　　　　　　　　（中华民国陆海军大元帅之印）

中华民国十二年六月廿六日

据《命令》，载广州《陆海军大元帅大本营公报》第十七号，一九二三年六月二十九日

任命刘铁城黄仕强为财政部
第二第三局局长令

（一九二三年六月二十六日）

大元帅令

任命刘铁城为大本营财政部第二局局长，黄仕强为第三局局长。此令。

（中华民国陆海军大元帅之印）

中华民国十二年六月廿六日

据《命令》，载广州《陆海军大元帅大本营公报》第十七号，一九二三年六月二十九日

核复古应芬呈报启用督办西江
筹饷事宜关防日期令

（一九二三年六月二十六日）

大元帅指令第二八一号

令督办西江筹饷事宜古应芬呈报启用关防日期由。

呈悉。此令。

（中华民国陆海军大元帅之印）

中华民国十二年六月二十六日

据《指令》，载广州《陆海军大元帅大本营公报》第十七号，一九二三年六月二十九日

准徐绍桢呈请任命郑洪铸为内政部科长令

（一九二三年六月二十七日）

大元帅指令第二八七号

　　令大本营内政部长徐绍桢呈请任命郑洪铸为该部科长由。

　　呈悉。应照准。此令。

（中华民国陆海军大元帅之印）

中华民国十二年六月二十七日

据《指令》，载广州《陆海军大元帅大本营公报》第十八号，一九二三年七月六日

准徐绍桢呈报内政部科长黄仕强
辞职任命叶佩瑜为科长令

（一九二三年六月二十七日）

大元帅指令第二八八号

　　令大本营内政部长徐绍桢呈报该部科长黄仕强辞职，请任命叶佩瑜为该部科长由。

　　呈悉。应照准。此令。

（中华民国陆海军大元帅之印）

中华民国十二年六月二十七日

据《指令》，载广州《陆海军大元帅大本营公报》第十八号，一九二三年七月六日

派黄建勋为西江船舶检查所所长令

（一九二三年六月二十八日）

大元帅令

　　派黄建勋为西江船舶检查所所长。此令。

（中华民国陆海军大元帅之印）

中华民国十二年六月廿八日

据《命令》，载广州《陆海军大元帅大本营
公报》第十八号，一九二三年七月六日

核复叶恭绰呈报就任财政部长日期令

（一九二三年六月二十八日）

大元帅指令第二八九号

　　令大本营财政部长叶恭绰呈报就职视事日期由。

　　呈悉。此令。

（中华民国陆海军大元帅之印）

中华民国十二年六月廿八日

据《指令》，载广州《陆海军大元帅大本营
公报》第十八号，一九二三年七月六日

核复伍朝枢呈报就任外交部长日期令

（一九二三年六月二十八日）

大元帅指令第二九〇号

　　令大本营外交部长伍朝枢呈报就职日期由。

呈悉。此令。

（中华民国陆海军大元帅之印）

中华民国十二年六月廿八日

据《指令》，载广州《陆海军大元帅大本营公报》第十八号，一九二三年七月六日

核复郑洪年呈报就任财政部次长日期令

（一九二三年六月二十八日）

大元帅指令第二九二号

令大本营财政部次长郑洪年呈报就职视事日期由。

呈悉。此令。

（中华民国陆海军大元帅之印）

中华民国十二年六月廿八日

据《指令》，载广州《陆海军大元帅大本营公报》第十八号，一九二三年七月六日

核复古应芬呈报启用新颁大本营驻江办事处
全权主任关防小章并将旧关防毁销令

（一九二三年六月二十八日）

大元帅指令第二九四号

令大本营驻江办事处全权主任古应芬呈报启用新颁关防小章并将旧关防截角毁销由。

呈悉。此令。

（中华民国陆海军大元帅之印）

中华民国十二年六月二十八日

据《指令》，载广州《陆海军大元帅大本营公报》第十八号，一九二三年七月六日

任命魏邦平兼广东西江戒严司令令

（一九二三年六月二十九日）

大元帅令

　　任命魏邦平兼广东西江戒严司令。此令。

（中华民国陆海军大元帅之印）

中华民国十二年六月廿九日

据《命令》，载广州《陆海军大元帅大本营公报》第十八号，一九二三年七月六日

派程壮为大本营出勤委员令

（一九二三年六月三十日）

大元帅令

　　派程壮为大本营出勤委员。此令。

（中华民国陆海军大元帅之印）

中华民国十二年六月卅日

据《命令》，载广州《陆海军大元帅大本营公报》第十八号，一九二三年七月六日

准任命王祺等十五人分为军政部秘书等职令

（一九二三年六月三十日）

大元帅令

　　大本营军政部长程潜呈请任命王祺、李隆建、邹建庭为大本营军政部秘书，姚大慈为大本营军政部纂译官，马骧为大本营军政部高级副官，云瀛桥、冯宝森、

黄培燮、李济汶、沈重熙、宁坤、李明灏、姚大愿、潘培敏为大本营军政部科长，梁祖荫为大本营军政部军法处委员长。均照准。此令。

（中华民国陆海军大元帅之印）

中华民国十二年六月卅日

据《命令》，载广州《陆海军大元帅大本营
公报》第十八号，一九二三年七月六日

准任命陈长乐伍大光为外交部秘书令

（一九二三年六月三十日）

大元帅令

大本营外交部长伍朝枢呈请任命陈长乐、伍大光为大本营外交部秘书。应照准。此令。

（中华民国陆海军大元帅之印）

中华民国十二年六月卅日

据《命令》，载广州《陆海军大元帅大本营
公报》第十八号，一九二三年七月六日

准任命陈灏为大本营兵站第二支部长令

（一九二三年六月三十日）

大元帅令

大本营兵站总监罗翼群呈请任命陈灏为大本营兵站第二支部长。应照准。此令。

（中华民国陆海军大元帅之印）

中华民国十二年六月卅日

据《命令》，载广州《陆海军大元帅大本营
公报》第十八号，一九二三年七月六日

任命张识尘为大本营咨议令

（一九二三年六月三十日）

大元帅令

　　任命张识尘为大本营咨议。此令。

（中华民国陆海军大元帅之印）

中华民国十二年六月卅日

据《命令》，载广州《陆海军大元帅大本营
公报》第十九号，一九二三年七月十三日

任命陈其瑗为财政部总务厅长令

（一九二三年六月三十日）

大元帅令

　　任命陈其瑗为大本营财政部总务厅长。此令。

（中华民国陆海军大元帅之印）

中华民国十二年六月卅日

据《命令》，载广州《陆海军大元帅大本营
公报》第十九号，一九二三年七月十三日

准任命卢谔生等三人为财政部秘书令

（一九二三年六月三十日）

大元帅令

　　大本营财政部长叶恭绰呈请任命卢谔生、汪宗准、杨志章为大本营财政部秘
书。应照准。此令。

（中华民国陆海军大元帅之印）

中华民国十二年六月卅日

据《命令》，载广州《陆海军大元帅大本营公报》第十九号，一九二三年七月十三日

准任命黄乐诚等十二人为财政部科长令

（一九二三年六月三十日）

大元帅令

大本营财政部长叶恭绰呈请任命黄乐诚、李景纲、邬庆时、廖朗如、张沛、梅放洲、沈欣吾、徐承燠、梁延槐、鲍镁、朱景丰、梁仿谘为大本营财政部科长。应照准。此令。

（中华民国陆海军大元帅之印）

中华民国十二年六月卅日

据《命令》，载广州《陆海军大元帅大本营公报》第十九号，一九二三年七月十三日

准程潜呈请任命王祺等为军政部荐任各职官令

（一九二三年六月三十日）

大元帅指令第三〇〇号

令大本营军政部长程潜呈请任命王祺等为该部荐任各职官由。

呈及名单均悉。应照准。此令。

（中华民国陆海军大元帅之印）

中华民国十二年六月卅日

据《指令》，载广州《陆海军大元帅大本营公报》第十九号，一九二三年七月十三日

核复邓泽如呈报卸财政部长兼职日期令

（一九二三年六月三十日）

大元帅指令第三〇一号

令卸兼大本营财政部长邓泽如呈报卸任日期由。

呈悉。此令。

（中华民国陆海军大元帅之印）

中华民国十二年六月卅日

据《指令》，载广州《陆海军大元帅大本营公报》第十九号，一九二三年七月十三日

委任曾唯等七人为中国国民党上海
第四分部或山姐咕分部职员状

（一九二三年六月三十日）

委任曾唯为中国国民党上海第四分部正部长，赵毓坤为中国国民党上海第四分部评议部正议长，罗立荣为中国国民党上海第四分部评议部副议长；刘恢汉为山姐咕中国国民党分部正部长，黄晋三为山姐咕中国国民党分部副部长，李耀阶为山姐咕中国国民党分部评议部正议长，黄荣新为山姐咕中国国民党分部评议部副议长。此状。

总理（印）

总务部部长彭素民副署

代理党务部部长孙镜副署

财务部部长林业明副署

宣传部部长叶楚伧副署

交际部部长张秋白副署

据《总理任命·六月三十日》，载上海《中国国民党本部公报》第一卷第二十四号，一九二三年八月三十日出版

委任黄俊林织云分为中国国民党上海
第四分部和山姐咕分部党务科主任状

（一九二三年六月三十日）

委任黄俊为中国国民党上海第四分部党务科主任，林织云为山姐咕中国国民党分部党务科主任。此状。

总理（印）

总务部部长彭素民副署

代理党务部部长孙镜副署

据《总理任命·六月三十日》，载上海《中国国民党本部公报》第一卷第二十四号，一九二三年八月三十日出版

委任张少繁郑明琨分为中国国民党上海
第四分部和山姐咕分部会计科主任状

（一九二三年六月三十日）

委任张少繁为中国国民党上海第四分部会计科主任，郑明琨为山姐咕中国国民党分部会计科主任。此状。

总理（印）

总务部部长彭素民副署

代理党务部部长孙镜副署

据《总理任命·六月三十日》，载上海《中国国民党本部公报》第一卷第二十四号，一九二三年八月三十日出版

委任石顺豫关崇掀分为中国国民党上海
第四分部和山姐咕分部宣传科主任状

（一九二三年六月三十日）

委任石顺豫为中国国民党上海第四分部宣传科主任，关崇掀为山姐咕中国国民党分部宣传科主任。此状。

总理（印）

总务部部长彭素民副署

宣传部部长叶楚伧副署

据《总理任命·六月三十日》，载上海《中国国民党本部公报》第一卷第二十四号，一九二三年八月三十日出版

委任罗桓等二十五人为中国国民党上海
第四分部或山姐咕分部职员状

（一九二三年六月三十日）

委任罗桓为中国国民党上海第四分部总务科主任，苏效良、刘国定、何渊、周传祎、韩仁举、祁光华、李代斌、徐天趣为中国国民党上海第四分部干事；谭淦明为山姐咕中国国民党分部总务科主任，谭毓云为山姐咕中国国民党分部执行部书记，孙悦初、赵庆平、周传权、周玉堂为山姐咕中国国民党分部干事，杜朝为山姐咕中国国民党分部评议部书记，关崇裀、谭宪谋、谭尧阶、周积旺、谭子垣、余敦棠、刘禄、关崇樵、刘观华为山姐咕中国国民党分部评议部评议员。此状。

总理（印）

总务部部长彭素民副署

据《总理任命·六月三十日》，载上海《中国国民党本部公报》第一卷第二十四号，一九二三年八月三十日出版

与彭素民等五人联署委任刘恢汉为中国
国民党山姐咕分部正部长状

（一九二三年六月三十日）

委任状

委任刘恢汉为山姐咕中国国民党分部正部长。此状。

中国国民党总理孙文

总务部部长彭素民

代理党务部部长孙镜

财政部部长林业明

宣传部部长叶楚伧

交际部部长张秋白

中华民国十二年六月三十日

据《国父全集补编》（转录中国国民党文化传播委员会党史馆藏原件照片），台北，中国国民党中央委员会党史委员会一九八五年六月初版

任命邓慕韩为广东宣传局长令

（一九二三年六月）

邓慕韩广东宣传局局长。

据秦孝仪主编：《国父全集》第八册（转录中国国民党文化传播委员会党史馆藏抄件），台北，近代中国出版社一九八九年十一月出版

准叶恭绰呈请简任陈其瑗为财政部总务厅长令

（一九二三年七月三日）

大元帅指令第三〇五号

令大本营财政部长叶恭绰呈请简任陈其瑗为该部总务厅长由。

呈悉。应照准。此令。

（中华民国陆海军大元帅之印）

中华民国十二年六〔七〕月三日

据《指令》，载广州《陆海军大元帅大本营公报》第十九号，一九二三年七月十三日

准叶恭绰呈请任命卢谔生
等三人为财政部秘书令

（一九二三年七月三日）

大元帅指令第三〇六号

令大本营财政部长叶恭绰呈请任命卢谔生、汪宗准、杨志章为该部秘书由。

呈悉。应照准。此令。

（中华民国陆海军大元帅之印）

中华民国十二年七月三日

据《指令》，载广州《陆海军大元帅大本营公报》第十九号，一九二三年七月十三日

准叶恭绰呈请任命黄乐诚等为财政部科长令

（一九二三年七月三日）

大元帅指令第三〇七号

令大本营财政部长叶恭绰呈请任命黄乐诚等为该部科长由。

呈悉。应照准。此令。

（中华民国陆海军大元帅之印）

中华民国十二年七月三日

据《指令》，载广州《陆海军大元帅大本营公报》第十九号，一九二三年七月十三日

委安健孙镜亚为咨议及另两人职任手谕

（一九二三年七月五日前）

安健、孙镜亚委咨议，各给公费二百元。卢振柳为参军兼卫士队长，姚观顺另有差遣。

孙文

据原件影印件，载谭延闿编：《总理遗墨》第三辑，石印线装本，似出版于二十世纪三十年代初期

任命安健孙镜亚为大本营咨议令

（一九二三年七月五日）

大元帅令

任命安健、孙镜亚为大本营咨议。此令。

（中华民国陆海军大元帅之印）

中华民国十二年七月五日

据《命令》，载广州《陆海军大元帅大本营公报》第十九号，一九二三年七月十三日

免姚观顺大本营参军兼卫士队长令

（一九二三年七月五日）

大元帅令

　　大本营参军兼大本营卫士队长姚观顺另有任用，应免本兼各职。此令。

（中华民国陆海军大元帅之印）

中华民国十二年七月五日

据《命令》，载广州《陆海军大元帅大本营
公报》第十九号，一九二三年七月十三日

任命卢振柳为大本营参军兼卫士队队长令

（一九二三年七月五日）

大元帅令

　　任命卢振柳为大本营参军兼卫士队队长。此令。

（中华民国陆海军大元帅之印）

中华民国十二年七月五日

据《命令》，载广州《陆海军大元帅大本营
公报》第十九号，一九二三年七月十三日

准任命刘民畏为大本营秘书处科员令

（一九二三年七月五日）

大元帅令

　　大本营秘书长杨庶堪呈请任命刘民畏为大本营秘书处科员。应照准。此令。

（中华民国陆海军大元帅之印）

中华民国十二年七月五日

据《命令》，载广州《陆海军大元帅大本营公报》第十九号，一九二三年七月十三日

委任石青阳为中国国民党四川总支部部长状

（一九二三年七月五日）

任命石青阳为中国国民党四川总支部部长。此状。

总理（印）

总务部部长彭素民副署

代理党务部部长孙镜副署

财务部部长林业明副署

宣传部部长叶楚伧副署

交际部部长张秋白副署

据《总理任命·七月五日》，载上海《中国国民党本部公报》第一卷第二十五号，一九二三年九月十日出版

准任命梁桂山为大本营内政部科长令

（一九二三年七月六日）

大元帅令

大本营内政部长徐绍桢呈请任命梁桂山为大本营内政部科长。应照准。此令。

（中华民国陆海军大元帅之印）

据《命令》，载广州《陆海军大元帅大本营公报》第十八号，一九二三年七月六日

准任命方孝纯为大本营参军处少校副官令

（一九二三年七月六日）

大元帅令

　　大本营参军长朱培德呈请任命方孝纯为大本营参军处少校副官。应照准。此令。

　　　　　　　　　　　　　　（中华民国陆海军大元帅之印）

　　　　　　　　　　　　　　中华民国十二年七月六日

　　　　　　　　　　据《命令》，载广州《陆海军大元帅大本营
　　　　　　　　　　公报》第十九号，一九二三年七月十三日

准任命王文翰为大本营参军处上校副官令

（一九二三年七月七日）

大元帅令

　　大本营参军长朱培德呈请任命王文翰为大本营参军处上校副官。应照准。此令。

　　　　　　　　　　　　　　（中华民国陆海军大元帅之印）

　　　　　　　　　　　　　　中华民国十二年七月七日

　　　　　　　　　　据《命令》，载广州《陆海军大元帅大本营
　　　　　　　　　　公报》第二十号，一九二三年七月二十日

免伍岳代理广东高等审判厅厅长令

（一九二三年七月七日）

大元帅令

代理广东高等审判厅厅长伍岳着即免职。此令。

（中华民国陆海军大元帅之印）

中华民国十二年七月七日

据《命令》，载广州《陆海军大元帅大本营公报》第二十号，一九二三年七月二十日

任命林云陔代理高等审判厅厅长令

（一九二三年七月七日）

大元帅令

任命林云陔代理高等审判厅厅长。此令。

（中华民国陆海军大元帅之印）

中华民国十二年七月七日

据《命令》，载广州《陆海军大元帅大本营公报》第二十号，一九二三年七月二十日

派喻毓藩为湖北军事联络员手谕

（一九二三年七月八日）

派喻毓藩为湖北军事联络员。此令。不支薪不发表。

孙文

中华民国十二年七月八日

据原件影印件，载谭延闿编：《总理遗墨》第三辑，石印线装本，似出版于二十世纪三十年代初期

准任朱全德为大本营参军处少校副官令

（一九二三年七月十日）

大元帅令

　　大本营参军长朱培德呈请任命朱全德为大本营参军处少校副官。应照准。此令。

（中华民国陆海军大元帅之印）

中华民国十二年七月十日

据《命令》，载广州《陆海军大元帅大本营公报》第二十号，一九二三年七月二十日

委任符兆光等四人为中国
国民党星洲分部职员状

（一九二三年七月十一日）

　　委任符兆光为星洲中国国民党分部正部长，崔霸东为星洲中国国民党分部副部长，林天庭为星洲中国国民党分部评议部正议长，陈大聪为星洲中国国民党分部评议部副议长。此状。

总理（印）

总务部部长彭素民副署

代理党务部部长孙镜副署

财务部部长林业明副署

宣传部部长叶楚伧副署

交际部部长张秋白副署

据《总理任命·七月十一日》，载上海《中国国民党本部公报》第一卷第二十五号，一九二三年九月十日出版

委任朱拔英为中国国民党
星洲分部党务科主任状

（一九二三年七月十一日）

委任朱拔英为星洲中国国民党分部党务科主任。此状。

总理（印）

总务部部长彭素民副署

代理党务部部长孙镜副署

据《总理任命·七月十一日》，载上海《中国国民党本部公报》第一卷第二十五号，一九二三年九月十日出版

委任严光汉为中国国民党
星洲分部会计科主任状

（一九二三年七月十一日）

委任严光汉为星洲中国国民党分部会计科主任。此状。

总理（印）

总务部部长彭素民副署

财务部部长林业明副署

据《总理任命·七月十一日》，载上海《中国国民党本部公报》第一卷第二十五号，一九二三年九月十日出版

委任孔宪璟为中国国民党
星洲分部宣传科主任状

（一九二三年七月十一日）

委任孔宪璟为星洲中国国民党分部宣传科主任。此状。

总理（印）

总务部部长彭素民副署

宣传部部长叶楚伧副署

据《总理任命·七月十一日》，载上海《中国国民党本部
公报》第一卷第二十五号，一九二三年九月十日出版

委任钱开云等二十一人为中国
国民党星洲分部职员状

（一九二三年七月十一日）

委任钱开云为星洲中国国民党分部总务科主任，詹启新为星洲中国国民党分部执行部书记，陈如春、张如富、范基存、庄光奕、黄昌积、何启达、韩经丰、罗豫环为星洲中国国民党分部干事，崔镇之为星洲中国国民党分部评议部书记，黄锦江、王汉光、黄义华、梁英才、陈子贤、詹易浓、林绍生、梅春煊、陈英、翁德盛为星洲中国国民党分部评议部评议员。此状。

总理（印）

总务部部长彭素民副署

据《总理任命·七月十一日》，载上海《中国国民党本部
公报》第一卷第二十五号，一九二三年九月十日出版

任命周鳌山等三人为大本营咨议令

（一九二三年七月十二日）

大元帅令

　　任命周鳌山、钟起宇、吴贞禶为大本营咨议。此令。

（中华民国陆海军大元帅之印）

中华民国十二年七月十二日

据《命令》，载广州《陆海军大元帅大本营公报》第二十号，一九二三年七月二十日

免黄镇磐广东高等检察厅检察长令

（一九二三年七月十二日）

大元帅令

　　广东高等检察厅检察长黄镇磐着即免职。此令。

（中华民国陆海军大元帅之印）

中华民国十二年七月十二日

据《命令》，载广州《陆海军大元帅大本营公报》第二十号，一九二三年七月二十日

任命车显承代理广东高等检察厅检察长令

（一九二三年七月十二日）

大元帅令

　　任命车显承代理广东高等检察厅检察长。此令。

（中华民国陆海军大元帅之印）

中华民国十二年七月十二日

据《命令》，载广州《陆海军大元帅大本营公报》第二十号，一九二三年七月二十日

核复韦冠英呈报奉到直辖西路讨贼军第一师师长大小印信并启用日期令

（一九二三年七月十二日）

大元帅指令第三二一号

　　令中央直辖西路讨贼军第一师师长韦冠英呈报奉到大小印信并启用日期由。呈悉。此令。

（中华民国陆海军大元帅之印）

中华民国十二年七月十二日

据《指令》，载广州《陆海军大元帅大本营公报》第二十号，一九二三年七月二十日

准林直勉辞广东电政监督兼广州电报局局长本兼各职令

（一九二三年七月十三日）

大元帅令

　　广东电政监督兼广州电报局局长林直勉呈请辞去本兼各职，林直勉准免本兼各职。此令。

（中华民国陆海军大元帅之印）

中华民国十二年七月十三日

据《命令》，载广州《陆海军大元帅大本营公报》第二十号，一九二三年七月二十日

任命范其务为广东电政监督
兼广州电报局局长令①

（一九二三年七月十三日）

大元帅令

　　任命范其务为广东电政监督兼广州电报局局长。此令。

（中华民国陆海军大元帅之印）

中华民国十二年七月十三日

据《命令》，载广州《陆海军大元帅大本营公报》第二十号，一九二三年七月二十日

委任邢森洲为中国国民党暹罗各埠宣传委员状

（一九二三年七月十三日）

　　委任邢森洲为暹罗各埠宣传委员。此状。

总理（印）

总务部部长彭素民副署

宣传部部长叶楚伧副署

据《总理任命·七月十三日》，载上海《中国国民党本部公报》第一卷第二十五号，一九二三年九月十日出版

---

① 谭延闿编《总理遗墨》第三辑收有手令影印件。

委任王思恭为中国国民党东京
第一分部筹备处主任状

（一九二三年七月十三日）

委任王思恭为东京中国国民党第一分部筹备处主任。此状。

　　　　　　　　　　　　　　　　总理（印）

　　　　　　　　　　　　总务部部长彭素民副署

　　　　　　　据《总理任命·七月十三日》，载上海《中国国民党本部
　　　　　　　公报》第一卷第二十五号，一九二三年九月十日出版

与邓泽如联署委任朱晋经为中国
国民党清远分部长状

（一九二三年七月十三日）

委任状第一百一十八号

　　委任朱晋经为本党清远分部长。此状。

　　　　　　　　　　　　总理孙文（总理之印）

　　　　　　　　　　支部长邓泽如（广东支部长章）

　　　　　　　　　　　（中国国民党本部之印）

　　　　　　　　　　中华民国十二年七月十三日

　　　　　　　　据原件照片，台北、中国国民
　　　　　　　　党文化传播委员会党史馆藏

特派杨希闵等六人为统一广东财政委员令①

（一九二三年七月十四日）

大元帅令

　　特派杨希闵、叶恭绰、程潜、杨庶堪、廖仲恺、邹鲁为统一广东财政委员。此令。

（中华民国陆海军大元帅之印）

中华民国十二年七月十四日

据《命令》，载广州《陆海军大元帅大本营公报》第二十号，一九二三年七月二十日

委朱润德为咨议手谕

（一九二三年七月十四日）

　　朱润德为咨议，俸每月二百元。

孙文

民国十二年七月十四日

据原件影印件，载谭延闿编：《总理遗墨》第三辑，石印线装本，似出版于二十世纪三十年代初期

任命朱润德为大本营咨议令

（一九二三年七月十四日）

大元帅令

―――――――――

　　①　谭延闿编《总理遗墨》第三辑收有手令影印件。

任命朱润德为大本营咨议。此令。

（中华民国陆海军大元帅之印）

中华民国十二年七月十四日

据《命令》，载广州《陆海军大元帅大本营公报》第二十号，一九二三年七月二十日

派陈季博梁明致为大本营宣传委员令^①

（一九二三年七月十四日）

大元帅令

派陈季博、梁明致为大本营宣传委员。此令。

（中华民国陆海军大元帅之印）

中华民国十二年七月十四日

据《命令》，载广州《陆海军大元帅大本营公报》第二十号，一九二三年七月二十日

派陈正绳罗玉田为随营宣传委员令

（一九二三年七月十四日）

大元帅令

派陈正绳、罗玉田为随营宣传委员。此令。

（中华民国陆海军大元帅之印）

中华民国十二年七月十四日

据《命令》，载广州《陆海军大元帅大本营公报》第二十号，一九二三年七月二十日

---

① 本任命《陆海军大元帅大本营公报》一九二三年第二十一号《命令》栏重复发表。

特任杨蓁代理大元帅行营参谋长手令

（一九二三年七月十四日）

特任杨蓁代理大元帅行营参谋长。此令。

孙文

中华民国十二年七月十四日

据原件影印件，载谭延闿编：《总理遗墨》第三辑，
石印线装本，似出版于二十世纪三十年代初期

任命朱培德为直辖第四军军长及王均
为第四军第一师师长手谕

（一九二三年七月十六日前）

朱培德为中央直辖第四军军长，王均为第四军第一师师长。取消大本营巩卫军。与其他军师长同时发表。

文

据原件影印件，载谭延闿编：《总理
遗墨》第一辑，一九二八年五月校印

任命杨希闵等三人为直辖滇军各军军长令

（一九二三年七月十六日）

大元帅令

任命杨希闵兼中央直辖滇军第一军军长，范石生为第二军军长，蒋光亮为第三军军长。此令。

（中华民国陆海军大元帅之印）

中华民国十二年七月十六日

据《命令》，载广州《陆海军大元帅大本营公报》第二十号，一九二三年七月二十日

免杨池生杨如轩直辖滇军第一第二师师长令

（一九二三年七月十六日）

大元帅令

中央直辖滇军第一师师长杨池生、第二师师长杨如轩均着免本职。此令。

（中华民国陆海军大元帅之印）

中华民国十二年七月十六日

据《命令》，载广州《陆海军大元帅大本营公报》第二十号，一九二三年七月二十日

任命赵成梁等四人为直辖滇军各师师长令

（一九二三年七月十六日）

大元帅令

任命赵成梁为中央直辖滇军第一师师长，廖行超为第二师师长，杨廷培为第三师师长，王秉钧为第四师师长。此令。

（中华民国陆海军大元帅之印）

中华民国十二年七月十六日

据《命令》，载广州《陆海军大元帅大本营公报》第二十号，一九二三年七月二十日

任命朱培德为直辖第一军军长令

（一九二三年七月十六日）

大元帅令

任命朱培德为中央直辖第一军军长。此令。

（中华民国陆海军大元帅之印）

中华民国十二年七月十六日

据《命令》，载广州《陆海军大元帅大本营公报》第二十号，一九二三年七月二十日

任命王均为直辖第一军第一师师长令

（一九二三年七月十六日）

大元帅令

任命王均为中央直辖第一军第一师师长。此令。

（中华民国陆海军大元帅之印）

中华民国十二年七月十六日

据《命令》，载广州《陆海军大元帅大本营公报》第二十号，一九二三年七月二十日

免蔡达三文明清大本营出勤委员令

（一九二三年七月十六日）

大元帅令

大本营出勤委员蔡达三、文明清均着免去本职。此令。

（中华民国陆海军大元帅之印）

中华民国十二年七月十六日

据《命令》，载广州《陆海军大元帅大本营公报》第二十号，一九二三年七月二十日

派邱仲川张熙为大本营出勤委员令

（一九二三年七月十六日）

大元帅令

派邱仲川、张熙为大本营出勤委员。此令。

（中华民国陆海军大元帅之印）

中华民国十二年七月十六日

据《命令》，载广州《陆海军大元帅大本营公报》第二十号，一九二三年七月二十日

派方觉慧为大本营宣传委员令

（一九二三年七月十六日）

大元帅令

派方觉慧为大本营宣传委员。此令。

（中华民国陆海军大元帅之印）

中华民国十二年七月十六日

据《命令》，载广州《陆海军大元帅大本营公报》第二十号，一九二三年七月二十日

委派蒲名元为大本营宣传委员令

（一九二三年七月十六日）

大元帅令

　　派蒲名元为大本营宣传委员。此令。

（中华民国陆海军大元帅之印）

中华民国十二年七月十六日

据《命令》，载广州《陆海军大元帅大本营公报》第二十号，一九二三年七月二十日

核复林云陔呈报接任代理广东高等审判厅厅长日期并呈履历令

（一九二三年七月十六日）

大元帅指令第三二五号

　　令代理广东高等审判厅厅长林云陔呈报接任日期并呈履历由。

　　呈悉。此令。

（中华民国陆海军大元帅之印）

中华民国十二年七月十六日

据《指令》，载广州《陆海军大元帅大本营公报》第二十一号，一九二三年七月二十七日

特任谭延闿为湖南省长兼湘军总司令令①

（一九二三年七月十六日）

大元帅令

特任谭延闿为湖南省长兼湘军总司令。此令。

（中华民国陆海军大元帅之印）

中华民国十二年七月十六日

据《命令》，载广州《陆海军大元帅大本营公报》第二十二号，一九二三年八月三日

任命蔡钜猷等六人分为湖南讨贼军各军军长令

（一九二三年七月十六日）

大元帅令

任命蔡钜猷为湖南讨贼军湘军第一军军长，陈渠珍为湘西第二军军长，谢国光为湘南第一军军长，吴剑学为湘南第二军军长，宋鹤庚为湘中第一军军长，鲁涤平为湘中第二军军长。此令。

（中华民国陆海军大元帅之印）

中华民国十二年七月十六日

据《命令》，载广州《陆海军大元帅大本营公报》第二十二号，一九二三年八月三日

---

① 谭延闿编《总理遗墨》第三辑收有手令影印件。

着金汉鼎免职并通缉金及黄毓成手谕

（一九二三年七月十六日）

大元帅令

金汉鼎免职通缉。

黄毓成通缉。

文

中华民国十二年七月十六日

据原件影印件，载谭延闿编：《总理
遗墨》第一辑，一九二八年五月校印

李烈钧等四人分为江西等四省
总司令兼省长手令

（一九二三年七月十六日）①

李烈钧为江西总司令兼省长，谭延闿为湖南总司令兼省长，柏文蔚为安徽总司令兼省长，钮永建为江苏总司令兼省长。

据原件，台北、中国国民党
文化传播委员会党史馆藏

特任李烈钧为江西总司令兼省长令

（一九二三年七月十六日）

特任李烈钧为江西总司令兼江西省长。此令。

---

①　原件末署时间，据《陆海军大元帅大本营公报》第二十二号，大元帅令为一九二三年七月十六日，则此件当为同一时期。而《国父全集补编》误为七月六日。

孙文

民国十二年七月十六日

据秦孝仪主编：《国父全集》第八册（转录中国国民党文化传播委员会党史馆藏原件），台北，近代中国出版社一九八九年十一月出版

派赵士觐为大本营粮食管理处督办令①

（一九二三年七月十七日）

大元帅令

派赵士觐为大本营粮食管理处督办。此令。

（中华民国陆海军大元帅之印）

中华民国十二年七月十七日

据《命令》，载广州《陆海军大元帅大本营公报》第二十一号，一九二三年七月二十七日

任命刘崛为大本营咨议令

（一九二三年七月十七日）

大元帅令

任命刘崛为大本营咨议。此令。

（中华民国陆海军大元帅之印）

中华民国十二年七月十七日

据《命令》，载广州《陆海军大元帅大本营公报》第二十一号，一九二三年七月二十七日

---

① 谭延闿编《总理遗墨》第三辑收有手令影印件。

任命谢适群为内政部第一局局长令

（一九二三年七月十七日）

大元帅令

任命谢适群为大本营内政部第一局局长。此令。

（中华民国陆海军大元帅之印）

中华民国十二年七月十七日

据《命令》，载广州《陆海军大元帅大本营公报》第二十一号，一九二三年七月二十七日

准任命陈其瑗周诰分为中国银行
及广东省银行监理官令

（一九二三年七月十七日）

大元帅令

大本营财政部长叶恭绰呈请任命陈其瑗为中国银行监理官，周诰为广东省银行监理官。均照准。此令。

（中华民国陆海军大元帅之印）

中华民国十二年七月十七日

据《命令》，载广州《陆海军大元帅大本营公报》第二十一号，一九二三年七月二十七日

任命黄昌谷为大元帅行营金库长令①

（一九二三年七月十八日）

大元帅令

　　任命黄昌谷为大元帅行营金库长。此令。

（中华民国陆海军大元帅之印）

中华民国十二年七月十八日

据《命令》，载广州《陆海军大元帅大本营公
报》第二十一号，一九二三年七月二十七日

核复卢振柳呈报就任大本营
参军兼卫士队队长日期令

（一九二三年七月十八日）

大元帅指令第三二八号

　　令大本营参军兼卫士队队长卢振柳呈报到任视事日期由。

　　呈悉。此令。

（中华民国陆海军大元帅之印）

中华民国十二年七月十八日

据《指令》，载广州《陆海军大元帅大本营公
报》第二十一号，一九二三年七月二十七日

---

① 谭延闿编《总理遗墨》第三辑收有手令影印件。

特派李济深兼西江善后督办令①

（一九二三年七月十九日）

大元帅令

特派李济深兼西江善后督办。此令。

（中华民国陆海军大元帅之印）

中华民国十二年七月十九日

据《命令》，载广州《陆海军大元帅大本营公报》第二十一号，一九二三年七月二十七日

免黄建勋琼海关监督令

（一九二三年七月十九日）

大元帅令

琼海关监督黄建勋另有任用，应免本职。此令。

（中华民国陆海军大元帅之印）

中华民国十二年七月十九日

据《命令》，载广州《陆海军大元帅大本营公报》第二十一号，一九二三年七月二十七日

---

① 谭延闿编《总理遗墨》第一辑收有手令影印件。

任命黄建勋为梧州关监督兼
外交部特派广西交涉员令①

（一九二三年七月十九日）

大元帅令

　　任命黄建勋为梧州关监督兼外交部特派广西交涉员。此令。

（中华民国陆海军大元帅之印）

中华民国十二年七月十九日

据《命令》，载广州《陆海军大元帅大本营公报》第二十一号，一九二三年七月二十七日

任命韦一新为大本营秘书令

（一九二三年七月十九日）

大元帅令

　　任命韦一新为大本营秘书。此令。

（中华民国陆海军大元帅之印）

中华民国十二年七月十九日

据《命令》，载广州《陆海军大元帅大本营公报》第二十一号，一九二三年七月二十七日

---

①　谭延闿编《总理遗墨》第一辑收有手令影印件。

不准黄镇磐呈以湛淮芬代行广东
高等检察厅检察长令

（一九二三年七月十九日）

大元帅指令第三三二号

　　令前广东高等检察厅检察长黄镇磐呈报于新任未到任以前，已交由该厅首席检察官湛淮芬代行职务由。

　　呈悉。查该厅检察长职务，于新任车显承未到任以前，已由大理院令派广州地方检察厅检察长区玉书暂行兼代。所请以湛淮芬代行职务之处，着毋庸议。此令。

　　　　　　　　　　　　（中华民国陆海军大元帅之印）

　　　　　　　　　　　　中华民国十二年七月十九日

　　　　　　　据《指令》，载广州《陆海军大元帅大本营公报》第二十一号，一九二三年七月二十七日

准叶恭绰呈请任命陈其瑗等为
广东省各银行监理官令

（一九二三年七月十九日）

大元帅指令第三三三号

　　令大本营财政部长叶恭绰呈请任命陈其瑗等为中国广东省各银行监理官由。

　　呈悉。照准。此令。

　　　　　　　　　　　　（中华民国陆海军大元帅之印）

　　　　　　　　　　　　中华民国十二年七月十九日

　　　　　　　据《指令》，载广州《陆海军大元帅大本营公报》第二十一号，一九二三年七月二十七日

分别任免孙万乘等三人大本营咨议手令

（一九二三年七月二十日前）

大元帅令

孙万乘免本职。此令。

孙文

岳森不支薪，卢师谡咨议，每月二百。①

孙文

据原件影印件，载谭延闿编：《总理遗墨》第三辑，
石印线装本，似出版于二十世纪三十年代初期

免孙万乘大本营咨议令

（一九二三年七月二十日）

大元帅令

大本营咨议孙万乘着免本职。此令。

（中华民国陆海军大元帅之印）

中华民国十二年七月廿日

据《命令》，载广州《陆海军大元帅大本营公
报》第二十一号，一九二三年七月二十七日

派邢森洲为华侨宣慰员令

（一九二三年七月二十日）

大元帅令

---

① "不支薪""每月弍百"七个字原文为夹行注。

派邢森洲为华侨宣慰员。此令。

（中华民国陆海军大元帅之印）

中华民国十二年七月廿日

据《命令》，载广州《陆海军大元帅大本营公报》第二十一号，一九二三年七月二十七日

任命杨希闵兼任粤赣湘边防督办令

（一九二三年七月二十日）

杨希闵兼任粤赣湘边防督办。

据《本社专电》，载一九二三年七月二十一日上海《民国日报》第二版

任岳森卢师譔为咨议令

（一九二三年七月二十日）

任岳森（不支薪）、卢师譔（每月二百）为咨议。

孙文

民国十二年七月廿日

据原件，台北、中国国民党文化传播委员会党史馆藏

免赵宝贤大本营咨议令

（一九二三年七月二十一日）

大元帅令

大本营咨议赵宝贤另有任用，应免本职。此令。

（中华民国陆海军大元帅之印）

中华民国十二年七月廿一日

据《命令》，载广州《陆海军大元帅大本营公报》第二十一号，一九二三年七月二十七日

任命赵宝贤为大本营高级参谋令

（一九二三年七月二十一日）

大元帅令

任命赵宝贤为大本营高级参谋。此令。

（中华民国陆海军大元帅之印）

中华民国十二年七月廿一日

据《命令》，载广州《陆海军大元帅大本营公报》第二十一号，一九二三年七月二十七日

准任命邓彦华为大本营参军处上校副官令

（一九二三年七月二十一日）

大元帅令

大本营参军长朱培德呈请任命邓彦华为大本营参军处上校副官。应照准。此令。

（中华民国陆海军大元帅之印）

中华民国十二年七月廿一日

据《命令》，载广州《陆海军大元帅大本营公报》第二十一号，一九二三年七月二十七日

核复胡思舜呈报就任直辖滇军
第五师师长日期并启用印章令

（一九二三年七月二十一日）

大元帅指令第三三五号

令中央直辖滇军第五师师长胡思舜呈报就职日期并启用印章由。

呈悉。此令。

（中华民国陆海军大元帅之印）

中华民国十二年七月廿一日

据《指令》，载广州《陆海军大元帅大本营公报》第二十一号，一九二三年七月二十七日

任杨池生杨如轩为大本营参谋令

（一九二三年七月二十一日）

任杨池生、杨如轩大本营参谋。

据《本社专电》，载一九二三年七月二十二日上海《民国日报》第二版

特任林森为建设部长未到任前着叶恭绰兼理令

（一九二三年七月二十一日）

特任林森为建设部长。未到任以前着叶恭绰兼理。此令。

孙文（印）

民国十二年七月二十一日

据原件照片，广州、广东省社会科学院藏

任命林丽生为大本营咨议令

（一九二三年七月二十二日）

大元帅令

　　任命林丽生为大本营咨议。此令。

（中华民国陆海军大元帅之印）

中华民国十二年七月廿二日

据《命令》，载广州《陆海军大元帅大本营公报》第二十二号，一九二三年八月三日

任命黄芸苏黄子聪为秘书手令

（一九二三年七月二十二日）

大元帅令

　　任命黄芸苏为秘书。此令。

孙文

　　黄子聪为秘书。

孙文

中华民国十二年七月廿二日

据原件，台北、中国国民党文化传播委员会党史馆藏

免谭延闿建设部长令

（一九二三年七月二十四日）

大元帅令

大本营建设部长谭延闿另有任用，应免本职。此令。

（中华民国陆海军大元帅之印）

中华民国十二年七月廿四日

据《命令》，载广州《陆海军大元帅大本营
公报》第二十二号，一九二三年八月三日

着叶恭绰暂代建设部长令

（一九二三年七月二十四日）

大元帅令

　　大本营建设部长林森未到任以前，着财政部长叶恭绰暂行兼理。此令。

（中华民国陆海军大元帅之印）

中华民国十二年七月廿四日

据《命令》，载广州《陆海军大元帅大本营
公报》第二十二号，一九二三年八月三日

准免汪宗准财政部秘书令

（一九二三年七月二十四日）

大元帅令

　　大本营财政部部长叶恭绰呈称：财政部秘书汪宗准另有任用，请免本职。汪宗准准免本职。此令。

（中华民国陆海军大元帅之印）

中华民国十二年七月廿四日

据《命令》，载广州《陆海军大元帅大本营
公报》第二十二号，一九二三年八月三日

准陈敬汉署理财政部秘书令

（一九二三年七月二十四日）

大元帅令

　　大本营财政部部长叶恭绰呈请任命陈敬汉署理财政部秘书。应照准。此令。

（中华民国陆海军大元帅之印）

中华民国十二年七月廿四日

据《命令》，载广州《陆海军大元帅大本营公报》第二十二号，一九二三年八月三日

委任刘友珊等三人为中国国民党
砂朥越分部职员状

（一九二三年七月二十四日）

　　委任刘友珊为砂朥越中国国民党分部正部长，黄呈光为砂朥越中国国民党分部副部长，伍朝海为砂朥越中国国民党分部评议部正议长。此状。

总理（印）

总务部部长彭素民副署

代理党务部部长孙镜副署

财务部部长林业民副署

宣传部部长叶楚伧副署

交际部部长张秋白副署

据《总理任命·七月廿四日》，载上海《中国国民党本部公报》第一卷第二十五号，一九二三年九月十日出版

委任李鸿标为中国国民党
砂朥越分部党务科主任状

（一九二三年七月二十四日）

委任李鸿标为砂朥越中国国民党分部党务科主任。此状。

总理（印）

总务部部长彭素民副署

代理党务部部长孙镜副署

据《总理任命·七月廿四日》，载上海《中国国民党本部
公报》第一卷第二十五号，一九二三年九月十日出版

委任黄呈光为中国国民党
砂朥越分部会计科主任状

（一九二三年七月二十四日）

委任黄呈光为砂朥越中国国民党分部会计科主任。此状。

总理（印）

总务部部长彭素民副署

财务部部长林业明副署

据《总理任命·七月廿四日》，载上海《中国国民党本部
公报》第一卷第二十五号，一九二三年九月十日出版

委任杨子琪为中国国民党
砂膀越分部宣传科主任状

（一九二三年七月二十四日）

委任杨子琪为砂膀越中国国民党分部宣传科主任。此状。

总理（印）

总务部部长彭素民副署

宣传部部长叶楚伧副署

据《总理任命·七月廿四日》，载上海《中国国民党本部
公报》第一卷第二十五号，一九二三年九月十日出版

委任郭川衡等十三人为中国国民党
砂膀越分部职员状

（一九二三年七月二十四日）

委任郭川衡为砂膀越中国国民党分部总务科主任，郭兆棠为砂膀越中国国民
党分部执行部书记，吴子昭、杜东昇、林开臻、梁胜、郭书成为砂膀越中国国民
党分部干事，李闰为砂膀越中国国民党分部评议部书记，萧春生、杨捧章、余溢
初、李家春、刘吉庭为砂膀越中国国民党分部评议部评议员。此状。

总理（印）

总务部部长彭素民副署

据《总理任命·七月廿四日》，载上海《中国国民党本部
公报》第一卷第二十五号，一九二三年九月十日出版

任邹鲁为广东财政厅长令

（一九二三年七月二十四日）

任邹鲁为广东财政厅长。此令。

孙文

民国十二年七月廿四日

据原件，北京、中国国家博物馆藏

准任命王任化为建设部科长令

（一九二三年七月二十五日）

大元帅令

大本营建设部长谭延闿呈请任命王任化为大本营建设部科长。应照准。此令。

（中华民国陆海军大元帅之印）

中华民国十二年七月廿五日

据《命令》，载广州《陆海军大元帅大本营公报》第二十二号，一九二三年八月三日

特派范石生蒋光亮为统一广东财政委员令[①]

（一九二三年七月二十六日）

大元帅令

特派范石生、蒋光亮为统一广东财政委员。此令。

（中华民国陆海军大元帅之印）

---

① 谭延闿编《总理遗墨》第三辑收有手令影印件。

中华民国十二年七月廿六日

据《命令》，载广州《陆海军大元帅大本营公报》第二十二号，一九二三年八月三日

任路孝忱为直辖山陕讨贼军司令令

（一九二三年七月二十七日）

大元帅令

　　任路孝忱为中央直辖山陕讨贼军司令。此令。

（中华民国陆海军大元帅之印）

中华民国十二年七月廿七日

据《命令》，载广州《陆海军大元帅大本营公报》第二十二号，一九二三年八月三日

准叶恭绰呈请以陈敬汉署理
汪宗准递移之财政部秘书一职令

（一九二三年七月二十八日）

大元帅指令第三三九号

　　令大本营财政部长叶恭绰呈为秘书汪宗准现署番禺县长，递遗秘书一职，请以陈敬汉署理由。

　　呈悉。应照准。此令。

（中华民国陆海军大元帅之印）

中华民国十二年七月廿八日

据《指令》，载广州《陆海军大元帅大本营公报》第二十二号，一九二三年八月三日

核复黄昌谷呈报启用大元帅
行营金库长印信日期令

（一九二三年七月二十八日）

大元帅指令第三四一号

令大元帅行营金库长黄昌谷呈报启用印信日期由。

呈悉。此令。

（中华民国陆海军大元帅之印）

中华民国十二年七月廿八日

据《指令》，载广州《陆海军大元帅大本营公报》第二十二号，一九二三年八月三日

核复黄骚呈报移交广东造币分厂
监督职情形并请备案令

（一九二三年七月二十八日）

大元帅指令第三四二号

令卸广东造币分厂监督黄骚呈报移交情形请备案由。

呈悉。此令。

（中华民国陆海军大元帅之印）

中华民国十二年七月二十八日

据《指令》，载广州《陆海军大元帅大本营公报》第二十二号，一九二三年八月三日

准容景芳辞大本营参军处上校副官令

（一九二三年七月三十日）

大元帅令

　　大本营参军长朱培德呈称：参军处上校副官容景芳恳请辞职。应照准。此令。

　　　　　　　　　　　　　　（中华民国陆海军大元帅之印）

　　　　　　　　　　　　　　　中华民国十二年七月卅日

　　　　　　　　　　　据《命令》，载广州《陆海军大元帅大本营公报》第二十二号，一九二三年八月三日

准朱培德呈免去容景芳参军处副官本职令

（一九二三年七月三十日）

大元帅指令第三四四号

　　令大本营参军长朱培德呈转恳免去副官容景芳本职由。

　　呈悉。应照准。此令。

　　　　　　　　　　　　　　（中华民国陆海军大元帅之印）

　　　　　　　　　　　　　　　中华民国十二年七月三十日

　　　　　　　　　　　据《指令》，载广州《陆海军大元帅大本营公报》第二十三号，一九二三年八月十日

不准伍学熀呈辞建设部次长令

（一九二三年七月三十日）

大元帅指令第三四六号

　　令大本营建设部次长伍学熀呈为因病请辞本职由。

呈悉。建设之事，百端待理，该次长仍应力疾从公，以济时艰而副厚望。所请辞职之处，着毋庸议。此令。

（中华民国陆海军大元帅之印）

中华民国十二年七月卅日

据《指令》，载广州《陆海军大元帅大本营公报》第二十三号，一九二三年八月十日

核复谢铁良呈报鱼雷局局务暂委副官陈仲斌代行令

（一九二三年七月三十日）

大元帅指令第三四七号

令鱼雷局局长谢铁良呈报奉命出发车江，局务暂委陈副官仲斌代拆代行由。呈悉。此令。

（中华民国陆海军大元帅之印）

中华民国十二年七月三十日

据《指令》，载广州《陆海军大元帅大本营公报》第二十三号，一九二三年八月十日

派王恒为大本营宣传委员令

（一九二三年七月三十一日）

大元帅令

派王恒为大本营宣传委员。此令。

（中华民国陆海军大元帅之印）

中华民国十二年七月卅一日

据《命令》，载广州《陆海军大元帅大本营公报》第二十三号，一九二三年八月十日

核复黄建勋呈报启用西江船舶
检查所所长关防日期令

（一九二三年七月三十一日）

大元帅指令第三五一号

　　令西江船舶检查所所长黄建勋呈报启用关防日期由。

　　呈悉。此令。

　　　　　　　　　　　　　　　（中华民国陆海军大元帅之印）

　　　　　　　　　　　　中华民国十二年七月卅一日

　　　　　　　　据《指令》，载广州《陆海军大元帅大本营
　　　　　　　　公报》第二十三号，一九二三年八月十日

准张国元辞建设部秘书令

（一九二三年八月一日）

大元帅令

　　大本营建设部长谭延闿呈称：秘书张国元恳请辞职。应照准。此令。

　　　　　　　　　　　　　　（中华民国陆海军大元帅之印）

　　　　　　　　　　　　　中华民国十二年八月一日

　　　　　　　　据《命令》，载广州《陆海军大元帅大本营
　　　　　　　　公报》第二十三号，一九二三年八月十日

核复蒋光亮呈报胡思舜遵令就任直辖滇军第三军第五师师长及启用印章令

（一九二三年八月一日）

大元帅指令第三五七号

令中央直辖滇军第三军军长蒋光亮呈报该军第五师师长胡思舜遵令就职及启用印章由。

呈悉。此令。

（中华民国陆海军大元帅之印）

中华民国十二年八月一日

据《指令》，载广州《陆海军大元帅大本营公报》第二十三号，一九二三年八月十日

准罗翼群呈大本营兵站所属第三支部增加委员五名并令行审计局备案令

（一九二三年八月一日）

大元帅指令第三六〇号

令大本营兵站总监罗翼群呈报所属第三支部增加委员五名，请饬审计局备案由。

呈悉。准如所请，已令行审计局备案矣。此令。

（中华民国陆海军大元帅之印）

中华民国十二年八月一日

据《指令》，载广州《陆海军大元帅大本营公报》第二十三号，一九二三年八月十日

准朱培德呈参军处上校副官吴文龙请假三月令

（一九二三年八月一日）

大元帅指令第三六一号

　　令大本营参军长朱培德呈为上校副官吴文龙请假三月，乞核准由。

　　呈悉。应照准。此令。

（中华民国陆海军大元帅之印）

中华民国十二年七〔八〕月一日

据《指令》，载广州《陆海军大元帅大本营公报》第二十三号，一九二三年八月十日

派张国元为大本营宣传委员令

（一九二三年八月二日）

大元帅令

　　派张国元为大本营宣传委员。此令。

（中华民国陆海军大元帅之印）

中华民国十二年八月二日

据《命令》，载广州《陆海军大元帅大本营公报》第二十三号，一九二三年八月十日

核复黄建勋呈报就任梧州关监督兼外交部特派广西交涉员及启用印信日期令

（一九二三年八月二日）

大元帅指令第三六二号

令梧州关监督兼外交部特派广西交涉员黄建勋呈报就职及启用印信日期由。

呈悉。此令。

（中华民国陆海军大元帅之印）

中华民国十二年八月二日

据《指令》，载广州《陆海军大元帅大本营
公报》第二十三号，一九二三年八月十日

致胡汉民程潜廖仲恺杨庶堪告一切政事由
胡汉民代行例外之事由其四人会议函[①]

（一九二三年八月四日）

展堂、颂云、仲恺、沧白兄鉴：

函悉。文在外专注意于军事，无暇分神于其他。一切政事，统由展兄代行，至其例外发生之事，请四兄会议定之。众意金同，便可立即施行，不必先来请示，以免延误，办后呈报可也。若对于一事意见各有不同，则当由我定便是。此候
筹祺

孙文

中华民国十二年八月四日

据原件，北京、中国国家博物馆藏

特派宋渊源为闽南宣慰使令

（一九二三年八月四日）

大元帅令

特派宋渊源为闽南宣慰使。此令。

---

①　当时陈炯明叛军盘踞东江一带，石龙、博罗等处常有战事，孙文常赴前敌指挥，因此，他责成胡汉民、程潜、廖仲恺、杨庶堪四人于其不在广州期间，处理大本营日常事务。

（中华民国陆海军大元帅之印）

中华民国十二年八月四日

据《命令》，载广州《陆海军大元帅大本营公报》第二十四号，一九二三年八月十七日

准任命王应潮为大本营参军处少校副官令

（一九二三年八月四日）

大元帅令

　　大本营参军长朱培德呈请任命王应潮为大本营参军处少校副官。应照准。此令。

（中华民国陆海军大元帅之印）

中华民国十二年八月四日

据《命令》，载广州《陆海军大元帅大本营公报》第二十四号，一九二三年八月十七日

委任周高伦等四人为中国国民党
胜缅分部职员状

（一九二三年八月四日）

　　委任周高伦为胜缅中国国民党分部正部长，蔡英洋为胜缅中国国民党分部副部长，萧德钦为胜缅中国国民党分部评议部正议长，周道参为胜缅中国国民党分部评议部副议长。此状。

总理（印）

总务部部长彭素民副署

代理党务部部长孙镜副署

财务部部长林业明副署

宣传部部长叶楚伧副署

交际部部长张秋白副署

据《总理任命·八月四日》，载上海《中国国民党本部公报》第一卷第二十六号，一九二三年九月二十日出版

委任谭裔炽为中国国民党
胜缅分部党务科主任状

（一九二三年八月四日）

委任谭裔炽为胜缅中国国民党分部党务科主任。此状。

总理（印）

总务部部长彭素民副署

代理党务部部长孙镜副署

据《总理任命·八月四日》，载上海《中国国民党本部公报》第一卷第二十六号，一九二三年九月二十日出版

委任叶君培为中国国民党
胜缅分部会计科主任状

（一九二三年八月四日）

委任叶君培为胜缅中国国民党分部会计科主任。此状。

总理（印）

总务部部长彭素民副署

财务部部长林业明副署

据《总理任命·八月四日》，载上海《中国国民党本部公报》第一卷第二十六号，一九二三年九月二十日出版

委任任春华为中国国民党
胜缅分部宣传科主任状

（一九二三年八月四日）

委任任春华为胜缅中国国民党分部宣传科主任。此状。

总理（印）

总务部部长彭素民副署

宣传部部长叶楚伦副署

据《总理任命·八月四日》，载上海《中国国民党本部公报》第一卷第二十六号，一九二三年九月二十日出版

委任叶达煦等十三人为中国国民党
胜缅分部职员状

（一九二三年八月四日）

委任叶达煦为胜缅中国国民党分部总务科主任，梅宗镶为胜缅中国国民党分部执行部书记，黄民三为胜缅中国国民党分部评议部书记，梅彬乃、蒋友文、郑观祺、谭槐文、谭裔谅、梅宗安、黄邦迪、胡维让、黄子焕、周志忠为胜缅中国国民党分部评议部评议员。此状。

总理（印）

总务部部长彭素民副署

据《总理任命·八月四日》，载上海《中国国民党本部公报》第一卷第二十六号，一九二三年九月二十日出版

派焦易堂为陕西河南军事特派员状

（一九二三年八月四日）

派状　令字第一七八号

　　派焦易堂为陕西河南军事特派员。此状。

孙文（孙文之印）

（中华民国陆海军大元帅之印）

（监印李禄超）

中华民国十二年八月四日

据原件照片，台北、中国国民
党文化传播委员会党史馆藏

核复杨廷培呈报领到直辖滇军
第三师师长印章及启用日期令

（一九二三年八月四日）

大元帅指令第三六七号

　　令中央直辖滇军第三师师长杨廷培呈报领到印章及启用日期由。

　　呈悉。此令。

（中华民国陆海军大元帅之印）

中华民国十二年八月四日

据《指令》，载广州《陆海军大元帅大本营
公报》第二十四号，一九二三年八月十七日

核复范其务呈报就任广东电政监督兼广州
电报局长日期及接收关防小章各情令

（一九二三年八月七日）

大元帅指令第三六二〔三〕号

令广东电政监督兼广州电报局长范其务呈报到任日期及接收关防小章各情由。

呈悉。此令。

（中华民国陆海军大元帅之印）

中华民国十二年八月七日

据《指令》，载广州《陆海军大元帅大本营公报》第二十四号，一九二三年八月十七日

核复谭延闿呈报交卸建设部长日期令

（一九二三年八月七日）

大元帅指令第三七〇号

令卸大本营建设部长谭延闿呈报交卸建设部长日期由。

呈悉。此令。

（中华民国陆海军大元帅之印）

中华民国十二年八月七日

据《指令》，载广州《陆海军大元帅大本营公报》第二十四号，一九二三年八月十七日

任命陈嘉祐为湖南讨贼军湘东第一军军长令

（一九二三年八月八日）

大元帅令

任命陈嘉祐为湖南讨贼军湘东第一军军长。此令。

（中华民国陆海军大元帅之印）

中华民国十二年八月八日

据《命令》，载广州《陆海军大元帅大本营公报》第二十四号，一九二三年八月十七日

准程潜呈请更正军法处长名称并予改任令

（一九二三年八月八日）

大元帅指令第三七六号

令大本营军政部长程潜呈请更正军法处处长名称，请予改任由。

呈悉。准予更正改任，任状随发。此令。

计发任状一件

（中华民国陆海军大元帅之印）

中华民国十二年八月八日

据《指令》，载广州《陆海军大元帅大本营公报》第二十四号，一九二三年八月十七日

核复姚雨平呈报就任惠州
安抚使及启用印信日期令

（一九二三年八月八日）

大元帅指令第三七七号

令惠州安抚使姚雨平呈报就职及启用印信日期由。

呈悉。此令。

（中华民国陆海军大元帅之印）

中华民国十二年八月八日

据《指令》，载广州《陆海军大元帅大本营公报》第二十四号，一九二三年八月十七日

核复范石生呈报启用直辖滇军
第二军军长印信日期令

（一九二三年八月八日）

大元帅指令第三七八号

令中央直辖滇军第二军军长范石生呈报启用印信日期由。

呈悉。此令。

（中华民国陆海军大元帅之印）

中华民国十二年八月八日

据《指令》，载广州《陆海军大元帅大本营公报》第二十四号，一九二三年八月十七日

准朱培德呈请任命王应潮为参军处少校副官令

（一九二三年八月八日）

大元帅指令第三八三号

令大本营参军长朱培德呈请任命王应潮为大本营参军处少校副官由。

呈悉。应照准。此令。

（中华民国陆海军大元帅之印）

中华民国十二年八月八日

据《指令》，载广州《陆海军大元帅大本营公报》第二十四号，一九二三年八月十七日

核复蒋光亮呈报启用直辖滇军第三军军长印信日期及自行毁销木质关防令

（一九二三年八月八日）

大元帅指令第三八四号

令中央直辖滇军第三军军长蒋光亮呈报启用印信日期及自行毁销木质关防由。

呈悉。此令。

（中华民国陆海军大元帅之印）

中华民国十二年八月八日

据《指令》，载广州《陆海军大元帅大本营公报》第二十四号，一九二三年八月十七日

特派魏邦平为琼崖实业督办令

（一九二三年八月九日）

大元帅令

特派魏邦平为琼崖实业督办。此令。

（中华民国陆海军大元帅之印）

中华民国十二年八月九日

据《命令》，载广州《陆海军大元帅大本营
公报》第二十四号，一九二三年八月十七日

任命黄隆生为大元帅行营军用票监督令

（一九二三年八月九日）

大元帅令

任命黄隆生为大元帅行营军用票监督。此令。

（中华民国陆海军大元帅之印）

中华民国十二年八月九日

据《命令》，载广州《陆海军大元帅大本营
公报》第二十四号，一九二三年八月十七日

任命安宝恕为大本营咨议令

（一九二三年八月九日）

大元帅令

任命安宝恕为大本营咨议。此令。

（中华民国陆海军大元帅之印）

中华民国十二年八月九日

据《命令》，载广州《陆海军大元帅大本营
公报》第二十四号，一九二三年八月十七日

准任命范望为大本营参谋处上校参谋令

（一九二三年八月九日）

大元帅令

大本营参谋长张开儒呈请任命范望为大本营参谋处上校参谋。应照准。此令。

（中华民国陆海军大元帅之印）

中华民国十二年八月九日

据《命令》，载广州《陆海军大元帅大本营公报》第二十四号，一九二三年八月十七日

准任命李承翼为大本营财政部科长令

（一九二三年八月九日）

大元帅令

大本营财政部长叶恭绰呈请任命李承翼为大本营财政部科长。应照准。此令。

（中华民国陆海军大元帅之印）

中华民国十二年八月九日

据《命令》，载广州《陆海军大元帅大本营公报》第二十四号，一九二三年八月十七日

准魏邦平辞西江讨贼军总指挥
兼西江戒严司令令

（一九二三年八月九日）

大元帅令

西江讨贼军总指挥兼西江戒严司令魏邦平呈请辞去本兼各职。应照准。此令。

（中华民国陆海军大元帅之印）

中华民国十二年八月九日

据《命令》，载广州《陆海军大元帅大本营公报》第二十四号，一九二三年八月十七日

准免梁廷槐财政部科长令

（一九二三年八月九日）

大元帅令

大本营财政部长叶恭绰呈称：财政部科长梁廷槐另有任用，请免本职。梁廷槐准免本职。此令。

（中华民国陆海军大元帅之印）

中华民国十二年八月九日

据《命令》，载广州《陆海军大元帅大本营公报》第二十四号，一九二三年八月十七日

核复古应芬呈报遵令办理收束经管
事宜并催李督办到肇接替令

（一九二三年八月十日）

大元帅指令第三八七号

令卸大本营驻江办事处全权主任古应芬呈报遵令办理收束经管事宜，并催李督办到肇接替由。

呈悉。此令。

（中华民国陆海军大元帅之印）

中华民国十二年八月十日

据《指令》，载广州《陆海军大元帅大本营公报》第二十四号，一九二三年八月十七日

准叶恭绰呈报以李承翼接任梁廷槐
所遗财政部科长一职令

（一九二三年八月十日）

大元帅指令第三八九号

令大本营财政部长叶恭绰呈该部科长梁廷槐另有任用，遗缺以李承翼充，请核准施行由。

呈悉。应照准。此令。

（中华民国陆海军大元帅之印）

中华民国十二年八月十日

据《指令》，载广州《陆海军大元帅大本营公报》第二十五号，一九二三年八月二十四日

特派程潜等五人为西江善后委员令

（一九二三年八月十一日）

大元帅令

特派程潜、廖仲恺、古应芬、李济深、邹鲁为西江善后委员。此令。

（中华民国陆海军大元帅之印）

中华民国十二年八月十一日

据《命令》，载广州《陆海军大元帅大本营公报》第二十五号，一九二三年八月二十四日

开去董鸿勋戴永萃本职及戴任
与盛荣超为参军手谕

（一九二三年八月十一日）

董鸿勋、戴永萃向未到差，开去本职。

戴任为参军，取消高级参谋。盛荣超为参军。

孙文

据原件影印件，载谭延闿编：《总理遗墨》第一辑，一九二八年五月校印

免董鸿勋大本营参军令

（一九二三年八月十一日）

大元帅令

大本营参军董鸿勋着即免职。此令。

（中华民国陆海军大元帅之印）

中华民国十二年八月十一日

据《命令》，载广州《陆海军大元帅大本营公报》第二十五号，一九二三年八月二十四日

解除董鸿勋滇军游击司令听候查办令

（一九二三年八月十一日）

大元帅训令第二五七号

令中央直辖滇军总司令杨希闵

该部游击司令董鸿勋，无故称兵，扰害地方，着即勒令解职，听候查办。

此令。

（中华民国陆海军大元帅之印）

中华民国十二年八月十一日

据《训令》，载广州《陆海军大元帅大本营公
报》第二十五号，一九二三年八月二十四日

委任李执中等五人为惩戒委员组织惩戒
委员会叶夏声一案着交该会审查批

（一九二三年八月十三日）①

委任李执中、邵力子、庞元澂、刘芷芬、彭介石五人为惩戒委员，组织惩戒
委员会审查之。中央干部会议提出惩戒叶夏声一案，着并交该会审察。此批。

孙文（谢持代）

八月十三日

据原件，台北、中国国民党
文化传播委员会党史馆藏

准任命郑校之为大元帅行营庶务科长令

（一九二三年八月十五日）

大元帅令

大元帅行营秘书长古应芬呈请任命郑校之为大元帅行营庶务科长。应照准。
此令。

（中华民国陆海军大元帅之印）

中华民国十二年八月十五日

---

① 原件无年份，似为一九二三年曹锟贿选惩戒国民党籍议员事。

据《命令》，载广州《陆海军大元帅大本营公报》第二十五号，一九二三年八月二十四日

准任命陆华显为大本营庶务科长令

（一九二三年八月十五日）

大元帅令

大本营会计司长王棠呈请任命陆华显为大本营庶务科长。应照准。此令。

（中华民国陆海军大元帅之印）

中华民国十二年八月十五日

据《命令》，载广州《陆海军大元帅大本营公报》第二十五号，一九二三年八月二十四日

派文明清蔡达三为大元帅行营委员令①

（一九二三年八月十五日）

大元帅令

派文明清、蔡达三为大元帅行营委员。此令。

（中华民国陆海军大元帅之印）

中华民国十二年八月十五日

据《命令》，载广州《陆海军大元帅大本营公报》第二十五号，一九二三年八月二十四日

---

① 谭延闿编《总理遗墨》第三辑收有手令影印件。

委派李植生为惠阳安抚委员令

（一九二三年八月十五日）

大元帅令

　　派李植生为惠阳安抚委员。此令。

　　　　　　　　　　　　　（中华民国陆海军大元帅之印）

　　　　　　　　　　　　　　中华民国十二年八月十五日

　　　　　　　　　　据《命令》，载广州《陆海军大元帅大本营公
　　　　　　　　　　报》第二十五号，一九二三年八月二十四日

特任古应芬为大元帅行营秘书长令

（一九二三年八月十五日）

大元帅令

　　特任古应芬为大元帅行营秘书长。此令。

　　　　　　　　　　　　　（中华民国陆海军大元帅之印）

　　　　　　　　　　　　　　中华民国十二年八月十五日

　　　　　　　　　　据《命令》，载广州《陆海军大元帅大本营公
　　　　　　　　　　报》第二十五号，一九二三年八月二十四日

委任黄仲衡等十六人为洞口等四埠中国
国民党支（分）部职员状

（一九二三年八月十五日）

　　委任黄仲衡为洞口中国国民党支部正部长，罗四维为洞口中国国民党支部副
部长，郭秋旭为洞口中国国民党支部评议部正议长，彭芹香为洞口中国国民党支

部评议部副议长；郭琼生为乌陵中国国民党分部正部长，凌光明为乌陵中国国民党分部副部长，梁钦四为乌陵中国国民党分部评议部正议长，凌瘦仙为乌陵中国国民党分部评议部副议长；罗安为马丹沙中国国民党分部正部长，余经章为马丹沙中国国民党分部副部长，卢锦标为马丹沙中国国民党分部评议部正议长，罗贤忠为马丹沙中国国民党分部评议部副议长；杨国华为洞多利中国国民党分部正部长，洪森国为洞多利中国国民党分部副部长，杨质权为洞多利中国国民党分部评议部正议长，陈浩为洞多利中国国民党分部评议部副议长。此状。

总理（印）

总务部部长彭素民副署

代理党务部部长孙镜副署

财务部部长林业明副署

宣传部部长叶楚伧副署

交际部部长张秋白副署

据《总理任命·八月十五日》，载上海《中国国民党本部公报》第一卷第二十七号，一九二三年九月三十日出版

委任钟克明等五人分为洞口等四埠中国
国民党支（分）部党务科正副主任状

（一九二三年八月十五日）

委任钟克明为洞口中国国民党支部党务科正主任，潘志超为洞口中国国民党支部党务科副主任；幸跃衢为乌陵中国国民党分部党务科主任；赵德艮为马丹沙中国国民党分部党务科主任；黄星伍为洞多利中国国民党分部党务科主任。此状。

总理（印）

总务部部长彭素民副署

代理党务部部长孙镜副署

据《总理任命·八月十五日》，载上海《中国国民党本部公报》第一卷第二十七号，一九二三年九月三十日出版

委任潘瑞香等五人分为洞口等四埠中国
国民党支（分）部会计科正副主任状

（一九二三年八月十五日）

委任潘瑞香为洞口中国国民党支部会计科正主任，林长康为洞口中国国民党支部会计科副主任；高仲达为乌陵中国国民党分部会计科主任；余维章为马丹沙中国国民党分部会计科主任；辜世〈惯〉为洞多利中国国民党分部会计科主任。此状。

总理（印）

总务部部长彭素民副署

财务部部长林业明副署

据《总理任命·八月十五日》，载上海《中国国民党本部公报》第一卷第二十七号，一九二三年九月三十日出版

委任刘卓英等五人分为洞口等四埠中国
国民党支（分）部宣传科正副主任状

（一九二三年八月十五日）

委任刘卓英为洞口中国国民党支部宣传科正主任，温淑铭为洞口中国国民党支部宣传科副主任；林翼扶为乌陵中国国民党分部宣传科主任；罗合为马丹沙中国国民党分部宣传科主任；汤濂现为洞多利中国国民党分部宣传科主任。此状。

总理（印）

总务部部长彭素民副署

宣传部部长叶楚伧副署

据《总理任命·八月十五日》，载上海《中国国民党本部公报》第一卷第二十七号，一九二三年九月三十日出版

委任卢运球等七十四人为洞口等四埠
中国国民党支（分）部职员状

（一九二三年八月十五日）

委任卢运球为洞口中国国民党支部总务科正主任，徐砚修为洞口中国国民党支部总务科副主任，罗四维为洞口中国国民党支部执行部书记，沈子云、叶奎记、彭金芳、彭汉升、李柏春、刘若生、李祝寿、吴祖约、马章云、张子明、古凤生、李渐来为洞口中国国民党支部干事，许采卿为洞口中国国民党支部评议部书记，黄赠四、王慰如、王金汤、曾森贤、许采卿、钟华荣、陈彬如、李汉唐、谢其珍、钟世元、钟锦延、张玉明为洞口中国国民党支部评议部评议员；何秋廷为乌陵中国国民党分部总务科主任，何秋亭为乌陵中国国民党分部执行部书记，廖汉寰、陈寿田、黄天鸿、宋少仙为乌陵中国国民党分部干事，幸跃衢为乌陵中国国民党分部评议部书记，沈加友、叶晓堂、邓采唐、李友东、刘达卿、郭耀棠、马庆勋、钟铭三、刘福珍、罗炳四、张星云、刘金传为乌陵中国国民党分部评议部评议员；蒋祝三为马丹沙中国国民党分部总务科主任，蒋文球、蒋抢秀为马丹沙中国国民党分部执行部书记，张龙恩、刘焕清、蒋会金、蒋成福为马丹沙中国国民党分部干事，蒋祝三为马丹沙中国国民党分部评议部书记，蒋杰臣、刘榕森、黄樏安、蒋邦可、陈国耀、李本、余中胖、张柄骥为马丹沙中国国民党分部评议部评议员；洪惠庆为洞多利中国国民党分部总务科主任，苏啸山为洞多利中国国民党分部执行部书记，苏国英、陈克扁、郭创新、何炯锐、何戊辰、吴祥沃为洞多利中国国民党分部干事，陈承筹为洞多利中国国民党分部评议部书记，辜世惯、辜华权、陈祝民、洪汉图为洞多利中国国民党分部评议部评议员。此状。

总理（印）

总务部部长彭素民副署

据《总理任命·八月十五日》，载上海《中国国民党本部公报》第一卷第二十七号，一九二三年九月三十日出版

委方寿龄为行营中校参谋手谕

（一九二三年八月十五日）

方寿龄，步兵中校，陆军大学毕业，委以行营中校参谋。

文

中华民国十二年八月十五日

据原件影印件，载谭延闿编：《总理遗墨》第三辑，
石印线装本，似出版于二十世纪三十年代初期

任命何克夫为□□师师长手令

（一九二三年八月十五日）

任命何克夫□□师师长。① 此令。

孙文

中华民国十二年八月十五日

据原件影印件，载胡汉民编：《总理全集》第
四集，上海，民智书局一九三〇年二月初版

任命黄绍雄为直辖西路讨贼军第五师师长令

（一九二三年八月十六日）

大元帅令

任命黄绍雄为中央直辖西路讨贼军第五师师长。此令。

（中华民国陆海军大元帅之印）

---

① 原文边注：在周之贞之后。

中华民国十二年八月十六日

据《命令》，载广州《陆海军大元帅大本营公报》第二十五号，一九二三年八月二十四日

准徐绍桢呈请由内政部委派视学令

（一九二三年八月十六日）

大元帅指令第四〇〇号

令大本营内政部长徐绍桢呈请由部委派视学由。

呈悉。应照准。此令。

（中华民国陆海军大元帅之印）

中华民国十二年八月十六日

据《指令》，载广州《陆海军大元帅大本营公报》第二十五号，一九二三年八月二十四日

特派梁鸿楷兼两阳三罗①等处安抚使令

（一九二三年八月十七日）

大元帅令

特派梁鸿楷兼两阳、三、罗等处安抚使。此令。

（中华民国陆海军大元帅之印）

中华民国十二年八月十七日

据《命令》，载广州《陆海军大元帅大本营公报》第二十五号，一九二三年八月二十四日

---

① 两阳三罗，指阳江、阳春、三水、罗定。

任命邱鸿钧为大本营参军令

（一九二三年八月十七日）

大元帅令

　　任命邱鸿钧为大本营参军。此令。

（中华民国陆海军大元帅之印）

中华民国十二年八月十七日

据《命令》，载广州《陆海军大元帅大本营公
报》第二十五号，一九二三年八月二十四日

任命杨子嘉为大本营技师令[①]

（一九二三年八月十七日）

大元帅令

　　任命杨子嘉为大本营技师。此令。

（中华民国陆海军大元帅之印）

中华民国十二年八月十七日

据《命令》，载广州《陆海军大元帅大本营公
报》第二十五号，一九二三年八月二十四日

准叶恭绰呈请委派李济准接办广西榷运局令

（一九二三年八月十七日）

大元帅指令第四〇二号

---

①　谭延闿编《总理遗墨》第三辑收有手令影印件。

令大本营财政部长叶恭绰呈请委派李济准接办广西榷运局由。

呈悉。应照准。此令。

（中华民国陆海军大元帅之印）

中华民国十二年八月十七日

据《指令》，载广州《陆海军大元帅大本营公报》第二十五号，一九二三年八月二十四日

任命吴东启为大本营参议令

（一九二三年八月十八日）

大元帅令

任命吴东启为大本营参议。此令。

（中华民国陆海军大元帅之印）

中华民国十二年八月十八日

据《命令》，载广州《陆海军大元帅大本营公报》第二十六号，一九二三年八月三十一日

任命于若愚为大本营咨议令

（一九二三年八月十八日）

大元帅令

任命于若愚为大本营咨议。此令。

（中华民国陆海军大元帅之印）

中华民国十二年八月十八日

据《命令》，载广州《陆海军大元帅大本营公报》第二十六号，一九二三年八月三十一日

派胡镜波为大本营出勤委员令

（一九二三年八月十八日）

大元帅令

　　派胡镜波为大本营出勤委员。此令。

（中华民国陆海军大元帅之印）

中华民国十二年八月十八日

据《命令》，载广州《陆海军大元帅大本营公
报》第二十六号，一九二三年八月三十一日

准任命吴靖为大本营参军处上校副官令

（一九二三年八月十八日）

大元帅令

　　大本营参军长朱培德呈请任命吴靖为大本营参军处上校副官。应照准。此令。

（中华民国陆海军大元帅之印）

中华民国十二年八月十八日

据《命令》，载广州《陆海军大元帅大本营公
报》第二十六号，一九二三年八月三十一日

任命赵锄非等三人为大本营咨议令

（一九二三年八月十八日）

大元帅令

　　任命赵锄非、宋大章、陈丕显为大本营咨议。此令。

（中华民国陆海军大元帅之印）

中华民国十二年八月十八日

据《命令》，载广州《陆海军大元帅大本营公报》第二十六号，一九二三年八月三十一日

着姚雨平仍兼直辖警备军司令令

（一九二三年八月二十日）

大元帅令

着惠州安抚使姚雨平仍兼中央直辖警备军司令。此令。

（中华民国陆海军大元帅之印）

中华民国十二年八月廿日

据《命令》，载广州《陆海军大元帅大本营公报》第二十六号，一九二三年八月三十一日

委任余轼和等八人为映市仓哗造二埠中国国民党分部职员状

（一九二三年八月二十日）

委任余轼和为映市仓中国国民党分部正部长，李辅衍为映市仓中国国民党分部副部长，余毓瑞为映市仓中国国民党分部评议部正议长，余坤和为映市仓中国国民党分部评议部副议长；蔡庆祥为哗造中国国民党分部正部长，陈润祥为哗造中国国民党分部副部长，黄冠三为哗造中国国民党分部评议部正议长，谢梓垣为哗造中国国民党分部评议部副议长。此状。

总理（印）

总务部部长彭素民副署

代理党务部部长孙镜副署

财务部部长林业明副署

宣传部部长叶楚伧副署

交际部部长张秋白副署

据《总理任命·八月二十日》，载上海《中国国民党本部
公报》第一卷第二十八号，一九二三年十月十五日出版

委任余蓁中黄孟裔分为映市仓哗造
二埠中国国民党分部党务科主任状

（一九二三年八月二十日）

委任余蓁中为映市仓中国国民党分部党务科主任，苏孟裔为哗造中国国民党
分部党务科主任。此状。

总理（印）

总务部部长彭素民副署

代理党务部部长孙镜副署

据《总理任命·八月二十日》，载上海《中国国民党本部
公报》第一卷第二十八号，一九二三年十月十五日出版

委任余辉中陈进枝分为映市仓哗造二埠
中国国民党分部会计科主任状

（一九二三年八月二十日）

委任余辉中为映市仓中国国民党分部会计科主任，陈进枝为哗造中国国民党
分部会计科主任。此状。

总理（印）

总务部部长彭素民副署

财务部部长林业明副署

据《总理任命·八月二十日》，载上海《中国国民党本部
公报》第一卷第二十八号，一九二三年十月十五日出版

委任陈斗邓孺子分为映市仓哗造二埠中国
国民党分部宣传科主任状

（一九二三年八月二十日）

委任陈斗为映市仓中国国民党分部宣传科主任，邓孺子为哗造中国国民党分部宣传科主任。此状。

总理（印）

总务部部长彭素民副署

宣传部部长叶楚伧副署

据《总理任命·八月二十日》，载上海《中国国民党本部公报》第一卷第二十八号，一九二三年十月十五日出版

委任谢协民等三十八人为映市仓哗造二埠
中国国民党分部职员状

（一九二三年八月二十日）

委任谢协民为映市仓中国国民党分部总务科主任，余泽臣为映市仓中国国民党分部执行部书记，余泽臣、李业芳、余日辉、余鼎初、余毓伟、张锡富、雷金德为映市仓中国国民党分部干事，余泽臣为映市仓中国国民党分部评议部书记，李襄州、余叔华、余福、李成锦、余俭中、余仁和、李喜、汤华、李伟涛、李树云、余进和为映市仓中国国民党分部评议部评议员；吴泽庭为哗造中国国民党分部总务科主任，蔡翊超、孔超武为哗造中国国民党分部执行部书记，刘森耀、王文有、黄直腾、方铁侠、刘润祥、简军权、李电轮、郑北、练嘉禾、古振暄、徐扫非为哗造中国国民党分部干事，罗奇为哗造中国国民党分部评议部书记，戴藻芳、李扬海、刘芹、张祖安为哗造中国国民党分部评议部评议员。此状。

总理（印）

总务部部长彭素民副署

据《总理任命・八月二十日》，载上海《中国国民党本部公报》第一卷第二十八号，一九二三年十月十五日出版

任命冯镇东为大元帅行营秘书令

（一九二三年八月二十一日）

大元帅令

任命冯镇东为大元帅行营秘书。此令。

（中华民国陆海军大元帅之印）

中华民国十二年八月廿一日

据《命令》，载广州《陆海军大元帅大本营公报》第二十六号，一九二三年八月三十一日

着即发委黄骚为造币厂监督手谕

（一九二三年八月二十二日）

黄骚为造币厂监督，着即发委，以便进行。

据原件影印件，载谭延闿编：《总理遗墨》第三辑，石印线装本，似出版于二十世纪三十年代初期

派黄骚为广东造币分厂监督令

（一九二三年八月二十二日）

大元帅令

派黄骚为广东造币分厂监督。此令。

（中华民国陆海军大元帅之印）

中华民国十二年八月廿二日

据《命令》，载广州《陆海军大元帅大本营公报》第二十六号，一九二三年八月三十一日

准车显承辞广东高等检察厅检察长令

（一九二三年八月二十二日）

大元帅令

广东高等检察厅检察长车显承呈请辞职。车显承准免本职。此令。

（中华民国陆海军大元帅之印）

中华民国十二年八月廿二日

据《命令》，载广州《陆海军大元帅大本营公报》第二十六号，一九二三年八月三十一日

任命何蔚代理广东高等检察厅检察长令

（一九二三年八月二十二日）

大元帅令

任命何蔚代理广东高等检察厅检察长。此令。

（中华民国陆海军大元帅之印）

中华民国十二年八月廿二日

据《命令》，载广州《陆海军大元帅大本营公报》第二十六号，一九二三年八月三十一日

任命胡汉民等三人为大本营军法裁判官令

（一九二三年八月二十三日）

大元帅令

　　派胡汉民、程潜、罗翼群为大本营军法裁判官。此令。

（中华民国陆海军大元帅之印）

中华民国十二年八月廿三日

据《命令》，载广州《陆海军大元帅大本营公报》第二十六号，一九二三年八月三十一日

委陈楚楠为咨议手令

（一九二三年八月二十三日）

　　委陈楚楠为咨议，每月公费二百元。此令。

孙文

中华民国十二年八月廿三日

据原件影印件，载谭延闿编：《总理遗墨》第三辑，石印线装本，似出版于二十世纪三十年代初期

任命陈楚楠为大本营咨议令

（一九二三年八月二十三日）

大元帅令

　　任命陈楚楠为大本营咨议。此令。

（中华民国陆海军大元帅之印）

中华民国十二年八月廿三日

不准赵梯昆呈辞海军司令部参谋长兼职令

（一九二三年八月二十三日）

大元帅指令第四一〇号

　　令永翔舰长兼海军司令部参谋长赵梯昆呈请开去海军司令部参谋长兼职由。

　　呈悉。该参谋长数月以来，于海军司令部务擘画周详、正殷倚畀，尚冀统筹兼顾，勉力赞襄，以副本大元帅整饬海军之至意。所请开去参谋长兼职之处，着毋庸议。此令。

（中华民国陆海军大元帅之印）

中华民国十二年八月廿三日

不准魏邦平呈请收回琼崖实业督办成命令

（一九二三年八月二十三日）

大元帅指令第四一一号

　　令琼崖实业督办魏邦平呈为琼崖实业尚难筹备，请予收回督办成命由。

　　呈悉。该督办对于琼崖实业筹画有素，今为事择人，特授斯职。尚冀极力经营，本所夙抱，见诸实际，以浚发琼海全岛之富源，而副本大元帅振兴实业之至意。所请收回督办成命之处，应毋庸议。此令。

（中华民国陆海军大元帅之印）

中华民国十二年八月廿三日

核复王得庆呈报启用湖南讨贼军
第三路司令大小印信日期令

（一九二三年八月二十三日）

大元帅指令第四一三号

令湖南讨贼军第三路司令王得庆呈报启用大小印信日期由。

呈悉。此令。

（中华民国陆海军大元帅之印）

中华民国十二年八月二十三日

据《指令》，载广州《陆海军大元帅大本营公
报》第二十六号，一九二三年八月三十一日

核复廖行超呈报奉到直辖滇军
第二师师长大小印信及启用日期令

（一九二三年八月二十三日）

大元帅指令第四一四号

令中央直辖滇军第二师师长廖行超呈报奉到大小印信及启用日期由。

呈悉。此令。

（中华民国陆海军大元帅之印）

中华民国十二年八月二十三日

据《指令》，载广州《陆海军大元帅大本营公
报》第二十六号，一九二三年八月三十一日

核复林森呈报就任建设部长日期令

（一九二三年八月二十四日）

大元帅指令第四一六号

　　令大本营建设部长林森呈报就职视事日期由。

　　呈悉。此令。

（中华民国陆海军大元帅之印）

中华民国十二年八月二十四日

据《指令》，载广州《陆海军大元帅大本营公报》第二十六号，一九二三年八月三十一日

准朱培德呈为参军邱鸿钧请假一月令

（一九二三年八月二十四日）

大元帅指令第四一七号

　　令大本营参军长朱培德呈为参军邱鸿钧因病请假一月，乞核准由。

　　呈悉。应照准。此令。

（中华民国陆海军大元帅之印）

中华民国十二年八月廿四日

据《指令》，载广州《陆海军大元帅大本营公报》第二十六号，一九二三年八月三十一日

准叶恭绰呈派区濂为广东造币分厂总办令

（一九二三年八月二十四日）

大元帅指令第四一八号

　　令大本营财政部长叶恭绰呈为该部已核派区濂为广东造币分厂总办，请鉴核

施行由。

呈悉。应照准。此令。

（中华民国陆海军大元帅之印）

中华民国十二年八月二十四日

据《指令》，载广州《陆海军大元帅大本营公报》第二十六号，一九二三年八月三十一日

准任命赵士养等三人为大元帅
行营金库各科主任令

（一九二三年八月二十五日）

大元帅令

大元帅行营金库长黄昌谷呈请任命赵士养为金库统计科主任，陈登庸为金库保管科主任，罗磊生为金库支出科主任。均照准。此令。

（中华民国陆海军大元帅之印）

中华民国十二年八月廿五日

据《命令》，载广州《陆海军大元帅大本营公报》第二十七号，一九二三年九月七日

准任命刘殿臣为大本营参军处上校副官令

（一九二三年八月二十五日）

大元帅令

大本营参军长朱培德呈请任命刘殿臣为大本营参军处上校副官。应照准。此令。

（中华民国陆海军大元帅之印）

中华民国十二年八月廿五日

据《命令》，载广州《陆海军大元帅大本营公报》第二十七号，一九二三年九月七日

委任谭声根等六人为孟米啤喇二埠
中国国民党分部职员状

（一九二三年八月二十五日）

委任谭声根为孟米中国国民党分部正部长，谭龙光为孟米中国国民党分部副部长，关韶为孟米中国国民党分部评议部正议长，梁涤亚为孟米中国国民党分部评议部副议长；区士依为啤喇中国国民党分部正部长，冯清为啤喇中国国民党分部副部长。此状。

总理（印）

总务部部长彭素民副署

代理党务部部长孙镜副署

财务部部长林业明副署

宣传部部长叶楚伧副署

交际部部长张秋白副署

据《总理任命·八月廿五日》，载上海《中国国民党本部公报》第一卷第二十八号，一九二三年十月十五日出版

委任谭伟南区启丁分为孟米啤喇二埠
中国国民党分部党务科主任状

（一九二三年八月二十五日）

委任谭伟南为孟米中国国民党分部党务科主任，区启丁为啤喇中国国民党分部党务科主任。此状。

总理（印）

总务部部长彭素民副署

代理党务部部长孙镜副署

据《总理任命·八月廿五日》，载上海《中国国民党本部公报》第一卷第二十八号，一九二三年十月十五日出版

委任谭裁之黄广星分为孟米啤喇二埠
中国国民党分部会计科主任状

（一九二三年八月二十五日）

委任谭裁之为孟米中国国民党分部会计科主任，黄广星为啤喇中国国民党分部会计科主任。此状。

总理（印）

总务部部长彭素民副署

财务部部长林业明副署

据《总理任命·八月廿五日》，载上海《中国国民党本部公报》第一卷第二十八号，一九二三年十月十五日出版

委任梁顾西区林兆分为孟米啤喇二埠
中国国民党分部宣传科主任状

（一九二三年八月二十五日）

委任梁顾西为孟米中国国民党分部宣传科主任，区林兆为啤喇中国国民党分部宣传科主任。此状。

总理（印）

总务部部长彭素民副署

宣传部部长叶楚伧副署

据《总理任命·八月廿五日》，载上海《中国国民党本部公报》第一卷第二十八号，一九二三年十月十五日出版

委任谭钜盛等十三人为
中国国民党孟米分部职员状

（一九二三年八月二十五日）

委任谭钜盛为孟米中国国民党分部总务科主任，黄子坚、谭松寿、谭家程、梁国琬为孟米中国国民党分部干事，林汇、谭沛英、老锡煊、曾法江、周卓云、谭锦棠、谭有扶、谭泽波为孟米中国国民党分部评议部评议员。此状。

总理（印）

总务部部长彭素民副署

据《总理任命·八月廿五日》，载上海《中国国民党本部公报》第一卷第二十八号，一九二三年十月十五日出版

准黄为材辞广东陆军测量局局长
兼测量学校校长令

（一九二三年九月一日）

大元帅令

大本营参谋长张开儒呈称：广东陆军测量局局长兼测量学校校长黄为材恳请辞职。黄为材准免本兼各职。此令。

（中华民国陆海军大元帅之印）

中华民国十二年九月一日

据《命令》，载广州《陆海军大元帅大本营公报》第二十八号，一九二三年九月十四日

准任命吴宗民为广东陆军测量局
局长兼测量学校校长令

（一九二三年九月一日）

大元帅令

大本营参谋长张开儒呈请任命吴宗民为广东陆军测量局局长兼测量学校校长。应照准。此令。

（中华民国陆海军大元帅之印）

中华民国十二年九月一日

据《命令》，载广州《陆海军大元帅大本营公报》第二十八号，一九二三年九月十四日

核复黄建勋呈报遵令停止
检查并立将关防缴销令

（一九二三年九月一日）

大元帅指令第四三六号

令卸西江船舶检查所所长黄建勋呈报遵令停止检查，关防后缴由。

呈悉。仰仍遵照前令，迅行结束，立将关防缴销，切切。此令。

（中华民国陆海军大元帅之印）

中华民国十二年九月一日

据《指令》，载广州《陆海军大元帅大本营公报》第二十八号，一九二三年九月十四日

核复路孝忱呈报就任中央直辖山陕讨贼军司令及启用印信日期令

（一九二三年九月一日）

大元帅指令第四三七号

　　令中央直辖山陕讨贼军司令路孝忱呈报就职及启用印信日期由。

　　呈悉。此令。

（中华民国陆海军大元帅之印）

中华民国十二年九月一日

据《指令》，载广州《陆海军大元帅大本营
公报》第二十八号，一九二三年九月十四日

准免梁仿谙财政部科长令

（一九二三年九月三日）

大元帅令

　　大本营财政部长叶恭绰呈称：大本营财政部科长梁仿谙另有任用，请免本职。应照准。此令。

（中华民国陆海军大元帅之印）

中华民国十二年九月三日

据《命令》，载广州《陆海军大元帅大本营
公报》第二十八号，一九二三年九月十四日

准任命任传伯为财政部科长令

（一九二三年九月三日）

大元帅令

大本营财政部长叶恭绰呈请任命任传伯为大本营财政部科长。应照准。此令。

（中华民国陆海军大元帅之印）

中华民国十二年九月三日

据《命令》，载广州《陆海军大元帅大本营公报》第二十八号，一九二三年九月十四日

派徐效师为大本营出勤委员令

（一九二三年九月三日）

大元帅令

派徐效师为大本营出勤委员。此令。

（中华民国陆海军大元帅之印）

中华民国十二年九月三日

据《命令》，载广州《陆海军大元帅大本营公报》第二十八号，一九二三年九月十四日

核复李济深呈报奉到西江善后督办
关防小章及启用日期令

（一九二三年九月三日）

大元帅指令第四四三号

令西江善后督办李济深呈报奉到关防小章及启用日期由。

呈悉。此令。

（中华民国陆海军大元帅之印）

中华民国十二年九月三日

据《指令》，载广州《陆海军大元帅大本营公报》第二十八号，一九二三年九月十四日

准蒋光亮呈报防地卫戍事宜责成
第四师师长王秉钧令

（一九二三年九月三日）

大元帅指令第四四四号

　　令中央直辖滇军第三军军长蒋光亮呈报防地卫戍事宜责成第四师师长王秉钧由。

　　呈悉。照准。此令。

（中华民国陆海军大元帅之印）

中华民国十二年九月三日

据《指令》，载广州《陆海军大元帅大本营公报》第二十八号，一九二三年九月十四日

委任欧汀贺等四人为中国国民党印京支部职员状

（一九二三年九月三日）

　　委任欧汀贺为印京中国国民党支部正部长，王雨我为印京中国国民党支部副部长，王志远为印京中国国民党支部评议部正议长，李渭宾为印京中国国民党支部评议部副议长。此状。

总理（印）

总务部部长彭素民副署

代理党务部部长孙镜副署

财务部部长林业明副署

宣传部部长叶楚伧副署

交际部部长张秋白副署

据《总理任命·九月三日》，载上海《中国国民党本部公报》第一卷第二十九号，一九二三年十月三十日出版

委任熊文初古悦我分为中国国民党印京支部党务科正副主任状

（一九二三年九月三日）

委任熊文初为印京中国国民党支部党务科正主任，古悦我为印京中国国民党支部党务科副主任。此状。

总理（印）

总务部部长彭素民副署

代理党务部部长孙镜副署

据《总理任命·九月三日》，载上海《中国国民党本部公报》第一卷第二十九号，一九二三年十月三十日出版

委任黄志元陈祝三分为中国国民党印京支部会计科正副主任状

（一九二三年九月三日）

委任黄志元为印京中国国民党支部会计科正主任，陈祝三为印京中国国民党支部会计科副主任。此状。

总理（印）

总务部部长彭素民副署

财务部部长林业明副署

据《总理任命·九月三日》，载上海《中国国民党本部公报》第一卷第二十九号，一九二三年十月三十日出版

委任谭雨翘熊尧佐分为中国国民党印京支部宣传科正副主任状

（一九二三年九月三日）

委任谭雨翘为印京中国国民党支部宣传科正主任，熊尧佐为印京中国国民党支部宣传科副主任。此状。

总理（印）

总务部部长彭素民副署

宣传部部长叶楚伧副署

据《总理任命·九月三日》，载上海《中国国民党本部公报》第一卷第二十九号，一九二三年十月三十日出版

委任李冠英等五十二人为中国国民党印京支部职员状

（一九二三年九月三日）

委任李冠英为印京中国国民党支部总务科正主任，黄铭章为印京中国国民党支部总务科副主任，朱云阶为印京中国国民党支部执行部书记，刘继新、王镜湖、曾德天、谢远桥、梁秀芳、李简宾、廖彩辉、杨泽民、黄应辉、侯汉渠、李汉民、陈家祥、熊振明、叶文皋、张国扬、叶祖祥为印京中国国民党支部干事，张宴宾为印京中国国民党支部评议部书记，谭良策、邹邦兴、廖命、陈乐从、钟汉良、丘珍华、洪彦才、高希文、黄松吉、朱益均、邓荫堂、刘云轩、钟属汉、叶伟君、黄木樨、李声鸣、李幼珊、刘日贵、林文光、刘悦吾、刁寿南、秦琛泉、陈冠元、李植南、谢孟杰、廖汉刚、钟玉堂、李必英、王辅臣、凌振均、陈春馥、王秉权为印京中国国民党支部评议部评议员。此状。

总理（印）

总务部部长彭素民副署

据《总理任命·九月三日》，载上海《中国国民党本部公报》第一卷第二十九号，一九二三年十月三十日出版

委任王京岐等四人分为里昂等三地中国
国民党组织筹备处筹备员状

（一九二三年九月三日）

委任王京岐为里昂中国国民党分部筹备处筹备员，方棣棠为比国中国国民党通讯处筹备处筹备员，周恩来、尹宽为巴黎中国国民党通讯处筹备处筹备员。此状。

总理（印）

总务部部长彭素民副署

据《总理任命·九月三日》，载上海《中国国民党本部公报》第一卷第二十九号，一九二三年十月三十日出版

委任雷揖臣邝林为中国国民党林肯总统船
通讯处筹备处筹备员状

（一九二三年九月四日）

委任雷揖臣、邝林为林肯总统船中国国民党通讯处筹备处筹备员。此状。

总理（印）

总务部部长彭素民副署

据《总理任命·九月四日》，载上海《中国国民党本部公报》第一卷第二十九号，一九二三年十月三十日出版

任命梁楚三蒋道日为大本营咨议令

（一九二三年九月五日）

大元帅令

任命梁楚三、蒋道日为大本营咨议。此令。

（中华民国陆海军大元帅之印）

中华民国十二年九月五日

据《命令》，载广州《陆海军大元帅大本营公报》第二十八号，一九二三年九月十四日

委邹竞为上校参谋手令

（一九二三年九月五日）

委邹竞为上校参谋。此令。

孙文（大元帅章）

民国十二年九月五日

据原件影印件，载谭延闿编：《总理遗墨》第三辑，石印线装本，似出版于二十世纪三十年代初期

任命李蟠为大元帅行营秘书令

（一九二三年九月五日）

任命李蟠为大元帅行营秘书。此令。

孙文

民国十二年九月五日

据原件，北京、中国国家博物馆藏

委任陈添陈全分为中国国民党勿地顺船
通讯处执行部正副主任状

（一九二三年九月八日）

委任陈添为勿地顺船中国国民党通讯处执行部正主任，陈全为勿地顺船中国国民党通讯处执行部副主任。此状。

总理（印）

总务部部长彭素民副署

代理党务部部长孙镜副署

财务部部长林业明副署

宣传部部长叶楚伧副署

交际部部长张秋白副署

据《总理任命·九月八日》，载上海《中国国民党本部公报》第一卷第二十九号，一九二三年十月三十日出版

委任董方域等三人为中国国民党
本部宣传部宣传员状

（一九二三年九月十日）

委任董方域、鲍庆香、陈柏年为中国国民党本部宣传部宣传员。此状。

总理（印）

总务部部长彭素民副署

宣传部部长叶楚伧副署

据《总理任命·九月十日》，载上海《中国国民党本部公报》第一卷第二十九号，一九二三年十月三十日出版

委任陈安仁为中国国民党南洋群岛特派员状

（一九二三年九月十日）

委任陈安仁为中国国民党南洋群岛特派员。此状。

总理（印）

总务部部长彭素民副署

代理党务部部长孙镜副署

财务部部长林业明副署

宣传部部长叶楚伧副署

交际部部长张秋白副署

据《总理任命·九月十日》，载上海《中国国民党本部
公报》第一卷第二十九号，一九二三年十月三十日出版

委任孙祥夫为海军陆战队司令令

（一九二三年九月十日）

大元帅令

任命孙祥夫为海军陆战队司令。此令。

（中华民国陆海军大元帅之印）

中华民国十二年九月十日

据《命令》，载广州《陆海军大元帅大本营公
报》第二十九号，一九二三年九月二十一日

任命赵锡昌为大本营咨议令

（一九二三年九月十一日）

大元帅令

任命赵锡昌为大本营咨议。此令。

（中华民国陆海军大元帅之印）

中华民国十二年九月十一日

据《命令》，载广州《陆海军大元帅大本营公报》第二十九号，一九二三年九月二十一日

核复张开儒呈报黄为材交卸广东陆军测量局局长兼测量学校校长职并准予备案令

（一九二三年九月十二日）

大元帅指令第四五七号

令大本营参谋长张开儒呈报广东陆军测量局局长兼测量学校校长黄为材交卸清楚，请鉴核备案由。

呈悉。准予备案。此令。

（中华民国陆海军大元帅之印）

中华民国十二年九月十二日

据《指令》，载广州《陆海军大元帅大本营公报》第二十九号，一九二三年九月二十一日

准任命郑文轩为财政部秘书令

（一九二三年九月十四日）

大元帅令

　　大本营财政部长叶恭绰呈请任命郑文轩为大本营财政部秘书。应照准。此令。

　　　　　　　　　　　　　　　（中华民国陆海军大元帅之印）

　　　　　　　　　　　　　　　　中华民国十二年九月十四日

　　　　　　　　　　据《命令》，载广州《陆海军大元帅大本营公
　　　　　　　　　　报》第三十号，一九二三年九月二十八日

准叶恭绰呈以卢谔生署理财政部
第二局局长一职令

（一九二三年九月十五日）

大元帅指令第四六四号

　　令大本营财政部长叶恭绰呈第二局局长刘铁城请假，所有第二局局长一职以秘书卢谔生署理由。

　　呈悉。照准。此令。

　　　　　　　　　　　　　　　（中华民国陆海军大元帅之印）

　　　　　　　　　　　　　　　　中华民国十二年九月十五日

　　　　　　　　　　据《指令》，载广州《陆海军大元帅大本营公
　　　　　　　　　　报》第二十九号，一九二三年九月二十一日

委任朱运南等六人为中国国民党
坡厘士璧山地杯分部职员状

（一九二三年九月十五日）

委任朱运南为坡厘士璧中国国民党分部正部长，劳佐民为坡厘士璧中国国民党分部副部长；伍跃云为山地杯中国国民党分部正部长，张节为山地杯中国国民党分部副部长，陈大猷为山地杯中国国民党分部评议部正议长，周煜为山地杯中国国民党分部评议部副议长。此状。

总理（印）

总务部部长彭素民副署

代理党务部部长孙镜副署

财务部部长林业明副署

宣传部部长叶楚伧副署

交际部部长张秋白副署

据《总理任命·九月十五日》，载上海《中国国民党本部公报》第一卷第三十号，一九二三年十一月十日出版

委任黎光裕等二十二人为中国国民党
坡厘士璧山地杯分部职员状

（一九二三年九月十五日）

委任黎光裕为坡厘士璧中国国民党分部总务科主任，朱新辰、钟铁生、萧□秀、霍炳□、何□□为坡厘士璧中国国民党分部干事；余毓赞为山地杯中国国民党分部总务科主任，余仪、谭烈、关在民、李振民为山地杯中国国民党分部干事，朱炳祥为山地杯中国国民党分部执行部书记，李扬、余毛、黄坚志、司徒德三、朱文灿、关崇仰、谭如川、张芳、张其浣为山地杯中国国民党分部评议员，朱启

瑞为山地杯中国国民党分部评议部书记。此状。

总理（印）

总务部部长彭素民副署

代理党务部部长孙镜副署

据《总理任命·九月十五日》，载上海《中国国民党本
部公报》第一卷第三十号，一九二三年十一月十日出版

委任梁德明李宏为中国国民党
坡厘士璧山地杯分部党务科主任状

（一九二三年九月十五日）

委任梁德明为坡厘士璧中国国民党分部党务科主任，李宏为山地杯中国国民
党分部党务科主任。此状。

总理（印）

总务部部长彭素民副署

代理党务部部长孙镜副署

据《总理任命·九月十五日》，载上海《中国国民党本
部公报》第一卷第三十号，一九二三年十一月十日出版

委任张藻华余盛为中国国民党
坡厘士璧山地杯分部会计科主任状

（一九二三年九月十五日）

委任张藻华为坡厘士璧中国国民党分部会计科主任，余盛为山地杯中国国民
党分部会计科主任。此状。

总理（印）

总务部部长彭素民副署

财务部部长林业明副署

据《总理任命·九月十五日》，载上海《中国国民党本部公报》第一卷第三十号，一九二三年十一月十日出版

委任李炳龙余义和为中国国民党坡厘士璧山地杯分部宣传科主任状

（一九二三年九月十五日）

委任李炳龙为坡厘士璧中国国民党分部宣传科主任，余义和为山地杯中国国民党分部宣传科主任。此状。

总理（印）

总务部部长彭素民副署

宣传部部长叶楚伧副署

据《总理任命·九月十五日》，载上海《中国国民党本部公报》第一卷第三十号，一九二三年十一月十日出版

准免卢谔生财政部秘书令

（一九二三年九月十七日）

大元帅令

大本营财政部长叶恭绰呈称：秘书卢谔生另有任用，请免本职。卢谔生准免本职。此令。

（中华民国陆海军大元帅之印）

中华民国十二年九月十七日

据《命令》，载广州《陆海军大元帅大本营公报》第三十号，一九二三年九月二十八日

任命卢谔生署理财政部第二局局长令

（一九二三年九月十七日）

大元帅令

　　任命卢谔生署理大本营财政部第二局局长。此令。

（中华民国陆海军大元帅之印）

中华民国十二年九月十七日

据《命令》，载广州《陆海军大元帅大本营公报》第三十号，一九二三年九月二十八日

任命何克夫为连阳绥靖处长令

（一九二三年九月十七日）

大元帅令

　　任命何克夫为连阳绥靖处长。此令。

（中华民国陆海军大元帅之印）

中华民国十二年九月十七日

据《命令》，载广州《陆海军大元帅大本营公报》第三十号，一九二三年九月二十八日

准任命寸性奇为直辖滇军宪兵司令令

（一九二三年九月十八日）

大元帅令

　　中央直辖滇军总司令杨希闵呈请任命寸性奇为中央直辖滇军宪兵司令。应照准。此令。

（中华民国陆海军大元帅之印）

中华民国十二年九月十八日

据《命令》，载广州《陆海军大元帅大本营公报》第三十号，一九二三年九月二十八日

免王棠大本营会计司司长令

（一九二三年九月十八日）

大元帅令

大本营会计司司长王棠另有任用，应免本职。此令。

（中华民国陆海军大元帅之印）

中华民国十二年九月十八日

据《命令》，载广州《陆海军大元帅大本营公报》第三十号，一九二三年九月二十八日

任命王棠为东江商运局局长令

（一九二三年九月十八日）

大元帅令

任命王棠为东江商运局局长。此令。

（中华民国陆海军大元帅之印）

中华民国十二年九月十八日

据《命令》，载广州《陆海军大元帅大本营公报》第三十号，一九二三年九月二十八日

任命黄隆生为大本营会计司司长令

（一九二三年九月十八日）

大元帅令

　　任命黄隆生为大本营会计司司长。此令。

（中华民国陆海军大元帅之印）

中华民国十二年九月十八日

据《命令》，载广州《陆海军大元帅大本营公报》第三十号，一九二三年九月二十八日

委欧阳格为参军及李宗黄调任参议手令

（一九二三年九月十八日）

欧阳格为参军。

孙文

高级参谋李宗黄着调任参议。此令。

文

据原件影印件，载谭延闿编：《总理遗墨》第三辑，石印线装本，似出版于二十世纪三十年代初期

任命欧阳格为大本营参军令

（一九二三年九月十八日）

大元帅令

　　任命欧阳格为大本营参军。此令。

（中华民国陆海军大元帅之印）

中华民国十二年九月十八日

据《命令》，载广州《陆海军大元帅大本营公报》第三十号，一九二三年九月二十八日

任命李宗黄为大本营参议令

（一九二三年九月十八日）

大元帅令

任命李宗黄为大本营参议。此令。

（中华民国陆海军大元帅之印）

中华民国十二年九月十八日

据《命令》，载广州《陆海军大元帅大本营公报》第三十号，一九二三年九月二十八日

委任程致刚等四人为中国国民党
古鲁士分部职员状

（一九二三年九月十八日）

委任程致刚为古鲁士中国国民党分部部长，程耀初为古鲁士中国国民党分部副部长，林平波为古鲁士中国国民党分部评议部正议长，朱秀如为古鲁士中国国民党分部评议部副议长。此状。

总理（印）

总务部部长彭素民副署

代理党务部部长孙镜副署

财务部部长林业明副署

宣传部部长叶楚伧副署

交际部部长张秋白副署

据《总理任命·九月十八日》，载上海《中国国民党本部公报》第一卷第三十号，一九二三年十一月十日出版

委任程玉波等十八人为中国国民党
古鲁士分部职员状

（一九二三年九月十八日）

委任程玉波为古鲁士中国国民党分部总务科主任，沈秋舫、程植生、林济泉、岑祐成为古鲁士中国国民党分部干事，程垣钟、徐祐申为古鲁士中国国民党分部执行部书记，蒋国安、陈高元、李章朋、周镜泉、程敏宗、钟木清、郑应祥、林会卿、朱达泉、李云流为古鲁士中国国民党分部评议部评议员，徐世骥为古鲁士中国国民党分部评议部书记。此状。

总理（印）

总务部部长彭素民副署

据《总理任命·九月十八日》，载上海《中国国民党本部公报》第一卷第三十号，一九二三年十一月十日出版

委任□□□为中国国民党
古鲁士分部党务科主任状

（一九二三年九月十八日）

委任□□□为古鲁士中国国民党分部党务科主任。此状

总理（印）

总务部部长彭素民副署

代理党务部部长孙镜副署

据《总理任命·九月十八日》，载上海《中国国民党本部公报》第一卷第三十号，一九二三年十一月十日出版

委任周端文为中国国民党
古鲁士分部会计科主任状

（一九二三年九月十八日）

委任周端文为古鲁士中国国民党分部会计科主任。此状。

总理（印）

总务部部长彭素民副署

财务部部长林业明副署

据《总理任命·九月十八日》，载上海《中国国民党本部公报》第一卷第三十号，一九二三年十一月十日出版

委任王鸿盛潘震亚为中国国民党组织职员状

（一九二三年九月十八日）

委任王鸿盛为古鲁士中国国民党分部宣传科主任，潘震亚为中国国民党本部宣传部宣传员。此状。

总理（印）

总务部部长彭素民副署

宣传部部长叶楚伧副署

据《总理任命·九月十八日》，载上海《中国国民党本部公报》第一卷第三十号，一九二三年十一月十日出版

准舞凤舰舰长吴熹焮呈请给假三星期令

（一九二三年九月十九日）

大元帅指令第四七〇号

令舞凤舰舰长吴熹焰呈称母病日增，请予给假三星期回里视疾由。

呈悉。准予给假三星期。此令。

（中华民国陆海军大元帅之印）

中华民国十二年九月十九日

据《指令》，载广州《陆海军大元帅大本营公报》第三十号，一九二三年九月二十八日

准罗翼群呈请以蔡慎接充冯启民所遗兵站第三支部长令

（一九二三年九月十九日）

大元帅指令第四七一号

令大本营兵站总监罗翼群呈报兵站第三支部长冯启民辞职，遗缺以蔡慎接充，所有军车管理处职务，应请仍归该支部长办理由。

呈悉。均予照准。此令。

（中华民国陆海军大元帅之印）

中华民国十二年九月十九日

据《指令》，载广州《陆海军大元帅大本营公报》第三十号，一九二三年九月二十八日

准杨希闵呈请任命寸性奇为滇军宪兵司令令

（一九二三年九月十九日）

大元帅指令第四七二号

令中央直辖滇军总司令兼广州卫戍总司令杨希闵呈请任命寸性奇为滇军宪兵司令由。

呈悉。应照准。此令。

（中华民国陆海军大元帅之印）

中华民国十二年九月十九日

据《指令》，载广州《陆海军大元帅大本营公报》第三十号，一九二三年九月二十八日

与彭素民联署委任陈安仁为
本部南洋群岛特派员状

（一九二三年九月二十一日）

委任状

　　委任陈安仁为本部南洋群岛特派员。此状。

中国国民党总理孙文（总理之印）

总务部部长彭素民（总务部长）

据原件影印件，台北、中国国民党文化传播委员会党史馆藏

准张开儒呈请委任吴应昌等三人为
广东陆军测量局各课课长令

（一九二三年九月二十二日）

大元帅指令第四七七号

　　令大本营参谋长张开儒呈据广东陆军测量局局长吴宗民呈，请委任吴应昌为该局三角课课长，叶秉中为该局地形课课长，刘维汉为该局制图课课长，并颁给任状由。

　　呈悉。该局各课长着暂行由该局长委任，仍呈报备案可也。此令。

（中华民国陆海军大元帅之印）

中华民国十二年九月二十二日

据《指令》，载广州《陆海军大元帅大本营公报》第三十一号，一九二三年十月五日

准张开儒呈将黄为材交卸广东陆军测量局局长兼测量学校校长职情形备案令

（一九二三年九月二十二日）

大元帅指令第四七八号

令大本营参谋长张开儒呈据卸广东陆军测量局局长兼测量学校校长黄为材交卸情形，请备案由。

呈悉。准予备案。此令。

（中华民国陆海军大元帅之印）

中华民国十二年九月二十二日

据《指令》，载广州《陆海军大元帅大本营公报》第三十一号，一九二三年十月五日

任马伯麟为长洲要塞司令马晓军为参军手令

（一九二三年九月二十六日前）

大元帅令

任马伯麟为长洲要塞司令。此令

撤销鱼雷局并归长洲要塞司令管理。此令。

任马晓军为参军。此令。

据原件影印件，载谭延闿编：《总理遗墨》第三辑，石印线装本，似出版于二十世纪三十年代初期

任命马伯麟为长洲要塞司令令

（一九二三年九月二十六日）

大元帅令

任命马伯麟为长洲要塞司令。此令。

（中华民国陆海军大元帅之印）

中华民国十二年九月二十六日

据《命令》，载广州《陆海军大元帅大本营公报》第三十一号，一九二三年十月五日

任命马晓军为大本营参军令

（一九二三年九月二十六日）

大元帅令

任命马晓军为大本营参军。此令。

（中华民国陆海军大元帅之印）

中华民国十二年九月廿六日

据《命令》，载广州《陆海军大元帅大本营公报》第三十一号，一九二三年十月五日

准刘纪文辞大本营审计局局长令

（一九二三年九月二十七日）

大元帅令

大本营审计局局长刘纪文呈请辞职。刘纪文准免本职。此令。

（中华民国陆海军大元帅之印）

中华民国十二年九月廿七日

据《命令》，载广州《陆海军大元帅大本营公报》第三十一号，一九二三年十月五日

任命林翔为大本营审计局局长令

（一九二三年九月二十七日）

大元帅令

　　任命林翔为大本营审计局局长。此令。

（中华民国陆海军大元帅之印）

中华民国十二年九月廿七日

据《命令》，载广州《陆海军大元帅大本营
公报》第三十一号，一九二三年十月五日

任命甘蕃为大本营咨议令

（一九二三年九月二十八日）

大元帅令

　　任命甘蕃为大本营咨议。此令。

（中华民国陆海军大元帅之印）

中华民国十二年九月廿八日

据《命令》，载广州《陆海军大元帅大本营
公报》第三十一号，一九二三年十月五日

准任命蔡慎为大本营兵站第三支部长令

（一九二三年九月二十八日）

大元帅令

　　大本营兵站总监罗翼群呈请任命蔡慎为大本营兵站第三支部长。应照准。
此令。

（中华民国陆海军大元帅之印）

中华民国十二年九月廿八日

据《命令》，载广州《陆海军大元帅大本营公报》第三十一号，一九二三年十月五日

核复刘纪文呈准辞大本营审计局局长并告已任命林翔接替令

（一九二三年九月二十八日）

大元帅指令第四七九号

令大本营审计局局长刘纪文呈请辞职并请任李蟠接替由。

呈悉。所请辞职之处应照准，递遗该缺已有明令任命林翔接替矣。仰即知照。此令。

（中华民国陆海军大元帅之印）

中华民国十二年九月廿八日

据《指令》，载广州《陆海军大元帅大本营公报》第三十一号，一九二三年十月五日

核复罗翼群呈准任命蔡慎为大本营兵站第三支部长并告可自行加委其兼军车管理处职务令

（一九二三年九月二十八日）

大元帅指令第四八一号

令大本营兵站总监罗翼群呈送该兵站第三支部长兼军车管理处职务蔡慎履历请加任命并令军政部加令委任由。

呈悉。准予任命蔡慎为大本营兵站第三支部长，所兼军车管理处职务，仰该总监自行咨请军政部查照加委可也。此令。

（中华民国陆海军大元帅之印）

中华民国十二年九月廿八日

据《指令》，载广州《陆海军大元帅大本营
公报》第三十一号，一九二三年十月五日

任陈友仁为航空局长手令

（一九二三年九月三十日）

大元帅令

　　任陈友仁为航空局长。此令。①

孙文

中华民国十二年九月三十日

据原件影印件，载谭延闿编：《总理遗墨》第三辑，
石印线装本，似出版于二十世纪三十年代初期

任命陈友仁为航空局局长令

（一九二三年九月三十日）

大元帅令

　　任命陈友仁为航空局局长。此令。

（中华民国陆海军大元帅之印）

中华民国十二年九月卅日

据《命令》，载广州《陆海军大元帅大本营
公报》第三十二号，一九二三年十月十二日

---

　① 原文边注：用简任，因该员系口军少将。汉民注。

任命郭泰祺为外交部次长令①

（一九二三年九月三十日）

大元帅令

　　任命郭泰祺为大本营外交部次长。此令。

　　　　　　　　　　　（中华民国陆海军大元帅之印）

　　　　　　　　　　　　中华民国十二年九月卅日

　　　　　　　据《命令》，载广州《陆海军大元帅大本营
　　　　　　　公报》第三十二号，一九二三年十月十二日

任命张国威为大元帅行营参谋令②

（一九二三年十月二日）

大元帅令

　　任命张国威为大元帅行营参谋。此令。

　　　　　　　　　　　（中华民国陆海军大元帅之印）

　　　　　　　　　　　　中华民国十二年十月二日

　　　　　　　据《命令》，载广州《陆海军大元帅大本营
　　　　　　　公报》第三十二号，一九二三年十月十二日

---

① 谭延闿编《总理遗墨》第三辑收有手令影印件。
② 谭延闿编《总理遗墨》第三辑收有手令影印件。

准任命余壮鸣胡家弼为大本营
参军处上校副官令

（一九二三年十月二日）

大元帅令

　　大本营参军长朱培德呈请任命余壮鸣、胡家弼为大本营参军处上校副官。均照准。此令。

（中华民国陆海军大元帅之印）

中华民国十二年十月二日

据《命令》，载广州《陆海军大元帅大本营公报》第三十二号，一九二三年十月十二日

核复罗翼群呈报大本营兵站卫生局第一分病院
拟添设三等军医正一员准予备案令

（一九二三年十月三日）

大元帅指令第四九〇号

　　令大本营兵站总监罗翼群呈报该部卫生局后方第一分病院医务繁剧，拟添设三等军医正一员，请准予备案由。

　　呈悉。准予备案。此令。

（中华民国陆海军大元帅之印）

中华民国十二年十月三日

据《指令》，载广州《陆海军大元帅大本营公报》第三十二号，一九二三年十月十二日

核复罗翼群呈报大本营兵站卫生局第二科拟请添设三等科员一名准予备案令

（一九二三年十月三日）

大元帅指令第四九一号

令大本营兵站总监罗翼群呈报该部卫生局第二科事务殷繁，拟请添设三等科员一名，请准予备案由。

呈悉。准予备案。此令。

（中华民国陆海军大元帅之印）

中华民国十二年十月三日

据《指令》，载广州《陆海军大元帅大本营公报》第三十二号，一九二三年十月十二日

委任陈德徵为上海第五分部筹备处主任令

（一九二三年十月五日）

委任陈德徵为上海第五分部筹备处主任。此令。

总理孙文

谢持代

十二年十月五日

据秦孝仪主编：《国父全集》第八册（转录中国国民党文化传播委员会党史馆藏原件），台北，近代中国出版社一九八九年十一月出版

着本部办理委孙天孙张晋分为
大连哈尔滨支部长批

（一九二三年十月五日）

（孙天孙，奉化人，大连企业公司，长崎高等商业学校毕业，请委大连支部长。张晋，平湖人，哈尔滨铁路局俄文秘书，请委哈尔滨支部长。）

着本部办理。

孙文

十月五日

据原稿，台北、中国国民党文化传播委员会党史馆藏

核复马伯麟呈报就任长洲要塞司令日期令

（一九二三年十月六日）

大元帅指令第五〇〇号

令长洲要塞司令马伯麟呈报就职视事日期由。

呈悉。此令。

（中华民国陆海军大元帅之印）

中华民国十二年十月六日

据《指令》，载广州《陆海军大元帅大本营公报》第三十三号，一九二三年十月十九日

准徐绍桢呈请给假二十一日内政部
部务由次长杨西岩暂代令

（一九二三年十月六日）

大元帅指令第五〇一号

令大本营内政部长徐绍桢呈为庶母病故请假，所有部务暂由次长杨西岩代办由。

呈悉。准予给假二十一日，部务即由次长杨西岩暂代可也。此令。

（中华民国陆海军大元帅之印）

中华民国十二年十月六日

据《指令》，载广州《陆海军大元帅大本营公报》第三十三号，一九二三年十月十九日

核复林翔呈报就任大本营审计局局长日期令

（一九二三年十月六日）

大元帅指令第五〇二号

令大本营审计局局长林翔呈报就职视事日期由。

呈悉。此令。

（中华民国陆海军大元帅之印）

中华民国十二年十月六日

据《指令》，载广州《陆海军大元帅大本营公报》第三十三号，一九二三年十月十九日

核复梁鸿楷呈报遵令就任两阳三罗等处
安抚使兼职日期令

（一九二三年十月六日）

大元帅指令第五〇三号

　　令中央直辖广东第四军军长兼两阳三罗安抚使梁鸿楷呈报遵令就兼两阳三罗等处安抚使日期由。

　　呈悉。此令。

（中华民国陆海军大元帅之印）

中华民国十二年十月六日

据《指令》，载广州《陆海军大元帅大本营公报》第三十三号，一九二三年十月十九日

任命黄明堂为钦廉绥靖处处长令

（一九二三年十月八日）

大元帅令

　　任命黄明堂为钦廉绥靖处处长。此令。

（中华民国陆海军大元帅之印）

中华民国十二年十月八日

据《命令》，载广州《陆海军大元帅大本营公报》第三十三号，一九二三年十月十九日

准任命刘钺为大本营参军处中校副官令

（一九二三年十月八日）

大元帅令

大本营参军长朱培德呈请任命刘钺为大本营参军处中校副官。应照准。此令。

（中华民国陆海军大元帅之印）

中华民国十二年十月八日

据《命令》，载广州《陆海军大元帅大本营
公报》第三十三号，一九二三年十月十九日

准任命陈尧廷为大本营秘书处科员令

（一九二三年十月八日）

大元帅令

　　大本营秘书长杨庶堪呈请任命陈尧廷为大本营秘书处科员。应照准。此令。

（中华民国陆海军大元帅之印）

中华民国十二年十月八日

据《命令》，载广州《陆海军大元帅大本营
公报》第三十三号，一九二三年十月十九日

核复郭泰祺呈报就任外交部次长日期令

（一九二三年十月八日）

大元帅指令第五〇八号

　　令大本营外交部次长郭泰祺呈报就职日期由。

　　呈悉。此令。

（中华民国陆海军大元帅之印）

中华民国十二年十月八日

据《指令》，载广州《陆海军大元帅大本营
公报》第三十三号，一九二三年十月十九日

委任方寿龄为大元帅行营中校参谋令

（一九二三年十月十一日）

大元帅令

　　委任方寿龄为大元帅行营中校参谋。此令。

（中华民国陆海军大元帅之印）

中华民国十二年十月十一日

据《命令》，载广州《陆海军大元帅大本营公报》第三十三号，一九二三年十月十九日

核复王棠呈报就任东江商运局
局长日期及启用关防令

（一九二三年十月十一日）

大元帅指令第五一九号

　　令东江商运局局长王棠呈报就职日期及启用关防由。

　　呈悉。此令。

（中华民国陆海军大元帅之印）

中华民国十二年十月十一日

据《指令》，载广州《陆海军大元帅大本营公报》第三十三号，一九二三年十月十九日

任命田钟毂为大本营高级参谋令

（一九二三年十月十三日）

大元帅令

任命田钟毂为大本营高级参谋。此令。

（中华民国陆海军大元帅之印）

中华民国十二年十月十三日

据《命令》，载广州《陆海军大元帅大本营
公报》第三十三号，一九二三年十月十九日

任命陈中孚为大本营参议令

（一九二三年十月十三日）

大元帅令

任命陈中孚为大本营参议。此令。

（中华民国陆海军大元帅之印）

中华民国十二年十月十三日

据《命令》，载广州《陆海军大元帅大本营
公报》第三十三号，一九二三年十月十九日

准任命宋韬石汝霖为大本营参军处少校副官令

（一九二三年十月十三日）

大元帅令

大本营参军长朱培德呈请任命宋韬、石汝霖为大本营参军处少校副官。均照
准。此令。

（中华民国陆海军大元帅之印）

中华民国十二年十月十三日

据《命令》，载广州《陆海军大元帅大本营
公报》第三十三号，一九二三年十月十九日

任命周道万为大本营咨议令

（一九二三年十月十三日）

大元帅令

　　任命周道万为大本营咨议。此令。

（中华民国陆海军大元帅之印）

中华民国十二年十月十三日

据《命令》，载广州《陆海军大元帅大本营
公报》第三十三号，一九二三年十月十九日

任命徐苏中为宣传委员手令

（一九二三年十月十三日）

　　任徐苏中为宣传委员。此令。（每月公费二百元）

孙文

中华民国十二年十月十三日

据原件影印件，载谭延闿编：《总理遗墨》第三辑，
石印线装本，似出版于二十世纪三十年代初期

派徐苏中为大本营宣传委员令

（一九二三年十月十三日）

大元帅令

　　派徐苏中为大本营宣传委员。此令。

（中华民国陆海军大元帅之印）

中华民国十二年十月十三日

据《命令》，载广州《陆海军大元帅大本营公报》第三十三号，一九二三年十月十九日

核复何克夫呈报就任连阳绥靖处
处长及启用关防日期令

（一九二三年十月十三日）

大元帅指令第五二三号

　　令连阳绥靖处处长何克夫呈报就职及启用关防日期由。

　　呈悉。此令。

（中华民国陆海军大元帅之印）

中华民国十二年十月十三日

据《指令》，载广州《陆海军大元帅大本营公报》第三十三号，一九二三年十月十九日

任命狄侃为大本营秘书令

（一九二三年十月十四日）

大元帅令

　　任命狄侃为大本营秘书。此令。

　　　　　　　　　　　　　　　　（中华民国陆海军大元帅之印）

　　　　　　　　　　　　　　中华民国十二年十月十四日

　　　　　　　　　据《命令》，载广州《陆海军大元帅大本营公
　　　　　　　　　报》第三十四号，一九二三年十月二十六日

派吴公干为大本营宣传员令

（一九二三年十月十四日）

大元帅令

　　派吴公干为大本营宣传员。此令。

　　　　　　　　　　　　　　　　（中华民国陆海军大元帅之印）

　　　　　　　　　　　　　　中华民国十二年十月十四日

　　　　　　　　　据《命令》，载广州《陆海军大元帅大本营公
　　　　　　　　　报》第三十四号，一九二三年十月二十六日

任命邝公燿王度为大本营咨议令

（一九二三年十月十四日）

大元帅令

　　任命邝公燿、王度为大本营咨议。此令。

（中华民国陆海军大元帅之印）

中华民国十二年十月十四日

据《命令》，载广州《陆海军大元帅大本营公报》第三十四号，一九二三年十月二十六日

与彭素民等五人联署委任李庆标为
中国国民党缅甸支部副部长状

（一九二三年十月十四日）

委任状

　　委任李庆标为缅甸中国国民党支部副部长。此状。

中国国民党总理孙文（总理之印）

总务部部长彭素民（总务部长）

代理党务部部长孙镜（党务部长）

财政部部长林业明（财政部长）

宣传部部长叶楚伧（宣传部长）

交际部部长张秋白（交际部长）

（中国国民党本部之印）

中华民国十二年十月十四日

据原件照片，台北、中国国民党文化传播委员会党史馆藏

与彭素民叶楚伧联署委任邝金保为中国国民党缅甸支部宣传科正主任状

（一九二三年十月十四日）

委任状

　　委任邝金保为缅甸中国国民党支部宣传科正主任。此状。

中国国民党总理孙文（总理之印）

总务部部长彭素民（总务部长）

宣传部部长叶楚伧（宣传部长）

（中国国民党本部之印）

中华民国十二年十月十四日

据原件照片，台北、中国国民
党文化传播委员会党史馆藏

与彭素民孙镜联署委任朱伟民为中国国民党缅甸支部党务科副主任状

（一九二三年十月十四日）

委任状

　　委任朱伟民为缅甸中国国民党支部党务科副主任。此状。

中国国民党总理孙文（总理之印）

总务部部长彭素民（总务部长）

代理党务部部长孙镜（党务部长）

（中国国民党本部之印）

中华民国十二年十月十四日

据原件照片，台北、中国国民
党文化传播委员会党史馆藏

与彭素民联署委任许大德为中国国民党缅甸支部干事状

（一九二三年十月十四日）

委任状

委任许大德为缅甸中国国民党支部干事。此状。

中国国民党总理孙文（总理之印）

总务部部长彭素民（总务部长）

（中国国民党本部之印）

中华民国十二年十月十四日

据原件照片，台北、中国国民党文化传播委员会党史馆藏

与彭素民联署委任黄振兴为中国国民党缅甸支部干事状

（一九二三年十月十四日）

委任状

委任黄振兴为缅甸中国国民党支部干事。此状。

中国国民党总理孙文（总理之印）

总务部部长彭素民（总务部长）

（中国国民党本部之印）

中华民国十二年十月十四日

据原件照片，台北、中国国民党文化传播委员会党史馆藏

与彭素民联署委任何荫三为中国
国民党缅甸支部评议部评议员状

（一九二三年十月十四日）

委任状

　　委任何荫三为缅甸中国国民党支部评议部评议员。此状。

中国国民党总理孙文（总理之印）

总务部部长彭素民（总务部长）

（中国国民党本部之印）

中华民国十二年十月十四日

据原件照片，台北、中国国民
党文化传播委员会党史馆藏

与彭素民孙镜联署委任符众为中国
国民党双溪大年分部党务科主任状

（一九二三年十月十四日）

委任状

　　委任符众为双溪大年中国国民党分部党务科主任。此状。

中国国民党总理孙文（总理之印）

总务部部长彭素民（总务部长）

代理党务部部长孙镜（党务部长）

（中国国民党本部之印）

中华民国十二年十月十四日

据原件照片，台北、中国国民
党文化传播委员会党史馆藏

不准赵梯昆呈辞永翔舰舰长兼
海军司令部参谋长令

（一九二三年十月十五日）

大元帅指令第五二四号

令永翔舰舰长兼海军司令部参谋长赵梯昆呈为因母病故，恳请辞去本兼各职由。

呈悉。国家多故，正深倚畀，移孝作忠，古有明训。着给假两星期，在职治丧，所请辞职之处应毋庸议。此令。

（中华民国陆海军大元帅之印）

中华民国十二年十月十五日

据《指令》，载广州《陆海军大元帅大本营公报》第三十四号，一九二三年十月二十六日

核复航空局局长陈友仁呈报到任视事及接收
印信小章飞机机件等项令

（一九二三年十月十七日）

大元帅指令第五三二号

令航空局局长陈友仁呈报到任视事日期及接收印信小章飞机机件等项由。

呈悉。此令。

（中华民国陆海军大元帅之印）

中华民国十二年十月十七日

据《指令》，载广州《陆海军大元帅大本营公报》第三十四号，一九二三年十月二十六日

任命刘冠群为大本营咨议令

（一九二三年十月十八日）

大元帅令

　　任命刘冠群为大本营咨议。此令。

（中华民国陆海军大元帅之印）

中华民国十二年十月十八日

据《命令》，载广州《陆海军大元帅大本营公报》第三十四号，一九二三年十月二十六日

委任鲍罗庭为国民党组织教练员状

（一九二三年十月十八日）

　　委任鲍罗庭为国民党组织教练员。此状。

孙文

民国十二年十月十八日

据原件影印件，广州、中山大学孙中山纪念馆藏

准调任胡名扬为大本营参军处少校副官令

（一九二三年十月二十二日）

大元帅令

　　大本营参军长朱培德呈请调任大本营军政部少校副官胡名扬为大本营参军处少校副官。应照准。此令。

（中华民国陆海军大元帅之印）

中华民国十二年十月廿二日

据《命令》，载广州《陆海军大元帅大本营公报》第三十五号，一九二三年十一月二日

任命万咸一万世勋为大本营咨议令

（一九二三年十月二十四日）

大元帅令

　　任命万咸一、万世勋为大本营咨议。此令。

（中华民国陆海军大元帅之印）

中华民国十二年十月廿四日

据《命令》，载广州《陆海军大元帅大本营
公报》第三十五号，一九二三年十一月二日

特派梁鸿楷兼高雷钦廉各军总指挥令

（一九二三年十月二十四日）

大元帅令

　　特派梁鸿楷兼高雷钦廉各军总指挥。此令。

（中华民国陆海军大元帅之印）

中华民国十二年十月廿四日

据《命令》，载广州《陆海军大元帅大本营
公报》第三十五号，一九二三年十一月二日

通告中国国民党诸同志委廖仲恺邓泽如
为本部改组特别会议召集人函

（一九二三年十月二十四日）

诸同志均鉴：

　　兹委廖君仲恺、邓君泽如召集本党特别会议，商量本党改组问题，详为审议，

悉心擘划，务期党基巩固，党务活动，以达吾人之宗旨目的，本总理有厚望焉。此致，敬颂

大安

孙文

十月二十四日

据《改组特别会议》，载广州《中国国民党周刊》第一期，一九二三年十一月二十五日出版

准任命刘通为建设部秘书令

（一九二三年十月二十五日）

大元帅令

大本营建设部长林森呈请任命刘通为建设部秘书。应照准。此令。

（中华民国陆海军大元帅之印）

中华民国十二年十月廿五日

据《命令》，载广州《陆海军大元帅大本营公报》第三十五号，一九二三年十一月二日

派马晓军为抚河招抚使令

（一九二三年十月二十五日）

大元帅令

派马晓军为抚河招抚使。此令。

（中华民国陆海军大元帅之印）

中华民国十二年十月廿五日

据《命令》，载广州《陆海军大元帅大本营公报》第三十五号，一九二三年十一月二日

核复廖仲恺呈报许崇清就任教育厅长
并启用印信日期令

（一九二三年十月二十五日）

大元帅指令第五五〇号

令广东省长廖仲恺呈报教育厅长许崇清任事并启用印信日期由。

呈悉。此令。

（中华民国陆海军大元帅之印）

中华民国十二年十月廿五日

据《指令》，载广州《陆海军大元帅大本营公报》第三十五号，一九二三年十一月二日

核复朱培德呈报由参谋长赵德恒
代行东江所有驻省事务令

（一九二三年十月二十五日）

大元帅指令第五五二号

令中央直辖第一军军长朱培德呈报奉令出发，东江所有驻省事务交由参谋长赵德恒代拆代行由。

呈悉。此令。

（中华民国陆海军大元帅之印）

中华民国十二年十月二十五日

据《指令》，载广州《陆海军大元帅大本营公报》第三十五号，一九二三年十一月二日

特派廖仲恺兼大本营筹饷总局总办令

（一九二三年十月二十七日）

大元帅令

特派廖仲恺兼大本营筹饷总局总办。此令。

（中华民国陆海军大元帅之印）

中华民国十二年十月廿七日

据《命令》，载广州《陆海军大元帅大本营公报》第三十五号，一九二三年十一月二日

派邹鲁兼大本营筹饷总局会办令

（一九二三年十月二十七日）

大元帅令

派邹鲁兼大本营筹饷总局会办。此令。

（中华民国陆海军大元帅之印）

中华民国十二年十月廿七日

据《命令》，载广州《陆海军大元帅大本营公报》第三十五号，一九二三年十一月二日

免伍汝康广东盐务稽核分所经理令

（一九二三年十月二十七日）

大元帅令

广东盐务稽核分所经理伍汝康另有任用，应免本职。此令。

（中华民国陆海军大元帅之印）

中华民国十二年十月廿七日

据《命令》，载广州《陆海军大元帅大本营公报》第三十五号，一九二三年十一月二日

任命宋子文为两广盐务稽核所经理令①

（一九二三年十月二十七日）

大元帅令

任命宋子文为两广盐务稽核所经理。此令。

（中华民国陆海军大元帅之印）

中华民国十二年十月廿七日

据《命令》，载广州《陆海军大元帅大本营公报》第三十五号，一九二三年十一月二日

准邓泽如辞两广盐运使令②

（一九二三年十月二十七日）

大元帅令

两广盐运使邓泽如呈请辞去本职，俾得专心办理党务，情辞恳切，热心党务，深堪嘉尚。邓泽如准免本职，嗣后发扬党义，力促进行，本大元帅有厚望焉。此令。

（中华民国陆海军大元帅之印）

中华民国十二年十月廿七日

据《命令》，载广州《陆海军大元帅大本营公报》第三十五号，一九二三年十一月二日

---

① 谭延闿编《总理遗墨》第三辑收有手令影印件。
② 谭延闿编《总理遗墨》第三辑收有手令影印件。

任命伍汝康为两广盐运使令^①

（一九二三年十月二十七日）

大元帅令

　　任命伍汝康为两广盐运使。此令。

（中华民国陆海军大元帅之印）

中华民国十二年十月廿七日

据《命令》，载广州《陆海军大元帅大本营公报》第三十五号，一九二三年十一月二日

免李烈钧闽赣边防督办令

（一九二三年十月二十八日）

大元帅令

　　闽赣边防督办李烈钧另有任用，应免本职。此令。

（中华民国陆海军大元帅之印）

中华民国十二年十月廿八日

据《命令》，载广州《陆海军大元帅大本营公报》第三十六号，一九二三年十一月九日

特任李烈钧为大本营参谋长令^②

（一九二三年十月二十八日）

大元帅令

---

①　谭延闿编《总理遗墨》第三辑收有手令影印件。
②　谭延闿编《总理遗墨》第三辑收有手令影印件。

特任李烈钧为大本营参谋长。此令。

（中华民国陆海军大元帅之印）

中华民国十二年十月廿八日

据《命令》，载广州《陆海军大元帅大本营
公报》第三十六号，一九二三年十一月九日

免张开儒大本营参谋长令[①]

（一九二三年十月二十八日）

大元帅令

大本营参谋长张开儒另有任用，应免本职。此令。

（中华民国陆海军大元帅之印）

中华民国十二年十月廿八日

据《命令》，载广州《陆海军大元帅大本营
公报》第三十六号，一九二三年十一月九日

免朱培德大本营参军长令

（一九二三年十月二十八日）

大元帅令

大本营参军长朱培德现在出发东江，所有参军长职务势难兼顾，应免去本职，
俾专任中央直辖第一军军长，督战前敌，以利戎机。此令。

（中华民国陆海军大元帅之印）

中华民国十二年十月廿八日

据《命令》，载广州《陆海军大元帅大本营
公报》第三十六号，一九二三年十一月九日

---

① 谭延闿编《总理遗墨》第三辑收有手令影印件。

特任张开儒为大本营参军长令

（一九二三年十月二十八日）

大元帅令

特任张开儒为大本营参军长。此令。

（中华民国陆海军大元帅之印）

中华民国十二年十月廿八日

据《命令》，载广州《陆海军大元帅大本营公报》第三十六号，一九二三年十一月九日

免黄建勋梧州关监督兼外交部特派广西交涉员令

（一九二三年十月二十八日）

大元帅令

梧州关监督兼外交部特派广西交涉员黄建勋，应即免去本兼各职，另候任用。此令。

（中华民国陆海军大元帅之印）

中华民国十二年十月廿八日

据《命令》，载广州《陆海军大元帅大本营公报》第三十六号，一九二三年十一月九日

任命戴恩赛为梧州关监督
兼外交部特派广西交涉员令

（一九二三年十月二十八日）

大元帅令

　　任命戴恩赛为梧州关监督兼外交部特派广西交涉员。此令。

（中华民国陆海军大元帅之印）

中华民国十二年十月廿八日

据《命令》，载广州《陆海军大元帅大本营
公报》第三十六号，一九二三年十一月九日

不准陈策呈辞广东盐务缉私舰队主任兼职令

（一九二三年十月二十八日）

大元帅指令第五五五号

　　令广东海防司令兼广东盐务缉私舰队主任陈策呈请辞去广东盐务缉私舰队主任兼职并呈缴委任状由。

　　呈悉。缉私关系盐务收入至巨，正赖该司令兼筹并顾，以裕税源，所请辞去兼职之处，着毋庸议。委任状并发。此令。

（中华民国陆海军大元帅之印）

中华民国十二年十月廿八日

据《指令》，载广州《陆海军大元帅大本营公
报》第三十六号，一九二三年十一月九日

准廖仲恺呈请加给任命筹饷总局总会办令

（一九二三年十月二十八日）

大元帅指令第五五六号

令广东省长廖仲恺呈请加给任命筹饷总局总会办，以昭示郑重而专责成由。

呈悉。照准。已分别加给派状矣。此令。

（中华民国陆海军大元帅之印）

中华民国十二年十月二十八日

据《指令》，载广州《陆海军大元帅大本营公报》第三十六号，一九二三年十一月九日

核复赵士觐呈报就任大本营粮食
管理处督办并启用关防日期令

（一九二三年十月二十九日）

大元帅指令第五六二号

令大本营粮食管理处督办赵士觐呈报就职并启用关防日期由。

呈悉。此令。

（中华民国陆海军大元帅之印）

中华民国十二年十月二十九日

据《指令》，载广州《陆海军大元帅大本营公报》第三十六号，一九二三年十一月九日

准任命谭长年等三人为大本营
粮食管理处各科科长令

（一九二三年十月三十日）

大元帅令

　　大本营粮食管理处督办赵士觐呈请任命谭长年为总务科科长，谭平为公卖科科长，陈煊为运输科科长。均照准。此令。

（中华民国陆海军大元帅之印）

中华民国十二年十月卅日

据《命令》，载广州《陆海军大元帅大本营公报》第三十六号，一九二三年十一月九日

调任李宗黄为大本营高级参谋令

（一九二三年十月三十日）

大元帅令

　　调任大本营参议李宗黄为大本营高级参谋。此令。

（中华民国陆海军大元帅之印）

中华民国十二年十月卅日

据《命令》，载广州《陆海军大元帅大本营公报》第三十六号，一九二三年十一月九日

准赵士觐呈请任命谭长年等为
大本营粮食管理处科长令

（一九二三年十月三十一日）

大元帅指令第五六六号

令大本营粮食管理处督办赵士觐呈请任命谭长年等为该处科长由。

呈悉。应照准。此令。

（中华民国陆海军大元帅之印）

中华民国十二年十月卅一日

据《指令》，载广州《陆海军大元帅大本营
公报》第三十六号，一九二三年十一月九日

特派胡汉民等九人为中国国民党临时
执行委员另五人为候补委员令

（一九二三年十月）

特派临时执行委员：胡汉民、林森、廖仲恺、邓泽如、杨庶堪、陈树人、孙
科、吴铁城、谭平山。

候补委员：汪精卫、李大钊、谢英伯、古应芬、许崇清。

国民党总理孙文

据《改组特别会议》，载广州《中国国民党周
刊》第一期，一九二三年十一月二十五日出版

任命王国辅为大本营咨议令

（一九二三年十一月一日）

大元帅令

任命王国辅为大本营咨议。此令。

（中华民国陆海军大元帅之印）

中华民国十二年十一月一日

据《命令》，载广州《陆海军大元帅大本营公报》第三十六号，一九二三年十一月九日

准王任化辞建设部科长令

（一九二三年十一月一日）

大元帅令

大本营建设部长林森呈称：科长王任化恳请辞职。应照准。此令。

（中华民国陆海军大元帅之印）

中华民国十二年十一月一日

据《命令》，载广州《陆海军大元帅大本营公报》第三十六号，一九二三年十一月九日

任邓泽如为大本营参议并列席政务会议手令

（一九二三年十一月一日）

任邓泽如为大本营参议，此令。（月俸五百元，并致函请列席政务会议）

孙文

据原件影印件，载谭延闿编：《总理遗墨》第三辑，石印线装本，似出版于二十世纪三十年代初期

任命邓泽如为大本营参议令

（一九二三年十一月一日）

大元帅令

任命邓泽如为大本营参议。此令。

（中华民国陆海军大元帅之印）

中华民国十二年十一月一日

据《命令》，载广州《陆海军大元帅大本营公报》第三十六号，一九二三年十一月九日

派余维谦等四人分任虎门长洲
二要塞临时正副指挥令

（一九二三年十一月二日）

大元帅令

派余维谦为虎门要塞临时正指挥，陈学顺为副指挥；苏世安为长洲要塞临时正指挥，朱兆熊为副指挥。此令。

（中华民国陆海军大元帅之印）

中华民国十二年十一月二日

据《命令》，载广州《陆海军大元帅大本营公报》第三十六号，一九二三年十一月九日

免宋渊源闽南宣慰使令

（一九二三年十一月二日）

大元帅令

闽南宣慰使宋渊源另有任用，应免本职。此令。

（中华民国陆海军大元帅之印）

中华民国十二年十一月二日

据《命令》，载广州《陆海军大元帅大本营公报》第三十六号，一九二三年十一月九日

任黄绍雄为广西讨贼军第一军长
廖百芳为大本营咨议手令

（一九二三年十一月二日）

大元帅令

任黄绍雄广西讨贼军第一军长。此令。

任廖百芳为大本营咨议。此令。

孙文

中华民国十二年十一月二日

据原件影印件，载谭延闿编：《总理遗墨》第一辑，一九二八年五月校印

核复林森呈称准王任化辞科长职请鉴核令

（一九二三年十一月二日）

大元帅指令第五七一号

令大本营建设部长林森呈称该部科长王任化呈请辞职，业经先行照准，请鉴核由。

呈悉。此令。

（中华民国陆海军大元帅之印）

中华民国十二年十一月二日

据《指令》，载广州《陆海军大元帅大本营公报》第三十六号，一九二三年十一月九日

核复张开儒呈报准将交卸大本营参谋长职日期备案令

（一九二三年十一月二日）

大元帅指令第五七三号

令卸大本营参谋长张开儒呈报交卸日期，请予备案由。

呈悉。准予备案。此令。

（中华民国陆海军大元帅之印）

中华民国十二年十一月二日

据《指令》，载广州《陆海军大元帅大本营公报》第三十六号，一九二三年十一月九日

派杨虎办理海军事务令

（一九二三年十一月三日）

大元帅令

派参军杨虎办理海军事务。此令。

（中华民国陆海军大元帅之印）

中华民国十二年十一月三日

据《命令》，载广州《陆海军大元帅大本营公报》第三十六号，一九二三年十一月九日

任命刘殿臣为永丰军舰枪炮教练官令

（一九二三年十一月三日）

大元帅令

任命刘殿臣为永丰军舰枪炮教练官。此令。

（中华民国陆海军大元帅之印）

中华民国十二年十一月三日

据《命令》，载广州《陆海军大元帅大本营公报》第三十六号，一九二三年十一月九日

任命江屏藩为建设部交通局局长令

（一九二三年十一月三日）

大元帅令

任命江屏藩为大本营建设部交通局局长。此令。

（中华民国陆海军大元帅之印）

中华民国十二年十一月三日

据《命令》，载广州《陆海军大元帅大本营公报》第三十六号，一九二三年十一月九日

任命罗翼群兼大本营参议令

（一九二三年十一月三日）

大元帅令

　　任命罗翼群兼大本营参议。此令。

　　　　　　　　　　　　（中华民国陆海军大元帅之印）

　　　　　　　　　　　　中华民国十二年十一月三日

　　　　　　　　据《命令》，载广州《陆海军大元帅大本营
　　　　　　　　公报》第三十六号，一九二三年十一月九日

任命曾稚南等三人为大本营咨议令

（一九二三年十一月三日）

大元帅令

　　任命曾稚南、曾办、李建中为大本营咨议。此令。

　　　　　　　　　　　　（中华民国陆海军大元帅之印）

　　　　　　　　　　　　中华民国十二年十一月三日

　　　　　　　　据《命令》，载广州《陆海军大元帅大本营
　　　　　　　　公报》第三十六号，一九二三年十一月九日

任命黄梦麟为大本营咨议令

（一九二三年十一月三日）

大元帅令

　　任命黄梦麟为大本营咨议。此令。

　　　　　　　　　　　　（中华民国陆海军大元帅之印）

中华民国十二年十一月三日

据《命令》，载广州《陆海军大元帅大本营公报》第三十六号，一九二三年十一月九日

任命廖百芳为大本营咨议令

（一九二三年十一月三日）

大元帅令

　　任命廖百芳为大本营咨议。此令。

（中华民国陆海军大元帅之印）

中华民国十二年十一月三日

据《命令》，载广州《陆海军大元帅大本营公报》第三十六号，一九二三年十一月九日

核复邓泽如呈报交卸两广盐运使职日期并请鉴核令

（一九二三年十一月三日）

大元帅指令第五八二号

　　令卸两广盐运使邓泽如呈报交卸日期，请鉴核由。

　　呈悉。此令。

（中华民国陆海军大元帅之印）

中华民国十二年十一月三日

据《指令》，载广州《陆海军大元帅大本营公报》第三十七号，一九二三年十一月十六日

准调任侬鼎和等三人为大本营参军处各级副官令

（一九二三年十一月五日）

大元帅令

　　大本营参军长张开儒呈请调任大本营参谋处上校参谋侬鼎和为大本营参军处上校副官，大本营参谋处中校副官黄伯度为大本营参军处中校副官，大本营参谋处少校副官苏俊五为大本营参军处少校副官。均照准。此令。

（中华民国陆海军大元帅之印）

中华民国十二年十一月五日

据《命令》，载广州《陆海军大元帅大本营公报》第三十六号，一九二三年十一月九日

任命韦荣熙为北江商运局局长令

（一九二三年十一月六日）

大元帅令

　　任命韦荣熙为北江商运局局长。此令。

（中华民国陆海军大元帅之印）

中华民国十二年十一月六日

据《命令》，载广州《陆海军大元帅大本营公报》第三十六号，一九二三年十一月九日

准张开儒呈请调参谋处上校参谋
侬鼎和等以原职任参军处副官令

（一九二三年十一月六日）

大元帅指令第五八八号

令大本营参军长张开儒呈请调参谋处上校参谋侬鼎和等以原职任为该处副官由。

呈悉。准如所请。已另有明令发表矣。此令。

（中华民国陆海军大元帅之印）

中华民国十二年十一月六日

据《指令》，载广州《陆海军大元帅大本营公报》第三十七号，一九二三年十一月十六日

核复广东地方善后委员会呈准备案
启用关防日期令

（一九二三年十一月六日）

大元帅指令第五九〇号

令广东地方善后委员会呈报启用关防日期，请备案由。

呈悉。准予备案。此令。

（中华民国陆海军大元帅之印）

中华民国十二年十一月六日

据《指令》，载广州《陆海军大元帅大本营公报》第三十七号，一九二三年十一月十六日

核复宋子文呈报就任两广盐务稽核所
经理日期并准予备案令

（一九二三年十一月六日）

大元帅指令第五九一号

令两广盐务稽核所经理宋子文呈报就职日期，请备案由。

呈悉。准予备案。此令。

（中华民国陆海军大元帅之印）

中华民国十二年十一月六日

据《指令》，载广州《陆海军大元帅大本营公报》第三十七号，一九二三年十一月十六日

派石青阳兼理中央银行四川分行行长令

（一九二三年十一月七日）

大元帅令

派石青阳兼理中央银行四川分行行长。此令。

（中华民国陆海军大元帅之印）

中华民国十二年十一月七日

据《命令》，载广州《陆海军大元帅大本营公报》第三十七号，一九二三年十一月十六日

准免黄白大本营参军处上校副官令

（一九二三年十一月七日）

大元帅令

大本营参军长张开儒呈请免去大本营参军处上校副官黄白本职。应照准。此令。

（中华民国陆海军大元帅之印）

中华民国十二年十一月七日

据《命令》，载广州《陆海军大元帅大本营公报》第三十七号，一九二三年十一月十六日

核复大本营参军长张开儒呈报视事日期令

（一九二三年十一月七日）

大元帅指令第五九四号

令大本营参军长张开儒呈报视事日期由。

呈悉。此令。

（中华民国陆海军大元帅之印）

中华民国十二年十一月七日

据《指令》，载广州《陆海军大元帅大本营公报》第三十七号，一九二三年十一月十六日

不准福安舰舰长潘文治呈调任他职令

（一九二三年十一月八日）

大元帅指令第五九九号

令福安舰舰长潘文治呈请调任他职由。

呈悉。该舰长志行纯洁，深资倚畀。现值整饬舰队之际，未便更易，所请调任他职职〔之〕处毋庸议。此令。

（中华民国陆海军大元帅之印）

中华民国十二年十一月八日

据《指令》，载广州《陆海军大元帅大本营公报》第三十七号，一九二三年十一月十六日

核复伍汝康呈报就任两广盐运使日期令

（一九二三年十一月八日）

大元帅指令第六〇一号

令两广盐运使伍汝康呈报到任日期由。

呈悉。此令。

（中华民国陆海军大元帅之印）

中华民国十二年十一月八日

据《指令》，载广州《陆海军大元帅大本营公报》第三十七号，一九二三年十一月十六日

核复杨虎呈缴南路讨贼军临时
指挥关防小印乞注销令

（一九二三年十一月八日）

大元帅指令第六〇二号

令大本营参军前南路讨贼军临时指挥杨虎呈缴南路讨贼军临时指挥关防小印乞注销由。

呈悉。此令。

（中华民国陆海军大元帅之印）

中华民国十二年十一月八日

据《指令》，载广州《陆海军大元帅大本营公报》第三十七号，一九二三年十一月十六日

特派陈其瑗等六人为广东地方善后委员手令

（一九二三年十一月八日）

特派陈其瑗、黎泽闿、雷荫孙、梁培基、黄汝刚、陈树人为广东地方善后委员。此令。

孙文

中华民国十二年十一月八日

据原件影印件，载谭延闿编：《总理遗墨》第三辑，石印线装本，似出版于二十世纪三十年代初期

特任杨廷培暂代广州卫戍总司令令

（一九二三年十一月九日）

大元帅令

特任杨廷培暂行代理广州卫戍总司令。此令。

（中华民国陆海军大元帅之印）

中华民国十二年十一月九日

据《命令》，载广州《陆海军大元帅大本营公报》第三十七号，一九二三年十一月十六日

派石青阳兼任中央银行四川分行长饬克日就职令

（一九二三年十一月九日）

大元帅训令第三四九号

令兼理中央银行四川分行长石青阳

为令遵事：照得中央银行现在业经成立，亟应于各省次第设立分行，以期活

动金融。查该员对于财政素有经验，堪以派兼中央银行四川分行长。除另状任派外，合行令仰该员即便遵照克日就职，迅将分行事宜积极照章筹备就绪，开始营业，毋负委任。仍将办理情形报查，章程随发。切切。此令。

　　　　　　　　　　　　　　　　　（中华民国陆海军大元帅之印）

　　　　　　　　　　　　　　中华民国十二年十一月九日

　　　　　　　　　据《训令》，载广州《陆海军大元帅大本营公
　　　　　　　　　报》第三十七号，一九二三年十一月十六日

准任命章烈为大本营参军处中校副官

（一九二三年十一月十日）

大元帅令

　　大本营参军长张开儒呈请任命章烈为大本营参军处中校副官。应照准。此令。

　　　　　　　　　　　　　　　　　（中华民国陆海军大元帅之印）

　　　　　　　　　　　　　　中华民国十二年十一月十日

　　　　　　　　　据《命令》，载广州《陆海军大元帅大本营公
　　　　　　　　　报》第三十七号，一九二三年十一月十六日

核复路孝忱呈报出发日期及
委派张宗福代行部务令

（一九二三年十一月十日）

大元帅指令第六一六号

　　令中央直辖山陕讨贼军司令路孝忱呈报出发日期及委该部参谋长张宗福代拆代行由。

　　呈悉。此令。

　　　　　　　　　　　　　　　　　（中华民国陆海军大元帅之印）

中华民国十二年十一月十日

据《指令》，载广州《陆海军大元帅大本营公
报》第三十八号，一九二三年十一月二十三日

特派杨希闵兼滇粤桂联军前敌总指挥令

（一九二三年十一月十四日）

大元帅令

特派杨希闵兼滇粤桂联军前敌总指挥。此令。

（中华民国陆海军大元帅之印）

中华民国十二年十一月十四日

据《命令》，载广州《陆海军大元帅大本营公
报》第三十七号，一九二三年十一月十六日

准任命罗为雄为大本营中校参谋令

（一九二三年十一月十四日）

大元帅令

大本营参谋长李烈钧呈请任命罗为雄为大本营中校参谋。应照准。此令。

（中华民国陆海军大元帅之印）

中华民国十二年十一月十四日

据《命令》，载广州《陆海军大元帅大本营公
报》第三十七号，一九二三年十一月十六日

着寸性奇暂代广东江防司令事宜令①

（一九二三年十一月十四日）

大元帅令

广东江防司令杨廷培现往前敌督战，着寸性奇暂行代理广东江防司令事宜。此令。

（中华民国陆海军大元帅之印）

中华民国十二年十一月十四日

据《命令》，载广州《陆海军大元帅大本营公报》第三十七号，一九二三年十一月十六日

核复邹鲁呈委邹琳为广东全省田土业佃保证局局长予以备案令

（一九二三年十一月十六日）

大元帅指令第六二〇号

令广东财政厅长邹鲁呈报令委邹琳为广东全省田土业佃保证局局长，乞备案由。

呈悉。准予备案。此令。

（中华民国陆海军大元帅之印）

中华民国十二年十一月十六日

据《指令》，载广州《陆海军大元帅大本营公报》第三十八号，一九二三年十一月二十三日

---

① 谭延闿编《总理遗墨》第三辑收有手令影印件。

不准邹鲁呈请收回大本营筹饷总局会办明令令

（一九二三年十一月十六日）

大元帅指令第六二三号

令广东财政厅长兼大本营筹饷总局会办邹鲁呈请收回筹饷总局会办明令，并缴回派状由。

呈悉。本大元帅为事择人，关于筹饷事宜，仰该会办会同廖总办①悉心规画，妥筹办法，以裕饷源而济时艰。所请收回明令之处，应毋庸议。派状仍发。此令。

（中华民国陆海军大元帅之印）

中华民国十二年十一月十六日

据《指令》，载广州《陆海军大元帅大本营公报》第三十八号，一九二三年十一月二十三日

仍不准陈策呈辞广东盐务缉私舰队主任兼职令

（一九二三年十一月十七日）

大元帅指令第六二四号

令广东海防司令兼广东盐务缉私舰队主任陈策呈请准予辞去广东盐务缉私舰队主任兼职，并呈缴委任状由。

呈悉。该司令效忠国家，任事自不惮艰巨。缉私关系盐务收入，仍仰遵照前令，勉为其难。毋得固辞，以副厚期。委任状并发。此令。

（中华民国陆海军大元帅之印）

中华民国十二年十一月十七日

据《指令》，载广州《陆海军大元帅大本营公报》第三十八号，一九二三年十一月二十三日

---

① 廖总办，即廖仲恺。

免寸性奇兼代广东江防司令令

（一九二三年十一月十九日）

大元帅令

宪兵事宜重要，寸性奇着毋庸兼代广东江防司令，以专责成。此令。

（中华民国陆海军大元帅之印）

中华民国十二年十一月十九日

据《命令》，载广州《陆海军大元帅大本营公报》第三十八号，一九二三年十一月二十三日

着杨廷培回广东江防司令兼任令

（一九二三年十一月十九日）

大元帅令

杨廷培着回广东江防司令兼任。此令。

（中华民国陆海军大元帅之印）

中华民国十二年十一月十九日

据《命令》，载广州《陆海军大元帅大本营公报》第三十八号，一九二三年十一月二十三日

派伍学熀兼广东全省船民自治联防督办令

（一九二三年十一月二十日）

大元帅令

派伍学熀兼广东全省船民自治联防督办。此令。

（中华民国陆海军大元帅之印）

中华民国十二年十一月二十日

据《命令》，载广州《陆海军大元帅大本营公报》第三十八号，一九二三年十一月二十三日

准任命谷春芳为大本营参军处中校副官令

（一九二三年十一月二十日）

大元帅令

大本营参军长张开儒呈请调任大本营参谋处中校副官谷春芳为大本营参军处中校副官。应照准。此令。

（中华民国陆海军大元帅之印）

中华民国十二年十一月二十日

据《命令》，载广州《陆海军大元帅大本营公报》第三十八号，一九二三年十一月二十三日

特任许崇智为粤军总司令令

（一九二三年十一月二十一日）

大元帅令

特任许崇智为粤军总司令。此令。

（中华民国陆海军大元帅之印）

中华民国十二年十一月廿一日

据《命令》，载广州《陆海军大元帅大本营公报》第三十八号，一九二三年十一月二十三日

特任刘震寰为桂军总司令令

（一九二三年十一月二十一日）

大元帅令

特任刘震寰为桂军总司令。此令。

（中华民国陆海军大元帅之印）

中华民国十二年十一月二十一日

据《命令》，载广州《陆海军大元帅大本营公
报》第三十八号，一九二三年十一月二十三日

任命宋鹤庚等六人为湘军各军军长令

（一九二三年十一月二十一日）

大元帅令

任命宋鹤庚为湘军第一军军长，鲁涤平为湘军第二军军长，谢国光为湘军第
三军军长，吴剑学为湘军第四军军长，蔡钜猷为湘军第五军军长，陈嘉祐为湘军
第六军军长。此令。

（中华民国陆海军大元帅之印）

中华民国十二年十一月廿一日

据《命令》，载广州《陆海军大元帅大本营公
报》第三十八号，一九二三年十一月二十三日

任命鲁涤平为湘军总指挥令

（一九二三年十一月二十一日）

大元帅令

任命鲁涤平为湘军总指挥。此令。

（中华民国陆海军大元帅之印）

中华民国十二年十一月廿一日

据《命令》，载广州《陆海军大元帅大本营公报》第三十八号，一九二三年十一月二十三日

着方鼎英代理湘军第一军军长令

（一九二三年十一月二十一日）

大元帅令

宋鹤庚未到任以前，湘军第一军军长着方鼎英代理。此令。

（中华民国陆海军大元帅之印）

中华民国十二年十一月二十一日

据《命令》，载广州《陆海军大元帅大本营公报》第三十八号，一九二三年十一月二十三日

准将廖仲恺呈请拟于筹饷总局
添设数员予以备案令

（一九二三年十一月二十一日）

大元帅指令第六三六号

令广东省长兼大本营筹饷总局总办廖仲恺呈请拟于筹饷总局添设委员数员，乞察核备案由。

呈悉。准予备案。此令。

（中华民国陆海军大元帅之印）

中华民国十二年十一月二十一日

据《指令》，载广州《陆海军大元帅大本营公报》第三十八号，一九二三年十一月二十三日

核复杨希闵呈报就滇粤桂联军前敌总指挥兼职及启用关防日期令

（一九二三年十一月二十一日）

大元帅指令第六三八号

　　令滇军总司令兼滇粤桂联军总指挥杨希闵呈报就滇粤桂联军前敌总指挥兼职及启用关防日期由。

　　呈悉。此令。

（中华民国陆海军大元帅之印）

中华民国十二年十一月二十一日

据《指令》，载广州《陆海军大元帅大本营公报》第三十八号，一九二三年十一月二十三日

核复黄建勋呈缴西江船舶检查所所长关防小章令

（一九二三年十一月二十一日）

大元帅指令第六三九号

　　令卸西江船舶检查所所长黄建勋呈缴关防小章由。

　　呈悉。此令。

（中华民国陆海军大元帅之印）

中华民国十二年十一月廿一日

据《指令》，载广州《陆海军大元帅大本营公报》第三十八号，一九二三年十一月二十三日

核复韦荣熙呈报就任北江商运局
局长及启用关防日期令

（一九二三年十一月二十一日）

大元帅指令第六四〇号

令北江商运局局长韦荣熙呈报就职及启用关防日期由。

呈悉。此令。

（中华民国陆海军大元帅之印）

中华民国十二年十一月廿一日

据《指令》，载广州《陆海军大元帅大本营公报》第三十八号，一九二三年十一月二十三日

核复叶恭绰呈委派科长李承翼暂行
兼理财政部第二局局长令

（一九二三年十一月二十一日）

大元帅指令第六四一号

令大本营财政部长叶恭绰呈委派科长李承翼暂行兼理本部第二局局长由。

呈悉。此令。

（中华民国陆海军大元帅之印）

中华民国十二年十一月廿一日

据《指令》，载广州《陆海军大元帅大本营公报》第三十八号，一九二三年十一月二十三日

核复黄建勋呈缴梧州关监督关防小章及
兼外交部特派广西交涉员印信令

（一九二三年十一月二十一日）

大元帅指令第六四二号

令卸梧州关监督兼外交部特派广西交涉员黄建勋呈缴监督关防小章及交涉员印信由。

呈悉。此令。

（中华民国陆海军大元帅之印）

中华民国十二年十一月廿一日

据《指令》，载广州《陆海军大元帅大本营公报》第三十八号，一九二三年十一月二十三日

任命蒋尊簋为大本营参谋处主任令

（一九二三年十一月二十三日）

大元帅令

任命蒋尊簋为大本营参谋处主任。此令。

（中华民国陆海军大元帅之印）

中华民国十二年十一月廿三日

据《命令》，载广州《陆海军大元帅大本营公报》第三十八号，一九二三年十一月二十三日

任命吴介璋等六人为大本营高级参谋令

（一九二三年十一月二十三日）

大元帅令

任命吴介璋、彭程万、俞应麓、耿毅、葛光庭、辛丕斋为大本营高级参谋。此令。

（中华民国陆海军大元帅之印）

中华民国十二年十一月廿三日

据《命令》，载广州《陆海军大元帅大本营公报》第三十八号，一九二三年十一月二十三日

准任命曾勇甫等六人为大本营
参谋处秘书参谋或副官令

（一九二三年十一月二十三日）

大元帅令

大本营参谋长李烈钧呈请任命曾勇甫、蔡公时为大本营参谋处秘书，李有枢为大本营参谋处上校参谋，徐卫璜为大本营参谋处上校副官，吴应镗、童天铎为大本营参谋处中校副官。均照准。此令。

（中华民国陆海军大元帅之印）

中华民国十二年十一月廿三日

据《命令》，载广州《陆海军大元帅大本营公报》第三十八号，一九二三年十一月二十三日

特派许崇智兼滇粤桂联军前敌副指挥令

（一九二三年十一月二十四日）

大元帅令

　　特派许崇智兼滇粤桂联军前敌副指挥。此令。

（中华民国陆海军大元帅之印）

中华民国十二年十一月廿四日

　　据《命令》，载广州《陆海军大元帅大本营公报》第三十八号，一九二三年十一月二十三日

任命李怀霜等六人分为大本营
参谋处军事参议及军事顾问令

（一九二三年十一月二十四日）

大元帅令

　　任命李怀霜、杨赓笙、熊群青、周东屏为大本营参谋处军事参议，井上谦吉、朱润德为大本营参谋处军事顾问。此令。

（中华民国陆海军大元帅之印）

中华民国十二年十一月廿四日

　　据《命令》，载广州《陆海军大元帅大本营公报》第三十九号，一九二三年十一月三十日

核复朱培德呈报移交大本营参军长职情形令

（一九二三年十一月二十四日）

大元帅指令第六五三号

令卸大本营参军长朱培德呈报移交情形由。

呈悉。此令。

（中华民国陆海军大元帅之印）

中华民国十二年十一月廿四日

据《指令》，载广州《陆海军大元帅大本营公报》第三十九号，一九二三年十一月三十日

任命吕超石青阳各为四川讨贼军
第一第三军总司令令

（一九二三年十一月二十五日）

大元帅令

任命吕超为四川讨贼军第一军总司令，石青阳为四川讨贼军第三军总司令。此令。

（中华民国陆海军大元帅之印）

中华民国十二年十一月廿五日

据《命令》，载广州《陆海军大元帅大本营公报》第三十九号，一九二三年十一月三十日

任命汤子模等三人为四川讨贼军各师师长令

（一九二三年十一月二十五日）

大元帅令

　　任命汤子模为四川讨贼军第一师师长，郑启和为四川讨贼军第二师师长，周西成为四川讨贼军第三师师长。此令。

（中华民国陆海军大元帅之印）

中华民国十二年十一月廿五日

据《命令》，载广州《陆海军大元帅大本营公报》第三十九号，一九二三年十一月三十日

任命李昌权等四人为四川
讨贼军各补充旅旅长令

（一九二三年十一月二十五日）

大元帅令

　　任命李昌权为四川讨贼军补充第一旅旅长，朱华经为四川讨贼军补充第二旅旅长，邹畏之为四川讨贼军补充第三旅旅长，王纲为四川讨贼军补充第四旅旅长。此令。

（中华民国陆海军大元帅之印）

中华民国十二年十一月廿五日

据《命令》，载广州《陆海军大元帅大本营公报》第三十九号，一九二三年十一月三十日

任命贺龙为四川讨贼军第一混成旅旅长令

（一九二三年十一月二十五日）

大元帅令

　　任命贺龙为四川讨贼军第一混成旅旅长。此令。

（中华民国陆海军大元帅之印）

中华民国十二年十一月廿五日

据《命令》，载广州《陆海军大元帅大本营公报》第三十九号，一九二三年十一月三十日

任命王度为大本营参军令

（一九二三年十一月二十六日）

大元帅令

　　任命王度为大本营参军。此令。

（中华民国陆海军大元帅之印）

中华民国十二年十一月廿六日

据《命令》，载广州《陆海军大元帅大本营公报》第三十九号，一九二三年十一月三十日

准任命马超俊等四人分为
广东兵工厂各处处长令

（一九二三年十一月二十六日）

大元帅令

　　大本营军政部长程潜呈请任命马超俊为广东兵工厂总务处长，韦增复为广东

兵工厂工务处长，刘东骐为广东兵工厂审验处长，雷大同为广东兵工厂审计处长。均照准。此令。

（中华民国陆海军大元帅之印）

中华民国十二年十一月廿六日

据《命令》，载广州《陆海军大元帅大本营公报》第三十九号，一九二三年十一月三十日

准林云陔辞代理广东高等审判厅厅长令

（一九二三年十一月二十七日）

大元帅令

代理广东高等审判厅厅长林云陔呈请辞去本职，应予照准。此令。

（中华民国陆海军大元帅之印）

中华民国十二年十一月廿七日

据《命令》，载广州《陆海军大元帅大本营公报》第三十九号，一九二三年十一月三十日

着陈融回复广东高等审判厅厅长原任令

（一九二三年十一月二十七日）

大元帅令

广东高等审判厅厅长陈融着即回复原任。此令。

（中华民国陆海军大元帅之印）

中华民国十二年十一月廿七日

据《命令》，载广州《陆海军大元帅大本营公报》第三十九号，一九二三年十一月三十日

任命田桐为参议手令

（一九二三年十一月二十七日）

任命田桐为参议。此令。（月薪三百元）

孙文

中华民国十二年十一月廿七日

据原件影印件，载谭延闿编：《总理遗墨》第三辑，
石印线装本，似出版于二十世纪三十年代初期

任命田桐为大本营参议令

（一九二三年十一月二十七日）

大元帅令

任命田桐为大本营参议。此令。

（中华民国陆海军大元帅之印）

中华民国十二年十一月廿七日

据《命令》，载广州《陆海军大元帅大本营公
报》第三十九号，一九二三年十一月三十日

任命方震为大本营咨议令

（一九二三年十一月二十七日）

大元帅令

任命方震为大本营咨议。此令。

（中华民国陆海军大元帅之印）

中华民国十二年十一月廿七日

据《命令》，载广州《陆海军大元帅大本营公
报》第三十九号，一九二三年十一月三十日

任命程鸿轩为大本营咨议令

（一九二三年十一月二十七日）

大元帅令

　　任命程鸿轩为大本营咨议。此令。

（中华民国陆海军大元帅之印）

中华民国十二年十一月廿七日

据《命令》，载广州《陆海军大元帅大本营公报》第三十九号，一九二三年十一月三十日

免赵士觐大本营粮食管理处督办令

（一九二三年十一月二十七日）

大元帅令

　　大本营粮食管理处督办赵士觐另有任用，应免本职。此令。

（中华民国陆海军大元帅之印）

中华民国十二年十一月廿七日

据《命令》，载广州《陆海军大元帅大本营公报》第三十九号，一九二三年十一月三十日

任命邹鲁兼高等师范学校校长令

（一九二三年十一月二十七日）

大元帅令

　　任命邹鲁兼国立高等师范学校校长。此令。

（中华民国陆海军大元帅之印）

中华民国十二年十一月廿七日

据《命令》，载广州《陆海军大元帅大本营公报》第三十九号，一九二三年十一月三十日

核复樊钟秀呈报就任豫军讨贼军总司令日期令

（一九二三年十一月二十七日）

大元帅指令第六六一号

令豫军讨贼军总司令樊钟秀呈报就职及启用印信日期由。

呈悉。此令。

（中华民国陆海军大元帅之印）

中华民国十二年十一月廿七日

据《指令》，载广州《陆海军大元帅大本营公报》第三十九号，一九二三年十一月三十日

不准刘沛呈请辞参军处副官令

（一九二三年十一月二十七日）

大元帅指令第六六三号

令大本营参军长张开儒据情转呈该处副官刘沛呈请辞职由。

呈悉。现值用兵之际，正赖得力人员奋勉从公，该副官呈请辞职之处毋庸议。此令。

（中华民国陆海军大元帅之印）

中华民国十二年十一月廿七日

据《指令》，载广州《陆海军大元帅大本营公报》第三十九号，一九二三年十一月三十日

不准张开儒呈请升参军处少校
副官张国森为中校令

（一九二三年十一月二十七日）

大元帅指令第六六五号

令大本营参军长张开儒呈参军处少校副官张国森可否以中校升用，请鉴核示由。

呈悉。所请着毋庸议。此令。

（中华民国陆海军大元帅之印）

中华民国十二年十一月廿七日

据《指令》，载广州《陆海军大元帅大本营公报》第三十九号，一九二三年十一月三十日

准程潜呈请任命马超俊等为广东
兵工厂总务处等处长令

（一九二三年十一月二十七日）

大元帅指令第六六六号

令大本营军政部长程潜呈请任命马超俊等为广东兵工厂总务处等处长由。

呈悉。照准。此令。

（中华民国陆海军大元帅之印）

中华民国十二年十一月廿七日

据《指令》，载广州《陆海军大元帅大本营公报》第三十九号，一九二三年十一月三十日

准任命刘景新等三人为内政部科长令

（一九二三年十一月二十九日）

大元帅令

　　大本营内政部长徐绍桢呈请任命刘景新、谭鸿任、刘宏道为大本营内政部科长，应照准。此令。

（中华民国陆海军大元帅之印）

中华民国十二年十一月廿九日

据《命令》，载广州《陆海军大元帅大本营公
报》第三十九号，一九二三年十一月三十日

着陈树人暂代广东政务厅厅长令

（一九二三年十一月二十九日）

大元帅令

　　广东政务厅厅长古应芬未到任以前，着陈树人暂行代理。此令。

（中华民国陆海军大元帅之印）

中华民国十二年十一月廿九日

据《命令》，载广州《陆海军大元帅大本营公
报》第三十九号，一九二三年十一月三十日

准姚褆昌辞大本营秘书令

（一九二三年十一月二十九日）

大元帅令

　　大本营秘书姚褆昌呈请辞职。姚褆昌准免本职。此令。

（中华民国陆海军大元帅之印）

中华民国十二年十一月廿九日

据《命令》，载广州《陆海军大元帅大本营公报》第三十九号，一九二三年十一月三十日

任命梅光培为广东财政厅长令①

（一九二三年十一月三十日）

大元帅令

任命梅光培为广东财政厅长。此令。

（中华民国陆海军大元帅之印）

中华民国十二年十一月三十日

据《命令》，载广州《陆海军大元帅大本营公报》第三十九号，一九二三年十一月三十日

任命张九维为大本营高级参谋令

（一九二三年十一月三十日）

大元帅令

任命张九维为大本营高级参谋。此令。

（中华民国陆海军大元帅之印）

中华民国十二年十一月三十日

据《命令》，载广州《陆海军大元帅大本营公报》第三十九号，一九二三年十一月三十日

---

① 谭延闿编《总理遗墨》第三辑收有手令影印件。

准范其务辞广东电政监督兼广州电报局局长令

（一九二三年十一月三十日）

大元帅令

　　广东电政监督兼广州电报局局长范其务呈请辞职。范其务应准免去本兼各职。此令。

（中华民国陆海军大元帅之印）

中华民国十二年十一月卅日

据《命令》，载广州《陆海军大元帅大本营公报》第三十九号，一九二三年十一月三十日

任萧冠英为广东电政监督兼广州电报局局长手令

（一九二三年十一月三十日）

　　任萧冠英为广东电政监督兼广州电报局局长。此令。

孙文

中华民国十二年十一月三十日

据原件影印件，载谭延闿编：《总理遗墨》第三辑，石印线装本，似出版于二十世纪三十年代初期

准廖仲恺呈请委陈树人暂代广东省政务厅长令

（一九二三年十一月三十日）

大元帅指令第六六八号

　　令广东省长廖仲恺呈为政务厅长古应芬未到以前，拟委陈树人暂行代理由。呈悉。应照准。此令。

（中华民国陆海军大元帅之印）

中华民国十二年十一月卅日

据《指令》，载广州《陆海军大元帅大本营公报》第四十号，一九二三年十二月七日

派姚褆昌为大本营宣传委员令

（一九二三年十二月一日）

大元帅令

派姚褆昌为大本营宣传委员。此令。

（中华民国陆海军大元帅之印）

中华民国十二年十二月一日

据《命令》，载广州《陆海军大元帅大本营公报》第三十九号，一九二三年十一月三十日

派王仁熙为大本营出勤委员令

（一九二三年十二月一日）

大元帅令

派王仁熙为大本营出勤委员。此令。

（中华民国陆海军大元帅之印）

中华民国十二年十二月一日

据《命令》，载广州《陆海军大元帅大本营公报》第四十号，一九二三年十二月七日

任命何家猷为广东电政监督兼广州电报局局长令

（一九二三年十二月一日）

大元帅令

　　任命何家猷为广东电政监督兼广州电报局局长。此令。

（中华民国陆海军大元帅之印）

中华民国十二年十二月一日

据《命令》，载广州《陆海军大元帅大本营
公报》第四十号，一九二三年十二月七日

免邓慕韩广东宣传局局长令①

（一九二三年十二月一日）

大元帅令

　　广东宣传局局长邓慕韩另有任用，应免本职。此令。

（中华民国陆海军大元帅之印）

中华民国十二年十二月一日

据《命令》，载广州《陆海军大元帅大本营
公报》第四十号，一九二三年十二月七日

任命冯自由为广东宣传局局长令

（一九二三年十二月一日）

大元帅令

---

　①　谭延闿编《总理遗墨》第三辑收有手令影印件。

任命冯自由为广东宣传局局长。此令。

（中华民国陆海军大元帅之印）

中华民国十二年十二月一日

据《命令》，载广州《陆海军大元帅大本营公报》第四十号，一九二三年十二月七日

准朱和中辞广东兵工厂厂长令

（一九二三年十二月一日）

大元帅令

广东兵工厂厂长朱和中呈请辞职。朱和中准免本职。此令。

（中华民国陆海军大元帅之印）

中华民国十二年十二月一日

据《命令》，载广州《陆海军大元帅大本营公报》第四十号，一九二三年十二月七日

任命马超俊为广东兵工厂厂长令

（一九二三年十二月一日）

大元帅令

任命马超俊为广东兵工厂厂长。此令。

（中华民国陆海军大元帅之印）

中华民国十二年十二月一日

据《命令》，载广州《陆海军大元帅大本营公报》第四十号，一九二三年十二月七日

准任命罗继善张麟为财政部科长令

（一九二三年十二月一日）

大元帅令

　　大本营财政部长叶恭绰呈请任命罗继善、张麟为大本营财政部科长。应照准。此令。

（中华民国陆海军大元帅之印）

中华民国十二年十二月一日

据《命令》，载广州《陆海军大元帅大本营
公报》第四十号，一九二三年十二月七日

任命李承翼为财政部第二局局长令

（一九二三年十二月一日）

大元帅令

　　任命李承翼为大本营财政部第二局局长。此令。

（中华民国陆海军大元帅之印）

中华民国十二年十二月一日

据《命令》，载广州《陆海军大元帅大本营
公报》第四十号，一九二三年十二月七日

免卢谔生财政部第二局局长令

（一九二三年十二月一日）

大元帅令

　　署理大本营财政部第二局局长卢谔生另有任用，应免本职。此令。

（中华民国陆海军大元帅之印）

中华民国十二年十二月一日

据《命令》，载广州《陆海军大元帅大本营公报》第四十号，一九二三年十二月七日

准免陈煊黄民生大本营参军处副官令

（一九二三年十二月一日）

大元帅令

大本营参军长张开儒呈：上校副官陈煊、少校副官黄民生另有任用，请免本职。均照准。此令。

（中华民国陆海军大元帅之印）

中华民国十二年十二月一日

据《命令》，载广州《陆海军大元帅大本营公报》第四十号，一九二三年十二月七日

核复大本营驻增城命令传达所所长胡谦呈报
收到颁发关防小章并启用日期令

（一九二三年十二月一日）

大元帅指令第六七二号

令大本营驻增城命令传达所所长胡谦呈报收到颁发关防小章并启用日期由。呈悉。此令。

（中华民国陆海军大元帅之印）

中华民国十二年十二月一日

据《指令》，载广州《陆海军大元帅大本营公报》第四十号，一九二三年十二月七日

如兵工厂长令已发表即派朱和中
查办兵工厂员司事宜手令

（一九二三年十二月二日）

兵工厂长令如未发表，可从缓。如已发表，即立发如下之令：派朱和中查办兵工厂员司事宜。此令。

文

据原件影印件，载谭延闿编：《总理遗墨》第三辑，石印线装本，似出版于二十世纪三十年代初期

派朱和中查办广东兵工厂员司事宜令

（一九二三年十二月二日）

大元帅令

派朱和中查办广东兵工厂员司事宜。此令。

（中华民国陆海军大元帅之印）

中华民国十二年十二月二日

据《命令》，载广州《陆海军大元帅大本营公报》第四十号，一九二三年十二月七日

特任孔庚为湖北讨贼军总司令令

（一九二三年十二月二日）

大元帅令

特任孔庚为湖北讨贼军总司令。此令。

（中华民国陆海军大元帅之印）

中华民国十二年十二月二日

据《命令》，载广州《陆海军大元帅大本营公报》第四十号，一九二三年十二月七日

任命刘鸿逵为湖北讨贼军第一路司令令

（一九二三年十二月二日）

大元帅令

任命刘鸿逵为湖北讨贼军第一路司令。此令。

（中华民国陆海军大元帅之印）

中华民国十二年十二月二日

据《命令》，载广州《陆海军大元帅大本营公报》第四十号，一九二三年十二月七日

任命李化民为大本营咨议令

（一九二三年十二月三日）

大元帅令

任命李化民为大本营咨议。此令。

（中华民国陆海军大元帅之印）

中华民国十二年十二月三日

据《命令》，载广州《陆海军大元帅大本营公报》第四十号，一九二三年十二月七日

任命胡谦为军政部军务局局长令

（一九二三年十二月三日）

大元帅令

任命胡谦为大本营军政部军务局局长。此令。

（中华民国陆海军大元帅之印）

中华民国十二年十二月三日

据《命令》，载广州《陆海军大元帅大本营公报》第四十号，一九二三年十二月七日

着胡谦代理军政部次长令

（一九二三年十二月三日）

大元帅令

邓泰中现在出差，军政部次长着该部军务局局长胡谦代理。此令。

（中华民国陆海军大元帅之印）

中华民国十二年十二月三日

据《命令》，载广州《陆海军大元帅大本营公报》第四十号，一九二三年十二月七日

调任李宗黄为大本营参议令

（一九二三年十二月三日）

大元帅令

调任大本营高级参谋李宗黄为大本营参议。此令。

（中华民国陆海军大元帅之印）

中华民国十二年十二月三日

据《命令》，载广州《陆海军大元帅大本营公报》第四十号，一九二三年十二月七日

任命杨子毅李景纲分别署理财政部
总务厅长第一局局长令

（一九二三年十二月三日）

大元帅令

任命杨子毅署理大本营财政部总务厅长，李景纲署理大本营财政部第一局局长。此令。

（中华民国陆海军大元帅之印）

中华民国十二年十二月三日

据《命令》，载广州《陆海军大元帅大本营公报》第四十号，一九二三年十二月七日

准李炳垣署理财政部科长令

（一九二三年十二月三日）

大元帅令

大本营财政部长叶恭绰呈请任命李炳垣署理大本营财政部科长。应照准。此令。

（中华民国陆海军大元帅之印）

中华民国十二年十二月三日

据《命令》，载广州《陆海军大元帅大本营公报》第四十号，一九二三年十二月七日

准冯祝万辞军政部军务局长令

（一九二三年十二月三日）

大元帅令

　　大本营军政部长程潜呈称：军务局长冯祝万恳请辞职。冯祝万准免本职。此令。

　　　　　　　　　　　　　　　（中华民国陆海军大元帅之印）

　　　　　　　　　　　　　　　中华民国十二年十二月三日

　　　　　　　　　　据《命令》，载广州《陆海军大元帅大本营公报》第四十号，一九二三年十二月七日

准免胡家弼余壮鸣大本营参军处副官令

（一九二三年十二月三日）

大元帅令

　　大本营参军长张开儒呈：上校副官胡家弼、余壮鸣久旷职守，请免本职。均照准。此令。

　　　　　　　　　　　　　　　（中华民国陆海军大元帅之印）

　　　　　　　　　　　　　　　中华民国十二年十二月三日

　　　　　　　　　　据《命令》，载广州《陆海军大元帅大本营公报》第四十号，一九二三年十二月七日

任命吕苾筹为大本营秘书令

（一九二三年十二月三日）

大元帅令

任命吕苾筹为大本营秘书。此令。

（中华民国陆海军大元帅之印）

中华民国十二年十二月三日

据《命令》，载广州《陆海军大元帅大本营
公报》第四十号，一九二三年十二月七日

核复邹鲁呈准其辞广东财政厅厅长
兼大本营筹饷总局会办令

（一九二三年十二月三日）

大元帅指令第六七四号

令广东财政厅厅长兼大本营筹饷总局会办邹鲁呈奉命办学，恳请开出厅局各职，俾得专心教育事由。

呈悉。前据该厅长一再呈请辞职，当以军事未竣，财政亟需整理，迭经慰留在案。兹复据呈以奉命办学，未便再任厅局他职，请开去本兼各职等情。热心教育，至足嘉尚，应予照准。此令。

（中华民国陆海军大元帅之印）

中华民国十二年十二月三日

据《指令》，载广州《陆海军大元帅大本营
公报》第四十号，一九二三年十二月七日

准叶恭绰呈请升任财政部科员
罗继善张麟为该部科长令

（一九二三年十二月三日）

大元帅指令第六七五号

令大本营财政部长叶恭绰呈请升任该部科员罗继善、张麟为该部科长由。

呈悉。应照准。此令。

（中华民国陆海军大元帅之印）

中华民国十二年十二月三日

据《指令》，载广州《陆海军大元帅大本营
公报》第四十号，一九二三年十二月七日

不准路孝忱辞大本营参军及山陕讨贼军
司令准取销督战队队长令

（一九二三年十二月四日）

大元帅指令第六七七号

令中央直辖山陕讨贼军总司令大本营参军兼督战队队长路孝忱呈请准予辞去本兼各职另简贤能接替由。

呈悉。东江逆军，节节败退，我军追敌已远，该督战队队长名义，应准予取销。至该参军久历戎行，夙著劳绩，殊深倚界。所请辞去大本营参军及山陕讨贼军司令本兼各职，应毋庸议。此令。

（中华民国陆海军大元帅之印）

中华民国十二年十二月四日

据《指令》，载广州《陆海军大元帅大本营
公报》第四十号，一九二三年十二月七日

派雷大同为大本营宣传委员令

（一九二三年十二月五日）

大元帅令

派雷大同为大本营宣传委员。此令。

（中华民国陆海军大元帅之印）

中华民国十二年十二月五日

据《命令》，载广州《陆海军大元帅大本营公报》第四十号，一九二三年十二月七日

派李宗唐等四人为大本营特务委员令

（一九二三年十二月五日）

大元帅令

派李宗唐、喻世钧、汪福魁、王宝贤为大本营特务委员。此令。

（中华民国陆海军大元帅之印）

中华民国十二年十二月五日

据《命令》，载广州《陆海军大元帅大本营公报》第四十号，一九二三年十二月七日

准范其务呈请辞去广东电政
监督兼广州电报局局长令

（一九二三年十二月五日）

大元帅指令第六七八号

令广东电政监督兼广州电报局局长范其务呈请辞职由。

呈悉。准予辞职。已另有明令发表矣。此令。

（中华民国陆海军大元帅之印）

中华民国十二年十二月五日

据《指令》，载广州《陆海军大元帅大本营公报》第四十号，一九二三年十二月七日

委朱霁青为咨议手谕

（一九二三年十二月六日）

朱霁青委咨议，月薪二百元。

孙文

中华民国十二年十二月六日

据原件影印件，载谭延闿编：《总理遗墨》第三辑，
石印线装本，似出版于二十世纪三十年代初期

任命范熙绩为高级参谋即派驻厦门办事手令

（一九二三年十二月六日）

范熙绩为高级参谋，即派驻厦门办事。此令。

孙文

中华民国十二年十二月六日

据原件影印件，载谭延闿编：《总理遗墨》第三辑，
石印线装本，似出版于二十世纪三十年代初期

核复广东兵工厂厂长马超俊呈报
到差及启用关防日期令

（一九二三年十二月六日）

大元帅指令第六八四号

令广东兵工厂厂长马超俊呈报到差及启用关防日期由。

呈悉。此令。

（中华民国陆海军大元帅之印）

中华民国十二年十二月六日

据《指令》，载广州《陆海军大元帅大本营公报》第四十号，一九二三年十二月七日

核复马晓军呈报就任抚河招抚使
及启用关防日期令

（一九二三年十二月六日）

大元帅指令第六八五号

令抚河招抚使马晓军呈报就职及启用关防日期由。

呈悉。此令。

（中华民国陆海军大元帅之印）

中华民国十二年十二月六日

据《指令》，载广州《陆海军大元帅大本营公报》第四十号，一九二三年十二月七日

准将叶恭绰呈报委派邓慕韩为广东
沙田验领部照处处长予以备案令

（一九二三年十二月六日）

大元帅指令第六八七号

令大本营财政部长叶恭绰呈报委派邓慕韩为广东沙田验领部照处处长，乞察核备案由。

呈悉。准予备案。此令。

（中华民国陆海军大元帅之印）

中华民国十二年十二月六日

据《指令》，载广州《陆海军大元帅大本营公报》第四十号，一九二三年十二月七日

特派杨西岩为禁烟督办令

（一九二三年十二月七日）

大元帅令

特派杨西岩为禁烟督办。此令。

（中华民国陆海军大元帅之印）

中华民国十二年十二月七日

据《命令》，载广州《陆海军大元帅大本营公报》第四十号，一九二三年十二月七日

派宋以梅为钦廉安抚委员令

（一九二三年十二月七日）

大元帅令

派宋以梅为钦廉安抚委员。此令。

（中华民国陆海军大元帅之印）

中华民国十二年十二月七日

据《命令》，载广州《陆海军大元帅大本营公报》第四十号，一九二三年十二月七日

任命范熙绩为大本营高级参谋令

（一九二三年十二月七日）

大元帅令

任命范熙绩为大本营高级参谋。此令。

（中华民国陆海军大元帅之印）

中华民国十二年十二月七日

据《命令》，载广州《陆海军大元帅大本营公报》第四十号，一九二三年十二月七日

免刘泳闿内政部第二局局长令

（一九二三年十二月七日）

大元帅令

内政部第二局局长刘泳闿另有任用，应免本职。此令。

（中华民国陆海军大元帅之印）

中华民国十二年十二月七日

据《命令》，载广州《陆海军大元帅大本营公报》第四十号，一九二三年十二月七日

任命刘泳闿为大本营秘书令

（一九二三年十二月七日）

大元帅令

任命刘泳闿为大本营秘书。此令。

（中华民国陆海军大元帅之印）

中华民国十二年十二月七日

据《命令》，载广州《陆海军大元帅大本营公报》第四十号，一九二三年十二月七日

核复何家猷呈报就任广东电政监督兼
广州电报局局长日期令

（一九二三年十二月七日）

大元帅指令第六九四号

令广东电政监督兼广州电报局局长何家猷呈报到任日期由。

呈悉。此令。

（中华民国陆海军大元帅之印）

中华民国十二年十二月七日

据《指令》，载广州《陆海军大元帅大本营公报》第四十号，一九二三年十二月七日

核复梅光培呈报接任广东财政厅长日期令

（一九二三年十二月七日）

大元帅指令第六九五号

令广东财政厅长梅光培呈报接任日期由。

呈悉。此令。

（中华民国陆海军大元帅之印）

中华民国十二年十二月七日

据《指令》，载广州《陆海军大元帅大本营公报》第四十号，一九二三年十二月七日

任命徐希元为内政部第二局局长令

（一九二三年十二月八日）

大元帅令

任命徐希元为大本营内政部第二局局长。此令。

（中华民国陆海军大元帅之印）

中华民国十二年十二月八日

据《命令》，载广州《陆海军大元帅大本营公报》第四十号，一九二三年十二月七日

核复陈融呈报回任广东高等审判厅厅长日期令

（一九二三年十二月八日）

大元帅指令第六九七号

令广东高等审判厅厅长陈融呈报回任日期由。

呈悉。此令。

（中华民国陆海军大元帅之印）

中华民国十二年十二月八日

据《指令》，载广州《陆海军大元帅大本营公报》第四十一号，一九二三年十二月十四日

核复黄隆生呈报交卸大本营
会计司司长职日期令

（一九二三年十二月八日）

大元帅指令第六九九号

令前大本营会计司司长黄隆生呈报交卸日期由。

呈悉。此令。

（中华民国陆海军大元帅之印）

中华民国十二年十二月八日

据《指令》，载广州《陆海军大元帅大本营公报》第四十一号，一九二三年十二月十四日

准任命陈新燮为内政部秘书令

（一九二三年十二月十日）

大元帅令

　　大本营内政部长徐绍桢呈请任命陈新燮为大本营内政部秘书。应照准。此令。

（中华民国陆海军大元帅之印）

中华民国十二年十二月十日

据《命令》，载广州《陆海军大元帅大本营公报》第四十号，一九二三年十二月七日

准陈策呈请辞去盐务舰队主任兼职令

（一九二三年十二月十日）

大元帅指令第七〇四号

　　令广东海防司令陈策呈恳辞去盐务舰队主任兼职由。

　　呈悉。准予辞去兼职。此令。

（中华民国陆海军大元帅之印）

中华民国十二年十二月十日

据《指令》，载广州《陆海军大元帅大本营公报》第四十一号，一九二三年十二月十四日

任命刘毅为大本营高级参谋令[1]

（一九二三年十二月十一日）

大元帅令

---

[1]　谭延闿编《总理遗墨》第三辑收有手令影印件。

任命刘毅为大本营高级参谋。此令。

（中华民国陆海军大元帅之印）

中华民国十二年十二月十一日

据《命令》，载广州《陆海军大元帅大本营公报》第四十号，一九二三年十二月七日

核复谢国光呈报就任湘军第三军
军长及启用印信日期令

（一九二三年十二月十一日）

大元帅指令第七〇七号

令湘军第三军军长谢国光呈报就职及启用印信日期由。

呈悉。此令。

（中华民国陆海军大元帅之印）

中华民国十二年十二月十一日

据《指令》，载广州《陆海军大元帅大本营公报》第四十一号，一九二三年十二月十四日

核复吴剑学呈报祗领湘军第四军
军长任状及启用印信日期令

（一九二三年十二月十一日）

大元帅指令第七〇八号

令湘军第四军军长吴剑学呈报祗领任状及启用印信日期由。

呈悉。此令。

（中华民国陆海军大元帅之印）

中华民国十二年十二月十一日

据《指令》，载广州《陆海军大元帅大本营公
报》第四十一号，一九二三年十二月十四日

核复范其务呈报交卸广东电政监督
兼广州电报局局长职日期令

（一九二三年十二月十一日）

大元帅指令第七一〇号

令前广东电政监督兼广州电报局局长范其务呈报交卸日期由。

呈悉。此令。

（中华民国陆海军大元帅之印）

中华民国十二年十二月十一日

据《指令》，载广州《陆海军大元帅大本营公
报》第四十一号，一九二三年十二月十四日

准徐绍桢呈请分别以徐希元陈新燮
升任内政部第二局局长及秘书令

（一九二三年十二月十一日）

大元帅指令第七一一号

令大本营内政部长徐绍桢呈请以秘书徐希元推升第二局局长，以科长陈新燮
升充秘书由。

呈悉。照准。均另有明令发表矣。此令。

（中华民国陆海军大元帅之印）

中华民国十二年十二月十一日

据《指令》，载广州《陆海军大元帅大本营公
报》第四十一号，一九二三年十二月十四日

与邓泽如联署委任赵汉一为台山分部长状

（一九二三年十二月十一日）

委任状

　　委任赵汉一为本党台山分部长。此状。

总理孙文（印）

支部长邓泽如（印）

中华民国十二年十二月十一日

据原件照片，台北、中国国民
党文化传播委员会党史馆藏

派梅光培兼大本营筹饷总局会办令

（一九二三年十二月十三日）

大元帅令

　　派梅光培兼大本营筹饷总局会办。此令。

（中华民国陆海军大元帅之印）

中华民国十二年十二月十三日

据《命令》，载广州《陆海军大元帅大本营公
报》第四十一号，一九二三年十二月十四日

核复黄隆生呈不准辞大本营会计司长
准给假一月并由黄昌谷代理令

（一九二三年十二月十三日）

大元帅指令第七二〇号

令大本营会计司长黄隆生呈请辞职由。

据呈已悉。该司长任职以来，颇资得力。现因事须赴海防料理，准予给假一月，俾便前往。所遗职务，已另令行营金库长黄昌谷代理。该员假满，仍即回营供职，勿庸恳辞。此令。

（中华民国陆海军大元帅之印）

中华民国十二年十二月十三日

据《指令》，载广州《陆海军大元帅大本营公报》第四十一号，一九二三年十二月十四日

派陈个民为潮汕安抚委员手令

（一九二三年十二月十四日）

大元帅令第二号

派陈个民为潮汕安抚委员。此令。

孙文（大元帅章）

中华民国十二年十二月十四日

据原件影印件，载谭延闿编：《总理遗墨》第三辑，石印线装本，似出版于二十世纪三十年代初期

任命高凤桂为直辖第一师师长令

（一九二三年十二月十五日）

大元帅令

任命高凤桂为中央直辖第一师师长①。此令。

（中华民国陆海军大元帅之印）

中华民国十二年十二月十五日

---

①　一九二三年十二月二十五日上海《民国日报》第三版载本令为第二师师长。

据《命令》，载广州《陆海军大元帅大本营公报》第四十一号，一九二三年十二月十四日

派关汉光为东江招抚委员手令

（一九二三年十二月十五日）

派关汉光为东江招抚委员。此令。

孙文

中华民国十二年十二月十五日

据原件影印件，载谭延闿编：《总理遗墨》第三辑，石印线装本，似出版于二十世纪三十年代初期

核复国立高等师范学校校长
邹鲁呈报视事日期令

（一九二三年十二月十七日）

大元帅指令第七二九号

令国立高等师范学校校长邹鲁呈报视事日期由。

呈悉。此令。

（中华民国陆海军大元帅之印）

中华民国十二年十二月十七日

据《指令》，载广州《陆海军大元帅大本营公报》第四十一号，一九二三年十二月十四日

任命林云陔为广东高等检察厅检察长令①

（一九二三年十二月十八日）

大元帅令

　　任命林云陔为广东高等检察厅检察长。此令。

（中华民国陆海军大元帅之印）

中华民国十二年十二月十八日

据《命令》，载广州《陆海军大元帅大本营公
报》第四十一号，一九二三年十二月十四日

准任命葛昆山席楚霖为大本营参军处少校副官令

（一九二三年十二月十八日）

大元帅令

　　大本营参军长张开儒呈请任命葛昆山、席楚霖为大本营参军处少校副官，应
照准。此令。

（中华民国陆海军大元帅之印）

中华民国十二年十二月十八日

据《命令》，载广州《陆海军大元帅大本营公
报》第四十一号，一九二三年十二月十四日

---

①　谭延闿编《总理遗墨》第三辑收有手令影印件。

准任命陈煊等四人为广东兵工厂职员令

（一九二三年十二月十八日）

大元帅令

大本营军政部长程潜呈请任命陈煊为广东兵工厂总务处处长，朱之安为广东兵工厂审计处处长，江天柱为广东兵工厂副官长，杜璞珍为广东兵工厂料械处处长。均照准。此令。

（中华民国陆海军大元帅之印）

中华民国十二年十二月十八日

据《命令》，载广州《陆海军大元帅大本营公报》第四十一号，一九二三年十二月十四日

准免何蔚代理广东高等检察厅检察长令

（一九二三年十二月十八日）

大元帅令

大理院长兼管司法行政事务赵士北呈请将代理广东高等检察厅检察长何蔚免去本职。何蔚准免本职。此令。

（中华民国陆海军大元帅之印）

中华民国十二年十二月十八日

据《命令》，载广州《陆海军大元帅大本营公报》第四十一号，一九二三年十二月十四日

准路孝忱辞大本营参军兼职令

（一九二三年十二月十八日）

大元帅令

中央直辖山陕讨贼军司令兼大本营参军路孝忱呈请免去参军兼职。路孝忱准免大本营参军兼职。此令。

（中华民国陆海军大元帅之印）

中华民国十二年十二月十八日

据《命令》，载广州《陆海军大元帅大本营公报》第四十一号，一九二三年十二月十四日

准胡思清辞大本营参军兼职令

（一九二三年十二月十八日）

大元帅令

中央直辖滇军第六师师长兼大本营参军胡思清呈请辞去参军兼职。胡思清准免大本营参军兼职。此令。

（中华民国陆海军大元帅之印）

中华民国十二年十二月十八日

据《命令》，载广州《陆海军大元帅大本营公报》第四十一号，一九二三年十二月十四日

特派赵杰为豫鲁招抚使令

（一九二三年十二月十九日）

大元帅令

特派赵杰为豫鲁招抚使。此令。

（中华民国陆海军大元帅之印）

中华民国十二年十二月十九日

据《命令》，载广州《陆海军大元帅大本营公报》第四十一号，一九二三年十二月十四日

准赵士北呈免何蔚代理广东高等检察厅
检察长并由林云陔接替令

（一九二三年十二月二十日）

大元帅指令第七三五号

令大理院长兼管司法行政事务赵士北呈报代理广东高等检察厅检察长何蔚才不胜任，应请免职，遗缺拟以林翔接充由。

呈悉。据称何蔚才不胜任，应即免去本职，所遗广东高等检察厅检察长一缺，已另有令任命林云陔接替矣。此令。

（中华民国陆海军大元帅之印）

中华民国十二年十二月廿日

据《指令》，载广州《陆海军大元帅大本营公报》第四十二号，一九二三年十二月二十一日

准程潜呈请任命陈煊等为
广东兵工厂总务处处长等职令

（一九二三年十二月二十日）

大元帅指令第七三六号

令大本营军政部长程潜呈为转呈请任命陈煊为广东兵工厂总务处处长等职，乞察核示遵由。

呈悉。已明令照准矣。仰即转令遵照。此令。

（中华民国陆海军大元帅之印）

中华民国十二年十二月二十日

据《指令》，载广州《陆海军大元帅大本营公报》第四十二号，一九二三年十二月二十一日

准黄昌谷呈请任命赵士养等为
大本营会计司各课主任令

（一九二三年十二月二十日）

大元帅指令第七三七号

令代理大本营会计司长黄昌谷呈拟将会计司与行营金库合并，组织办理办法暨请任命赵士养等为各课主任令。

呈表均悉。所请任命赵士养等为该司各课主任，业经明令发表，余准如所拟办理。此令。

（中华民国陆海军大元帅之印）

中华民国十二年十二月二十日

据《指令》，载广州《陆海军大元帅大本营公报》第四十二号，一九二三年十二月二十一日

核复廖湘芸呈告已明令准免
其大本营参军兼职令

（一九二三年十二月二十一日）

大元帅指令第七三九号

令虎门要塞司令廖湘芸呈请免去大本营参军兼职由。

呈悉。准予免去大本营参军兼职，已另有明令发表矣。此令。

（中华民国陆海军大元帅之印）

中华民国十二年十二月廿一日

据《指令》，载广州《陆海军大元帅大本营公报》第四十二号，一九二三年十二月二十一日

委萧湘为咨议手谕

（一九二三年十二月二十二日前）

萧湘①，委以咨议，不支薪。文。

据原件影印件，载谭延闿编：《总理遗墨》第三辑，石印线装本，似出版于二十世纪三十年代初期

准任命赵士养罗磊生分为大本营会计司
统计课支出课主任令

（一九二三年十二月二十二日刊载）

代理大本营会计司长黄昌谷呈请任命赵士养为大本营会计司统计课主任，罗

---

① 原件此处夹行注："（蔚森，湖南）。"

磊生为大本营会计司支出课主任。均照准。此令。

据《大元帅命令》，载一九二三年十二
月二十二日《广州民国日报》（二）

准任命崔炽黄为大本营参军处三等军医正令

（一九二三年十二月二十二日刊载）

大本营参军长张开儒呈请任命崔炽黄为大本营参军处三等军医正。应照准。此令。

据《大元帅命令》，载一九二三年十二
月二十二日《广州民国日报》（二）

任命萧湘为大本营咨议令

（一九二三年十二月二十二日）

大元帅令

任命萧湘为大本营咨议。此令。

（中华民国陆海军大元帅之印）
中华民国十二年十二月廿二日

据《命令》，载广州《陆海军大元帅大本营公
报》第四十二号，一九二三年十二月二十一日

任命徐方济为大本营参军令

（一九二三年十二月二十二日）

大元帅令

任命徐方济为大本营参军。此令。

（中华民国陆海军大元帅之印）

中华民国十二年十二月廿二日

据《命令》，载广州《陆海军大元帅大本营公报》第四十二号，一九二三年十二月二十一日

任命陈可钰为大本营参军令

（一九二三年十二月二十二日）

大元帅令

任命陈可钰为大本营参军。此令。

（中华民国陆海军大元帅之印）

中华民国十二年十二月廿二日

据《命令》，载广州《陆海军大元帅大本营公报》第四十二号，一九二三年十二月二十一日

派张苇村为山东军事委员令

（一九二三年十二月二十三日）

派张苇村为山东军事委员。此令。

孙文

据原件，台北、中国国民党文化传播委员会党史馆藏

任命黄明堂为直辖第二军军长令

（一九二三年十二月二十四日）

大元帅令

任命黄明堂为中央直辖第二军军长。此令。

（中华民国陆海军大元帅之印）

中华民国十二年十二月廿四日

据《命令》，载广州《陆海军大元帅大本营公
报》第四十二号，一九二三年十二月二十一日

任命陈树人兼大本营内政部侨务局局长令

（一九二三年十二月二十四日）

大元帅令

任命大本营内政部总务厅厅长陈树人兼大本营内政部侨务局局长。此令。

（中华民国陆海军大元帅之印）

中华民国十二年十二月廿四日

据《命令》，载广州《陆海军大元帅大本营公
报》第四十二号，一九二三年十二月二十一日

核复广东高等检察厅检察长林云陔
呈报接印视事日期令

（一九二三年十二月二十四日）

大元帅指令第七四五号

令广东高等检察厅检察长林云陔呈报接印视事日期由。

呈悉。此令。

（中华民国陆海军大元帅之印）

中华民国十二年十二月廿四日

据《指令》，载广州《陆海军大元帅大本营公
报》第四十二号，一九二三年十二月二十一日

核复宋子文呈报启用两广盐务
稽核所经理关防日期令

（一九二三年十二月二十四日）

大元帅指令第七四六号

　　令两广盐务稽核所经理宋子文呈报启用关防日期由。

　　呈悉。此令。

　　　　　　　　　　（中华民国陆海军大元帅之印）

　　　　　　　　中华民国十二年十二月廿四日

　　　　　　据《指令》，载广州《陆海军大元帅大本营公
　　　　　　报》第四十二号，一九二三年十二月二十一日

准鲁涤平辞湘军总指挥兼职令

（一九二三年十二月二十五日）

大元帅令

　　湘军总指挥第二军军长鲁涤平选据呈请辞去湘军总指挥兼职。鲁涤平准免兼
职。此令。

　　　　　　　　　　（中华民国陆海军大元帅之印）

　　　　　　　　中华民国十二年十二月廿五日

　　　　　　据《命令》，载广州《陆海军大元帅大本营公
　　　　　　报》第四十二号，一九二三年十二月二十一日

任命宋鹤庚兼湘军总指挥令

（一九二三年十二月二十五日）

大元帅令

任命湘军第一军军长宋鹤庚兼湘军总指挥。此令。

（中华民国陆海军大元帅之印）

中华民国十二年十二月廿五日

据《命令》，载广州《陆海军大元帅大本营公报》第四十二号，一九二三年十二月二十一日

核复鲁涤平呈准辞湘军总指挥
兼职以宋鹤庚继任令

（一九二三年十二月二十五日）

大元帅指令第七五○号

令湘军总司令谭延闿呈为转呈湘军总指挥鲁涤平呈请辞去兼职由。

呈悉。该总指挥沥述悃忱，功高心下，既彰谦抑，尤见公忠，披阅来呈，重违其意。东征方亟，北伐尤殷，实赖一心一德之良，共奏同作同仇之绩，所请辞去湘军总指挥兼职，以第一军军长宋鹤庚继任，应即照准。除颁明令外，仰即转饬知照。此令。

（中华民国陆海军大元帅之印）

中华民国十二年十二月廿五日

据《指令》，载广州《陆海军大元帅大本营公报》第四十二号，一九二三年十二月二十一日

任命岳森卢师諟为大本营咨议令

（一九二三年十二月二十七日刊载）

任命岳森、卢师諟为大本营咨议。此令。

据《大元帅命令》，载一九二三年十二月二十七日《广州民国日报》（三）

准韦增复辞广东兵工厂工务处长令

（一九二三年十二月二十七日）

大元帅令

　　大本营军政部长程潜呈：广东兵工厂工务处长韦增复辞职。应照准。此令。

（中华民国陆海军大元帅之印）

中华民国十二年十二月廿七日

据《命令》，载广州《陆海军大元帅大本营公
报》第四十二号，一九二三年十二月二十一日

准任命汤熙为广东兵工厂工务处长令

（一九二三年十二月二十七日）

大元帅令

　　大本营军政部长程潜呈请任命汤熙为广东兵工厂工务处长。应照准。此令。

（中华民国陆海军大元帅之印）

中华民国十二年十二月廿七日

据《命令》，载广州《陆海军大元帅大本营公
报》第四十二号，一九二三年十二月二十一日

免伍汝康两广盐运使令

（一九二三年十二月二十七日）

大元帅令

　　两广盐运使伍汝康另有任用，应免本职。此令。

（中华民国陆海军大元帅之印）

中华民国十二年十二月廿七日

据《命令》，载广州《陆海军大元帅大本营公报》第四十二号，一九二三年十二月二十一日

核复赵杰呈报就任豫鲁招抚使
及启用关防日期令

（一九二三年十二月二十七日）

大元帅指令第七五七号

令豫鲁招抚使赵杰呈报就职及启用关防日期由。

呈悉。此令。

（中华民国陆海军大元帅之印）

中华民国十二年十二月二十七日

据《指令》，载广州《陆海军大元帅大本营公报》第四十二号，一九二三年十二月二十一日

核复程潜呈告已明令准韦增复辞广东
兵工厂工务处长职以汤熙补充令

（一九二三年十二月二十七日）

大元帅指令第七五九号

令大本营军政部长程潜呈广东兵工厂工务处长韦增复辞职，请以汤熙补充由。

呈悉。已明令照准矣。仰即转令遵照。此令。

（中华民国陆海军大元帅之印）

中华民国十二年十二月二十七日

据《指令》，载广州《陆海军大元帅大本营公报》第四十二号，一九二三年十二月二十一日

派叶恭绰等九人为财政委员会委员令

（一九二三年十二月三十一日）

大元帅令

　　派叶恭绰、郑洪年、廖仲恺、杨西岩、伍学熿、赵士觐、科梅孙〔孙科、梅〕光培、吴铁城为财政委员会委员。此令。

（中华民国陆海军大元帅之印）

中华民国十二年十二月卅一日

　　　　据《命令》，载广州《陆海军大元帅大本营公报》第四十二号，一九二三年十二月二十一日

准伍学熿呈荐伍炎陈润堂等分别为
广东全省船民自治联防坐办科长令

（一九二三年十二月三十一日）

大元帅指令第七六一号

　　令兼广东全省船民自治联防督办伍学熿呈为荐任伍炎为坐办、陈润堂等为科长由。

　　呈悉。照准。此令。

（中华民国陆海军大元帅之印）

中华民国十二年十二月卅一日

　　　　据《指令》，载广州《陆海军大元帅大本营公报》第四十二号，一九二三年十二月二十一日

准张开儒呈请任命葛昆山
席楚霖为参军处少校副官令

（一九二三年十二月）

大元帅指令第七三一号

令大本营参军长张开儒呈请任命葛昆山、席楚霖为该处少校副官由。

呈悉。已明令照准矣。此令。

（中华民国陆海军大元帅之印）

中华民国十二年十二月

据《指令》，载广州《陆海军大元帅大本营公报》第四十一号，一九二三年十二月十四日

着财厅加委程璧金为航政局长手谕

（一九二三年）

着财厅加委航政局长。

据原件影印件，载谭延闿编：《总理遗墨》第三辑，石印线装本，似出版于二十世纪三十年代初期

任命卢焘为大本营高等顾问手令

（一九二三年）

卢焘为大本营高等顾问。此令。

孙文

据原件影印件，载谭延闿编：《总理遗墨》第一辑，一九二八年五月校印

任命格德林为公路建筑兼公路运输顾问手令

（一九二三年）

任命格德林为公路建筑兼公路运输顾问。此令。

孙文

据原件影印件，载谭延闿编：《总理
遗墨》第一辑，一九二八年五月校印

委陈群李文滇为大本营党务筹备委员手令

（一九二三年）

委陈群、李文滇为大本营党务筹备委员。此令。①

孙文

据原件影印件，载谭延闿编：《总理遗墨》第三辑，
石印线装本，似出版于二十世纪三十年代初期

派陈中孚为广东造币监督手令

（一九二三年）

派陈中孚为广东造币监督。此令。

孙文

据原件影印件，载谭延闿编：《总理遗墨》第三辑，
石印线装本，似出版于二十世纪三十年代初期

---

①　本件边注：报上有孙文代表王鸿勋等语。当通电声明并未派有王鸿勋为代表，并先在
广州各报否认之。

任命李朗如为参军①及邓慕韩
为广东宣传局长手谕

（一九二三年）

李朗如为参军。

邓慕韩广东宣传局长。

孙文

据原件影印件，载谭延闿编：《总理遗墨》第三辑，
石印线装本，似出版于二十世纪三十年代初期

派林国英为潮州善后委员会委员状

（一九二四年一月二日）

派状　第一四〇号

派林国英为潮州善后委员会委员。此状。

孙文（孙文之印）

（中华民国陆海军大元帅之印）

（监印李禄超）

中华民国十三年一月二日

据原件照片，台北、中国国民
党文化传播委员会党史馆藏

任命林凤游为大本营参谋处军事参议令

（一九二四年一月三日）

大元帅令

---

①　李朗如的任命正式发表于《陆海军大元帅大本营公报》一九二三年第三号。

任命林凤游为大本营参谋处军事参议。此令。

（中华民国陆海军大元帅之印）

中华民国十三年一月三日

据《命令》，载广州《陆海军大元帅大本营公报》第一号，一九二四年一月十日

任命高家祺胡盈川为大本营参谋处军事咨议令

（一九二四年一月三日）

大元帅令

  任命高家祺、胡盈川为大本营参谋处军事咨议。此令。

（中华民国陆海军大元帅之印）

中华民国十三年一月三日

据《命令》，载广州《陆海军大元帅大本营公报》第一号，一九二四年一月十日

准免郑文轩财政部秘书令

（一九二四年一月三日）

大元帅令

  大本营财政部长叶恭绰呈请免去秘书郑文轩本职。应照准。此令。

（中华民国陆海军大元帅之印）

中华民国十三年一月三日

据《命令》，载广州《陆海军大元帅大本营公报》第一号，一九二四年一月十日

任命钟明阶为桂军第四军军长令

（一九二四年一月三日）

大元帅令

任命钟明阶为桂军第四军军长。此令。

（中华民国陆海军大元帅之印）

中华民国十三年一月三日

据《命令》，载广州《陆海军大元帅大本营公报》第一号，一九二四年一月十日

免直辖滇军第四师师长王秉钧
本兼各职听候查办令

（一九二四年一月三日）

大元帅令

查中央直辖滇军第四师师长王秉均〔钧〕有私通北敌情事。王秉均〔钧〕应免去本兼各职，听候查办。此令。

（中华民国陆海军大元帅之印）

中华民国十三年一月三日

据《命令》，载广州《陆海军大元帅大本营公报》第一号，一九二四年一月十日

免直辖滇军第三军总参谋长禄国藩第四师
参谋长吴震东本兼各职听候查办令

（一九二四年一月三日）

大元帅令

　　查中央直辖滇军第三军总参谋长禄国藩、第四师参谋长吴震东，均有私通北敌情事。禄国藩、吴震东均应免去本兼各职，听候查办。此令。

（中华民国陆海军大元帅之印）

中华民国十三年一月三日

据《命令》，载广州《陆海军大元帅大本营公报》第一号，一九二四年一月十日

任命王汝为为直辖滇军第四师师长令

（一九二四年一月三日）

大元帅令

　　任命王汝为为中央直辖滇军第四师师长。此令。

（中华民国陆海军大元帅之印）

中华民国十三年一月三日

据《命令》，载广州《陆海军大元帅大本营公报》第一号，一九二四年一月十日

核复高凤桂呈准委任直辖第一师各旅团长令

（一九二四年一月三日）

大元帅指令第四号

令中央直辖第一师师长高凤桂呈为该师旅长、团长各缺，拟请遴员升补，以符建制而专责成由。

呈悉。所请委任该师各旅、团长，应即照准。仰候颁令给状可也。此令。

（中华民国陆海军大元帅之印）

中华民国十三年一月三日

据《指令》，载广州《陆海军大元帅大本营公报》第一号，一九二四年一月十日

准叶恭绰呈免郑文轩财政部秘书令

（一九二四年一月三日）

大元帅指令第五号

令大本营财政部长叶恭绰呈秘书郑文轩久旷职守请免本职由。

呈悉。照准。此令。

（中华民国陆海军大元帅之印）

中华民国十三年一月三日

据《指令》，载广州《陆海军大元帅大本营公报》第一号，一九二四年一月十日

任命田桓为大本营咨议令

（一九二四年一月四日刊载）

任命田桓为大本营咨议。此令。

据《大元帅命令》，载一九二四年一月四日上海《民国日报》第四版

任命张士仁陶礼燊为大本营咨议令

（一九二四年一月四日刊载）

任命张士仁、陶礼燊为大本营咨议。此令。

据《大元帅命令》，载一九二四年
一月四日上海《民国日报》第四版

任命赵士觐为两广盐运使令

（一九二四年一月四日刊载）

任命赵士觐为两广盐运使。此令。

据《大元帅命令》，载一九二四年
一月四日上海《民国日报》第四版

核复直辖第一师师长高凤桂呈报
就职启用印章日期令

（一九二四年一月四日）

大元帅指令第六号

令中央直辖第一师师长高凤桂呈报就职启用印章日期由。

呈悉。此令。

（中华民国陆海军大元帅之印）
中华民国十三年一月四日

据《指令》，载广州《陆海军大元帅大本营
公报》第一号，一九二四年一月十日

核复刘震寰呈告已明令简任钟明阶
为桂军第四军军长令

（一九二四年一月四日）

大元帅指令第十号

令桂军总司令刘震寰呈请简任钟明阶为桂军第四军军长由。

呈悉。照准。钟明阶已明令简任矣。此令。

（中华民国陆海军大元帅之印）

中华民国十三年一月四日

据《指令》，载广州《陆海军大元帅大本营公报》第一号，一九二四年一月十日

免汤廷光广东治河督办令

（一九二四年一月五日）

大元帅令

广东治河督办汤廷光另有任用，应免本职。此令。

（中华民国陆海军大元帅之印）

中华民国十三年一月五日

据《命令》，载广州《陆海军大元帅大本营公报》第一号，一九二四年一月十日

派姚雨平为广东治河督办令

（一九二四年一月五日）

大元帅令

派姚雨平为广东治河督办。此令。

（中华民国陆海军大元帅之印）

中华民国十三年一月五日

据《命令》，载广州《陆海军大元帅大本营公报》第一号，一九二四年一月十日

派陈其瑗为财政委员会委员令

（一九二四年一月五日）

大元帅令

派陈其瑗为财政委员会委员。此令。

（中华民国陆海军大元帅之印）

中华民国十三年一月五日

据《命令》，载广州《陆海军大元帅大本营公报》第一号，一九二四年一月十日

任命高培臣廖刚为直辖第一师
第一第二旅旅长令

（一九二四年一月七日）

大元帅令

任命高培臣为中央直辖第一师第一旅旅长，廖刚为第二旅旅长。此令。

（中华民国陆海军大元帅之印）

中华民国十三年一月七日

据《命令》，载广州《陆海军大元帅大本营公报》第一号，一九二四年一月十日

任命薛履新等四人为直辖第一师
第一第二旅各团团长令

（一九二四年一月七日）

大元帅令

　　任命薛履新为中央直辖第一师第一旅第一团团长，赵世杰为第二团团长，王竹山为第二旅第三团团长，张忠义为第四团团长。此令。

（中华民国陆海军大元帅之印）

中华民国十三年一月七日

据《命令》，载广州《陆海军大元帅大本营公报》第一号，一九二四年一月十日

着省长委李蟠为香山县长令

（一九二四年一月七日）

着省长委李蟠为香山县长。此令。

孙文

中华民国十三年一月七日

据原件，北京、中国国家博物馆藏

特任曲同丰为北洋招讨使令

（一九二四年一月八日）

大元帅令

　　特任曲同丰为北洋招讨使。此令。

（中华民国陆海军大元帅之印）

中华民国十三年一月八日

据《命令》，载广州《陆海军大元帅大本营
公报》第一号，一九二四年一月十日

任命柏文蔚为北伐讨贼军第二军军长令

（一九二四年一月八日）

大元帅令

　　任命柏文蔚为北伐讨贼军第二军军长。此令。

（中华民国陆海军大元帅之印）

中华民国十三年一月八日

据《命令》，载广州《陆海军大元帅大本营
公报》第一号，一九二四年一月十日

派范石生等四人为禁烟会办令

（一九二四年一月八日）

大元帅令

　　派范石生、朱培德、李福林、张国桢为禁烟会办。此令。

（中华民国陆海军大元帅之印）

中华民国十三年一月八日

据《命令》，载广州《陆海军大元帅大本营
公报》第一号，一九二四年一月十日

派廖行超等五人为禁烟帮办令

（一九二四年一月八日）

大元帅令

派廖行超、夏声、王南微、周鳌山、罗桂芳为禁烟帮办。此令。

（中华民国陆海军大元帅之印）

中华民国十三年一月八日

据《命令》，载广州《陆海军大元帅大本营
公报》第一号，一九二四年一月十日

准免宾镇远等四人大本营参军处副官令

（一九二四年一月九日）

大元帅令

　　大本营参军长张开儒呈请将参军处上校副官宾镇远、吴文龙、曾鲁，少校副官刘沛免去本职。应照准。此令。

（中华民国陆海军大元帅之印）

中华民国十三年一月九日

据《命令》，载广州《陆海军大元帅大本营
公报》第一号，一九二四年一月十日

准免吴靖等十一人大本营参军处副官令

（一九二四年一月九日）

大元帅令

　　大本营参军长张开儒呈请将上校副官吴靖、吴嵋、刘殿臣，少校副官张国森、高中禹、王应潮、石汝霖、钱针、胡名扬、王吉壬、宋韬等免去本职。均照准。此令。

（中华民国陆海军大元帅之印）

中华民国十三年一月九日

据《命令》，载广州《陆海军大元帅大本营
公报》第一号，一九二四年一月十日

不准何克夫呈辞连阳绥靖处长令

（一九二四年一月九日）

大元帅指令第二二号

　　令连阳绥靖处处长何克夫呈请辞去连阳绥靖处处长职，迅赐遴员接替，以重边陲由。

　　呈悉。该处长奔走国事，历有年所。此次绥靖连阳，守土御寇，殚思竭力，殊深倚畀。所请辞去连阳绥靖处处长职，应毋庸议。此令。

　　　　　　　　　　　　　　　　（中华民国陆海军大元帅之印）

　　　　　　　　　　　　　　　　　　中华民国十三年一月九日

　　　　　　　据《指令》，载广州《陆海军大元帅大本营公报》第一号，一九二四年一月十日

核复前两广盐运使伍汝康呈报卸事日期令

（一九二四年一月九日）

大元帅指令第二三号

　　令前两广盐运使伍汝康呈报卸事日期由。

　　呈悉。此令。

　　　　　　　　　　　　　　　　（中华民国陆海军大元帅之印）

　　　　　　　　　　　　　　　　　　中华民国十三年一月九日

　　　　　　　据《指令》，载广州《陆海军大元帅大本营公报》第一号，一九二四年一月十日

准派廖朗如为财政委员会秘书长令

（一九二四年一月十日）

大元帅令

财政委员会主席委员叶恭绰、廖仲恺呈请派廖朗如为财政委员会秘书长。应照准。此令。

（中华民国陆海军大元帅之印）

中华民国十三年一月十日

据《命令》，载广州《陆海军大元帅大本营公报》第二号，一九二四年一月二十日

核复张开儒呈告已令将副官宾镇远等免去本职令

（一九二四年一月十日）

大元帅指令第二六号

令大本营参军长张开儒呈请将该处上校副官宾镇远、少校副官刘沛等四员免去本职由。

呈悉。准如所请。已另有令将该副官宾镇远等免去本职矣。此令。

（中华民国陆海军大元帅之印）

中华民国十三年一月十日

据《指令》，载广州《陆海军大元帅大本营公报》第二号，一九二四年一月二十日

核复张开儒呈告已明令免吴靖等
参军处副官本职令

（一九二四年一月十日）

大元帅指令第二七号

令大本营参军长张开儒呈奉令祇去副官、差遣各员，分批办理列册，呈请鉴核施行由。

呈、册均悉。吴靖等已明令免去副官本职，余如所请办理，仰即遵照。册存。此令。

（中华民国陆海军大元帅之印）

中华民国十三年一月十日

据《指令》，载广州《陆海军大元帅大本营公报》第二号，一九二四年一月二十日

核复两广盐运使赵士觐呈报到任日期令

（一九二四年一月十一日）

大元帅指令第三六号

令两广盐运使赵士觐呈报到任日期由。

呈悉。此令。

（中华民国陆海军大元帅之印）

中华民国十三年一月十一日

据《指令》，载广州《陆海军大元帅大本营公报》第二号，一九二四年一月二十日

核复叶恭绰廖仲恺呈告另有明令派廖朗如
为财政委员会秘书长令

（一九二四年一月十二日）

大元帅指令第三七号

令财政委员会主席委员叶恭绰、廖仲恺呈请派廖朗如为委员会秘书长由。

呈悉。已另有明令照准矣。此令。

（中华民国陆海军大元帅之印）

中华民国十三年一月十二日

据《指令》，载广州《陆海军大元帅大本营公报》第二号，一九二四年一月二十日

核复杨西岩呈委任陈鸾谔为戒烟总所所长
郑文华为制药总所所长令

（一九二四年一月十二日）

大元帅指令第四一号

令禁烟督办杨西岩呈为委任陈鸾谔为戒烟总所所长，郑文华为制药总所所长，乞照准指令祗遵由。

呈悉。此令。

（中华民国陆海军大元帅之印）

中华民国十三年一月十二日

据《指令》，载广州《陆海军大元帅大本营公报》第二号，一九二四年一月二十日

派黄仕强等三人为禁烟督办署厅处长令

（一九二四年一月十三日）

大元帅令

　　派黄仕强兼禁烟督办署总务厅厅长，郑述龄为禁烟督办署查验处处长，高燕如为禁烟督办署督察处处长。此令。

（中华民国陆海军大元帅之印）

中华民国十三年一月十三日

据《命令》，载广州《陆海军大元帅大本营公报》第二号，一九二四年一月二十日

准派杨宜生等十五人分为禁烟
督办署科长及秘书令

（一九二四年一月十三日）

大元帅令

　　禁烟督办杨西岩呈请派杨宜生、俞智盦、吴季祐、刘薇卿、余浩廷、张世昌、郑以濂、高少琴、温竞生为科长，郑廷选、梁桂邻、郑鸿铸、谢盛之、马武颂、张伯雨为秘书。均照准。此令。

（中华民国陆海军大元帅之印）

中华民国十三年一月十三日

据《命令》，载广州《陆海军大元帅大本营公报》第二号，一九二四年一月二十日

核复杨西岩呈告已明令准任
杨宜生等为科长秘书令

（一九二四年一月十四日）

大元帅指令第四七号

令禁烟督办杨西岩呈请荐任杨宜生等为科长、秘书等职由。

呈悉。杨宜生等已明令照准矣。此令。

（中华民国陆海军大元帅之印）

中华民国十三年一月十四日

据《指令》，载广州《陆海军大元帅大本营公报》第二号，一九二四年一月二十日

准任命郑德铭为内政部科长令

（一九二四年一月十五日）

大元帅令

大本营内政部长徐绍桢呈请任命郑德铭为大本营内政部科长。应照准。此令。

（中华民国陆海军大元帅之印）

中华民国十三年一月十五日

据《命令》，载广州《陆海军大元帅大本营公报》第二号，一九二四年一月二十日

免陈策广东海防司令令

（一九二四年一月十六日）

大元帅令

广东海防司令陈策应免本职。此令。

（中华民国陆海军大元帅之印）

中华民国十三年一月十六日

据《命令》，载广州《陆海军大元帅大本营公报》第二号，一九二四年一月二十日

任命冯肇铭代理广东海防司令令

（一九二四年一月十六日）

大元帅令

任命冯肇铭代理广东海防司令。此令。

（中华民国陆海军大元帅之印）

中华民国十三年一月十六日

据《命令》，载广州《陆海军大元帅大本营公报》第二号，一九二四年一月二十日

任命洪慈为大本营咨议令

（一九二四年一月十六日）

大元帅令

任命洪慈为大本营咨议。此令。

（中华民国陆海军大元帅之印）

中华民国十三年一月十六日

据《命令》，载广州《陆海军大元帅大本营公报》第二号，一九二四年一月二十日

派许崇灏为财政委员会委员令

（一九二四年一月十六日）

大元帅令

　　派许崇灏为财政委员会委员。此令。

（中华民国陆海军大元帅之印）

中华民国十三年一月十六日

据《命令》，载广州《陆海军大元帅大本营公报》第二号，一九二四年一月二十日

派张福堂为禁烟帮办令

（一九二四年一月十六日）

大元帅令

　　派张福堂为禁烟帮办。此令。

（中华民国陆海军大元帅之印）

中华民国十三年一月十六日

据《命令》，载广州《陆海军大元帅大本营公报》第二号，一九二四年一月二十日

核复徐绍桢呈告已明令准任
郑德铭为内政部科长令

（一九二四年一月十六日）

大元帅指令第五六号

　　令大本营内政部长徐绍桢呈为荐任郑德铭为科长由。

呈悉。已另有明令照准矣。仰即知照。此令。

（中华民国陆海军大元帅之印）

中华民国十三年一月十六日

据《指令》，载广州《陆海军大元帅大本营公报》第二号，一九二四年一月二十日

准黄隆生呈再给假一月令

（一九二四年一月十六日）

大元帅指令第六〇号

令大本营会计司司长黄隆生呈请续假一月由。

呈悉。准再给假一月。此令。

（中华民国陆海军大元帅之印）

中华民国十三年一月十六日

据《指令》，载广州《陆海军大元帅大本营公报》第二号，一九二四年一月二十日

准何克夫呈给假一月令

（一九二四年一月十七日）

大元帅指令第六三号

令连阳绥靖处处长何克夫呈为积劳病发，委员代行，恳请给假一月由。

呈悉。准予给假一月。此令。

（中华民国陆海军大元帅之印）

中华民国十三年一月十七日

据《指令》，载广州《陆海军大元帅大本营公报》第二号，一九二四年一月二十日

核复前广东治河督办汤廷光呈报交卸日期令

（一九二四年一月十七日）

大元帅指令第六四号

令前广东治河督办汤廷光呈报交卸日期由。

呈悉。此令。

（中华民国陆海军大元帅之印）

中华民国十三年一月十七日

据《指令》，载广州《陆海军大元帅大本营公报》第二号，一九二四年一月二十日

任命朱世贵为直辖滇军第四师师长令

（一九二四年一月十八日）

大元帅令

任命朱世贵为中央直辖滇军第四师师长。此令。

（中华民国陆海军大元帅之印）

中华民国十三年一月十八日

据《命令》，载广州《陆海军大元帅大本营公报》第三号，一九二四年一月三十日

任命覃超曾彦为咨议手谕

（一九二四年一月十八日）

覃超、曾彦委为咨议，不支薪。

孙文

任状交刘总司令转

据原件影印件，载谭延闿编：《总理遗墨》第三辑，石印线装本，似出版于二十世纪三十年代初期

任命覃超曾彦为大本营咨议令

（一九二四年一月十八日）

大元帅令

任命覃超、曾彦为大本营咨议。此令。

（中华民国陆海军大元帅之印）

中华民国十三年一月十八日

据《命令》，载广州《陆海军大元帅大本营公报》第三号，一九二四年一月三十日

准任命徐经训为大本营参军处上校副官令

（一九二四年一月十八日）

大元帅令

大本营参军长张开儒呈请任命徐经训为大本营参军处上校副官。应照准。此令。

（中华民国陆海军大元帅之印）

中华民国十三年一月十八日

据《命令》，载广州《陆海军大元帅大本营公报》第三号，一九二四年一月三十日

任命陈兴汉兼理广三铁路管理局局长令

（一九二四年一月十九日）

大元帅令

任命陈兴汉兼理广三铁路管理局局长。此令。

（中华民国陆海军大元帅之印）

中华民国十三年一月十九日

据《命令》，载广州《陆海军大元帅大本营公报》第三号，一九二四年一月三十日

核复广东全省治河督办姚雨平呈报就职日期令

（一九二四年一月十九日）

大元帅指令第七二号

令广东全省治河督办姚雨平呈报就职日期由。

呈悉。此令。

（中华民国陆海军大元帅之印）

中华民国十三年一月十九日

据《指令》，载广州《陆海军大元帅大本营公报》第三号，一九二四年一月三十日

准任命杨述凝为大本营参谋处秘书令

（一九二四年一月二十一日）

大元帅令

大本营参谋长李烈钧呈请任命杨述凝为大本营参谋处秘书。应照准。此令。

（中华民国陆海军大元帅之印）

中华民国十三年一月廿一日

据《命令》，载广州《陆海军大元帅大本营
公报》第三号，一九二四年一月三十日

饬陈策克日移交海防司令任内手续电

（一九二四年一月二十二日刊载）

电江门饬陈策克日督饬员司妥为结束，即将任内手续移交冯代司令①接收，
毋得藉词延搁，致干未便。

据《电令陈策速办交代》，载一九二四
年一月二十二日《广州民国日报》（六）

派陈兴汉为财政委员会委员令

（一九二四年一月二十四日）

大元帅令

派陈兴汉为财政委员会委员。此令。

（中华民国陆海军大元帅之印）

中华民国十三年一月廿四日

据《命令》，载广州《陆海军大元帅大本营
公报》第三号，一九二四年一月三十日

---

①　冯代司令，即冯肇铭，代理广东海防司令。

派卢师谛为禁烟会办令

（一九二四年一月二十四日）

大元帅令

派卢师谛为禁烟会办。此令。

（中华民国陆海军大元帅之印）

中华民国十三年一月廿四日

据《命令》，载广州《陆海军大元帅大本营公报》第三号，一九二四年一月三十日

派黄范一等三人为禁烟帮办令

（一九二四年一月二十四日）

大元帅令

派黄范一、阎凤冈、王心耕为禁烟帮办。此令。

（中华民国陆海军大元帅之印）

中华民国十三年一月廿四日

据《命令》，载广州《陆海军大元帅大本营公报》第三号，一九二四年一月三十日

准任命陈伯任为禁烟督办署秘书令

（一九二四年一月二十四日）

大元帅令

禁烟督办杨西岩呈请派陈伯任为秘书。应照准。此令。

（中华民国陆海军大元帅之印）

中华民国十三年一月廿四日

据《命令》，载广州《陆海军大元帅大本营公报》第三号，一九二四年一月三十日

派刘毅为粤闽湘军招抚使令

（一九二四年一月二十四日）

大元帅令

　　派刘毅为粤闽湘军招抚使。此令。

（中华民国陆海军大元帅之印）

中华民国十三年一月廿四日

据《命令》，载广州《陆海军大元帅大本营公报》第四号，一九二四年二月十日

派潘鸿图李维珩为禁烟帮办令

（一九二四年一月二十四日）

大元帅令

　　派潘鸿图、李维珩为禁烟帮办。此令。

（中华民国陆海军大元帅之印）

中华民国十三年一月廿四日

据《命令》，载广州《陆海军大元帅大本营公报》第四号，一九二四年二月十日

核复禁烟督办杨西岩呈报
就职及启用关防日期令

（一九二四年一月二十五日）

大元帅指令第八七号

令禁烟督办杨西岩呈报就职及启用关防日期由。

呈悉。此令。

（中华民国陆海军大元帅之印）

中华民国十三年一月廿五日

据《指令》，载广州《陆海军大元帅大本营
公报》第三号，一九二四年一月三十日

核复直辖第二军军长黄明堂呈报
就职及启用印信日期令

（一九二四年一月二十五日）

大元帅指令第八八号

令中央直辖第二军军长黄明堂呈报就职及启用印信日期由。

呈悉。此令。

（中华民国陆海军大元帅之印）

中华民国十三年一月廿五日

据《指令》，载广州《陆海军大元帅大本营
公报》第三号，一九二四年一月三十日

免杨庶堪大本营秘书长令

（一九二四年一月二十九日）

大元帅令

　　大本营秘书长杨庶堪另有任用，应免本职。此令。

（中华民国陆海军大元帅之印）

中华民国十三年一月廿九日

据《命令》，载广州《陆海军大元帅大本营
公报》第四号，一九二四年二月十日

免廖仲恺广东省长令

（一九二四年一月二十九日）

大元帅令

　　广东省长廖仲恺另有任用，应免本职。此令。

（中华民国陆海军大元帅之印）

中华民国十三年一月廿九日

据《命令》，载广州《陆海军大元帅大本营
公报》第四号，一九二四年二月十日

特任杨庶堪为广东省长令

（一九二四年一月二十九日）

大元帅令

　　特任杨庶堪为广东省长。此令。

（中华民国陆海军大元帅之印）

中华民国十三年一月廿九日

据《命令》，载广州《陆海军大元帅大本营公报》第四号，一九二四年二月十日

特任廖仲恺为大本营秘书长令

（一九二四年一月二十九日）

大元帅令

特任廖仲恺为大本营秘书长。此令。

（中华民国陆海军大元帅之印）

中华民国十三年一月廿九日

据《命令》，载广州《陆海军大元帅大本营公报》第四号，一九二四年二月十日

着谭延闿兼代大本营秘书长令

（一九二四年一月二十九日）

大元帅令

大本营秘书长廖仲恺未到任以前，着谭延闿兼代。此令。

（中华民国陆海军大元帅之印）

中华民国十三年一月廿九日

据《命令》，载广州《陆海军大元帅大本营公报》第四号，一九二四年二月十日

核复张开儒呈准续给副官朱全德长假令

（一九二四年一月二十九日）

大元帅指令第九九号

令大本营参军长张开儒呈称副官朱全德因回籍完婚，续请准给长假，乞核夺由。

呈悉。照准。此令。

（中华民国陆海军大元帅之印）

中华民国十三年一月廿九日

据《指令》，载广州《陆海军大元帅大本营
公报》第四号，一九二四年二月十日

手书邓泽如等十人为中国国民党第一届
中央监察委员候补委员名单

（一九二四年一月三十日）

监察委员五人：邓泽如、吴稚晖、李石曾、张继、谢持。

监察委员候补五人：蔡元培、许崇智、刘震寰、樊钟秀、杨庶堪。

据原件，台北、中国国民党
文化传播委员会党史馆藏

中国国民党第一届中央执行委员名单

（一九二四年一月三十日）

中央执行委员廿四人：胡汉民、汪精卫、张静江、廖仲恺、李烈钧、居正、戴季陶、林森、柏文蔚、丁惟汾、石瑛、邹鲁、谭延闿、覃振、谭平山、石青阳、熊克武、李守常、恩克巴图、王法勤、于右任、杨希闵、叶楚伧、于树德。

中央执行委员候补十七人：邵元冲、邓家彦、沈定一、林祖涵、茅祖权、李宗黄、白云梯、张知本、彭素民、毛泽东、傅汝霖、于方舟、张苇村、瞿秋白、张秋白、韩麟符、张国焘。

据原件，台北、中国国民党
文化传播委员会党史馆藏

指定邵元冲等十七人为中国国民党
中央执行候补委员手谕

（一九二四年一月三十日）

邵元冲、邓家彦、沈定一、林祖涵、茅祖权、李宗黄、白云梯、张知本、彭素民、毛泽东、傅汝霖、于方舟、张苇村、瞿秋白、张秋白、韩麟符、张国焘。

据原件影印件，载《孙中山全集》第九卷，北京，中华书局一九八六年四月出版

任命周潜为潮梅守备司令状

（一九二四年一月三十一日）

任命状　大字第三九六号

任命周潜为潮梅守备司令。此状。

孙文（孙文之印）

（中华民国陆海军大元帅之印）

（监印李禄超）

中华民国十三年一月三十一日

据原件照片，台北、中国国民党文化传播委员会党史馆藏

任李守常等七人为预算委员会批

（一九二四年一月）

李守常、居觉生、廖仲恺、汪精卫、谢持、邓泽如、石瑛。以上七人为预算委员会。

文

据原件影印件，载中国人民政治协商会议全国委员会文史
资料研究委员会、中国革命博物馆联合编辑：《孙中山先
生画册》，北京，中国文史出版社一九八六年九月出版

任命刘光烈等七人为大本营咨议令

（一九二四年二月一日）

大元帅令

　　任命刘光烈、周炯伯、吴景英、费行简、吴景熙、曾道、丁毂音为大本营咨
议。此令。

（中华民国陆海军大元帅之印）

中华民国十三年二月一日

据《命令》，载广州《陆海军大元帅大本营
公报》第四号，一九二四年二月十日

任命周亚南刘伯英为咨议手谕

（一九二四年二月二日）

大元帅令

　　任命周亚南、刘伯英为咨议。

孙文

民国十三年二月二日

据原件影印件，载谭延闿编：《总理遗墨》第三辑，
石印线装本，似出版于二十世纪三十年代初期

准梅光培辞广东财政厅长兼大本营
筹饷总局会办本兼各职令

（一九二四年二月三日）

大元帅令

广东财政厅厅长兼大本营筹饷总局会办梅光培呈请辞职。梅光培准免本、兼各职。此令。

（中华民国陆海军大元帅之印）

中华民国十三年二月三日

据《命令》，载广州《陆海军大元帅大本营公报》第四号，一九二四年二月十日

派郑洪年兼大本营筹饷总局会办令

（一九二四年二月三日）

大元帅令

派郑洪年兼大本营筹饷总局会办。此令。

（中华民国陆海军大元帅之印）

中华民国十三年二月三日

据《命令》，载广州《陆海军大元帅大本营公报》第四号，一九二四年二月十日

派张启荣为钦廉高雷①招抚使令

（一九二四年二月三日）

大元帅令

　　派张启荣为钦廉高雷招抚使。此令。

（中华民国陆海军大元帅之印）

中华民国十三年二月三日

据《命令》，载广州《陆海军大元帅大本营
公报》第四号，一九二四年二月十日

派雷洪基朱公彦为大本营出勤委员令

（一九二四年二月三日）

大元帅令

　　派雷洪基、朱公彦为大本营出勤委员。此令。

（中华民国陆海军大元帅之印）

中华民国十三年二月三日

据《命令》，载广州《陆海军大元帅大本营
公报》第四号，一九二四年二月十日

核复梅光培呈告已明令准免其本兼各职令

（一九二四年二月三日）

大元帅指令第一〇五号

----

①　钦廉高雷：广东省西南部钦州、廉州（以上今属广西）、高州、雷州。

令广东财政厅长兼大本营筹饷总局会办梅光培呈请辞职由。

呈悉。已明令准免本兼各职矣。仰即知照。此令。

（中华民国陆海军大元帅之印）

中华民国十三年二月三日

据《指令》，载广州《陆海军大元帅大本营
公报》第四号，一九二四年二月十日

派邹鲁为广东大学筹备主任令

（一九二四年二月四日）

大元帅令

派邹鲁为国立广东大学筹备主任。此令。

（中华民国陆海军大元帅之印）

中华民国十三年二月四日

据《命令》，载广州《陆海军大元帅大本营
公报》第四号，一九二四年二月十日

任命周亚南刘伯英为大本营咨议令

（一九二四年二月六日）

大元帅令

任命周亚南、刘伯英为大本营咨议。此令。

（中华民国陆海军大元帅之印）

中华民国十三年二月六日

据《命令》，载广州《陆海军大元帅大本营
公报》第四号，一九二四年二月十日

免温德章广九铁路局长并着听候查办令

（一九二四年二月六日）

大元帅令

　　广九铁路局长温德章着即免职，听候查办。此令。

　　　　　　　　　　　　　（中华民国陆海军大元帅之印）

　　　　　　　　　　　　　　中华民国十三年二月六日

　　　　　　　　　　据《命令》，载广州《陆海军大元帅大本营
　　　　　　　　　　公报》第四号，一九二四年二月十日

着陈兴汉兼代广九铁路局长令

（一九二四年二月六日）

大元帅令

　　广九铁路局长着陈兴汉兼代。此令。

　　　　　　　　　　　　　（中华民国陆海军大元帅之印）

　　　　　　　　　　　　　　中华民国十三年二月六日

　　　　　　　　　　据《命令》，载广州《陆海军大元帅大本营
　　　　　　　　　　公报》第四号，一九二四年二月十日

不准陈兴汉呈请收回兼理广三
铁路管理局局长成命令

（一九二四年二月六日）

大元帅指令第一〇七号

　　令管理粤汉铁路事务陈兴汉呈请收回兼理广三铁路管理局局长成命由。

呈悉。该员办理路政著有成绩，此次兼任广三路局长，原属为事择人，应即克日到局视事，藉资整顿。所请收回成命之处，着毋庸议。此令。

（中华民国陆海军大元帅之印）

中华民国十三年二月六日

据《指令》，载广州《陆海军大元帅大本营公报》第四号，一九二四年二月十日

核复张开儒呈准大本营参军处中校副官谷青芳请假一月令

（一九二四年二月六日）

大元帅指令第一一〇号

令大本营参军长张开儒呈为中校副官谷春芳因病请假一月，乞核准由。

呈悉。照准。此令。

（中华民国陆海军大元帅之印）

中华民国十三年二月六日

据《指令》，载广州《陆海军大元帅大本营公报》第四号，一九二四年二月十日

核复兼理湘军总指挥第一军军长宋鹤庚呈报就职并启用关防日期令

（一九二四年二月六日）

大元帅指令第一一一号

令兼湘军总指挥、湘军第一军军长宋鹤庚呈报就职并启用关防日期由。

呈悉。此令。

（中华民国陆海军大元帅之印）

中华民国十三年二月六日

据《指令》，载广州《陆海军大元帅大本营公报》第四号，一九二四年二月十日

核复代理广东海防司令冯肇铭呈报就职日期令

（一九二四年二月六日）

大元帅指令第一一二号

令代理广东海防司令冯肇铭呈报就职日期由。

呈悉。此令。

（中华民国陆海军大元帅之印）

中华民国十三年二月六日

据《指令》，载广州《陆海军大元帅大本营公报》第四号，一九二四年二月十日

核复大本营参军长张开儒
呈准副官葛昆山充任原职令

（一九二四年二月八日）

大元帅指令第一二二号

令大本营参军长张开儒呈为陈明副官葛昆山前在东路第八旅营长差内带逃枪枝情形请予核示由。

呈悉。既据查明该处副官葛昆山前在东路讨贼军第八旅第十六团第二营任内，实无带逃枪枝之事。惟当去年与敌军在石牌激战时，排长樊国贞带逃枪枝三十三杆，投入中央直辖第三军独立营杨营长部下充当连长，已由第三军将原枪清还二十一杆，事与葛昆山无涉，葛昆山应准仍充该处副官原职，免予置议。仰即转饬知照。此令。

（中华民国陆海军大元帅之印）

中华民国十三年二月八日

据《指令》，载广州《陆海军大元帅大本营公报》第五号，一九二四年二月二十日

任命黄玉田为大本营参议手令

（一九二四年二月十日）

大元帅令

任命黄玉田为大本营参议。（每月薪俸五百元）此令。

孙文

中华民国十三年二月十日

据原件影印件，载谭延闿编：《总理遗墨》第三辑，石印线装本，似出版于二十世纪三十年代初期

任命黄玉田为大本营参议令

（一九二四年二月十一日）

大元帅令

任命黄玉田为大本营参议。此令。

（中华民国陆海军大元帅之印）

中华民国十三年二月十一日

据《命令》，载广州《陆海军大元帅大本营公报》第五号，一九二四年二月二十日

任命蒋群为大本营参军令

（一九二四年二月十一日）

大元帅令

　　任命蒋群为大本营参军。此令。

（中华民国陆海军大元帅之印）

中华民国十三年二月十一日

据《命令》，载广州《陆海军大元帅大本营公报》第五号，一九二四年二月二十日

派陈应麟为禁烟帮办令

（一九二四年二月十一日）

大元帅令

　　派陈应麟为禁烟帮办。此令。

（中华民国陆海军大元帅之印）

中华民国十三年二月十一日

据《命令》，载广州《陆海军大元帅大本营公报》第五号，一九二四年二月二十日

准任命钟震岳楼守光为大本营参谋处秘书令

（一九二四年二月十一日）

大元帅令

　　大本营参谋长李烈钧呈请任命钟震岳、楼守光为大本营参谋处秘书。均照准。此令。

（中华民国陆海军大元帅之印）

中华民国十三年二月十一日

据《命令》，载广州《陆海军大元帅大本营
公报》第五号，一九二四年二月二十日

任命何应钦为大本营参谋处军事参议令

（一九二四年二月十一日）

大元帅令

　　任命何应钦为大本营参谋处军事参议。此令。

（中华民国陆海军大元帅之印）

中华民国十三年二月十一日

据《命令》，载广州《陆海军大元帅大本营
公报》第五号，一九二四年二月二十日

准任命黄建勋为财政部秘书令

（一九二四年二月十四日）

大元帅令

　　大本营财政部长叶恭绰呈请任命黄建勋为秘书。应照准。此令。

（中华民国陆海军大元帅之印）

中华民国十三年二月十四日

据《命令》，载广州《陆海军大元帅大本营
公报》第五号，一九二四年二月二十日

核复兼代大本营秘书长谭延闿呈报就职日期令

（一九二四年二月十五日）

大元帅指令第一四五号

令兼代大本营秘书长谭延闿呈报就职日期由。

呈悉。此令。

（中华民国陆海军大元帅之印）

中华民国十三年二月十五日

据《指令》，载广州《陆海军大元帅大本营公报》第五号，一九二四年二月二十日

特任蒋尊簋为中央军需总监令

（一九二四年二月十六日）

大元帅令

特任蒋尊簋为中央军需总监。此令。

（中华民国陆海军大元帅之印）

中华民国十三年二月十六日

据《命令》，载广州《陆海军大元帅大本营公报》第五号，一九二四年二月二十日

准李雄伟辞直辖广东讨贼军第三师第五旅旅长令

（一九二四年二月十六日）

大元帅令

中央直辖广东讨贼军第三师第五旅旅长李雄伟因病辞职。应照准。此令。

（中华民国陆海军大元帅之印）

中华民国十三年二月十六日

据《命令》，载广州《陆海军大元帅大本营
公报》第五号，一九二四年二月二十日

任命巫琦为直辖广东讨贼军第三师第五旅旅长令

（一九二四年二月十六日）

大元帅令

任命巫琦为中央直辖广东讨贼军第三师第五旅旅长。此令。

（中华民国陆海军大元帅之印）

中华民国十三年二月十六日

据《命令》，载广州《陆海军大元帅大本营
公报》第五号，一九二四年二月二十日

为特任蒋尊簋为军需总监整理海陆
各军会计经理事宜给各军通令

（一九二四年二月十九日刊载）

监督财政军需，公布收支，曾经令办军需独立，并经令设中央军需处在案。兹特任命蒋尊簋为军需总监，禀承大元帅，商承军政部长，统核整理海陆各军之会计经理事宜。所有中央军需处章程并饷需出纳手续均经核定，除饬颁布外，特此通令各军，并饬所属一体遵照办理。理财为图治要务，并着一律规画妥办。洁己奉公，用裨实际。至要。此令。

据《设立中央军需处》，载一九二四年
二月十九日《广州民国日报》（三）

任命杨言昌为中央军需处参事令

（一九二四年二月十九日）

大元帅令

　　任命杨言昌为中央军需处参事。此令。

　　　　　　　　　　　　　　（中华民国陆海军大元帅之印）

　　　　　　　　　　　　　　中华民国十三年二月十九日

　　　　　　　　　据《命令》，载广州《陆海军大元帅大本营
　　　　　　　　　公报》第五号，一九二四年二月二十日

准任命平宝善等三人为中央军需处科长令

（一九二四年二月十九日）

大元帅令

　　中央军需总监蒋尊簋呈请任命平宝善、卓恺耕、余质民为中央军需处科长。均照准。此令。

　　　　　　　　　　　　　　（中华民国陆海军大元帅之印）

　　　　　　　　　　　　　　中华民国十三年二月十九日

　　　　　　　　　据《命令》，载广州《陆海军大元帅大本营
　　　　　　　　　公报》第五号，一九二四年二月二十日

核复湖北讨贼军总司令孔庚呈报
就职日期并勉厚望令

（一九二四年二月十九日）

大元帅指令第一五一号

令湖北讨贼军总司令孔庚呈报就职日期由。

呈悉。现在川战方急，寇焰滋张，该总司令报国情殷，同仇敌忾。务即淬励部属，会合川军，早定川局，进规武汉，尽军人之天职，期革命之成功，本大元帅有厚望焉。此令。

（中华民国陆海军大元帅之印）

中华民国十三年二月十九日

据《指令》，载广州《陆海军大元帅大本营公报》第五号，一九二四年二月二十日

核复兼代广东财政厅长郑洪年呈报接任视事日期令

（一九二四年二月十九日）

大元帅指令第一五七号

令兼代广东财政厅长郑洪年呈报接任视事日期由。

呈悉。此令。

（中华民国陆海军大元帅之印）

中华民国十三年二月十九日

据《指令》，载广州《陆海军大元帅大本营公报》第六号，一九二四年二月二十九日

特派范石生为广东筹饷总局督办令①

（一九二四年二月二十日）

大元帅令

---

① 谭延闿编《总理遗墨》第三辑收有手令影印件。

特派范石生为广东筹饷总局督办。此令。

（中华民国陆海军大元帅之印）

中华民国十三年二月廿日

据《命令》，载广州《陆海军大元帅大本营
公报》第五号，一九二四年二月二十日

任命胡谦为北伐讨贼军第三军军长令

（一九二四年二月二十日）

大元帅令

胡谦为北伐讨贼军第三军军长。此令。

（中华民国陆海军大元帅之印）

中华民国十三年二月廿日

据《命令》，载广州《陆海军大元帅大本营
公报》第五号，一九二四年二月二十日

任命李文炳为大本营咨议令

（一九二四年二月二十日）

大元帅令

任命李文炳为大本营咨议。此令。

（中华民国陆海军大元帅之印）

中华民国十三年二月廿日

据《命令》，载广州《陆海军大元帅大本营
公报》第五号，一九二四年二月二十日

派李纪堂为财政委员会委员令

（一九二四年二月二十日）

大元帅令

李纪堂为财政委员会委员。此令。

（中华民国陆海军大元帅之印）

中华民国十三年二月廿日

据《命令》，载广州《陆海军大元帅大本营公报》第五号，一九二四年二月二十日

核复前大清银行清理处委员陈其瑗宋子文呈报刊用关防及视事日期令

（一九二四年二月二十日）

大元帅指令第一五九号

令前大清银行清理处委员陈其瑗、宋子文呈报刊用关防及视事日期由。

呈悉。此令。

（中华民国陆海军大元帅之印）

中华民国十三年二月廿日

据《指令》，载广州《陆海军大元帅大本营公报》第六号，一九二四年二月二十九日

免廖仲恺郑洪年大本营筹饷
总局总办会办兼职令

（一九二四年二月二十一日）

大元帅令

　　兼大本营筹饷总局总办廖仲恺、会办郑洪年应免兼职。此令。

（中华民国陆海军大元帅之印）

中华民国十三年二月廿一日

据《命令》，载广州《陆海军大元帅大本营公报》第五号，一九二四年二月二十日

准任命曾省三为大本营秘书处科员令

（一九二四年二月二十一日）

大元帅令

　　兼代大本营秘书长谭延闿呈请任命曾省三为大本营秘书处科员。应照准。此令。

（中华民国陆海军大元帅之印）

中华民国十三年二月廿一日

据《命令》，载广州《陆海军大元帅大本营公报》第五号，一九二四年二月二十日

任命乌勒吉为大本营咨议兼蒙文翻译官令

（一九二四年二月二十一日）

大元帅令

任命乌勒吉为大本营咨议兼蒙文翻译官。此令。

（中华民国陆海军大元帅之印）

中华民国十三年二月廿一日

据《命令》，载广州《陆海军大元帅大本营公报》第五号，一九二四年二月二十日

任命谢远涵为大本营参议令[①]

（一九二四年二月二十二日）

大元帅令

任命谢远涵为大本营参议。此令。

（中华民国陆海军大元帅之印）

中华民国十三年二月廿二日

据《命令》，载广州《陆海军大元帅大本营公报》第五号，一九二四年二月二十日

任命林镜台为大本营咨议手令

（一九二四年二月二十二日）

大元帅令

林镜台为大本营咨议。此令。每月薪俸二百元。

孙文

中华民国十三年二月廿二日

据原件影印件，载谭延闿编：《总理遗墨》第三辑，石印线装本，似出版于二十世纪三十年代初期

① 谭延闿编《总理遗墨》第三辑收有手令影印件。

任命林镜台为大本营咨议令

（一九二四年二月二十二日）

大元帅令

　　任命林镜台为大本营咨议。此令。

（中华民国陆海军大元帅之印）

中华民国十三年二月廿二日

据《命令》，载广州《陆海军大元帅大本营
公报》第五号，一九二四年二月二十日

准任命陈似为大本营秘书处科员令

（一九二四年二月二十三日）

大元帅令

　　兼代大本营秘书长谭延闿呈请任命陈似为大本营秘书处科员。应照准。此令。

（中华民国陆海军大元帅之印）

中华民国十三年二月廿三日

据《命令》，载广州《陆海军大元帅大本营
公报》第五号，一九二四年二月二十日

核复中央军需总监蒋尊簋呈报
就职及启用印信日期令

（一九二四年二月二十三日）

大元帅指令第一六九号

　　令中央军需总监蒋尊簋呈报就职及启用印信日期由。

呈悉。此令。

（中华民国陆海军大元帅之印）

中华民国十三年二月廿三日

据《指令》，载广州《陆海军大元帅大本营公
报》第六号，一九二四年二月二十九日

不准蒋中正函辞陆军军官学校校长批[①]

（一九二四年二月二十三日）

务须任劳任怨，百折不回，从穷苦中去奋斗，故不准辞职。

附：国民党中央执行委员会呈函摘由

蒋中正函知，辞去军官学校校长一职，所有军官学校筹备处已交廖仲恺先生
代为交卸，乞派人接办由。

据亲笔原件影印，载罗家伦主编：《国父批牍
墨迹》，台北，正中书局一九五五年十一月出版

派李福林为广东筹饷总局会办令

（一九二四年二月二十五日）

大元帅令

派李福林为广东筹饷总局会办。此令。

（中华民国陆海军大元帅之印）

---

① 一九二四年一月二十四日，蒋中正被孙文委派为军校筹备委员会委员长，因在筹备过
程中遇到阻难而离粤返沪，并于二月二十一日致函国民党中央执行委员会要求辞去军校校长职
务。本件系孙文对国民党中央执行委员会请示函的批答。

中华民国十三年二月廿五日

据《命令》，载广州《陆海军大元帅大本营公报》第五号，一九二四年二月二十日

准免罗桂芳禁烟帮办兼职令

（一九二四年二月二十六日）

大元帅令

禁烟督办杨西岩呈：帮办罗桂芳另有任用，请免去帮办兼职。罗桂芳准免禁烟帮办兼职。此令。

（中华民国陆海军大元帅之印）

中华民国十三年二月廿六日

据《命令》，载广州《陆海军大元帅大本营公报》第六号，一九二四年二月二十九日

派刘觉任为禁烟帮办令

（一九二四年二月二十六日）

大元帅令

派刘觉任为禁烟帮办。此令。

（中华民国陆海军大元帅之印）

中华民国十三年二月廿六日

据《命令》，载广州《陆海军大元帅大本营公报》第六号，一九二四年二月二十九日

核复广东大学筹备主任邹鲁呈报
就职及启用关防日期令

（一九二四年二月二十六日）

大元帅指令第一七四号

令国立广东大学筹备主任邹鲁呈报就职及启用关防日期由。

呈悉。此令。

（中华民国陆海军大元帅之印）

中华民国十三年二月廿六日

据《指令》，载广州《陆海军大元帅大本营
公报》第六号，一九二四年二月二十九日

任命张继等七人为大本营参议令

（一九二四年二月二十八日）

大元帅令

任命张继、谢持、居正、丁惟汾、茅祖权、王法勤、张知本为大本营参议。
此令。

（中华民国陆海军大元帅之印）

中华民国十三年二月廿八日

据《命令》，载广州《陆海军大元帅大本营
公报》第六号，一九二四年二月二十九日

不准张启荣呈请加委王鸿鉴等为
钦廉高雷招抚署处长令

（一九二四年二月二十八日）

大元帅指令第一八〇号

　　令钦廉高雷招抚使张启荣呈请加委王鸿鉴等为该署总务处等处长由。

　　呈悉。俟该使招抚事宜卓具成效再行核办。所有呈请加委各节应毋庸议。
此令。

（中华民国陆海军大元帅之印）

中华民国十三年二月廿八日

据《指令》，载广州《陆海军大元帅大本营
公报》第六号，一九二四年二月二十九日

任命张翼鹏为大本营高级参谋令

（一九二四年三月一日）

大元帅令

　　任命张翼鹏为大本营高级参谋。此令。

（中华民国陆海军大元帅之印）

中华民国十三年三月一日

据《命令》，载广州《陆海军大元帅大本营
公报》第六号，一九二四年二月二十九日

派杨庶堪为财政委员会委员令

（一九二四年三月一日）

大元帅令

　　派杨庶堪为财政委员会委员。此令。

（中华民国陆海军大元帅之印）

中华民国十三年三月一日

　　　　　　　据《命令》，载广州《陆海军大元帅大本营
公报》第六号，一九二四年二月二十九日

核复广东筹饷总局督办范石生呈报
就职视事设局开办日期令

（一九二四年三月一日）

大元帅指令第一九〇号

　　令广东筹饷总局督办范石生呈报就职视事设局开办日期由。

　　呈悉。此令。

（中华民国陆海军大元帅之印）

中华民国十三年三月一日

　　　　　　　据《指令》，载广州《陆海军大元帅大本营
公报》第七号，一九二四年三月十日

核复财政委员会呈准简派杨庶堪
为该会主席委员令

（一九二四年三月三日）

大元帅指令第一九二号

令财政委员会呈请简派杨庶堪为该会主席委员由。

呈悉。照准。此令。

（中华民国陆海军大元帅之印）

中华民国十三年三月三日

据《指令》，载广州《陆海军大元帅大本营公报》第七号，一九二四年三月十日

不准东路讨贼军第三军军长李福林
呈请收回广东筹饷总局会办成命令

（一九二四年三月五日）

大元帅指令第二〇〇号

令东路讨贼军第三军军长李福林呈请收回广东筹饷总局会办成命由。

呈悉。粤省自陈逆变叛，兵祸经年。筹饷讨贼，义应负责。该军长望重桑梓，实深倚畀，所请收回广东筹饷总局会办成命，着毋庸议。此令。

（中华民国陆海军大元帅之印）

中华民国十三年三月五日

据《指令》，载广州《陆海军大元帅大本营公报》第七号，一九二四年三月十日

核复广东省长杨庶堪呈报就职日期令

（一九二四年三月五日）

大元帅指令第二○一号

令广东省长杨庶堪呈报就职日期由。

呈悉。此令。

（中华民国陆海军大元帅之印）

中华民国十三年三月五日

据《指令》，载广州《陆海军大元帅大本营公报》第七号，一九二四年三月十日

核复兼理广三铁路管理局局长
陈兴汉呈报就职日期令

（一九二四年三月五日）

大元帅指令第二○二号

令兼理广三铁路管理局局长陈兴汉呈报就职日期由。

呈悉。此令。

（中华民国陆海军大元帅之印）

中华民国十三年三月五日

据《指令》，载广州《陆海军大元帅大本营公报》第七号，一九二四年三月十日

不准委政府宣传员批

（一九二四年三月六日）①

送国民党本部中央执行委员会启。

中央执行委员会代答：政府宣传员拟陆续裁撤，故碍难再委。两君既热心党务，当另设法由党补助。文批。

据秦孝仪主编：《国父全集》第八册（转录中国国民党文化传播委员会党史馆藏原件），台北，近代中国出版社一九八九年十一月出版

任命陈树人为广东政务厅长令

（一九二四年三月七日）

大元帅令

任命陈树人为广东政务厅厅长。此令。

（中华民国陆海军大元帅之印）

中华民国十三年三月七日

据《命令》，载广州《陆海军大元帅大本营公报》第七号，一九二四年三月十日

任命萧萱为广东省长公署秘书长令

（一九二四年三月十日）

大元帅令

---

① 此件所标时间系据《国父全集》。

任命萧萱为广东省长公署秘书长。此令。

（中华民国陆海军大元帅之印）

中华民国十三年三月十日

据《命令》，载广州《陆海军大元帅大本营
公报》第七号，一九二四年三月十日

任命杨虎为北伐讨贼军第二军第一师师长令

（一九二四年三月十日）

大元帅令

任命杨虎为北伐讨贼军第二军第一师师长。此令。

（中华民国陆海军大元帅之印）

中华民国十三年三月十日

据《命令》，载广州《陆海军大元帅大本营
公报》第七号，一九二四年三月十日

准派陈鸾谔郑文华分为戒烟制药二总所所长令

（一九二四年三月十日）

大元帅令

禁烟督办杨西岩呈请派陈鸾谔为戒烟总所所长，郑文华为制药总所所长。均照准。此令。

（中华民国陆海军大元帅之印）

中华民国十三年三月十日

据《命令》，载广州《陆海军大元帅大本营
公报》第七号，一九二四年三月十日

任命宋鹤庚兼讨贼军第二路联军军政执法长令

（一九二四年三月十二日）

大元帅令

　　任命宋鹤庚兼讨贼军第二路联军军政执法长。此令。

（中华民国陆海军大元帅之印）

中华民国十三年三月十二日

据《命令》，载广州《陆海军大元帅大本营公报》第八号，一九二四年三月二十日

任命覃振为参议手谕

（一九二四年三月十二日）

　　任覃振为参议。（给半薪二百五十元）

文

据原件影印件，载谭延闿编：《总理遗墨》第三辑，石印线装本，似出版于二十世纪三十年代初期

任命覃振为大本营参议令

（一九二四年三月十二日）

大元帅令

　　任命覃振为大本营参议。此令。

（中华民国陆海军大元帅之印）

中华民国十三年三月十二日

据《命令》，载广州《陆海军大元帅大本营公报》第八号，一九二四年三月二十日

任命林若时为广东海防司令令

（一九二四年三月十三日）

大元帅令

　　任命林若时为广东海防司令。此令。

（中华民国陆海军大元帅之印）

中华民国十三年三月十三日

据《命令》，载广州《陆海军大元帅大本营
公报》第八号，一九二四年三月二十日

特派邓泽如为禁烟督办令

（一九二四年三月十七日）

大元帅令

　　特派邓泽如为禁烟督办。此令。

（中华民国陆海军大元帅之印）

中华民国十三年三月十七日

据《命令》，载广州《陆海军大元帅大本营
公报》第八号，一九二四年三月二十日

任命谢晋等三人为大本营咨议令

（一九二四年三月十七日）

大元帅令

　　任命谢晋、刘况、萧崇道为大本营咨议。此令。

（中华民国陆海军大元帅之印）

中华民国十三年三月十七日

据《命令》，载广州《陆海军大元帅大本营公报》第八号，一九二四年三月二十日

免杨西岩禁烟督办并着听候查办令

（一九二四年三月十七日）

大元帅令

禁烟督办杨西岩办理不善，流弊滋多，着即免职，听候查办。此令。

（中华民国陆海军大元帅之印）

中华民国十三年三月十七日

据《命令》，载广州《陆海军大元帅大本营公报》第八号，一九二四年三月二十日

核复张开儒呈准给大本营参军处
中校副官谷春芳长假令

（一九二四年三月十七日）

大元帅指令第二五四号

令大本营参军长张开儒呈据中校副官谷春芳恳给长假医病，乞令遵由。

呈悉。照准。此令。

（中华民国陆海军大元帅之印）

中华民国十三年三月十七日

据《指令》，载广州《陆海军大元帅大本营公报》第八号，一九二四年三月二十日

任命欧阳豪为咨议手谕

（一九二四年三月十八日）

大元帅令

欧阳豪为咨议。（每月薪俸一百元）

孙文

中华民国十三年三月十八日

据原件影印件，载谭延闿编：《总理遗墨》第三辑，
石印线装本，似出版于二十世纪三十年代初期

任命欧阳豪为大本营咨议令

（一九二四年三月十八日）

大元帅令

任命欧阳豪为大本营咨议。此令。

（中华民国陆海军大元帅之印）

中华民国十三年三月十八日

据《命令》，载广州《陆海军大元帅大本营
公报》第八号，一九二四年三月二十日

准任命张沛为广东银行监理官令

（一九二四年三月十八日）

大元帅令

大本营财政部长叶恭绰呈请任命张沛为广东省立银行监理官。应照准。此令。

（中华民国陆海军大元帅之印）

中华民国十三年三月十八日

据《命令》，载广州《陆海军大元帅大本营公报》第八号，一九二四年三月二十日

准任命文任儒为大本营会计司收入科主任令

（一九二四年三月十八日）

大元帅令

　　代理大本营会计司长黄昌谷呈请任命文任儒为大本营会计司收入科主任。应照准。此令。

（中华民国陆海军大元帅之印）

中华民国十三年三月十八日

据《命令》，载广州《陆海军大元帅大本营公报》第八号，一九二四年三月二十日

派张翼鹏为湘边宣慰使令

（一九二四年三月十八日）

大元帅令

　　派张翼鹏为湘边宣慰使。此令。

（中华民国陆海军大元帅之印）

中华民国十三年三月十八日

据《命令》，载广州《陆海军大元帅大本营公报》第八号，一九二四年三月二十日

派韦冠英为广东筹饷总局会办令

（一九二四年三月十八日）

大元帅令

　　派韦冠英为广东筹饷总局会办。此令。

（中华民国陆海军大元帅之印）

中华民国十三年三月十八日

据《命令》，载广州《陆海军大元帅大本营
公报》第八号，一九二四年三月二十日

准杨虎辞办理海军事务令

（一九二四年三月十八日）

大元帅令

　　办理海军事务杨虎呈请辞职。杨虎准免本职。此令。

（中华民国陆海军大元帅之印）

中华民国十三年三月十八日

据《命令》，载广州《陆海军大元帅大本营
公报》第八号，一九二四年三月二十日

准免杨子毅等三人大本营财政部
厅长局长署职令

（一九二四年三月十八日）

大元帅令

　　大本营财政部长叶恭绰呈请将署总务厅厅长杨子毅、署第一局局长李景纲、

署第二局局长张沛免职。杨子毅、李景纲、张沛均准免署职。此令。

（中华民国陆海军大元帅之印）

中华民国十三年三月十八日

据《命令》，载广州《陆海军大元帅大本营
公报》第八号，一九二四年三月二十日

准免李炳垣李载德财政部科长署职令

（一九二四年三月十八日）

大元帅令

大本营财政部部长叶恭绰呈请将署科长李炳垣、李载德免职。应照准。此令。

（中华民国陆海军大元帅之印）

中华民国十三年三月十八日

据《命令》，载广州《陆海军大元帅大本营
公报》第八号，一九二四年三月二十日

准免黄建勋等十三人财政部秘书及科长令

（一九二四年三月十八日）

大元帅令

大本营财政部部长叶恭绰呈请将秘书黄建勋，科长李景纲、张沛、徐承燠、黄乐诚、张麟、邬庆时、罗继善、朱景丰、沈欣吾、鲍荣、廖朗如、梅放洲免职。应照准。此令。

（中华民国陆海军大元帅之印）

中华民国十三年三月十八日

据《命令》，载广州《陆海军大元帅大本营
公报》第八号，一九二四年三月二十日

准免陈其瑗等四人财政部厅长局长本职令

（一九二四年三月十八日）

大元帅令

　　大本营财政部部长叶恭绰呈请将总务厅厅长陈其瑗、第一局局长杨子毅、第二局局长李承翼、第三局局长黄仕强免职。陈其瑗、杨子毅、李承翼、黄仕强均准免本职。此令。

　　　　　　　　　　　　　　　（中华民国陆海军大元帅之印）

　　　　　　　　　　　　　　　中华民国十三年三月十八日

　　　　　　　　　　据《命令》，载广州《陆海军大元帅大本营公报》第八号，一九二四年三月二十日

核复杨庶堪转呈广东省政务厅长
陈树人呈报就职令

（一九二四年三月十八日）

大元帅指令第二六三号

　　令广东省长杨庶堪呈为转呈政务厅长陈树人呈报就职由。

　　呈悉。此令。

　　　　　　　　　　　　　　　（中华民国陆海军大元帅之印）

　　　　　　　　　　　　　　　　中华民国十三年三月十八日

　　　　　　　　　　据《指令》，载广州《陆海军大元帅大本营公报》第八号，一九二四年三月二十日

核复杨庶堪转呈广东省长公署
秘书长萧萱呈报就职令

（一九二四年三月十八日）

大元帅指令第二六四号

　　令广东省长杨庶堪呈为转呈该署秘书长萧萱呈报就职由。

　　呈悉。此令。

（中华民国陆海军大元帅之印）

中华民国十三年三月十八日

据《指令》，载广州《陆海军大元帅大本营
公报》第八号，一九二四年三月二十日

任命王用宾为大本营参议状

（一九二四年三月十八日）

任命状　大字第四三六号

　　任命王用宾为大本营参议。此状。

孙文（孙文之印）

（中华民国陆海军大元帅之印）

（监印李禄超）

中华民国十三年三月十八日

据原件照片，台北、中国国民
党文化传播委员会党史馆藏

任命王用宾谭惟洋为大本营参议令

（一九二四年三月十九日）

大元帅令

任命王用宾、谭惟洋为大本营参议。此令。

（中华民国陆海军大元帅之印）

中华民国十三年三月十九日

据《命令》，载广州《陆海军大元帅大本营
公报》第八号，一九二四年三月二十日

核复杨虎呈准辞办理海军事务并缴还关防令

（一九二四年三月十九日）

大元帅指令第二六五号

令办理海军事务杨虎呈请辞职并缴还关防由。

呈悉。应照准。此令。

（中华民国陆海军大元帅之印）

中华民国十三年三月十九日

据《指令》，载广州《陆海军大元帅大本营
公报》第八号，一九二四年三月二十日

派李国恺为大本营出勤委员令

（一九二四年三月十九日）

大元帅令

派李国恺为大本营出勤委员。此令。

（中华民国陆海军大元帅之印）

中华民国十三年三月十九日

据《命令》，载广州《陆海军大元帅大本营
公报》第九号，一九二四年三月三十日

任命李景纲李承翼分为财政部
赋税局泉币局局长令

（一九二四年三月二十日）

大元帅令

任命李景纲为大本营财政部赋税局局长，李承翼为大本营财政部泉币局局长。此令。

（中华民国陆海军大元帅之印）

中华民国十三年三月二十日

据《命令》，载广州《陆海军大元帅大本营
公报》第九号，一九二四年三月三十日

准任命沈欣吾等十一人分为财政部秘书金事令

（一九二四年三月二十日）

大元帅令

大本营财政部长叶恭绰呈请任命沈欣吾为秘书，徐承燠、李炳垣、张麟、梅放洲、邬庆时、罗继善、黄乐诚、廖朗如、鲍镁、朱景丰为金事。均照准。此令。

（中华民国陆海军大元帅之印）

中华民国十三年三月二十日

据《命令》，载广州《陆海军大元帅大本营
公报》第九号，一九二四年三月三十日

派蒋中正为陆军军官学校入校试验委员长令

（一九二四年三月二十日）

大元帅令

派蒋中正为陆军军官学校入学试验委员长。此令。

（中华民国陆海军大元帅之印）

中华民国十三年三月二十日

据《命令》，载广州《陆海军大元帅大本营公报》第九号，一九二四年三月三十日

派王柏龄等八人为陆军军官
学校入学试验委员令

（一九二四年三月二十日）

大元帅令

派王柏龄、胡树森、张家瑞、邓演达、钱大钧、彭素民、宋荣昌、简作桢为陆军军官学校入学试验委员。此令。

（中华民国陆海军大元帅之印）

中华民国十三年三月二十日

据《命令》，载广州《陆海军大元帅大本营公报》第九号，一九二四年三月三十日

任命杨子毅黄建勋为大本营财政部参事令

（一九二四年三月二十日）

大元帅令

任命杨子毅、黄建勋为大本营财政部参事。此令。

（中华民国陆海军大元帅之印）

中华民国十三年三月二十日

据《命令》，载广州《陆海军大元帅大本营公报》第九号，一九二四年三月三十日

任命周自得为直辖滇军总司令部中将参谋长令

（一九二四年三月二十日）

大元帅令

任命周自得为中央直辖滇军总司令部中将参谋长。此令。

（中华民国陆海军大元帅之印）

中华民国十三年三月二十日

据《命令》，载广州《陆海军大元帅大本营公报》第九号，一九二四年三月三十日

核复叶恭绰呈告已明令免陈其瑗等职令

（一九二四年三月二十日）

大元帅指令第二六九号

令大本营财政部部长叶恭绰呈为官制修改请将原任职官免职由。

呈悉。陈其瑗等已分别明令免职矣。仰即知照。折存。此令。

（中华民国陆海军大元帅之印）

中华民国十三年三月二十日

据《指令》，载广州《陆海军大元帅大本营公报》第九号，一九二四年三月三十日

核复大本营财政部长叶恭绰呈告已明令
任命杨子毅等为参事等令

（一九二四年三月二十日）

大元帅指令第二七〇号

令大本营财政部长叶恭绰呈请任命杨子毅等为参事等职由。

呈悉。杨子毅等已分别明令任命矣。仰即知照。折存。此令。

（中华民国陆海军大元帅之印）

中华民国十三年三月二十日

据《指令》，载广州《陆海军大元帅大本营公报》第九号，一九二四年三月三十日

核复叶恭绰呈准造币厂总会办辞职
及停止履行联商公司合约令

（一九二四年三月二十日）

大元帅指令第二七三号

令大本营财政部长叶恭绰呈请停止履行联商公司合约，准予造币厂总会办辞职，由部派员保管并裁节经费由。

呈悉。准如所请办理。此令。

（中华民国陆海军大元帅之印）

中华民国十三年三月二十日

据《指令》，载广州《陆海军大元帅大本营公报》第九号，一九二四年三月三十日

派范石生为财政委员会委员令

（一九二四年三月二十一日）

大元帅令

　　派范石生为财政委员会委员。此令。

（中华民国陆海军大元帅之印）

中华民国十三年三月廿一日

据《命令》，载广州《陆海军大元帅大本营
公报》第九号，一九二四年三月三十日

免张启荣钦廉高雷招抚使令

（一九二四年三月二十二日）

大元帅令

　　钦廉高雷招抚使张启荣着即免去本职。此令。

（中华民国陆海军大元帅之印）

中华民国十三年三月廿二日

据《命令》，载广州《陆海军大元帅大本营
公报》第九号，一九二四年三月三十日

准郑里铎辞琼崖招抚使令

（一九二四年三月二十二日）

大元帅令

　　琼崖招抚使郑里铎呈请辞职。应照准。此令。

（中华民国陆海军大元帅之印）

中华民国十三年三月廿二日

据《命令》，载广州《陆海军大元帅大本营
公报》第九号，一九二四年三月三十日

核复杨希闵呈准晋升周自得为中将
参谋长并告已颁布令

（一九二四年三月二十二日）

大元帅指令第二八〇号

令中央直辖滇军总司令杨希闵呈少将参谋长周自得著有勤劳，拟请晋授中将参谋长，以昭激劝由。

呈悉。照准。周自得已明令任命矣。此令。

（中华民国陆海军大元帅之印）

中华民国十三年三月廿二日

据《指令》，载广州《陆海军大元帅大本营
公报》第九号，一九二四年三月三十日

饬邓泽如克日就任禁烟督办令

（一九二四年三月二十一至二十四日间）①

大元帅训令第一一八号

令新任禁烟督办邓泽如

为令饬事：据禁烟督办杨西岩呈称："呈为奉令免职，恳饬新任早日接替恭呈仰祈睿鉴事。案准大本营秘书处第九一号公函内开：'三月十七日奉大元帅令开：禁烟督办杨西岩办理不善，流弊滋多，着即免职，听候查办。此令。等因。除公布外，相应录令函达查照'等由。准此，当即督饬各厅、处、科办事人员赶

---

① 原令未署日期。三月二十日原禁烟督办杨西岩呈孙文请饬新任邓泽如早日接替；又，二十四日孙文指令二八一号称已"催新任"克日就职。据此推断，此令发表日期应在二十一至二十四日间。

办交代。嗣阅报载钧座已特派邓泽如为禁烟督办，正当接替有人。惟数日于兹，邓督办尚未定期接任，现本署一切事务均已结束，听候移交，且西岩仔肩待息，翘盼尤殷，合无〔亟〕仰恳钧座令催邓督办克日来署履新，以重烟禁。除径函邓督办外，所有恳请催促新任早日接替缘由，理合备文呈请察核，伏乞迅速转饬施行，实为公便"等情。

据此，除指令外，合行令仰该督办克日就职，以重要政。仍将就职日期报查。切切。此令。

（中华民国陆海军大元帅之印）

中华民国十三年三月　日

据《训令》，载广州《陆海军大元帅大本营公报》第九号，一九二四年三月三十日

任命吴铁城为广东省警卫军司令令

（一九二四年三月二十四日）

大元帅令

任命吴铁城为广东省警卫军司令。此令。

（中华民国陆海军大元帅之印）

中华民国十三年三月廿四日

据《命令》，载广州《陆海军大元帅大本营公报》第九号，一九二四年三月三十日

核复杨西岩呈告已令催新任
禁烟督办克日就职令

（一九二四年三月二十四日）

大元帅指令第二八一号

令禁烟督办杨西岩呈称奉令免职，恳饬新任早日接替由。

呈悉。已令催新任克日就职矣。仰即知照。此令。

（中华民国陆海军大元帅之印）

中华民国十三年三月廿四日

据《指令》，载广州《陆海军大元帅大本营
公报》第九号，一九二四年三月三十日

特派鲁涤平为禁烟督办并重新
改组禁烟机关手令

（一九二四年三月二十五日）

大元帅令

　　特派鲁涤平为禁烟督办，并令从新改组禁烟机关。此令。

孙文

中华民国十三年三月廿五日

据原件影印件，载谭延闿编：《总理遗墨》第三辑，
石印线装本，似出版于二十世纪三十年代初期

派鲁涤平为禁烟督办令

（一九二四年三月二十六日）

大元帅令

　　特派鲁涤平为禁烟督办。此令。

（中华民国陆海军大元帅之印）

中华民国十三年三月廿六日

据《命令》，载广州《陆海军大元帅大本营
公报》第九号，一九二四年三月三十日

准邓泽如辞禁烟督办令

（一九二四年三月二十六日）

大元帅令

　　禁烟督办邓泽如恳请辞职。邓泽如准免本职。此令。

　　　　　　　　　　　　　　（中华民国陆海军大元帅之印）

　　　　　　　　　　　　　　　中华民国十三年三月廿六日

　　　　　　　　　　据《命令》，载广州《陆海军大元帅大本营
　　　　　　　　　　公报》第九号，一九二四年三月三十日

派潘文治整理海军飞鹰等三舰事宜令

（一九二四年三月二十六日）

大元帅令

　　派潘文治整理海军飞鹰、福安、舞凤三舰事宜。此令。

　　　　　　　　　　　　　　（中华民国陆海军大元帅之印）

　　　　　　　　　　　　　　　中华民国十三年三月廿六日

　　　　　　　　　　据《命令》，载广州《陆海军大元帅大本营
　　　　　　　　　　公报》第九号，一九二四年三月三十日

准周鳌山辞禁烟帮办令

（一九二四年三月二十七日）

大元帅令

　　禁烟帮办周鳌山呈请辞职。应照准。此令。

　　　　　　　　　　　　　　（中华民国陆海军大元帅之印）

中华民国十三年三月廿七日

据《命令》，载广州《陆海军大元帅大本营公报》第九号，一九二四年三月三十日

任命杜起云为闽南讨贼军第一师师长令

（一九二四年三月二十八日）

任命杜起云为闽南讨贼军第一师师长，令统率旧部会同各义军全力杀敌，助联军收复东江，俾竟大功。

据《杜起云在闽南组军》，载一九二四年三月二十九日《广州民国日报》（六）

核复湘边宣慰使张翼鹏呈报设处
就职及启用关防日期令

（一九二四年三月二十九日）

大元帅指令第二九五号

令湘边宣慰使张翼鹏呈报设处就职及启用关防日期由。

呈悉。此令。

（中华民国陆海军大元帅之印）

中华民国十三年三月廿九日

据《指令》，载广州《陆海军大元帅大本营公报》第九号，一九二四年三月三十日

准黄仕强辞禁烟督办署总务厅长兼职令

（一九二四年三月三十一日）

大元帅令

前禁烟督办杨西岩呈：总务厅长黄仕强恳请辞职。黄仕强准免兼职。此令。

（中华民国陆海军大元帅之印）

中华民国十三年三月卅一日

据《命令》，载广州《陆海军大元帅大本营

公报》第九号，一九二四年三月三十日

准马武颂等五人辞禁烟督办署秘书及科长令

（一九二四年三月三十一日）

大元帅令

前禁烟督办杨西岩呈：秘书马武颂、张伯南、陈伯任，科长杨宜生、俞智盦恳请辞职。均照准。此令。

（中华民国陆海军大元帅之印）

中华民国十三年三月卅一日

据《命令》，载广州《陆海军大元帅大本营

公报》第九号，一九二四年三月三十日

撤销对前禁烟督办杨西岩的查办令

（一九二四年三月三十一日）

大元帅令

前禁烟督办杨西岩被控办理不善、流弊滋多，业经免职查办在案。兹据财政委员会查明尚无实据，应予撤销，毋庸置识〔议〕。此令。

（中华民国陆海军大元帅之印）

中华民国十三年三月三十一日

据《命令》，载广州《陆海军大元帅大本营

公报》第九号，一九二四年三月三十日

核复广东海防司令林若时呈报
就职及启用关防日期令

（一九二四年三月三十一日）

大元帅指令第二九九号

令广东海防司令林若时呈报就职及启用关防日期由。

呈悉。此令。

（中华民国陆海军大元帅之印）

中华民国十三年三月卅一日

据《指令》，载广州《陆海军大元帅大本营
公报》第九号，一九二四年三月三十日

免赵士北大理院长兼管司法行政事务令

（一九二四年四月一日）

大元帅令

大理院长兼管司法行政事务赵士北着免本兼各职。此令。

（中华民国陆海军大元帅之印）

中华民国十三年四月一日

据《命令》，载广州《陆海军大元帅大本营
公报》第十号，一九二四年四月十日

特任吕志伊为大理院长令

（一九二四年四月一日）

大元帅令

特任吕志伊为大理院长。此令。

（中华民国陆海军大元帅之印）

中华民国十三年四月一日

据《命令》，载广州《陆海军大元帅大本营公报》第十号，一九二四年四月十日

特派吕志伊兼管司法行政事务令

（一九二四年四月一日）

大元帅令

特派吕志伊兼管司法行政事务。此令。

（中华民国陆海军大元帅之印）

中华民国十三年四月一日

据《命令》，载广州《陆海军大元帅大本营公报》第十号，一九二四年四月十日

准郑述龄辞禁烟督办署查验处处长令

（一九二四年四月一日）

大元帅令

前禁烟督办杨西岩呈，该署查验处长郑述龄恳请辞职。郑述龄准免本职。此令。

（中华民国陆海军大元帅之印）

中华民国十三年四月一日

据《命令》，载广州《陆海军大元帅大本营公报》第十号，一九二四年四月十日

准余浩廷等八人辞禁烟督办署科长及所长令

（一九二四年四月一日）

大元帅令

　　前禁烟督办杨西岩呈，该署科长余浩廷、郑以濂、张世昌、吴季祐、温竞生、高少琴、刘薇卿，所长郑文华恳请辞职。均照准。此令。

（中华民国陆海军大元帅之印）

中华民国十三年四月一日

据《命令》，载广州《陆海军大元帅大本营公报》第十号，一九二四年四月十日

派鲁涤平宋子文为财政委员会委员令①

（一九二四年四月一日）

大元帅令

　　派鲁涤平、宋子文为财政委员会委员。此令。

（中华民国陆海军大元帅之印）

中华民国十三年四月一日

据《命令》，载广州《陆海军大元帅大本营公报》第十号，一九二四年四月十日

核复杨西岩呈告已明令准免黄仕强兼职令

（一九二四年四月一日）

大元帅指令第三〇四号

---

　①　谭延闿编《总理遗墨》第三辑收有手令影印件。

令前禁烟督办杨西岩呈为转呈总务厅长黄仕强恳请辞职由。

呈悉。已有明令黄仕强准免兼职矣。此令。

（中华民国陆海军大元帅之印）

中华民国十三年四月一日

据《指令》，载广州《陆海军大元帅大本营公报》第十号，一九二四年四月十日

核复杨西岩呈告已明令准马武颂等辞职令

（一九二四年四月一日）

大元帅指令第三〇五号

令前禁烟督办杨西岩呈为转呈秘书马武颂等恳请辞职由。

呈悉。已有明令照准矣。此令。

（中华民国陆海军大元帅之印）

中华民国十三年四月一日

据《指令》，载广州《陆海军大元帅大本营公报》第十号，一九二四年四月十日

任命吴铁城为广东省警卫军司令状

（一九二四年四月二日刊载）

任命吴铁城为广东省警卫军司令。此状。

据《吴铁城就司令职纪盛》，载一九二四年四月二日《广州民国日报》（六）

准任命黄家齐为大本营参军处中校副官令

（一九二四年四月三日）

大元帅令

　　大本营参军长张开儒呈请任命黄家齐为参军处中校副官。应照准。此令。

（中华民国陆海军大元帅之印）

中华民国十三年四月三日

据《命令》，载广州《陆海军大元帅大本营
公报》第十号，一九二四年四月十日

核复杨西岩呈告已明令准郑述龄辞职令

（一九二四年四月三日）

大元帅指令第三一四号

　　令前禁烟督办杨西岩呈为转呈查验处长郑述龄呈请辞职由。

　　呈悉。已有明令照准矣。此令。

（中华民国陆海军大元帅之印）

中华民国十三年四月三日

据《指令》，载广州《陆海军大元帅大本营
公报》第十号，一九二四年四月十日

准杨西岩呈告已明令准余浩廷等辞职令

（一九二四年四月三日）

大元帅指令第三一五号

　　令前禁烟督办杨西岩呈为该署科长余浩廷等呈请辞职由。

呈悉。已有明令，均照准矣。此令。

（中华民国陆海军大元帅之印）

中华民国十三年四月三日

据《指令》，载广州《陆海军大元帅大本营公报》第十号，一九二四年四月十日

派雷飚缪笠仁分为禁烟督办署
总务厅长督察处长令

（一九二四年四月四日）

大元帅令

派雷飚为禁烟督办署总务厅厅长，缪笠仁为禁烟督办署督察处处长。此令。

（中华民国陆海军大元帅之印）

中华民国十三年四月四日

据《命令》，载广州《陆海军大元帅大本营公报》第十号，一九二四年四月十日

准伍学熀辞广东全省船民自治联防督办兼职令

（一九二四年四月四日）

大元帅令

兼广东全省船民自治联防督办伍学熀呈请辞去兼职。伍学熀准免兼职。此令。

（中华民国陆海军大元帅之印）

中华民国十三年四月四日

据《命令》，载广州《陆海军大元帅大本营公报》第十号，一九二四年四月十日

核复禁烟督办鲁涤平呈报就职日期令

（一九二四年四月四日）

大元帅指令第三二二号

令禁烟督办鲁涤平呈报就职日期由。

呈悉。此令。

（中华民国陆海军大元帅之印）

中华民国十三年四月四日

据《指令》，载广州《陆海军大元帅大本营公报》第十号，一九二四年四月十日

核复广东省警卫军司令吴铁城呈报
就职及启用印信日期令

（一九二四年四月四日）

大元帅指令第三二四号

令广东省警卫军司令吴铁城呈报就职及启用印信日期由。

呈悉。此令。

（中华民国陆海军大元帅之印）

中华民国十三年四月四日

据《指令》，载广州《陆海军大元帅大本营公报》第十号，一九二四年四月十日

特任方声涛为福建省长兼闽省民军总司令令

（一九二四年四月四日）

特任命方声涛为福建省长兼闽省民军总司令。

据《方声涛长闽省军民》，载一九二四年四月七日《广州民国日报》（六）

任命方鼎英等六人分为湘军师长令

（一九二四年四月五日）

大元帅令

任命方鼎英为湘军第一军第一师师长，张辉瓒为湘军第一军第九师师长，戴岳为湘军第二军第二师师长，谭道源为湘军第三军第三师师长，王得庆为湘军第三军第六师师长，吴家铨为湘军第四军第四师师长。此令。

（中华民国陆海军大元帅之印）

中华民国十三年四月五日

据《命令》，载广州《陆海军大元帅大本营公报》第十一号，一九二四年四月二十日

准方孝纯辞大本营参军处少校副官令

（一九二四年四月七日）

大元帅令

大本营参军长张开儒呈少校副官方孝纯因病辞职。应照准。此令。

（中华民国陆海军大元帅之印）

中华民国十三年四月七日

据《命令》，载广州《陆海军大元帅大本营公报》第十号，一九二四年四月十日

追赠萧学智陆军中将令

（一九二四年四月七日）

大元帅令

　　据大本营军政部长程潜呈覆，拟请将已故滇军第三军军部少将副官长萧学智追赠陆军中将。

　　萧学智着追赠陆军中将。此令。

（中华民国陆海军大元帅之印）

中华民国十三年四月七日

据《命令》，载《陆海军大元帅大本营公报》第十号，广州一九二四年四月十日

准任命陈荣贵为广东兵工厂审验处长令

（一九二四年四月八日）

大元帅令

　　大本营军政部长程潜呈请任命陈荣贵为广东兵工厂审验处处长。应照准。此令。

（中华民国陆海军大元帅之印）

中华民国十三年四月八日

据《命令》，载广州《陆海军大元帅大本营公报》第十一号，一九二四年四月二十日

任命朱和中为秘书手谕

（一九二四年四月八日）

大元帅令

任命朱和中为秘书。此令。月俸五百元。

孙文

中华民国十三年四月八日

据原件影印件，载谭延闿编：《总理遗墨》第三辑，
石印线装本，似出版于二十世纪三十年代初期

任命朱和中为大本营秘书令

（一九二四年四月八日）

大元帅令

　　任命朱和中为大本营秘书。此令。

（中华民国陆海军大元帅之印）

中华民国十三年四月八日

据《命令》，载广州《陆海军大元帅大本营
公报》第十一号，一九二四年四月二十日

核复伍学熀呈告已明令准其辞广东全省船民
自治督办兼职并已将此督办裁撤令

（一九二四年四月九日）

大元帅指令第三二八号

　　令兼广东全省船民自治督办伍学熀呈请辞去兼职由。

　　呈悉。已明令准辞兼职，同日并有令将广东全省〈船民〉自治督办一职裁
撤。仰即遵照，赶将任内经管款项及一切事宜结束，清楚具报察核，并将关防缴
销。附件存。此令。

（中华民国陆海军大元帅之印）

中华民国十三年四月九日

据《指令》，载广州《陆海军大元帅大本营
公报》第十号，一九二四年四月十日

核复鲁涤平呈告已分别令派雷飚缪笠仁职务令

（一九二四年四月九日）

大元帅指令第三二九号

令禁烟督办鲁涤平呈请简派雷飚为总务厅厅长，缪笠仁为督察处处长，并呈履历由。

呈悉。履历存。已分别令派矣。此令。

（中华民国陆海军大元帅之印）

中华民国十三年四月九日

据《指令》，载广州《陆海军大元帅大本营公报》第十号，一九二四年四月十日

核复张开儒呈准方孝纯辞
大本营参军处少校副官令

（一九二四年四月十日）

大元帅指令第三三五号

令大本营参军长张开儒呈为少校副官方孝纯因病辞职，乞睿裁由。

呈悉。应照准。此令。

（中华民国陆海军大元帅之印）

中华民国十三年四月十日

据《指令》，载广州《陆海军大元帅大本营公报》第十一号，一九二四年四月二十日

核复鲁涤平呈暂委雷飚代行禁烟
督办准予备案令

（一九二四年四月十日）

大元帅指令第三三七号

　　令禁烟督办鲁涤平呈为躬赴前方督战，暂委总务厅长雷飚代行督办职务，乞备案由。

　　呈悉。准予备案。此令。

（中华民国陆海军大元帅之印）

中华民国十三年四月十日

据《指令》，载广州《陆海军大元帅大本营
公报》第十一号，一九二四年四月二十日

派古应芬等七人为法制委员会委员令①

（一九二四年四月十一日）

大元帅令

　　派古应芬、戴传贤、曹受坤、杨宗炯、陈国榘、何启沣、陆钜恩为法制委员会委员。此令。

（中华民国陆海军大元帅之印）

中华民国十三年四月十一日

据《命令》，载广州《陆海军大元帅大本营
公报》第十一号，一九二四年四月二十日

---

① 谭延闿编《总理遗墨》第三辑收有手令影印件。

特任叶恭绰兼盐务督办令

（一九二四年四月十二日）

大元帅令

　　特任叶恭绰兼盐务督办。此令。

（中华民国陆海军大元帅之印）

中华民国十三年四月十二日

据《命令》，载广州《陆海军大元帅大本营公报》第十一号，一九二四年四月二十日

任命郑洪年兼盐务署署长令

（一九二四年四月十二日）

大元帅令

　　任命郑洪年兼盐务署署长。此令。

（中华民国陆海军大元帅之印）

中华民国十三年四月十二日

据《命令》，载广州《陆海军大元帅大本营公报》第十一号，一九二四年四月二十日

派张汉为大本营海军委员令

（一九二四年四月十二日）

大元帅令

　　派张汉为大本营海军委员。此令。

（中华民国陆海军大元帅之印）

中华民国十三年四月十二日

据《命令》，载广州《陆海军大元帅大本营公报》第十一号，一九二四年四月二十日

准伍学熀辞财政委员会委员令

（一九二四年四月十二日）

大元帅令

　　财政委员会委员伍学熀呈请辞职。伍学熀准免本职。此令。

（中华民国陆海军大元帅之印）

中华民国十三年四月十二日

据《命令》，载广州《陆海军大元帅大本营公报》第十一号，一九二四年四月二十日

核复伍学熀呈准其辞财政委员会委员令

（一九二四年四月十二日）

大元帅指令第三五〇号

　　令财政委员会委员伍学熀呈请辞职由。

　　呈悉。照准。此令。

（中华民国陆海军大元帅之印）

中华民国十三年四月十二日

据《指令》，载广州《陆海军大元帅大本营公报》第十一号，一九二四年四月二十日

核复大理院长兼管司法行政事务
吕志伊呈报就职日期令

（一九二四年四月十四日）

大元帅指令第三五二号

令大理院院长兼管司法行政事务吕志伊呈报就职日期由。

呈悉。此令。

（中华民国陆海军大元帅之印）

中华民国十三年四月十四日

据《指令》，载广州《陆海军大元帅大本营公报》第十一号，一九二四年四月二十日

准任命曾镛为中央军需处运输处长令

（一九二四年四月十五日）

大元帅令

中央军需总监蒋尊簋呈请任命曾镛为中央军需处运输处处长。应照准。此令。

（中华民国陆海军大元帅之印）

中华民国十三年四月十五日

据《命令》，载广州《陆海军大元帅大本营公报》第十一号，一九二四年四月二十日

不准陈天太辞师长令

（一九二四年四月十八日刊载）

呈悉。该部师长陈天太，频年转战，迭著勤劳。军事方殷，倚畀尤切。所当

聿昭厥志，勉副干城之望，毋得遽萌退志，致深鼙鼓之思。所请辞职之处，着毋庸议。仰即转令遵照。此令。

据《大元帅慰留陈天太》，载一九二四年四月十八日《广州民国日报》（六）

免赵士觐两广盐运使令

（一九二四年四月十八日）

大元帅令

　　两广盐运使赵士觐另有任用，着免本职。此令。

（中华民国陆海军大元帅之印）

中华民国十三年四月十八日

据《命令》，载广州《陆海军大元帅大本营公报》第十一号，一九二四年四月二十日

任命邓泽如为两广盐运使令

（一九二四年四月十八日）

大元帅令

　　任命邓泽如为两广盐运使。此令。

（中华民国陆海军大元帅之印）

中华民国十三年四月十八日

据《命令》，载广州《陆海军大元帅大本营公报》第十一号，一九二四年四月二十日

任李翊东郑校之为大本营技师手令

（一九二四年四月十八日）

大元帅令

　　任李翊东、郑校之为大本营技师，每人每月薪俸二百元。此令。

孙文

中华民国十三年四月十八日

　　　　　　　　　据原件影印件，载谭延闿编：《总理遗墨》第三辑，
　　　　　　　　　石印线装本，似出版于二十世纪三十年代初期

核复鲁涤平呈告已明令准任吴家麟等
为禁烟督办署科长等职令

（一九二四年四月十九日）

大元帅指令第三七四号

　　令禁烟督办鲁涤平呈请任命吴家麟等为禁烟督办署科长等职由。

　　呈悉。吴家麟等已明令照准矣。履历存。此令。

（中华民国陆海军大元帅之印）

中华民国十三年四月十九日

　　　　　　　　　据《指令》，载广州《陆海军大元帅大本营
　　　　　　　　　公报》第十一号，一九二四年四月二十日

核复张开儒呈告已明令任命郑继周为
大本营参军处少校副官令

（一九二四年四月十九日）

大元帅指令第三七五号

令大本营参军长张开儒呈为该处上尉差遣郑继周勤慎从公，请予升补少校副官，以资鼓励由。

呈悉。准如所请。已另有明令任命矣。此令。

（中华民国陆海军大元帅之印）

中华民国十三年四月十九日

据《指令》，载广州《陆海军大元帅大本营公报》第十一号，一九二四年四月二十日

任命郑洪年兼广东财政厅长令

（一九二四年四月二十一日）

大元帅令

任命郑洪年兼广东财政厅厅长。此令。

（中华民国陆海军大元帅之印）

中华民国十三年四月廿一日

据《命令》，载广州《陆海军大元帅大本营公报》第十二号，一九二四年四月三十日

任命李翊东郑校之为大本营技师令

（一九二四年四月二十一日）

大元帅令

任命李翊东、郑校之为大本营技师。此令。

（中华民国陆海军大元帅之印）

中华民国十三年四月廿一日

据《命令》，载广州《陆海军大元帅大本营
公报》第十二号，一九二四年四月三十日

派邓泽如为财政委员会委员令

（一九二四年四月二十一日）

大元帅令

派邓泽如为财政委员会委员。此令。

（中华民国陆海军大元帅之印）

中华民国十三年四月廿一日

据《命令》，载广州《陆海军大元帅大本营
公报》第十二号，一九二四年四月三十日

派廖仲恺等四人为法制委员会委员令

（一九二四年四月二十一日）

大元帅令

派廖仲恺、吕志伊、陈融、林云陔为法制委员会委员。此令。

（中华民国陆海军大元帅之印）

中华民国十三年四月二十一日

据《命令》，载广州《陆海军大元帅大本营公报》第十二号，一九二四年四月三十日

核复兼盐务督办叶恭绰呈报就职日期令

（一九二四年四月二十一日）

大元帅指令第三七七号

　　令兼盐务督办叶恭绰呈报就职日期由。

　　呈悉。此令。

（中华民国陆海军大元帅之印）

中华民国十三年四月二十一日

据《指令》，载广州《陆海军大元帅大本营公报》第十二号，一九二四年四月三十日

核复兼盐务署长郑洪年呈报就职日期令

（一九二四年四月二十一日）

大元帅指令第三七八号

　　令兼盐务署署长郑洪年呈报就职日期由。

　　呈悉。此令。

（中华民国陆海军大元帅之印）

中华民国十三年四月二十一日

据《指令》，载广州《陆海军大元帅大本营公报》第十二号，一九二四年四月三十日

面谕邓泽如赶行接任两广盐运使

（一九二四年四月二十二日刊载）

（新任两广盐运使邓泽如奉委后，大元帅以现在东江军事正殷，关于筹措饷粮事宜，刻不容缓，特面谕邓运使）赶行接任，极力整理，以裕收入。

据《邓泽如之履新》，载一九二四年
四月二十二日《广州民国日报》（九）

核复杨庶堪呈告已明令任命
郑洪年兼广东财政厅长令

（一九二四年四月二十二日）

大元帅指令第三七九号

　　令广东省长杨庶堪呈请颁发明令任命郑洪年兼广东财政厅厅长，以专责成由。呈悉。已有明令任命矣。此令。

（中华民国陆海军大元帅之印）

中华民国十三年四月二十二日

据《指令》，载广州《陆海军大元帅大本营
公报》第十二号，一九二四年四月三十日

准任命陈敬汉杨志章兼盐务署秘书令

（一九二四年四月二十三日）

大元帅令

　　大本营财政部长兼盐务督办叶恭绰呈请任命陈敬汉、杨志章兼盐务署秘书。均照准。此令。

（中华民国陆海军大元帅之印）

中华民国十三年四月廿三日

据《命令》，载广州《陆海军大元帅大本营
公报》第十二号，一九二四年四月三十日

准任命郑继周为大本营参军处少校副官令

（一九二四年四月二十三日）

大元帅令

　　大本营参军长张开儒呈请任命郑继周为参军处少校副官。应照准。此令。

（中华民国陆海军大元帅之印）

中华民国十三年四月廿三日

据《命令》，载广州《陆海军大元帅大本营
公报》第十二号，一九二四年四月三十日

准派吴家麟等十二人分为禁烟
督办署科长及秘书令

（一九二四年四月二十三日）

大元帅令

　　禁烟督办鲁涤平呈请派吴家麟、张毂、彭耕、彭国钧、龙廷杰、朱谦良、钟
忠为禁烟督办署科长，谭柄鉴、朱创凡、郑鸿铸、鲁岱、刘汲之为禁烟督办署秘
书。均照准。此令。

（中华民国陆海军大元帅之印）

中华民国十三年四月廿三日

据《命令》，载广州《陆海军大元帅大本营
公报》第十二号，一九二四年四月三十日

准赵士觐呈辞财政委员会委员令

（一九二四年四月二十三日）

大元帅指令第三八二号

　　令财政委员会委员赵士觐呈请辞职由。

　　呈悉。照准。此令。

（中华民国陆海军大元帅之印）

中华民国十三年四月二十三日

据《指令》，载广州《陆海军大元帅大本营公报》第十二号，一九二四年四月三十日

准赵士觐辞财政委员会委员令

（一九二四年四月二十四日）

大元帅令

　　财政委员会委员赵士觐呈请辞职。赵士觐应准免职。此令。

（中华民国陆海军大元帅之印）

中华民国十三年四月二十四日

据《命令》，载广州《陆海军大元帅大本营公报》第十二号，一九二四年四月三十日

为饬迅即撤销前委护沙局长
杨王超给廖湘芸的训令

（一九二四年四月二十四日）

大元帅训令第一八〇号

令虎门要塞司令廖湘芸

为令遵事：案据财政委员会主席委员叶恭绰等呈称："本会本月十五日第二十九次常会会议，准沙田清理处许处长文日邮电：'请将廖司令湘芸所委虎门护沙局长杨王超撤锁〔销〕，仍由本处东莞护沙费征收委员照案收拨，乞核示。'遵案议决，由本会呈请大元帅令饬廖司令，将所委虎门护沙局撤销等因在案，理合录案呈请大元帅鉴核施行"等情前来。

据此，除指令照准外，合行令仰该司令即便遵照，将前委护沙局长杨王超迅即撤销毋违。许崇灏原电抄发。此令。

（中华民国陆海军大元帅之印）

中华民国十三年四月廿四日

据《训令》，载广州《陆海军大元帅大本营公报》第十二号，一九二四年四月三十日

核复广东全省船民自治联防督办
伍学熿呈缴关防等件令①

（一九二四年四月二十四日）

大元帅指令第三八六号

令兼任广东全省船民自治联防督办伍学熿呈缴关防等件由。

呈悉。此令。

（中华民国陆海军大元帅之印）

中华民国十三年四月二十四日

据《指令》，载广州《陆海军大元帅大本营公报》第十二号，一九二四年四月三十日

①　四月十五日伍学熿呈：已遵令将垫过署局经费列册报销，并将关防文件等物缴交大元帅府。

任命李铎等三人分为军政部参事及审计局长令

（一九二四年四月二十五日）

大元帅令

　　任命李铎、杨友棠为大本营军政部参事，王恒为大本营军政部审计局局长。此令。

（中华民国陆海军大元帅之印）

中华民国十三年四月二十五日

据《命令》，载广州《陆海军大元帅大本营公报》第十二号，一九二四年四月三十日

派张民达兼理盐务缉私主任令[①]

（一九二四年四月二十五日）

大元帅令

　　派张民达兼理盐务缉私主任。此令。

（中华民国陆海军大元帅之印）

中华民国十三年四月二十五日

据《命令》，载广州《陆海军大元帅大本营公报》第十二号，一九二四年四月三十日

---

①　谭延闿编《总理遗墨》第三辑收有手令影印件。

核复法制委员会委员长戴传贤呈报
就职及启用关防日期令

（一九二四年四月二十五日）

大元帅指令第三九四号

令法制委员会委员长戴傅〔传〕贤呈报就职及启用关防日期由。

呈悉。此令。

（中华民国陆海军大元帅之印）

中华民国十三年四月二十五日

据《指令》，载广州《陆海军大元帅大本营公报》第十二号，一九二四年四月三十日

核复两广盐运使邓泽如呈报到任视事日期令

（一九二四年四月二十五日）

大元帅指令第三九五号

令两广盐运使邓泽如呈报到任视事日期由。

呈悉。此令。

（中华民国陆海军大元帅之印）

中华民国十三年四月二十五日

据《指令》，载广州《陆海军大元帅大本营公报》第十二号，一九二四年四月三十日

核复叶恭绰呈准设立广东航运保卫处
及任命黄石等为监督等职令

（一九二四年四月二十五日）

大元帅指令第三九六号

　　令大本营财政部长叶恭绰呈报设立广东航运保卫处，及委任黄石等为监督等职，并造送章程、清单由。

　　呈及章程、清单均悉。应照准。章程、清单存。此令。

（中华民国陆海军大元帅之印）

中华民国十三年四月二十五日

　　据《指令》，载广州《陆海军大元帅大本营公报》第十二号，一九二四年四月三十日

派周自得为广东铁路护路司令手令

（一九二四年四月二十五日）

大元帅令

　　派周自得为广东铁路护路司令。此令。

　　通令各军将住在沿路车站各官兵一概撤退，并严禁各官兵不得干涉行车事宜。此令。

孙文

中华民国十三年四月廿五日

　　据原件影印件，载谭延闿编：《总理遗墨》第三辑，石印线装本，似出版于二十世纪三十年代初期

批于右任函慰留不准辞职文

（一九二四年四月二十五日）

交中央执行委员会审查。

已有函致于君慰留。此存。

据原件，台北、中国国民党
文化传播委员会党史馆藏

派周自得为广九铁路护路司令令

（一九二四年四月二十六日）

大元帅令

　　派周自得为广九铁路护路司令。此令。

（中华民国陆海军大元帅之印）
中华民国十三年四月二十六日

据《命令》，载广州《陆海军大元帅大本营
公报》第十二号，一九二四年四月三十日

任命廖朗如为财政部参事令

（一九二四年四月二十八日）

大元帅令

　　任命廖朗如为大本营财政部参事。此令。

（中华民国陆海军大元帅之印）
中华民国十三年四月二十八日

据《命令》，载广州《陆海军大元帅大本营
公报》第十二号，一九二四年四月三十日

准任命陆仲履为财政部佥事令

（一九二四年四月二十八日）

大元帅令

　　大本营财政部长叶恭绰呈请任命陆仲履为佥事。应照准。此令。

（中华民国陆海军大元帅之印）

中华民国十三年四月二十八日

据《命令》，载广州《陆海军大元帅大本营
公报》第十二号，一九二四年四月三十日

任命戴季陶为参议邹若衡为咨议手谕

（一九二四年四月二十八日）

大元帅令

　　任命戴季陶为参议（月薪三百元）。

　　任命邹若衡为咨议（不支薪）。

孙文

中华民国十三年四月廿八日

据原件影印件，载谭延闿编：《总理遗墨》第三辑，
石印线装本，似出版于二十世纪三十年代初期

任命戴季陶为大本营参议令

（一九二四年四月二十八日）

大元帅令

　　任命戴季陶为大本营参议。此令。

（中华民国陆海军大元帅之印）

中华民国十三年四月二十八日

据《命令》，载广州《陆海军大元帅大本营
公报》第十二号，一九二四年四月三十日

任命邹若衡为大本营咨议令

（一九二四年四月二十八日）

大元帅令

任命邹若衡为大本营咨议。此令。

（中华民国陆海军大元帅之印）

中华民国十三年四月二十八日

据《命令》，载广州《陆海军大元帅大本营
公报》第十二号，一九二四年四月三十日

准任命梁海秋为盐务署秘书令

（一九二四年四月三十日）

大元帅令

本〔大〕大〔本〕营财政部长兼盐务督办叶恭绰呈请任命梁海秋为盐务署秘
书。应照准。此令。

（中华民国陆海军大元帅之印）

中华民国十三年四月三十日

据《命令》，载广州《陆海军大元帅大本营
公报》第十二号，一九二四年四月三十日

准邓泽如辞大本营参议令

（一九二四年四月三十日）

大元帅令

　　大本营参议邓泽如呈请辞职。邓泽如应准免职。此令。

（中华民国陆海军大元帅之印）

中华民国十三年四月三十日

据《命令》，载广州《陆海军大元帅大本营公报》第十二号，一九二四年四月三十日

核复马伯麟呈报委任李思汉为
长洲要塞总台长①准予备案令

（一九二四年四月三十日）

大元帅指令第四〇六号

　　令长洲要塞司令马伯麟呈报委任李思汉为总台长，乞备案由。

　　呈悉。准予备案。此令。

（中华民国陆海军大元帅之印）

中华民国十三年四月三十日

据《指令》，载广州《陆海军大元帅大本营公报》第十二号，一九二四年四月三十日

---

①　总台长，即各炮台之总指挥。

核复叶恭绰呈告已明令准任命
陈敬汉等兼盐务秘书令

（一九二四年四月三十日）

大元帅指令第四○八号

令大本营财政部长兼盐务督办叶恭绰呈请任命陈敬汉等兼盐务秘书由。

呈悉。已有明令照准矣。此令。

（中华民国陆海军大元帅之印）

中华民国十三年四月三十日

据《指令》，载广州《陆海军大元帅大本营公报》第十二号，一九二四年四月三十日

核复大本营参议邓泽如呈准其辞职令

（一九二四年四月三十日）

大元帅指令第四一一号

令大本营参议邓泽如呈请辞职由。

呈悉。照准。此令。

（中华民国陆海军大元帅之印）

中华民国十三年四月三十日

据《指令》，载广州《陆海军大元帅大本营公报》第十二号，一九二四年四月三十日

任命王家琦为大本营参军令

（一九二四年五月一日）

大元帅令

　　任命王家琦为大本营参军。此令。

（中华民国陆海军大元帅之印）

中华民国十三年五月一日

据《命令》，载广州《陆海军大元帅大本营公报》第十三号，一九二四年五月十日

特任蒋中正为陆军军官学校校长令①

（一九二四年五月三日）

大元帅令

　　特任蒋中正为陆军军官学校校长。此令。

（中华民国陆海军大元帅之印）

中华民国十三年五月三日

据《命令》，载广州《陆海军大元帅大本营公报》第十三号，一九二四年五月十日

任命蒋中正兼粤军总司令部参谋长令②

（一九二四年五月三日）

大元帅令

---

①　谭延闿编《总理遗墨》第三辑收有手令影印件。
②　谭延闿编《总理遗墨》第三辑收有手令影印件。

任命蒋中正兼粤军总司令部参谋长。此令。

（中华民国陆海军大元帅之印）

中华民国十三年五月三日

据《命令》，载广州《陆海军大元帅大本营
公报》第十三号，一九二四年五月十日

任命张乃燕为大本营参议令

（一九二四年五月三日）

大元帅令

　　任命张乃燕为大本营参议。此令。

（中华民国陆海军大元帅之印）

中华民国十三年五月三日

据《命令》，载广州《陆海军大元帅大本营
公报》第十三号，一九二四年五月十日

核复叶恭绰呈告已明令任命廖朗如陆仲履令

（一九二四年五月三日）

大元帅指令第四二四号

　　令大本营财政部长叶恭绰呈请任命廖朗如为参事、陆仲履为佥事由。

　　呈悉。已有明令分别任命矣。此令。

（中华民国陆海军大元帅之印）

中华民国十三年五月三日

据《指令》，载广州《陆海军大元帅大本营
公报》第十三号，一九二四年五月十日

交秘书长办理张静江不必辞委员
并其侄①任为参议手谕

（一九二四年五月三日）

秘书长办理：

一、张静江不必辞委员。

二、其侄任为参议，月薪三百元。

文

据原件影印件，载谭延闿编：《总理遗墨》第三辑，
石印线装本，似出版于二十世纪三十年代初期

任命林翔为大本营审计处处长令

（一九二四年五月五日）

大元帅令

任命林翔为大本营审计处处长。此令。

（中华民国陆海军大元帅之印）

中华民国十三年五月五日

据《命令》，载广州《陆海军大元帅大本营
公报》第十三号，一九二四年五月十日

---

① 张静江之侄：张乃燕。

准任命温挺修为大本营参谋处上校参谋令

（一九二四年五月五日）

大元帅令

　　大本营参谋长李烈钧呈请任命温挺修为大本营参谋处上校参谋。应照准。此令。

（中华民国陆海军大元帅之印）

中华民国十三年五月五日

据《命令》，载广州《陆海军大元帅大本营公报》第十三号，一九二四年五月十日

准任命陶勉斋为内政部科长令

（一九二四年五月六日）

大元帅令

　　大本营内政部长徐绍桢呈请任命陶勉斋为内政部科长。应照准。此令。

（中华民国陆海军大元帅之印）

中华民国十三年五月六日

据《命令》，载广州《陆海军大元帅大本营公报》第十三号，一九二四年五月十日

核复兼理盐务缉私主任张民达呈报
就职及启用关防日期令

（一九二四年五月七日）

大元帅指令第四四〇号

　　令兼理盐务缉私主任张民达呈报就职及启用关防日期由。

呈悉。此令。

（中华民国陆海军大元帅之印）

中华民国十三年五月七日

据《指令》，载广州《陆海军大元帅大本营公报》第十三号，一九二四年五月十日

核复大理院长兼管司法行政事务
吕志伊呈报接收情形令

（一九二四年五月八日）

大元帅指令第四四五号

令大理院长兼管司法行政事务吕志伊呈报接收情形由。

呈悉。此令。

（中华民国陆海军大元帅之印）

中华民国十三年五月八日

据《指令》，载广州《陆海军大元帅大本营公报》第十三号，一九二四年五月十日

核复广东省长杨庶堪呈报办理张伯荃等请收回
派委顺绅充东海十六沙局长成命一案情形令

（一九二四年五月八日）

大元帅指令第四五一号

令广东省长杨庶堪呈覆办理张伯荃等呈请令行将派委顺绅充东海十六沙局长收回成命一案情形由。

呈悉。此令。

（中华民国陆海军大元帅之印）

中华民国十三年五月八日

据《指令》，载广州《陆海军大元帅大本营公报》第十三号，一九二四年五月十日

核复大本营审计处长林翔呈报
接收前任移交情形令

（一九二四年五月八日）

大元帅指令第四五二号

令大本营审计处长林翔呈报接收刘前任①移交情形由。

呈悉。此令。

（中华民国陆海军大元帅之印）

中华民国十三年五月八日

据《指令》，载广州《陆海军大元帅大本营公报》第十三号，一九二四年五月十日

任命何克夫为直辖第一混成旅旅长令

（一九二四年五月九日）

大元帅令

任命何克夫为中央直辖第一混成旅旅长。此令。

（中华民国陆海军大元帅之印）

中华民国十三年五月九日

据《命令》，载广州《陆海军大元帅大本营公报》第十三号，一九二四年五月十日

---

① 刘前任，即前任刘纪文。

核复大本营审计处长林翔呈报遵令
改处暨启用印信日期令

（一九二四年五月十日）

大元帅指令第四六〇号

令大本营审计处处长林翔呈报遵令改处暨启用印信日期由。

呈悉。此令。

（中华民国陆海军大元帅之印）

中华民国十三年五月十日

据《指令》，载广州《陆海军大元帅大本营公报》第十三号，一九二四年五月十日

免黄骚广东造币厂监督令

（一九二四年五月十二日）

大元帅令

广东造币厂监督黄骚另有任用。应免本职。此令。

（中华民国陆海军大元帅之印）

中华民国十三年五月十二日

据《命令》，载广州《陆海军大元帅大本营公报》第十四号，一九二四年五月二十日

派梅光培为广东造币厂监督令

（一九二四年五月十二日）

大元帅令

派梅光培为广东造币厂监督。此令。

（中华民国陆海军大元帅之印）

中华民国十三年五月十二日

据《命令》，载广州《陆海军大元帅大本营
公报》第十四号，一九二四年五月二十日

准任命陈宏毅伍自立分为
福安舞凤舰长令

（一九二四年五月十二日）

大元帅令

　　整理海军飞鹰、福安、舞凤三舰事宜潘文治，呈请任命陈宏毅为福安舰长、伍自立为舞凤舰长。应照准。此令。

（中华民国陆海军大元帅之印）

中华民国十三年五月十二日

据《命令》，载广州《陆海军大元帅大本营
公报》第十四号，一九二四年五月二十日

核复广九铁路护路司令周自得呈报
就职及启用关防日期令

（一九二四年五月十二日）

大元帅指令第四六二号

　　令广九铁路护路司令周自得呈报就职及启用关防日期由。

　　呈悉。此令。

（中华民国陆海军大元帅之印）

中华民国十三年五月十二日

据《指令》，载广州《陆海军大元帅大本营公报》第十四号，一九二四年五月二十日

核复两广盐运使邓泽如呈报设处
视事及启用关防令

（一九二四年五月十二日）

大元帅指令第四六四号

令两广盐运使邓泽如呈报两广盐务缉私主任设处视事，启用关防由。

呈悉。此令。

（中华民国陆海军大元帅之印）

中华民国十三年五月十二日

据《指令》，载广州《陆海军大元帅大本营公报》第十四号，一九二四年五月二十日

促许崇智迅速就职克日遴员接收
粤军现驻各防地财政令

（一九二四年五月十三日刊载）

查粤军各部队，亟应切实改编整顿，仰该总司令迅速就职，并遵照前令克日遴派委员接收粤军现驻各防地财政，彻底整理，以裕饷糈。俟整理就绪后，听候明令转交财政厅接收，以符财政统一本旨，除令广东省长知照外，仰即遵照，仍将办理情形报查。此令。

据《帅令促许崇智就职》，载一九二四年五月十三日《广州民国日报》（三）

派邵元冲等三人为法制委员会委员令

（一九二四年五月十四日）

大元帅令

　　派邵元冲、刘芦隐、黄季陆为法制委员会委员。此令。

（中华民国陆海军大元帅之印）

中华民国十三年五月十四日

据《命令》，载广州《陆海军大元帅大本营
公报》第十四号，一九二四年五月二十日

准刘毅辞粤闽湘军招抚使令

（一九二四年五月十四日）

大元帅令

　　粤闽湘军招抚使刘毅呈请辞职。刘毅应准免职。此令。

（中华民国陆海军大元帅之印）

中华民国十三年五月十四日

据《命令》，载广州《陆海军大元帅大本营
公报》第十四号，一九二四年五月二十日

核复潘文治呈告已明令任命陈宏毅伍自立令

（一九二四年五月十四日）

大元帅指令第四六九号

　　令整理海军飞鹰、福安、舞凤三舰事宜潘文治呈请任命陈宏毅为福安舰长、
伍自立为舞凤舰长由。

呈悉。已有明令任命矣。仰即知照。此令。

（中华民国陆海军大元帅之印）

中华民国十三年五月十四日

据《指令》，载广州《陆海军大元帅大本营公报》第十四号，一九二四年五月二十日

核复陆军军官学校校长蒋中正呈报
就职及启用关防日期令

（一九二四年五月十四日）

大元帅指令第四七三号

令陆军军官学校校长蒋中正呈报就职及启用关防日期由。

呈悉。此令。

（中华民国陆海军大元帅之印）

中华民国十三年五月十四日

据《指令》，载广州《陆海军大元帅大本营公报》第十四号，一九二四年五月二十日

核复陆军军官学校中国国民党代表廖仲恺
呈报就职及启用印章日期令

（一九二四年五月十四日）

大元帅指令第四七四号

令陆军军官学校中国国民党代表廖仲恺呈报就职及启用印章日期由。

呈悉。此令。

（中华民国陆海军大元帅之印）

中华民国十三年五月十四日

据《指令》，载广州《陆海军大元帅大本营
公报》第十四号，一九二四年五月二十日

任命李济深兼梧州善后处处长令

（一九二四年五月十五日）

大元帅令

　　任命李济深兼梧州善后处处长。此令。

（中华民国陆海军大元帅之印）

中华民国十三年五月十五日

据《命令》，载广州《陆海军大元帅大本营
公报》第十四号，一九二四年五月二十日

核复粤闽湘军招抚使刘毅呈准其辞职令

（一九二四年五月十五日）

大元帅指令第四七九号

　　令粤闽湘军招抚使刘毅呈请辞职由。

　　呈悉。照准。此令。

（中华民国陆海军大元帅之印）

中华民国十三年五月十五日

据《指令》，载广州《陆海军大元帅大本营
公报》第十四号，一九二四年五月二十日

派程潜林翔为财政委员会委员令

（一九二四年五月十九日）

大元帅令

派程潜、林翔为财政委员会委员。此令。

（中华民国陆海军大元帅之印）

中华民国十三年五月十九日

据《命令》，载广州《陆海军大元帅大本营公报》第十四号，一九二四年五月二十日

任命谢无量为特务秘书手令

（一九二四年五月十九日）

任命谢无量为特务秘书。此令。（月俸五百元）

孙文

据原件影印件，载谭延闿编：《总理遗墨》第三辑，石印线装本，似出版于二十世纪三十年代初期

任命谢无量为大本营特务秘书令

（一九二四年五月十九日）

大元帅令

任命谢无量为大本营特务秘书。此令。

（中华民国陆海军大元帅之印）

中华民国十三年五月十九日

据《命令》，载广州《陆海军大元帅大本营公报》第十四号，一九二四年五月二十日

派罗镇湘为大本营军事委员令

（一九二四年五月二十日）

大元帅令

　　派罗镇湘为大本营军事委员。此令。

（中华民国陆海军大元帅之印）

中华民国十三年五月二十日

据《命令》，载广州《陆海军大元帅大本营
公报》第十四号，一九二四年五月二十日

准蒋尊簋辞中央军需总监令

（一九二四年五月二十日）

大元帅令

　　中央军需总监蒋尊簋呈请辞职。蒋尊簋准免本职。此令。

（中华民国陆海军大元帅之印）

中华民国十三年五月二十日

据《命令》，载广州《陆海军大元帅大本营
公报》第十四号，一九二四年五月二十日

核复叶恭绰呈报委任劳勉蔡炳分为广东
造币分厂总办会办准予备案令

（一九二四年五月二十日）

大元帅指令第四九六号

　　令大本营财政部长叶恭绰呈报委任劳勉为广东造币分厂总办、蔡炳为会办，

请核示施行由。

呈悉。准予备案。此令。

（中华民国陆海军大元帅之印）

中华民国十三年五月二十日

据《指令》，载广州《陆海军大元帅大本营公报》第十四号，一九二四年五月二十日

核复中央军需总监蒋尊簋呈准其辞职令

（一九二四年五月二十日）

大元帅指令第四九八号

令中央军需总监蒋尊簋呈为再请辞职由。

呈悉。应照准。此令。

（中华民国陆海军大元帅之印）

中华民国十三年五月二十日

据《指令》，载广州《陆海军大元帅大本营公报》第十四号，一九二四年五月二十日

任命彭介石为大本营参议令

（一九二四年五月二十一日）

大元帅令

任命彭介石为大本营参议。此令。

（中华民国陆海军大元帅之印）

中华民国十三年五月廿一日

据《命令》，载广州《陆海军大元帅大本营公报》第十五号，一九二四年五月三十日

准杨泰辞大本营参军处少校副官令

（一九二四年五月二十一日）

大元帅令

　　大本营参军长张开儒呈称：少校副官杨泰呈请辞职。应予照准。此令。

（中华民国陆海军大元帅之印）

中华民国十三年五月廿一日

据《命令》，载广州《陆海军大元帅大本营
公报》第十五号，一九二四年五月三十日

派黄昌谷为财政委员会委员令

（一九二四年五月二十二日）

大元帅令

　　派黄昌谷为财政委员会委员。此令。

（中华民国陆海军大元帅之印）

中华民国十三年五月廿二日

据《命令》，载广州《陆海军大元帅大本营
公报》第十五号，一九二四年五月三十日

核复张开儒呈告已明令准少校副官杨泰辞职令

（一九二四年五月二十二日）

大元帅指令第五○一号

　　令大本营参军长张开儒呈为少校副官杨泰续请辞职，乞示遵由。

　　呈悉。杨泰呈请辞职，业由明令照准。仰即知照。此令。

（中华民国陆海军大元帅之印）

中华民国十三年五月廿二日

据《指令》，载广州《陆海军大元帅大本营公报》第十五号，一九二四年五月三十日

核复大本营参军长张开儒呈告已明令准杨泰辞职存薪陆续补发令

（一九二四年五月二十二日）

大元帅指令第五〇二号

令大本营参军长张开儒呈称该处少校副官杨泰呈请辞职及清发存薪乞令遵由。

呈悉。杨泰辞职已有明令照准。所存薪金，应俟财政充裕陆续补发。仰即转饬知照。此令。

（中华民国陆海军大元帅之印）

中华民国十三年五月廿二日

据《指令》，载广州《陆海军大元帅大本营公报》第十五号，一九二四年五月三十日

核复广东造币厂监督梅光培呈报就职日期令

（一九二四年五月二十三日）

大元帅指令第五〇九号

令广东造币厂监督梅光培呈报就职视事日期由。

呈悉。此令。

（中华民国陆海军大元帅之印）

中华民国十三年五月〈廿〉三日

据《指令》，载广州《陆海军大元帅大本营公报》第十五号，一九二四年五月三十日

核复粤军总司令许崇智呈报
就职及启用印信日期令

（一九二四年五月二十六日）

大元帅指令第五二一号

　　令粤军总司令许崇智呈报就职及启用印信日期由。

　　呈悉。此令。

（中华民国陆海军大元帅之印）

中华民国十三年五月廿六日

据《指令》，载广州《陆海军大元帅大本营公报》第十五号，一九二四年五月三十日

任命黄昌谷为大本营会计司司长令

（一九二四年五月二十七日）

大元帅令

　　任命黄昌谷为大本营会计司司长。此令。

（中华民国陆海军大元帅之印）

中华民国十三年五月廿七日

据《命令》，载广州《陆海军大元帅大本营公报》第十五号，一九二四年五月三十日

任命顾忠琛为北伐讨贼军第四军军长令

（一九二四年五月二十七日）

大元帅令

任命顾忠琛为北伐讨贼军第四军军长。此令。

（中华民国陆海军大元帅之印）

中华民国十三年五月廿七日

据《命令》，载广州《陆海军大元帅大本营公报》第十五号，一九二四年五月三十日

任命萧养晦为大本营咨议令

（一九二四年五月二十七日）

大元帅令

任命萧养晦为大本营咨议。此令。

（中华民国陆海军大元帅之印）

中华民国十三年五月廿七日

据《命令》，载广州《陆海军大元帅大本营公报》第十五号，一九二四年五月三十日

任命和炉时为政府商业顾问令

（一九二四年五月二十七日）

大元帅令

任命和炉时为政府商业顾问。此令。

（中华民国陆海军大元帅之印）

中华民国十三年五月廿七日

据《命令》，载广州《陆海军大元帅大本营公报》第十五号，一九二四年五月三十日

任命黄仕强张沛为中央税捐整理处正副处长令

（一九二四年五月二十七日）

大元帅令

　　任命黄仕强为中央税捐整理处长，张沛为中央税捐整理处副处长。此令。

　　　　　　　　　　　　　　（中华民国陆海军大元帅之印）

　　　　　　　　　　　　　　　中华民国十三年五月廿七日

　　　　　　　　　据《命令》，载广州《陆海军大元帅大本营
　　　　　　　　　公报》第十五号，一九二四年五月三十日

准黄隆生辞大本营会计司长令

（一九二四年五月二十七日）

大元帅令

　　大本营会计司司长黄隆生呈请辞职。黄隆生准免本职。此令。

　　　　　　　　　　　　　　（中华民国陆海军大元帅之印）

　　　　　　　　　　　　　　　中华民国十三年五月廿七日

　　　　　　　　　据《命令》，载广州《陆海军大元帅大本营
　　　　　　　　　公报》第十五号，一九二四年五月三十日

准任命严宽为大本营参军处少校副官令

（一九二四年五月二十七日）

大元帅令

　　大本营参军长张开儒呈请任命严宽为大本营参军处少校副官。应照准。此令。

　　　　　　　　　　　　　　（中华民国陆海军大元帅之印）

中华民国十三年五月廿七日

据《命令》，载广州《陆海军大元帅大本营公报》第十五号，一九二四年五月三十日

核复直辖第一混成旅旅长何克夫呈报就职启用关防日期令

（一九二四年五月二十七日）

大元帅指令第五二六号

令中央直辖第一混成旅旅长何克夫呈报就职启用关防日期由。

呈悉。此令。

（中华民国陆海军大元帅之印）

中华民国十三年五月廿七日

据《指令》，载广州《陆海军大元帅大本营公报》第十五号，一九二四年五月三十日

核复广东省长杨庶堪呈给假一月并准陈树人代行省署公务令

（一九二四年五月二十七日）

大元帅指令第五二八号

令广东省长杨庶堪呈请给假一月，省署公务由政务厅长陈树人代拆代行由。

呈悉。照准。此令。

（中华民国陆海军大元帅之印）

中华民国十三年五月廿七日

据《指令》，载广州《陆海军大元帅大本营公报》第十五号，一九二四年五月三十日

核复黄隆生呈告已明令准免其本职令

（一九二四年五月二十七日）

大元帅指令第五三二号

令大本营会计司司长黄隆生呈请免去本职由。

呈悉。已有明令准免本职矣。仰即知照。此令。

（中华民国陆海军大元帅之印）

中华民国十三年五月廿七日

据《指令》，载广州《陆海军大元帅大本营
公报》第十五号，一九二四年五月三十日

核复叶恭绰呈准设处整理税捐并告
已明令简任正副处长令

（一九二四年五月二十七日）

大元帅指令第五三三号

令大本营财政部长叶恭绰呈为设处整理税捐，恳请简员办理，以专责任由。

呈悉。准如所请办理。已另有明令简任黄仕强为中央税捐处处长，张沛为副
处长矣。仰即知照。此令。

（中华民国陆海军大元帅之印）

中华民国十三年五月廿七日

据《指令》，载广州《陆海军大元帅大本营
公报》第十五号，一九二四年五月三十日

令樊钟秀为东路作战军右翼总指挥及
作战指导隶属由参谋处定令

（一九二四年五月二十八日刊载）

肃清东江，曾饬大举，并令豫军全部加入作战在案。兹令豫军总司令樊钟秀为东路作战军右翼总指挥，即日督率所部遵行前授各任务，早奏肤功。其关于作战中之指导隶属，由参谋处妥定，通知查照外，特令。

据《豫军指导由参谋处定》，载一九二四年五月二十八日《广州民国日报》（六）

任命杨泰峰为大本营咨议令

（一九二四年五月二十八日）

大元帅令

任命杨泰峰为大本营咨议。此令。

（中华民国陆海军大元帅之印）

中华民国十三年五月廿八日

据《命令》，载广州《陆海军大元帅大本营公报》第十五号，一九二四年五月三十日

核复张开儒呈告已明令准任命
严宽为参军处少校副官令

（一九二四年五月二十八日）

大元帅指令第五三六号

令大本营参军长张开儒呈请任命严宽为该处少校副官由。

呈悉。已明令照准矣，仰即知照。此令。

（中华民国陆海军大元帅之印）

中华民国十三年五月廿八日

据《指令》，载广州《陆海军大元帅大本营公报》第十五号，一九二四年五月三十日

任命潘文治为海军练习舰队司令令

（一九二四年五月三十一日）

大元帅令

任命潘文治为海军练习舰队司令。此令。

（中华民国陆海军大元帅之印）

中华民国十三年五月卅一日

据《命令》，载广州《陆海军大元帅大本营公报》第十五号，一九二四年五月三十日

派杨瑞亭李子英为大本营出勤委员令

（一九二四年五月三十一日）

大元帅令

派杨瑞亭、李子英为大本营出勤委员。此令。

（中华民国陆海军大元帅之印）

中华民国十三年五月卅一日

据《命令》，载广州《陆海军大元帅大本营公报》第十五号，一九二四年五月三十日

派胡谦为财政委员会委员令

（一九二四年五月三十一日）

大元帅令

　　派胡谦为财政委员会委员。此令。

（中华民国陆海军大元帅之印）

中华民国十三年五月卅一日

据《命令》，载广州《陆海军大元帅大本营
公报》第十五号，一九二四年五月三十日

任命孙统纲为广东讨贼军别动队司令令

（一九二四年六月四日）

大元帅令

　　任命孙统纲为广东讨诚〔贼〕军别动队司令。此令。

（中华民国陆海军大元帅之印）

中华民国十三年六月四日

据《命令》，载广州《陆海军大元帅大本营
公报》第十六号，一九二四年六月十日

饬令潘文治仍兼管福安飞鹰
舞凤三舰整理事宜令

（一九二四年六月四日）

大元帅训令第二六三号

　　令海军练习舰队司令潘文治为令饬事：所有福安飞鹰舞凤三舰整理事宜，仍着该司令兼管。此令。

（中华民国陆海军大元帅之印）

中华民国十三年六月四日

据《训令》，载广州《陆海军大元帅大本营公报》第十六号，一九二四年六月十日

任命林直勉为大本营秘书令

（一九二四年六月七日）

大元帅令

　　任命林直勉为大本营秘书。此令。

（中华民国陆海军大元帅之印）

中华民国十三年六月七日

据《命令》，载广州《陆海军大元帅大本营公报》第十六号，一九二四年六月十日

任命王懋功为大本营参军令

（一九二四年六月七日）

大元帅令

　　任命王懋功为大本营参军。此令。

（中华民国陆海军大元帅之印）

中华民国十三年六月七日

据《命令》，载广州《陆海军大元帅大本营公报》第十六号，一九二四年六月十日

任命邹鲁为广东大学校长令

（一九二四年六月九日）

大元帅令

　　任命邹鲁为国立广东大学校校长。此令。

（中华民国陆海军大元帅之印）

中华民国十三年六月九日

据《命令》，载广州《陆海军大元帅大本营
公报》第十六号，一九二四年六月十日

为派邹鲁任处理俄国部分庚款委员会成员及
先由易培基代行其职致加拉罕函

（一九二四年六月九日）

　　现派广东大学校长邹鲁任处理俄国部分庚款委员会的成员之一。邹鲁在途期
间，由北京国立大学易培基教授代行其职。

孙中山

六月九日

据《国际生活》一九五七年第十一期（莫斯
科一九五七年俄文版）译出（李玉贞译）

准黄隆生辞大元帅行营军用票监督令

（一九二四年六月十一日）

大元帅令

　　大元帅行营军用票监督黄隆生呈请辞职。黄隆生准即免职。此令。

（中华民国陆海军大元帅之印）

中华民国十三年六月十一日

据《命令》，载广州《陆海军大元帅大本营公报》第十七号，一九二四年六月二十日

核复大元帅行营军用票监督黄隆生呈告已明令准免其职令

（一九二四年六月十一日）

大元帅指令第五六九号

令大元帅行营军用票监督黄隆生呈请辞职由。

呈悉。已明令准予免职矣，仰即知照。此令。

（中华民国陆海军大元帅之印）

中华民国十三年六月十一日

据《指令》，载广州《陆海军大元帅大本营公报》第十七号，一九二四年六月二十日

准杨庶堪辞广东省长令

（一九二四年六月十二日）

大元帅令

广东省长杨庶堪呈请辞职，情词恳挚。杨庶堪准免本职。此令。

（中华民国陆海军大元帅之印）

中华民国十三年六月十二日

据《命令》，载广州《陆海军大元帅大本营公报》第十七号，一九二四年六月二十日

特任廖仲恺为广东省长令

（一九二四年六月十二日）

大元帅令

特任廖仲恺为广东省长。此令。

（中华民国陆海军大元帅之印）

中华民国十三年六月十二日

据《命令》，载广州《陆海军大元帅大本营公报》第十七号，一九二四年六月二十日

核复海军练习舰队司令潘文治呈报
就职及启用关防日期令

（一九二四年六月十二日）

大元帅指令第五七六号

令海军练习舰队司令潘文治呈报就职及启用关防日期由。

呈悉。此令。

（中华民国陆海军大元帅之印）

中华民国十三年六月十二日

据《指令》，载广州《陆海军大元帅大本营公报》第十七号，一九二四年六月二十日

核复北伐讨贼军第四军军长顾忠琛呈报
接收任状印章及就职日期令

（一九二四年六月十二日）

大元帅指令第五八二号

　　令北伐讨贼军第四军军长顾忠深〔琛〕呈报接收任状印章及就职日期由。

　　呈悉。此令。

（中华民国陆海军大元帅之印）

中华民国十三年六月十二日

据《指令》，载广州《陆海军大元帅大本营
公报》第十七号，一九二四年六月二十日

准姚雨平辞广东治河督办令①

（一九二四年六月十三日）

大元帅令

　　广东治河督办姚雨平呈请辞职。姚雨平准免本职。此令。

（中华民国陆海军大元帅之印）

中华民国十三年六月十三日

据《命令》，载广州《陆海军大元帅大本营
公报》第十七号，一九二四年六月二十日

---

①　谭延闿编《总理遗墨》第三辑收有手令影印件。

派林森兼理广东治河督办事宜令①

（一九二四年六月十三日）

大元帅令

　　派大本营建设部长林森兼理广东治河督办事宜。此令。

（中华民国陆海军大元帅之印）

中华民国十三年六月十三日

据《命令》，载广州《陆海军大元帅大本营
公报》第十七号，一九二四年六月二十日

任命高杞为大本营咨议令

（一九二四年六月十三日）

大元帅令

　　任命高杞为大本营咨议。此令。

（中华民国陆海军大元帅之印）

中华民国十三年六月十三日

据《命令》，载广州《陆海军大元帅大本营
公报》第十七号，一九二四年六月二十日

任命陈贞瑞为大本营咨议令

（一九二四年六月十三日）

大元帅令

---

① 谭延闿编《总理遗墨》第三辑收有手令影印件。

任命陈贞瑞为大本营咨议。此令。

（中华民国陆海军大元帅之印）

中华民国十三年六月十三日

据《命令》，载广州《陆海军大元帅大本营公报》第十七号，一九二四年六月二十日

任命李济深等四人为陆军军官学校职员令

（一九二四年六月十三日）

大元帅令

任命李济深为陆军军官学校教练部主任，王柏龄为陆军军官学校教授部主任，戴传贤为陆军军官学校政治部主任，何应钦为陆军军官学校总教官。此令。

（中华民国陆海军大元帅之印）

中华民国十三年六月十三日

据《命令》，载广州《陆海军大元帅大本营公报》第十七号，一九二四年六月二十日

给何应钦任命状

（一九二四年六月十三日）

任命状

任命何应钦为陆军军官学校总教官。此状。

孙文

中华民国十三年六月十三日

据《何应钦将军九五纪事长编》（上），台北，黎明文化事业公司一九八四年初版

任命何应钦为陆军军官学校总教官状①

（一九二四年六月十三日）

任命状 大字第四九二号

任命何应钦为陆军军官学校总教官。此状。

孙文（孙文之印）

（中华民国陆海军大元帅之印）

中华民国十三年六月十三日

据原件，北京、中国国家博物馆藏

核复蒋中正廖仲恺呈告已明令任命
李济深等为陆军军官学校各部主任令

（一九二四年六月十四日）

大元帅指令第五八九号

令陆军军官学校校长蒋中正、党代表廖仲恺呈请任命李济深等为该校各部主任，并造送履历由。

呈及履历均悉。已有明令任命矣。履历存。此令。

（中华民国陆海军大元帅之印）

中华民国十三年六月十四日

据《指令》，载广州《陆海军大元帅大本营公报》第十七号，一九二四年六月二十日

---

① 前一天即六月十二日，陆军军官学校校长蒋中正、党代表廖仲恺联署委任何应钦兼本校教导团团长。

准任命冯轶裴等八人为粤军
总司令部职员令

（一九二四年六月十四日）

大元帅令

粤军总司令许崇智呈请任命冯轶裴为粤军总司令部参谋处处长，冯祝万为粤军总司令部军务处处长，陈可钰为粤军总司令副官长，邵元冲为粤军总司令部秘书长，万黄裳为粤军总司令部军需监，关道代理粤军总司令部军需长，俞飞鹏代理粤军总司令部审计处处长，江维华为西江财政整理处处长。均照准。此令。

（中华民国陆海军大元帅之印）

中华民国十三年六月十四日

据《命令》，载广州《陆海军大元帅大本营公报》第十七号，一九二四年六月二十日

任命梁鸿楷李福林为粤军第一第三军
军长及另五人分为师旅长令

（一九二四年六月十四日）

大元帅令

任命梁鸿楷为粤军第一军军长，李福林为粤军第三军军长，李济深为粤军第一师师长，张民达为粤军第二师师长，郑润琦为粤军第三师师长，许济为粤军第七旅旅长，杨锦龙为粤军第八旅旅长。此令。

（中华民国陆海军大元帅之印）

中华民国十三年六月十四日

据《命令》，载广州《陆海军大元帅大本营公报》第十七号，一九二四年六月二十日

准陈兴汉辞管理粤汉铁路事务令

（一九二四年六月十四日）

大元帅令

管理粤汉铁路事务陈兴汉呈请辞职。应照准。此令。

（中华民国陆海军大元帅之印）

中华民国十三年六月十四日

据《命令》，载广州《陆海军大元帅大本营公报》第十七号，一九二四年六月二十日

派许崇灏管理粤汉铁路事务令

（一九二四年六月十四日）

大元帅令

派许崇灏管理粤汉铁路事务。此令。

（中华民国陆海军大元帅之印）

中华民国十三年六月十四日

据《命令》，载广州《陆海军大元帅大本营公报》第十七号，一九二四年六月二十日

准任命卢善矩为江固舰舰长令

（一九二四年六月十四日）

大元帅令

广东海防司令林若时呈请任命卢善矩为江固舰舰长。应照准。此令。

（中华民国陆海军大元帅之印）

中华民国十三年六月十四日

据《命令》，载广州《陆海军大元帅大本营公报》第十七号，一九二四年六月二十日

着周自得兼任管理军车事宜令

（一九二四年六月十六日刊载）

（自广九铁路军车管理处处长王棠停职后，大元帅以该路关系军事，非常重要，军事之调用，不可无人主持，故特着令）护路司令周自得兼任管理军车事宜。

据《周自得接军车后情形》，载一九二四年六月十六日《广州民国日报》（六）

核复管理粤汉铁路事务陈兴汉
呈告已明令准其辞职令

（一九二四年六月十六日）

大元帅指令第五九四号

令管理粤汉铁路事务陈兴汉呈请辞职由。

呈悉。已有明令照准矣。仰即知照。此令。

（中华民国陆海军大元帅之印）

中华民国十三年六月十六日

据《指令》，载广州《陆海军大元帅大本营公报》第十七号，一九二四年六月二十日

核复江海警委员长许崇智呈报启用关防日期令

（一九二四年六月十六日）

大元帅指令第五九六号

令江海警委员长许崇智呈报启用关防日期由。

呈悉。此令。

（中华民国陆海军大元帅之印）

中华民国十三年六月十六日

据《指令》，载广州《陆海军大元帅大本营
公报》第十七号，一九二四年六月二十日

核复林若时呈告已明令准任命卢善矩
为江固舰舰长令

（一九二四年六月十六日）

大元帅指令第五九八号

令广东海防司令林若时呈请任命卢善矩为江固舰舰长由。

呈悉。已有明令任命矣。仰即知照。此令。

（中华民国陆海军大元帅之印）

中华民国十三年六月十六日

据《指令》，载广州《陆海军大元帅大本营
公报》第十七号，一九二四年六月二十日

任命古应芬为经界局督办令

（一九二四年六月十七日）

大元帅令

任命古应芬为经界局督办。此令。

（中华民国陆海军大元帅之印）

中华民国十三年六月十七日

据《命令》，载广州《陆海军大元帅大本营
公报》第十七号，一九二四年六月二十日

派古应芬兼办广东沙田清理事宜令

（一九二四年六月十七日）

大元帅令

　　派古应芬兼办广东沙田清理事宜。此令。

（中华民国陆海军大元帅之印）

中华民国十三年六月十七日

据《命令》，载广州《陆海军大元帅大本营公报》第十七号，一九二四年六月二十日

准任命林振雄等十七人分为陆军军官
学校正副主任教官等职务令

（一九二四年六月十七日）

大元帅令

　　陆军军官学校校长蒋中正呈请任命林振雄为陆军军官学校管理部主任，周骏彦为陆军军官学校军需部主任，宋荣昌为陆军军官学校军医部主任，梁广谦为陆军军官学校上校教官，钱大钧〔钧〕、胡树森、陈继承、顾祝同、文素松、沈应时、严重为陆军军官学校中校教官，邓演达为陆军军官学校总队长，王俊、刘峙为陆军军官学校少校教官，俞飞鹏为陆军军官学校军需部副主任，张崧年为陆军军官学校政治部副主任，张家瑞为陆军军官学校中文秘书。均照准。此令。

（中华民国陆海军大元帅之印）

中华民国十三年六月十七日

据《命令》，载广州《陆海军大元帅大本营公报》第十七号，一九二四年六月二十日

准任命吕梦熊等四人为陆军军官学校各队队长令

（一九二四年六月十七日）

大元帅令

陆军军官学校校长蒋中正呈请任命吕梦熊为陆军军官学校第一队队长，茅延桢为第二队队长，金佛庄为第三队队长，李伟章为第四队队长。均照准。此令。

（中华民国陆海军大元帅之印）

中华民国十三年六月十七日

据《命令》，载广州《陆海军大元帅大本营公报》第十七号，一九二四年六月二十日

免刘成禺大本营宣传委员令

（一九二四年六月十七日）

大元帅令

大本营宣传委员刘成禺另有任用，应即免职。此令。

（中华民国陆海军大元帅之印）

中华民国十三年六月十七日

据《命令》，载广州《陆海军大元帅大本营公报》第十七号，一九二四年六月二十日

任命刘成禺为大本营参议令

（一九二四年六月十七日）

大元帅令

任命刘成禺为大本营参议。此令。

（中华民国陆海军大元帅之印）

中华民国十三年六月十七日

据《命令》，载广州《陆海军大元帅大本营
公报》第十七号，一九二四年六月二十日

任命姚雨平为参议手令

（一九二四年六月十七日）

大元帅令

  任命姚雨平为参议。每月公费三百元。此令。

孙文

中华民国十三年六月十七日

据原件影印件，载谭延闿编：《总理遗墨》第三辑，
石印线装本，似出版于二十世纪三十年代初期

任命姚雨平为大本营参议令

（一九二四年六月十七日）

大元帅令

  任命姚雨平为大本营参议。此令。

（中华民国陆海军大元帅之印）

中华民国十三年六月十七日

据《命令》，载广州《陆海军大元帅大本营
公报》第十七号，一九二四年六月二十日

核复粤军总司令许崇智呈告
已明令任命各军长师长旅长令

（一九二四年六月十七日）

大元帅指令第五九九号

令粤军总司令许崇智呈请任命该军各军长师长旅长由。

呈悉。已另有明令任命矣。仰即知照。此令。

（中华民国陆海军大元帅之印）

中华民国十三年六月十七日

据《指令》，载广州《陆海军大元帅大本营公报》第十七号，一九二四年六月二十日

核复许崇智呈告已明令准任冯轶裴等为
粤军总司令部参谋处长等职令

（一九二四年六月十七日）

大元帅指令第六〇〇号

令粤军总司令许崇智呈请任命冯轶裴等为该部参谋处长等职由。

呈悉。已明令照准矣。此令。

（中华民国陆海军大元帅之印）

中华民国十三年六月十七日

据《指令》，载广州《陆海军大元帅大本营公报》第十七号，一九二四年六月二十日

任命刘成禺为大本营参议状

（一九二四年六月十七日）

任命状　大字第五一六号

　　任命刘成禺为大本营参议。此状。

孙文（孙文之印）

（中华民国陆海军大元帅之印）

中华民国十三年六月十七日

据原件，台北、中国国民党
文化传播委员会党史馆藏

派胡谦郑洪年经理大本营军需处事宜令

（一九二四年六月十九日）

大元帅令

　　派胡谦、郑洪年经理大本营军需处事宜。此令。

（中华民国陆海军大元帅之印）

中华民国十三年六月十九日

据《命令》，载广州《陆海军大元帅大本营
公报》第十七号，一九二四年六月二十日

核复谭延闿呈报湘军总司令部一切事宜
由岳森代拆代行准予备案令

（一九二四年六月十九日）

大元帅指令第六〇七号

令湘军总司令谭延闿呈报十六日出发前方，所有该部一切事宜由参谋长岳森代拆代行由。

呈悉。准予备案。此令。

（中华民国陆海军大元帅之印）

中华民国十三年六月十九日

据《指令》，载广州《陆海军大元帅大本营公报》第十七号，一九二四年六月二十日

核复卸管理粤汉铁路事务陈兴汉
呈报移交日期准予备案令

（一九二四年六月二十日）

大元帅指令第六一二号

令卸管理粤汉铁路事务陈兴汉呈报移交日期由。

呈悉。准予备案。此令。

（中华民国陆海军大元帅之印）

中华民国十三年六月二十日

据《指令》，载广州《陆海军大元帅大本营公报》第十七号，一九二四年六月二十日

任命蒋中正兼粤军总司令部参谋长状

（一九二四年六月二十三日刊载）

任命蒋中正兼粤军总司令部参谋长。此状。

据《蒋中正就职呈》，载一九二四年六月二十三日《广州民国日报》（七）

核复广东省长廖仲恺呈报就职日期令

（一九二四年六月二十三日）

大元帅指令第六二二号

令广东省长廖仲恺呈报就职日期由。

呈悉。此令。

（中华民国陆海军大元帅之印）

中华民国十三年六月廿三日

据《指令》，载广州《陆海军大元帅大本营公报》第十八号，一九二四年六月三十日

核复广东治河督办林森呈报就职日期令

（一九二四年六月二十三日）

大元帅指令第六二三号

令广东治河督办林森呈报就职日期由。

呈悉。此令。

（中华民国陆海军大元帅之印）

中华民国十三年六月廿三日

据《指令》，载广州《陆海军大元帅大本营公报》第十八号，一九二四年六月三十日

任命萧炳章为大本营参议令

（一九二四年六月二十四日）

大元帅令

任命萧炳章为大本营参议。此令。

（中华民国陆海军大元帅之印）

中华民国十三年六月廿四日

据《命令》，载广州《陆海军大元帅大本营公报》第十八号，一九二四年六月三十日

任命林赤民等三人为大本营咨议令

（一九二四年六月二十四日）

大元帅令

任命林赤民、彭堃、练炳章为大本营咨议。此令。

（中华民国陆海军大元帅之印）

中华民国十三年六月廿四日

据《命令》，载广州《陆海军大元帅大本营公报》第十八号，一九二四年六月三十日

任命陈其瑗为广东财政厅厅长令

（一九二四年六月二十四日）

大元帅令

任令〔命〕陈其瑗为广东财政厅厅长。此令。

（中华民国陆海军大元帅之印）

中华民国十三年六月廿四日

据《命令》，载广州《陆海军大元帅大本营公报》第十八号，一九二四年六月三十日

准郑洪年辞广东财政厅长兼职令

（一九二四年六月二十四日）

大元帅令

　　兼广东财政厅长郑洪年呈请辞职。郑洪年准免兼职。此令。

　　　　　　　　　　　　　（中华民国陆海军大元帅之印）

　　　　　　　　　　　　　中华民国十三年六月廿四日

　　　　　　　　　据《命令》，载广州《陆海军大元帅大本营
　　　　　　　　　公报》第十八号，一九二四年六月三十日

准免廖朗如财政委员会秘书长令

（一九二四年六月二十四日）

大元帅令

　　财政委员会主席委员叶恭绰、廖仲恺呈请将秘书长廖朗如免职。应照准。此令。

　　　　　　　　　　　　　（中华民国陆海军大元帅之印）

　　　　　　　　　　　　　中华民国十三年六月廿四日

　　　　　　　　　据《命令》，载广州《陆海军大元帅大本营
　　　　　　　　　公报》第十八号，一九二四年六月三十日

准派姜和椿等四人为财政委员会秘书令

（一九二四年六月二十四日）

大元帅令

　　财政委员会主席委员叶恭绰、廖仲恺呈请派姜和椿、陆仲履、金轩民、林继昌为财政委员会秘书。均照准。此令。

（中华民国陆海军大元帅之印）

中华民国十三年六月廿四日

据《命令》，载广州《陆海军大元帅大本营
公报》第十八号，一九二四年六月三十日

派廖朗如李承翼分为财政委员会总副干事令

（一九二四年六月二十四日）

大元帅令

　　派廖朗如为财政委员会总干事，李承翼为财政委员会副干事。此令。

（中华民国陆海军大元帅之印）

中华民国十三年六月廿四日

据《命令》，载广州《陆海军大元帅大本营
公报》第十八号，一九二四年六月三十日

核复郑洪年呈告已明令发表准其辞
广东财政厅长兼职令

（一九二四年六月二十四日）

大元帅指令第六二四号

　　令兼广东财政厅长郑洪年呈请辞去财政厅长兼职由。

　　呈悉。应即照准，已有明令发表矣。此令。

（中华民国陆海军大元帅之印）

中华民国十三年六月廿四日

据《指令》，载广州《陆海军大元帅大本营
公报》第十八号，一九二四年六月三十日

准免陆仲履财政部佥事本职令

（一九二四年六月二十五日）

大元帅令

大本营财政部长叶恭绰呈佥事陆仲履另有任用，请免本职。应照准。此令。

（中华民国陆海军大元帅之印）

中华民国十三年六月廿五日

据《命令》，载广州《陆海军大元帅大本营公报》第十八号，一九二四年六月三十日

准邵元冲辞法制委员会委员令

（一九二四年六月二十五日）

大元帅令

法制委员会委员邵元冲呈请辞职。邵元冲准免本职。此令。

（中华民国陆海军大元帅之印）

中华民国十三年六月廿五日

据《命令》，载广州《陆海军大元帅大本营公报》第十八号，一九二四年六月三十日

准林云陔辞法制委员会委员令

（一九二四年六月二十五日）

大元帅令

法制委员会委员林云陔呈请辞职。林云陔准免本职。此令。

（中华民国陆海军大元帅之印）

中华民国十三年六月廿五日

据《命令》，载广州《陆海军大元帅大本营公报》第十八号，一九二四年六月三十日

准陈兴汉辞财政委员会委员令

（一九二四年六月二十五日）

大元帅令

财政委员会委员陈兴汉呈请辞职。陈兴汉准免本职。此令。

（中华民国陆海军大元帅之印）

中华民国十三年六月廿五日

据《命令》，载广州《陆海军大元帅大本营公报》第十八号，一九二四年六月三十日

核复叶恭绰廖仲恺呈告廖朗如等已分别任免令

（一九二四年六月二十五日）

大元帅指令第六三一号

令财政委员会主席委员叶恭绰、廖仲恺呈为改订章程，请任免各职由。

呈悉。廖朗如等已分别任免矣。仰即知照。此令。

（中华民国陆海军大元帅之印）

中华民国十三年六月廿五日

据《指令》，载广州《陆海军大元帅大本营公报》第十八号，一九二四年六月三十日

核复叶恭绰呈告已明令准免陆仲履本职令

（一九二四年六月二十五日）

大元帅指令第六三二号

　　令大本营财政部长叶恭绰呈为该部金事陆仲履另有任用，请免本职由。

　　呈悉。已有明令照准矣。仰即知照。此令。

　　　　　　　　　　　　　　（中华民国陆海军大元帅之印）

　　　　　　　　　　　　　　中华民国十三年六月廿五日

　　　　　　　　据《指令》，载广州《陆海军大元帅大本营
　　　　　　　　公报》第十八号，一九二四年六月三十日

核复何成濬呈不准辞直辖福建各军总指挥令

（一九二四年六月二十六日）

大元帅指令第六三三号

　　〈令中央直〉辖福建各军总指挥何成濬呈恳解〈职，谨祈〉鉴情俯准由。

　　呈悉。该总指挥统率所部转战闽南各地，历时年余之久。所遭愈困，励志弥〈坚〉。□□〔卒能〕① 保全余部，间关返粤。遄寇方待翦除，部众尤资统驭。即因跋涉过劳，偶抱微疴，稍事休养，不难就痊。仰仍奋志立功，勉副厚期。所请解职之处，应无庸议。此令。

　　　　　　　　　　　　　　（中华民国陆海军大元帅之印）

　　　　　　　　　　　　　　中华民国十三年六月廿六日

　　　　　　　　据《指令》，载广州《陆海军大元帅大本营
　　　　　　　　公报》第十八号，一九二四年六月三十日

---

　　① 据一九二四年六月二十七日《广州民国日报》（三）《帅令慰留何成濬》校补。

核复许崇智转呈粤军参谋长蒋中正就职日期令

（一九二四年六月二十六日）

大元帅指令第六三四号

　　令粤军总司令许崇智呈为转报该军参谋长蒋中正就职日期由。

　　呈悉。此令。

（中华民国陆海军大元帅之印）

中华民国十三年六月二十六日

据《指令》，载广州《陆海军大元帅大本营公报》第十八号，一九二四年六月三十日

核复陈兴汉呈告已明令准其辞财政委员会委员令

（一九二四年六月二十六日）

大元帅指令第六三六号

　　令财政委员会委员陈兴汉呈请辞去本职由。

　　呈悉。已有明令照准矣。此令。

（中华民国陆海军大元帅之印）

中华民国十三年六月二十六日

据《指令》，载广州《陆海军大元帅大本营公报》第十八号，一九二四年六月三十日

任命古应芬为经界局督办状

（一九二四年六月二十七日刊载）

　　任命古应芬为经界局督办。此状。

据《古应芬就经界局职》，载一九二四年
六月二十七日《广州民国日报》（六）

派古应芬兼办广东沙田清理事宜状

（一九二四年六月二十七日刊载）

派古应芬兼办广东沙田清理事宜。此状。

据《古应芬就经界局职》，载一九二四年
六月二十七日《广州民国日报》（六）

核复广东大学校长邹鲁呈报就职启用关防日期令

（一九二四年六月二十七日）

大元帅指令第六四〇号

令国立广东大学校长邹鲁呈报就职启用关防日期由。

呈悉。此令。

（中华民国陆海军大元帅之印）

中华民国十三年六月二十七日

据《指令》，载广州《陆海军大元帅大本营
公报》第十八号，一九二四年六月三十日

派廖仲恺等三人为财政委员会委员令

（一九二四年六月二十八日）

大元帅令

派廖仲恺、古应芬、许崇灏为财政委员会委员。此令。

（中华民国陆海军大元帅之印）

中华民国十三年六月廿八日

据《命令》，载广州《陆海军大元帅大本营
公报》第十八号，一九二四年六月三十日

准任命王南微郑炳烜各为陆军军官
学校国文及技术教官令

（一九二四年六月二十八日）

大元帅令

陆军军官学校校长蒋中正呈请任命王南微为陆军军官学校国文教官，郑炳烜为陆军军官学校技术教官。均照准。此令。

（中华民国陆海军大元帅之印）

中华民国十三年六月廿八日

据《命令》，载广州《陆海军大元帅大本营
公报》第十八号，一九二四年六月三十日

准任命程滨等四人分为大本营
参谋处少校参谋等职务令

（一九二四年六月二十九日）

大元帅令

大本营参谋长李烈钧呈请任命程滨为大本营参谋处少校参谋，王景龙为大本营参谋处少校电务员，黄远宾、汪培实为大本营参谋处少校副官。均照准。此令。

（中华民国陆海军大元帅之印）

中华民国十三年六月廿九日

据《命令》，载广州《陆海军大元帅大本营
公报》第十八号，一九二四年六月三十日

核复蒋中正呈谕俄顾问四员①应由陆军军官
学校函聘并已准任命王南微等令

（一九二四年六月三十日）

大元帅指令第六六一号

　　令陆军军官学校校长蒋中正呈为委任俄人铁里沙夫等为该校顾问，王南微等
为教官由。

　　呈悉。俄顾问四员仰由该校函聘，王南微等二员已有明令照准矣。此令。

（中华民国陆海军大元帅之印）

中华民国十三年六月卅日

据《指令》，载广州《陆海军大元帅大本营
公报》第十八号，一九二四年六月三十日

准陈兴汉辞兼代广九铁路局长令

（一九二四年七月一日）

大元帅令

　　兼代广九铁路局局长陈兴汉呈请辞职。陈兴汉准予免职。此令。

（中华民国陆海军大元帅之印）

中华民国十三年七月一日

据《命令》，载广州《陆海军大元帅大本营
公报》第十九号，一九二四年七月十日

---

　　①　俄顾问四员：铁里沙夫、波拉克、赤列巴罗夫、哈罗们（均系当时译名）。

任命周自得兼广九铁路局长令

（一九二四年七月一日）

大元帅令

　　任命周自得兼广九铁路局局长。此令。

　　　　　　　　　　　　　　（中华民国陆海军大元帅之印）

　　　　　　　　　　　　　　中华民国十三年七月一日

　　　　　　　　　据《命令》，载广州《陆海军大元帅大本营
　　　　　　　　　公报》第十九号，一九二四年七月十日

准任命徐坚等四人为陆军军官学校特别官佐令

（一九二四年七月二日）

大元帅令

　　陆军军官学校校长蒋中正呈请任命徐坚、吴嵋、季方、黄为材为陆军军官学校特别官佐。均照准。此令。

　　　　　　　　　　　　　　（中华民国陆海军大元帅之印）

　　　　　　　　　　　　　　中华民国十三年七月二日

　　　　　　　　　据《命令》，载广州《陆海军大元帅大本营
　　　　　　　　　公报》第十九号，一九二四年七月十日

准任命金汉生为财政部佥事令

（一九二四年七月二日）

大元帅令

　　大本营财政部长叶恭绰呈请任命金汉生为佥事。应照准。此令。

（中华民国陆海军大元帅之印）

中华民国十三年七月二日

据《命令》，载广州《陆海军大元帅大本营公报》第十九号，一九二四年七月十日

任命李景纲杨子毅为财政部参事及赋税局长令

（一九二四年七月二日）

大元帅令

任命李景纲为大本营财政部参事，杨子毅为大本营财政部赋税局局长。此令。

（中华民国陆海军大元帅之印）

中华民国十三年七月二日

据《命令》，载广州《陆海军大元帅大本营公报》第十九号，一九二四年七月十日

准免杨子毅李景纲本职令

（一九二四年七月二日）

大元帅令

大本营财政部长叶恭绰呈请将参事杨子毅、赋税局长李景纲免去本职。杨子毅、李景纲均准免本职。此令。

（中华民国陆海军大元帅之印）

中华民国十三年七月二日

据《命令》，载广州《陆海军大元帅大本营公报》第十九号，一九二四年七月十日

任赵超为参军手令

（一九二四年七月二日）

大元帅令

　　任赵超为参军（着当三楼侍卫）。此令。

孙文

中华民国十三年七月二日

据原件影印件，载谭延闿编：《总理遗墨》第三辑，

石印线装本，似出版于二十世纪三十年代初期

任命赵超为大本营参军令

（一九二四年七月二日）

大元帅令

　　任命赵超为大本营参军。此令。

（中华民国陆海军大元帅之印）

中华民国十三年七月二日

据《命令》，载广州《陆海军大元帅大本营

公报》第十九号，一九二四年七月十日

核复冯伟呈准给假并委司徒莹代行
广东无线电报局局务令

（一九二四年七月二日）

大元帅指令第六七二号

　　令广东无线电报局局长冯伟呈丁母忧，请给假守制，局务委报务总管司徒莹

代拆代行由。

呈悉。照准。此令。

（中华民国陆海军大元帅之印）

中华民国十三年七月二日

据《指令》，载广州《陆海军大元帅大本营公报》第十九号，一九二四年七月十日

准任命林君复为盐务署秘书令

（一九二四年七月三日）

大元帅令

大本营财政部长兼盐务督办叶恭绰呈请任命林君复为盐务署秘书。应照准。此令。

（中华民国陆海军大元帅之印）

中华民国十三年七月三日

据《命令》，载广州《陆海军大元帅大本营公报》第十九号，一九二四年七月十日

准任命黄元彬等三人为盐务署秘书令

（一九二四年七月三日）

大元帅令

大本营财政部长兼盐务督办叶恭绰呈请任命黄元彬、黄苹、叶次周为盐务署秘书。均照准。此令。

（中华民国陆海军大元帅之印）

中华民国十三年七月三日

据《命令》，载广州《陆海军大元帅大本营公报》第十九号，一九二四年七月十日

核复蒋中正廖仲恺呈准通饬军政
各机关不准录用吕梦雄令

（一九二四年七月三日）

大元帅指令第六七八号

令陆军军官学校校长蒋中正、驻校党代表廖仲恺呈为该校第一队队长吕梦熊违犯纪律，乞通饬军政各机关不准录用由。

呈悉。照准。候令行军政各机关一体知照可也。此令。

（中华民国陆海军大元帅之印）

中华民国十三年七月三日

据《指令》，载广州《陆海军大元帅大本营公报》第十九号，一九二四年七月十日

任命谢英伯等三人为大本营参议令

（一九二四年七月四日）

大元帅令

任命谢英伯、丁象谦、叶农生为大本营参议。此令。

（中华民国陆海军大元帅之印）

中华民国十三年七月四日

据《命令》，载广州《陆海军大元帅大本营公报》第十九号，一九二四年七月十日

任命丁超五等四人为大本营咨议令

（一九二四年七月四日）

大元帅令

　　任命丁超五、鲁鱼、杲海澜、林骨为大本营咨议。此令。

　　　　　　　　　　　　　　（中华民国陆海军大元帅之印）

　　　　　　　　　　　　　　　　中华民国十三年七月四日

　　　　　　　　　　据《命令》，载广州《陆海军大元帅大本营
　　　　　　　　　　公报》第十九号，一九二四年七月十日

核复叶恭绰呈告已明令分别任命杨子毅等令

（一九二四年七月四日）

大元帅指令第六八二号

　　令大本营财政部长叶恭绰呈请任命杨子毅等为该部赋税局局长等职由。
　　呈悉。已有明令分别任命矣。仰即知照。此令。

　　　　　　　　　　　　　　（中华民国陆海军大元帅之印）

　　　　　　　　　　　　　　　　中华民国十三年七月四日

　　　　　　　　　　据《指令》，载广州《陆海军大元帅大本营
　　　　　　　　　　公报》第十九号，一九二四年七月十日

核复大本营经界局督办兼办广东沙田清理
事宜古应芬呈报就职及接收日期令

（一九二四年七月四日）

大元帅指令第六八三号

令大本营经界局督办兼办广东沙田清理事宜古应芬呈报就职及接收日期，乞备案由。

呈悉。准予备案。此令。

（中华民国陆海军大元帅之印）

中华民国十三年七月四日

据《指令》，载广州《陆海军大元帅大本营公报》第十九号，一九二四年七月十日

准马伯麟辞长洲要塞司令令

（一九二四年七月七日）

大元帅令

长洲要塞司令马伯麟呈请辞职。马伯麟准免本职。此令。

（中华民国陆海军大元帅之印）

中华民国十三年七月七日

据《命令》，载广州《陆海军大元帅大本营公报》第十九号，一九二四年七月十日

任命蒋中正兼长洲要塞司令令

（一九二四年七月七日）

大元帅令

任命蒋中正兼长洲要塞司令。此令。

（中华民国陆海军大元帅之印）

中华民国十三年七月七日

据《命令》，载广州《陆海军大元帅大本营公报》第十九号，一九二四年七月十日

派林森为太平洋粮食保存会委员令

（一九二四年七月七日）

大元帅令

　　派林森为太平洋粮食保存会委员。此令。

（中华民国陆海军大元帅之印）

中华民国十三年七月七日

据《命令》，载广州《陆海军大元帅大本营公报》第十九号，一九二四年七月十日

核复陈兴汉呈告已明令准其辞
兼代广九铁路局局长令

（一九二四年七月七日）

大元帅指令第六九七号

　　令兼代广九铁路局局长陈兴汉呈请准免广九铁路局局长兼职由。

　　呈悉。已有明令照准矣。仰即知照。此令。

（中华民国陆海军大元帅之印）

中华民国十三年七月七日

据《指令》，载广州《陆海军大元帅大本营公报》第十九号，一九二四年七月十日

准何家猷辞广东电政监督兼广州电报局局长令

（一九二四年七月八日）

大元帅令

广东电政监督兼广州电报局局长何家猷呈请辞职。何家猷准免本兼各职。此令。

（中华民国陆海军大元帅之印）

中华民国十三年七月八日

据《命令》，载广州《陆海军大元帅大本营公报》第十九号，一九二四年七月十日

任命黄桓为广东电政监督兼广州电报局局长令

（一九二四年七月八日）

大元帅令

任命黄垣〔桓〕为广东电政监督兼广州电报局局长。此令。

（中华民国陆海军大元帅之印）

中华民国十三年七月八日

据《命令》，载广州《陆海军大元帅大本营公报》第十九号，一九二四年七月十日

免黄桓广东电话总局局长令

（一九二四年七月八日）

大元帅令

广东电话总局局长黄垣〔桓〕另有任用，应免本职。此令。

（中华民国陆海军大元帅之印）

中华民国十三年七月八日

据《命令》，载广州《陆海军大元帅大本营公报》第十九号，一九二四年七月十日

委任陆云志为广东电话总局局长令

（一九二四年七月八日）

大元帅令

　　委任陆志云为广东电话总局局长。此令。

　　　　　　　　　　　　　　（中华民国陆海军大元帅之印）

　　　　　　　　　　　　　　　　中华民国十三年七月八日

　　　　　　　　　　据《命令》，载广州《陆海军大元帅大本营
　　　　　　　　　　公报》第十九号，一九二四年七月十日

派谢瀛洲为法制委员会委员令

（一九二四年七月八日）

大元帅令

　　派谢瀛洲为法制委员会委员。此令。

　　　　　　　　　　　　　　（中华民国陆海军大元帅之印）

　　　　　　　　　　　　　　　　中华民国十三年七月八日

　　　　　　　　　　据《命令》，载广州《陆海军大元帅大本营
　　　　　　　　　　公报》第十九号，一九二四年七月十日

核复叶恭绰呈告已有明令任命
林君复为盐务署秘书令

（一九二四年七月九日）

大元帅指令第七〇九号

　　令大本营财政部长兼盐务督办叶恭绰呈请任命林君复为盐务署秘书由。

呈悉。已有明令任命矣。此令。

（中华民国陆海军大元帅之印）

中华民国十三年七月九日

据《指令》，载广州《陆海军大元帅大本营公报》第十九号，一九二四年七月十日

核复叶恭绰呈告已有明令任命
黄元彬等为盐务署秘书令

（一九二四年七月九日）

大元帅指令第七一〇号

令大本营财政部长兼盐务督办叶恭绰呈请任命黄元彬等为盐务署秘书由。

呈悉。已有明令任命矣。此令。

（中华民国陆海军大元帅之印）

中华民国十三年七月九日

据《指令》，载广州《陆海军大元帅大本营公报》第十九号，一九二四年七月十日

任命蒋作宾等三人为大本营参议令

（一九二四年七月十日）

大元帅令

任命蒋作宾、李根沄、何天炯为大本营参议。此令。

（中华民国陆海军大元帅之印）

中华民国十三年七月十日

据《命令》，载广州《陆海军大元帅大本营公报》第十九号，一九二四年七月十日

任命张拱辰陈保群为大本营咨议令

（一九二四年七月十日）

大元帅令

　　任命张拱辰、陈保群为大本营咨议。此令。

（中华民国陆海军大元帅之印）

中华民国十三年七月十日

据《命令》，载广州《陆海军大元帅大本营公报》第十九号，一九二四年七月十日

派朱道南为大本营出勤委员令

（一九二四年七月十日）

大元帅令

　　派朱道南为大本营出勤委员。此令。

（中华民国陆海军大元帅之印）

中华民国十三年七月十日

据《命令》，载广州《陆海军大元帅大本营公报》第十九号，一九二四年七月十日

任命张鉴藻等三人为直辖滇军军需正副监令

（一九二四年七月十日）

大元帅令

　　任命张鉴藻为中央直辖滇军军需监，易应乾、李希舜为军需副监。此令。

（中华民国陆海军大元帅之印）

中华民国十三年七月十日

据《命令》，载广州《陆海军大元帅大本营公报》第二十号，一九二四年七月二十日

核复马伯麟呈告已明令准免其长洲要塞司令令

（一九二四年七月十日）

大元帅指令第七一七号

令长洲要塞司令马伯麟呈请辞职由。

呈悉。已有明令准免本职矣，仰即知照。此令。

（中华民国陆海军大元帅之印）

中华民国十三年七月十日

据《指令》，载广州《陆海军大元帅大本营公报》第二十号，一九二四年七月二十日

准免陈敬汉盐务署秘书兼职令

（一九二四年七月十一日）

大元帅令

大本营财政部长兼盐务督办叶恭绰呈请免去盐务署秘书陈敬汉兼职。应照准。此令。

（中华民国陆海军大元帅之印）

中华民国十三年七月十一日

据《命令》，载广州《陆海军大元帅大本营公报》第二十号，一九二四年七月二十日

聘穆赖尔为教官范望为翻译
暂以六个月为限口谕

（一九二四年七月十二日刊载）

聘定德人穆赖尔为教官，月薪毫银八百元；翻译官范望，一百七十元。由十三年二月一日起，至七月卅一日止，双方签订合同，暂以六个月为限。期满复看察情形，仍得赓续订约。

据《增加训练武警预算呈文》，载一九二四年七月十二日《广州民国日报》（七）

准任命李之腴为盐务署秘书令

（一九二四年七月十二日）

大元帅令

大本营财政部长兼盐务督办叶恭绰呈请任命李之腴为盐务署秘书。应照准。此令。

（中华民国陆海军大元帅之印）

中华民国十三年七月十二日

据《命令》，载广州《陆海军大元帅大本营公报》第二十号，一九二四年七月二十日

准派曾镛为大本营军需处参事令

（一九二四年七月十二日）

大元帅令

经理大本营军需处事宜胡谦、郑洪年呈请派曾镛为参事。应照准。此令。

（中华民国陆海军大元帅之印）

中华民国十三年七月十二日

据《命令》，载广州《陆海军大元帅大本营公报》第二十号，一九二四年七月二十日

准派黄启元等五人为大本营军需处副官及科长令

（一九二四年七月十二日）

大元帅令

经理大本营军需处事宜胡谦、郑洪年呈请派黄启元、宋梁为副官，黄伯诚为会计科科长，欧阳濂为会计科副科长，余辉照为出纳科科长。均照准。此令。

（中华民国陆海军大元帅之印）

中华民国十三年七月十二日

据《命令》，载广州《陆海军大元帅大本营公报》第二十号，一九二四年七月二十日

准任命郭敏卿为大本营参军处少校副官令

（一九二四年七月十二日）

大元帅令

大本营参军长张开儒呈请任命郭敏卿为少校副官。应准照。此令。

（中华民国陆海军大元帅之印）

中华民国十三年七月十二日

据《命令》，载广州《陆海军大元帅大本营公报》第二十号，一九二四年七月二十日

任李其芳为大本营医官手令

（一九二四年七月十二日）

大元帅令

　　任李其芳为大本营医官。此令。月俸三百元。

孙文

中华民国十三年七月十二日

　　　　　　据原件影印件，载谭延闿编：《总理遗墨》第三辑，
石印线装本，似出版于二十世纪三十年代初期

任命李其芳为大本营医官令

（一九二四年七月十二日）

大元帅令

　　任命李其芳为大本营医官。此令。

（中华民国陆海军大元帅之印）

中华民国十三年七月十二日

　　　　　　据《命令》，载广州《陆海军大元帅大本营
公报》第二十号，一九二四年七月二十日

准任命陆福廷甘乃光为陆军军官学校
军事学教官及英文秘书令

（一九二四年七月十二日）

大元帅令

　　陆军军官学校校长蒋中正呈请任命陆福廷为军事学教官，甘乃光为英文秘书。

均照准。此令。

（中华民国陆海军大元帅之印）

中华民国十三年七月十二日

据《命令》，载广州《陆海军大元帅大本营公报》第二十号，一九二四年七月二十日

核复杨希闵呈告已任命直辖滇军军需正副监令

（一九二四年七月十二日）

大元帅指令第七二六号

令中央直辖滇军总司令杨希闵呈报设立军需总局，请任命职员并颁关防由。

呈悉。已任命张鉴藻为该军军需监，易应乾、李希舜为副监，并颁发关防，以专责成而昭信守矣。仰即知照。此令。

（中华民国陆海军大元帅之印）

中华民国十三年七月十二日

据《指令》，载广州《陆海军大元帅大本营公报》第二十号，一九二四年七月二十日

委任麦仲勤为秘书处电报室主任令

（一九二四年七月十四日）

大本营秘书处委任令

委任麦仲勤为秘书处电报室主任。此令。

（中华民国陆海军大元帅之印）

中华民国十三年七月十四日

据《命令》，载广州《陆海军大元帅大本营公报》第二十号，一九二四年七月二十日

委任姚荣森等七人为秘书处电报室电报员令

（一九二四年七月十四日）

大本营秘书处委任令

　　委任姚荣森、陈少淘、陈庆龄、苏应朗、黎倬云、梁伸威、温祖寅为大本营秘书处电报室电报员。此令。

（中华民国陆海军大元帅之印）

中华民国十三年七月十四日

据《命令》，载广州《陆海军大元帅大本营公报》第二十号，一九二四年七月二十日

委任陈大典等四人为秘书处电报室翻译员令

（一九二四年七月十四日）

大本营秘书处委任令

　　委任陈大典、涂莲舫、廖仲厚、黎成为大本营秘书处电报室翻译员。此令。

（中华民国陆海军大元帅之印）

中华民国十三年七月十四日

据《命令》，载广州《陆海军大元帅大本营公报》第二十号，一九二四年七月二十日

任命庄庶管为大本营咨议令[1]

（一九二四年七月十五日）

大元帅令

---

① 中国国民党文化传播委员会党史馆藏有任命状。

任命庄庶管为大本营咨议。此令。

（中华民国陆海军大元帅之印）

中华民国十三年七月十五日

据《命令》，载广州《陆海军大元帅大本营
公报》第二十号，一九二四年七月二十日

派陈玉麟为大本营出勤委员令

（一九二四年七月十五日）

大元帅令

派陈玉麟为大本营出勤委员。此令。

（中华民国陆海军大元帅之印）

中华民国十三年七月十五日

据《命令》，载广州《陆海军大元帅大本营
公报》第二十号，一九二四年七月二十日

核复胡谦郑洪年呈告已另有明令
准派曾镛为参事令

（一九二四年七月十五日）

大元帅指令第七四七号

令经理大本营军需处事宜胡谦、郑洪年呈请派曾镛为该处参事由。

呈悉。该处参事应照荐任待遇，所请派曾镛为参事，已另有明令照准矣。仰
即知照。此令。

（中华民国陆海军大元帅之印）

中华民国十三年七月十五日

据《指令》，载广州《陆海军大元帅大本营
公报》第二十号，一九二四年七月二十日

核复胡谦郑洪年呈告已有明令发表
黄启元等为军需处副官及科长令

（一九二四年七月十五日）

大元帅指令第柒四八号

令经理大本营军需处事宜胡谦、郑洪年呈请荐派黄启元等为该处副官、科长等职由。

呈悉。已有明令发表矣。仰即知照。此令。

（中华民国陆海军大元帅之印）

中华民国十三年七月十五日

据《指令》，载广州《陆海军大元帅大本营公报》第二十号，一九二四年七月二十日

核复张开儒呈告另有明令
任命郭敏卿为少校副官令

（一九二四年七月十五日）

大元帅指令第七四九号

令大本营参军长张开儒呈请任命郭敏卿为少校副官由。

呈悉。已另有明令照准矣。仰即知照。此令。

（中华民国陆海军大元帅之印）

中华民国十三年七月十五日

据《指令》，载广州《陆海军大元帅大本营公报》第二十号，一九二四年七月二十日

核复蒋中正呈告另有明令任命陆福廷
甘乃光为军事学教官及英文秘书令

（一九二四年七月十五日）

大元帅指令第七五二号

令陆军军官学校校长蒋中正呈请任命陆福廷为军事学教官、甘乃光为英文秘书由。

呈悉。已有明令任命矣。仰即知照。此令。

（中华民国陆海军大元帅之印）

中华民国十三年七月十五日

据《指令》，载广州《陆海军大元帅大本营公报》第二十号，一九二四年七月二十日

派蒋中正汪兆铭许崇智分为各军军事政治训练
及筹画广州防卫委员长并由各军选派委员谕

（一九二四年七月十五日）

派蒋中正为各军军事筹备委员长，由各军总司令选上、中级军官一人为委员。又汪兆铭为各军政治训练筹备委员长，由各军总司令各选委员一人。许崇智为筹画广州防卫委员长，滇、湘、桂、豫各军总司令派参谋长或高级军官为委员。

据《军事委员长之派定》，载一九二四年七月十八日《广州民国日报》（三）

为转饬知照潘文治准给其假
二十日给许崇智的训令

（一九二四年七月十六日）

大元帅训令第三五八号

令粤军总司令许崇智

为令饬事。据海军练习舰队司令兼管海军三舰整理事宜潘文治呈报："现丁父忧，恳予给假，俾得在家守制，其职务暂由参谋长田炳章代拆代行"等情。

据此，查该司令猝遭父丧，自属哀痛逾恒。惟现值大敌当前之际，正所谓金革毋避之时。据呈前情，应准给假二十日，俾得回籍治丧，假满仍即回部供职。勉抑孝思，为国宣力，是所厚望。为此，令仰该总司令即便转饬知照。此令。

（中华民国陆海军大元帅之印）

中华民国十三年七月十六日

据《训令》，载广州《陆海军大元帅大本营公报》第二十号，一九二四年七月二十日

核复卸广东电政监督兼广州电报
局长何家猷呈报卸事日期令

（一九二四年七月十六日）

大元帅指令第七五七号

令卸广东电政监督兼广州电报局长何家猷呈报卸事日期由。

呈悉。此令。

（中华民国陆海军大元帅之印）

中华民国十三年七月十六日

据《指令》，载广州《陆海军大元帅大本营公报》第二十号，一九二四年七月二十日

准麦仲勤呈请加委秘书处电报室职员令

（一九二四年七月十六日）

大本营秘书处指令第五号

令秘书处电报室主任麦仲勤呈请加委职员由。

呈悉。准予加给委任。此令。

（中华民国陆海军大元帅之印）

中华民国十三年七月十六日

据《指令》，载广州《陆海军大元帅大本营公报》第二十号，一九二四年七月二十日

派宋子文等六人为税制整理委员会
委员另一人为秘书令

（一九二四年七月十九日刊载）

（政府现为整理税制，特设一税制整理委员会，由各委员公同议定各税章，然后呈核施行。现已派出）宋子文、邹鲁、邓召荫、朱则、陈其瑷、鲍罗廷为税制整理委员会委员，陈其瑷任该会秘书。

据《税制整理委员会之设置》，载一九二四年七月十九日《广州民国日报》（三）

准廖湘芸辞虎门要塞司令令

（一九二四年七月十九日）

大元帅令

虎门要塞司令廖湘芸呈请辞职。廖湘芸准免本职。此令。

（中华民国陆海军大元帅之印）

中华民国十三年七月十九日

据《命令》，载广州《陆海军大元帅大本营公报》第二十号，一九二四年七月二十日

任命陈肇英为虎门要塞司令令

（一九二四年七月十九日）

大元帅令

任命陈肇英为虎门要塞司令。此令。

（中华民国陆海军大元帅之印）

中华民国十三年七月十九日

据《命令》，载广州《陆海军大元帅大本营公报》第二十号，一九二四年七月二十日

任命黄实为直辖第一军参谋长令

（一九二四年七月二十一日）

大元帅令

任命黄实为中央直辖第一军参谋长。此令。

（中华民国陆海军大元帅之印）

中华民国十三年七月廿一日

据《命令》，载广州《陆海军大元帅大本营公报》第二十一号，一九二四年七月三十日

核复许崇智呈告已明令任命
陈肇英为虎门要塞司令令

（一九二四年七月二十二日）

大元帅指令第七八一号

令粤军总司令许崇智呈前浙军师长陈肇英堪膺重寄，请任命为虎门要塞司令由。

呈悉。虎门要塞司令廖湘芸已准予辞职，并明令任命陈肇英矣。此令。

（中华民国陆海军大元帅之印）

中华民国十三年七月廿二日

据《指令》，载广州《陆海军大元帅大本营公报》第二十一号，一九二四年七月三十日

核复朱培德呈告已明令任命黄实
为直辖第一军参谋长令

（一九二四年七月二十二日）

大元帅指令第七八二号

令中央直辖第一军军长朱培德呈请任命黄实为该军参谋长由。

呈悉。已有明令任命矣。仰即知照。此令。

（中华民国陆海军大元帅之印）

中华民国十三年七月廿二日

据《指令》，载广州《陆海军大元帅大本营公报》第二十一号，一九二四年七月三十日

核复许崇智呈报兼长洲要塞司令蒋中正视事及启用印信日期令

（一九二四年七月二十三日）

大元帅指令第七九三号

　　令粤军总司令许崇智呈报兼长洲要塞司令蒋中正视事及启用印信日期乞备案由。

　　呈悉。此令。

（中华民国陆海军大元帅之印）

中华民国十三年七月廿三日

据《指令》，载广州《陆海军大元帅大本营公报》第二十一号，一九二四年七月三十日

任命余和鸿为大本营咨议令

（一九二四年七月二十八日）

大元帅令

　　任命余和鸿为大本营咨议。此令。

（中华民国陆海军大元帅之印）

中华民国十三年七月廿八日

据《命令》，载广州《陆海军大元帅大本营公报》第二十一号，一九二四年七月三十日

派汪啸涯为大本营出勤委员令

（一九二四年七月二十八日）

大元帅令

　　派汪啸涯为大本营出勤委员。此令。

（中华民国陆海军大元帅之印）

中华民国十三年七月廿八日

据《命令》，载广州《陆海军大元帅大本营
公报》第二十一号，一九二四年七月三十日

核复北江商运局局长韦荣熙
呈缴关防小章核销令

（一九二四年七月二十八日）

大元帅指令第八一五号

　　令北江商运局局长韦荣熙呈缴关防小章乞核销由。

　　呈悉。关防小章均存销。此令。

（中华民国陆海军大元帅之印）

中华民国十三年七月廿八日

据《指令》，载广州《陆海军大元帅大本营
公报》第二十一号，一九二四年七月三十日

批张静江称病请辞职函

（一九二四年七月）

汉民作答。

据原件，台北、中国国民党
文化传播委员会党史馆藏

任命陶澄孝余鹤松为大本营咨议令

（一九二四年八月一日）

大元帅令

　　任命陶澄孝、余鹤松为大本营咨议。此令。

（中华民国陆海军大元帅之印）

中华民国十三年八月一日

据《命令》，载广州《陆海军大元帅大本营
公报》第二十二号，一九二四年八月十日

准任李思辕为经界局总务处处长令

（一九二四年八月一日）

大元帅令

　　经界局督办古应芬呈请任命李思辕为经界局总务处处长。应照准。此令。

（中华民国陆海军大元帅之印）

中华民国十三年八月一日

据《命令》，载广州《陆海军大元帅大本营
公报》第二十二号，一九二四年八月十日

准免宋荣昌陆军军官学校军医部主任令

（一九二四年八月一日）

大元帅令

陆军军官学校校长蒋中正呈：该校军医部主任宋荣昌另有任用，请免本职。应照准。此令。

（中华民国陆海军大元帅之印）

中华民国十三年八月一日

据《命令》，载广州《陆海军大元帅大本营
公报》第二十二号，一九二四年八月十日

准任李其芳为陆军军官学校军医部主任令

（一九二四年八月一日）

大元帅令

陆军军官学校校长蒋中正呈请任命李其芳为陆军军官学校军医部主任。应照准。此令。

（中华民国陆海军大元帅之印）

中华民国十三年八月一日

据《命令》，载广州《陆海军大元帅大本营
公报》第二十二号，一九二四年八月十日

任命宋子文黄隆生为中央银行正副行长令

（一九二四年八月二日）

大元帅令

任命宋子文为中央银行行长，黄隆生为中央银行副行长。此令。

（中华民国陆海军大元帅之印）

中华民国十三年八月二日

据《命令》，载广州《陆海军大元帅大本营
公报》第二十二号，一九二四年八月十日

核复蒋中正呈告已明令准免宋荣昌陆军军官
学校军医部主任由李其芳充补令

（一九二四年八月二日）

大元帅指令第八四七号

　　令陆军军官学校校长蒋中正呈该校军医部主任宋荣昌另有任用，请免本职，并荐李其芳充补由。

　　呈悉。已明令照准矣。此令。

（中华民国陆海军大元帅之印）

中华民国十三年八月二日

据《指令》，载广州《陆海军大元帅大本营
公报》第二十二号，一九二四年八月十日

着李其芳往驻黄埔军校训练救护队令

（一九二四年八月二日）

　　着李医官其芳往驻黄埔军官学校训练救护队。此令。

孙文

中华民国十三年八月二日

据原件照片，台北、中国国民
党文化传播委员会党史馆藏

核复古应芬呈告已明令照准任命李思辕
为经界局总务处处长令

（一九二四年八月四日）

大元帅指令第八五八号

令经界局督办古应芬呈请任命李思辕为经界局总务处处长由。

呈悉。已另有明令照准矣。此令。

（中华民国陆海军大元帅之印）

中华民国十三年八月四日

据《指令》，载广州《陆海军大元帅大本营公报》第二十二号，一九二四年八月十日

派陆嗣曾为法制委员会委员令

（一九二四年八月五日）

大元帅令

派陆嗣曾为法制委员会委员。此令。

（中华民国陆海军大元帅之印）

中华民国十三年八月五日

据《命令》，载广州《陆海军大元帅大本营公报》第二十二号，一九二四年八月十日

准任命招桂章为粤军总司令部舰务处处长令

（一九二四年八月七日）

大元帅令

粤军总司令许崇智呈请任命招桂章为粤军总司令部舰务处处长。应照准。此令。

（中华民国陆海军大元帅之印）

中华民国十三年八月七日

据《命令》，载广州《陆海军大元帅大本营公报》第二十二号，一九二四年八月十日

准林若时辞广东海防司令令

（一九二四年八月七日）

大元帅令

广东海防司令林若时呈请辞职。林若时准免本职。此令。

（中华民国陆海军大元帅之印）

中华民国十三年八月七日

据《命令》，载广州《陆海军大元帅大本营公报》第二十二号，一九二四年八月十日

核复林若时呈告已明令准免其本职令

（一九二四年八月七日）

大元帅指令第八七八号

令广东海防司令林若时呈请辞职由。

呈悉。已有明令准免本职矣。仰即知照。此令。

（中华民国陆海军大元帅之印）

中华民国十三年八月七日

据《指令》，载广州《陆海军大元帅大本营公报》第二十二号，一九二四年八月十日

核复粤军总司令许崇智呈告准裁撤
广东海防司令部已明令任命招桂章令

（一九二四年八月七日）

大元帅指令第八八一号

令粤军总司令许崇智呈请裁撤广东海防司令部，将该军所辖各舰归粤军总司令直接管辖，并请任命招桂章为该部舰务处处长由。

呈悉。招桂章已有明令准予任命矣。余均如拟办理，仰即分行知照可也。此令。

（中华民国陆海军大元帅之印）

中华民国十三年八月七日

据《指令》，载广州《陆海军大元帅大本营公报》第二十二号，一九二四年八月十日

准任命张子丹为大本营会计司统计科主任令

（一九二四年八月七日）

大元帅令

大本营会计司司长黄昌谷呈请任命张子丹为统计科主任。应照准。此令。

（中华民国陆海军大元帅之印）

中华民国十三年八月七日

据《命令》，载广州《陆海军大元帅大本营公报》第二十三号，一九二四年八月二十日

准赵士养辞大本营会计司统计科主任令

（一九二四年八月七日）

大元帅令

大本营会计司司长黄昌谷呈：统计科主任赵士养恳请辞职。应照准。此令。

（中华民国陆海军大元帅之印）

中华民国十三年八月七日

据《命令》，载广州《陆海军大元帅大本营公报》第二十三号，一九二四年八月二十日

准调任邓士章等三人分为广东
兵工厂处长及工程师令

（一九二四年八月七日）

大元帅令

大本营军政部长程潜呈请调任广东兵工厂工程师邓士章为广东兵工厂工务处处长，广东兵工厂审验处处长陈荣贵为广东兵工厂工程师，广东兵工厂工务处处长汤熙为广东兵工厂审验处处长。均照准。此令。

（中华民国陆海军大元帅之印）

中华民国十三年八月七日

据《命令》，载广州《陆海军大元帅大本营公报》第二十三号，一九二四年八月二十日

委任军政部副部长胡谦暂行
兼理广九军车处事宜

（一九二四年八月七日）

（委任）胡谦暂行兼理，酌量整顿，以利戎机。

据《胡谦兼任军车管理处》，载一九二
四年八月八日《广州民国日报》（六）

任命陈光祖陈威廉为大本营咨议令

（一九二四年八月八日刊载）

任命陈光祖、陈威廉为大本营咨议。此令。

据《大元帅命令》，载一九二四年
八月八日《广州民国日报》（三）

任命林丽生为中央银行副行长令

（一九二四年八月八日刊载）

任命林丽生为中央银行副行长。此令。

据《大元帅命令》，载一九二四年
八月八日《广州民国日报》（三）

准任命陆耀文林凤生各为经界局
调查及测丈处处长令

（一九二四年八月八日）

大元帅令

经界局督办古应芬呈请任命陆耀文为经界局调查处处长、林凤生为经界局测丈处处长。均照准。此令。

（中华民国陆海军大元帅之印）

中华民国十三年八月八日

据《命令》，载广州《陆海军大元帅大本营公报》第二十三号，一九二四年八月二十日

派胡汉民等七人为中央银行董事令

（一九二四年八月八日）

大元帅令

派胡汉民、叶恭绰、廖仲恺、邓泽如、林云陔、孙科、宋子文为中央银行董事。此令。

（中华民国陆海军大元帅之印）

中华民国十三年八月八日

据《命令》，载广州《陆海军大元帅大本营公报》第二十三号，一九二四年八月二十日

核复黄昌谷呈告已明令任免会计司统计科主任令

（一九二四年八月八日）

大元帅指令第八八三号

令大本营会计司司长黄昌谷呈为该司统计科主任赵士养呈请辞职，请任张子丹接充由。

呈悉。已有明令分别任命准辞矣。仰即知照。此令。

（中华民国陆海军大元帅之印）

中华民国十三年八月八日

据《指令》，载广州《陆海军大元帅大本营公报》第二十三号，一九二四年八月二十日

核复程潜呈告已明令准调任邓士章等为
广东兵工厂工务处处长等职令

（一九二四年八月八日）

大元帅指令第八八四号

令大本营军政部长程潜呈请调任邓士章等为广东兵工厂工务处处长等职由。

呈悉。已明令照准矣。此令。

（中华民国陆海军大元帅之印）

中华民国十三年八月八日

据《指令》，载广州《陆海军大元帅大本营公报》第二十三号，一九二四年八月二十日

核复古应芬呈告已明令准任命陆耀文林凤生
为经界局调查及测丈处处长令

（一九二四年八月九日）

大元帅指令第八八六号

　　令经界局督办古应芬呈请任命陆耀文为该局调查处处长、林凤生为测丈处处长由。

　　呈悉。已有明令照准矣。仰即知照。此令。

（中华民国陆海军大元帅之印）

中华民国十三年八月九日

据《指令》，载广州《陆海军大元帅大本营
公报》第二十三号，一九二四年八月二十日

派杜墨林为大本营出勤委员令

（一九二四年八月十一日）

大元帅令

　　派杜墨林为大本营出勤委员。此令。

（中华民国陆海军大元帅之印）

中华民国十三年八月十一日

据《命令》，载广州《陆海军大元帅大本营
公报》第二十三号，一九二四年八月二十日

任命梁龙为大理院庭长令

（一九二四年八月十四日）

大元帅令

　　任命梁龙为大理院庭长。此令。

（中华民国陆海军大元帅之印）

中华民国十三年八月十四日

据《命令》，载广州《陆海军大元帅大本营公报》第二十三号，一九二四年八月二十日

核复宋子文呈报就任中央银行行长
及该行开幕日期令

（一九二四年八月十五日）

大元帅指令第九二〇号

　　令中央银行行长宋子文呈报就职及该行开幕日期由。

　　呈悉。此令。

（中华民国陆海军大元帅之印）

中华民国十三年八月十五日

据《指令》，载广州《陆海军大元帅大本营公报》第二十三号，一九二四年八月二十日

不准鲁涤平呈辞禁烟督办令

（一九二四年八月十五日）

大元帅指令第九二二号

令禁烟督办鲁涤平呈请辞职由。

呈悉。该督办任事以来，撙节縻费，力策进行，具有成绩。兹据称军事方殷，势难兼顾，自系实情。现在禁烟事宜，政府正筹统一办法。俟确定后，再行饬遵。著仍勉为其难，毋庸遽请辞职也。仰即知照。此令。

（中华民国陆海军大元帅之印）

中华民国十三年八月十五日

据《指令》，载广州《陆海军大元帅大本营公报》第二十三号，一九二四年八月二十日

派胡汉民等五人审查哪威运载军火船案令

（一九二四年八月十六日）

派胡汉民、伍朝枢、廖仲恺、卢兴、傅秉常审查哪威运载军火船案。此令。

孙文

中华民国十三年八月十六日

据原件影印件，澳门、国父纪念馆藏

准免沈欣吾徐承燠财政部秘书及佥事令

（一九二四年八月二十一日）

大元帅令

大本营财政部长叶恭绰呈请将该部秘书沈欣吾、佥事徐承燠免去本职。沈欣吾、徐承燠均准免本职。此令。

（中华民国陆海军大元帅之印）

中华民国十三年八月廿一日

据《命令》，载广州《陆海军大元帅大本营公报》第二十四号，一九二四年八月三十日

准任命胡奂为财政部秘书令

（一九二四年八月二十一日）

大元帅令

　　大本营财政部长叶恭绰呈请任命胡奂为该部秘书。应照准。此令。

（中华民国陆海军大元帅之印）

中华民国十三年八月廿一日

据《命令》，载广州《陆海军大元帅大本营
公报》第二十四号，一九二四年八月三十日

准任周骏声为财政部佥事令

（一九二四年八月二十一日）

大元帅令

　　大本营财政部长叶恭绰呈请任命周骏声为佥事。应照准。此令。

（中华民国陆海军大元帅之印）

中华民国十三年八月廿一日

据《命令》，载广州《陆海军大元帅大本营
公报》第二十四号，一九二四年八月三十日

核复叶恭绰呈告已明令任免财政部秘书佥事令

（一九二四年八月二十二日）

大元帅指令第九四二号

　　令大本营财政长叶恭绰呈请任免该部秘书、佥事，已〔乞〕照准由。

　　呈悉。已有明令分别任命矣。仰即知照。此令。

（中华民国陆海军大元帅之印）

中华民国十三年八月廿二日

据《指令》，载广州《陆海军大元帅大本营
公报》第二十四号，一九二四年八月三十日

特派胡汉民等三人为军事委员会委员令

（一九二四年八月二十三日刊载）

特派胡汉民、廖仲恺、伍朝枢为军事委员会委员。此令。

据《大元帅命令》，载一九二四年八月
二十三日《广州民国日报》（二）

特派杨希闵等五人为大本营军事委员会委员令

（一九二四年八月二十三日刊载）

特派杨希闵、谭延闿、许崇智、刘需寰、樊钟秀为大本营军事委员会委员。
此令。

据《大元帅命令》，载一九二四年八月
二十三日《广州民国日报》（二）

免卢振柳大本营卫士队长兼职令

（一九二四年八月二十三日）

大元帅令

兼大本营卫士队长卢振柳另有任用，应免兼职。此令。

（中华民国陆海军大元帅之印）

中华民国十三年八月廿三日

据《命令》，载广州《陆海军大元帅大本营
公报》第二十四号，一九二四年八月三十日

任命邓彦华为大本营卫士队长令

（一九二四年八月二十三日）

大元帅令

任命邓彦华为大本营卫士队队长。此令。

（中华民国陆海军大元帅之印）

中华民国十三年八月廿三日

据《命令》，载广州《陆海军大元帅大本营
公报》第二十四号，一九二四年八月三十日

委任陈廷诗为大本营秘书处书记官令

（一九二四年八月二十三日）

大本营秘书处令

委任陈廷诗为大本营秘书处书记官。此令。

（中华民国陆海军大元帅之印）

中华民国十三年八月廿三日

据《命令》，载广州《陆海军大元帅大本营
公报》第二十五号，一九二四年九月十日

着管理粤汉铁路事务许崇灏即停职听候查办令

（一九二四年八月二十五日）

大元帅令

管理粤汉铁路事务许崇灏有牵涉此次陈廉伯私运军械案嫌疑，着即停职，听候查办。此令。

（中华民国陆海军大元帅之印）

中华民国十三年八月廿五日

据《命令》，载广州《陆海军大元帅大本营
公报》第二十四号，一九二四年八月三十日

派陈兴汉管理粤汉铁路事务令

（一九二四年八月二十五日）

大元帅令

派陈兴汉管理粤汉铁路事务。此令。

（中华民国陆海军大元帅之印）

中华民国十三年八月廿五日

据《命令》，载广州《陆海军大元帅大本营
公报》第二十四号，一九二四年八月三十日

准郑洪年辞盐务署署长兼职令

（一九二四年八月二十七日）

大元帅令

大本营财政部长兼盐务督办叶恭绰呈：兼盐务署署长郑洪年恳请辞职。郑洪
年准免兼职。此令。

（中华民国陆海军大元帅之印）

中华民国十三年八月廿七日

据《命令》，载广州《陆海军大元帅大本营
公报》第二十四号，一九二四年八月三十日

准免黄建勋参事及黄仕强中央
税捐整理处处长令

（一九二四年八月二十七日）

大元帅令

　　大本营财政部长叶恭绰呈：参事黄建勋、中央税捐整理处处长黄仕强另有任用，请免本职。黄建勋、黄仕强均准免本职。此令。

（中华民国陆海军大元帅之印）

中华民国十三年八月廿七日

据《命令》，载广州《陆海军大元帅大本营公报》第二十四号，一九二四年八月三十日

任命黄仕强为大本营财政部参事令

（一九二四年八月二十七日）

大元帅令

　　任命黄仕强为大本营财政部参事。此令。

（中华民国陆海军大元帅之印）

中华民国十三年八月廿七日

据《命令》，载广州《陆海军大元帅大本营公报》第二十四号，一九二四年八月三十日

任命黄建勋为盐务署署长令

（一九二四年八月二十七日）

大元帅令

任命黄建勋为盐务署署长。此令。

（中华民国陆海军大元帅之印）

中华民国十三年八月廿七日

据《命令》，载广州《陆海军大元帅大本营公报》第二十四号，一九二四年八月三十日

核复叶恭绰呈告已明令分别任免
准辞盐务署长及参事令

（一九二四年八月二十七日）

大元帅指令第九六五号

令大本营财政部长兼盐务督办叶恭绰呈为郑洪年恳辞盐务署长兼职，遗缺请以参事黄建勋调简，递遗参事缺请以黄仕强调简由。

呈悉。已有明令分别任、免、准辞矣。仰即知照。此令。

（中华民国陆海军大元帅之印）

中华民国十三年八月廿七日

据《指令》，载广州《陆海军大元帅大本营公报》第二十四号，一九二四年八月三十日

派蒋介石等七人为平粜局委员手令

（一九二四年八月二十七日）

大元帅令

派蒋介石、马超俊、李章达、谭平山、宋子文、孙科、甘乃光为平粜局委员。此令。

孙文

中华民国十三年八月廿七日

据原件影印件，载谭延闿编：《总理遗墨》第三辑，石印线装本，似出版于二十世纪三十年代初期

任命邓彦华为大本营参军令

（一九二四年八月二十八日）

大元帅令

　　任命邓彦华为大本营参军。此令。

（中华民国陆海军大元帅之印）

中华民国十三年八月二十八日

据《命令》，载广州《陆海军大元帅大本营
公报》第二十四号，一九二四年八月三十日

准鲁涤平辞禁烟督办令

（一九二四年八月三十日）

大元帅令

　　禁烟督办鲁涤平呈请辞职。鲁涤平准免本职。此令。

（中华民国陆海军大元帅之印）

中华民国十三年八月三十日

据《命令》，载广州《陆海军大元帅大本营
公报》第二十四号，一九二四年八月三十日

特派谢国光为禁烟督办令

（一九二四年八月三十日）

大元帅令

　　特派谢国光为禁烟督办。此令。

（中华民国陆海军大元帅之印）

中华民国十三年八月三十日

据《命令》，载广州《陆海军大元帅大本营公报》第二十四号，一九二四年八月三十日

派李卓峰等八人为铜鼓开埠筹备委员令

（一九二四年九月一日）

大元帅令

派李卓峰、伍大光、谢适群、徐希元、林子峰、陆敬科、薛锦标、徐绍棪为铜鼓开埠筹备委员。此令。

（中华民国陆海军大元帅之印）

中华民国十三年九月一日

据《命令》，载广州《陆海军大元帅大本营公报》第二十五号，一九二四年九月十日

核复鲁涤平呈准其辞禁烟督办
并另派谢国光接任令

（一九二四年九月一日）

大元帅指令第九七九号

令禁烟督办鲁涤平呈再陈下情，恳准辞职由。

呈悉。该督办一再呈请辞职，情词恳切，未便强留，已明令照准，并另派谢国光接办矣。仰即遵照。此令。

（中华民国陆海军大元帅之印）

中华民国十三年九月一日

据《指令》，载广州《陆海军大元帅大本营公报》第二十五号，一九二四年九月十日

批农品展览会筹备委员会秘书长函呈
准派任廖仲恺为该会委员长谕

（一九二四年九月二日刊载）

（贵会秘书长函呈请委廖仲恺为农品展览会筹备委员会委员长等情，经奉大元帅批准：）由中央委员会以总理名义派任。

据《派廖仲恺为农品展览会委员长》，载一
九二四年九月二日《广州民国日报》（六）

准林森等会呈派铜鼓开埠筹备委员令

（一九二四年九月二日）

大元帅指令第九八六号

令大本营建设部长林森等会呈请派铜鼓开埠筹备委员由。

呈悉。照准。已明令简派员。此令。

（中华民国陆海军大元帅之印）

中华民国十三年九月二日

据《指令》，载广州《陆海军大元帅大本营
公报》第二十五号，一九二四年九月十日

准雷飚缪笠仁辞禁烟督办署
总务厅长及督察处长令

（一九二四年九月四日）

大元帅令

禁烟督办鲁涤平呈：总务厅厅长雷飚、督察处处长缪笠仁恳请辞职。雷飚、

缪笠仁均准免本职。此令。

（中华民国陆海军大元帅之印）

中华民国十三年九月四日

据《命令》，载广州《陆海军大元帅大本营
公报》第二十五号，一九二四年九月十日

准龙廷杰等三人辞禁烟督办署科长及秘书令

（一九二四年九月四日）

大元帅令

禁烟督办鲁涤平呈：督察处第一科科长龙廷杰，秘书朱剑凡、鲁岱恳请辞职。
均照准。此令。

（中华民国陆海军大元帅之印）

中华民国十三年九月四日

据《命令》，载广州《陆海军大元帅大本营
公报》第二十五号，一九二四年九月十日

核复鲁涤平呈告已明令准雷飚等人
辞禁烟督办署总务厅长等职令

（一九二四年九月四日）

大元帅指令第九九一号

令禁烟督办鲁涤平呈为据情转呈该署总务厅长雷飚等呈请辞职。乞照准由。
呈悉。已另有明令分别照准矣。此令。

（中华民国陆海军大元帅之印）

中华民国十三年九月四日

据《指令》，载广州《陆海军大元帅大本营
公报》第二十五号，一九二四年九月十日

核复禁烟督办谢国光呈报就职日期令

（一九二四年九月四日）

大元帅指令第九九二号

令禁烟督办谢国光呈报就职日期由。

呈悉。此令。

（中华民国陆海军大元帅之印）

中华民国十三年九月四日

据《指令》，载广州《陆海军大元帅大本营公报》第二十五号，一九二四年九月十日

特派谢国光为禁烟督办状

（一九二四年九月五日刊载）

特派谢国光为禁烟督办。此状。

据《谢国光就职通电》，载一九二四年九月五日《广州民国日报》（六）

派吴煦泉为大本营出勤委员令

（一九二四年九月五日）

大元帅令

派吴煦泉为大本营出勤委员。此令。

（中华民国陆海军大元帅之印）

中华民国十三年九月五日

据《命令》，载广州《陆海军大元帅大本营公报》第二十五号，一九二四年九月十日

任命马素为秘书专理对外宣传事宜手令

（一九二四年九月五日）

大元帅令

马命马素为秘书，专理对外宣传事宜，每月薪俸五百元。此令。

孙文

中华民国十三年九月五日

据原件，台北、中国国民党
文化传播委员会党史馆藏

任命马素为大本营秘书令

（一九二四年九月六日）

大元帅令

任命马素为大本营秘书。此令。

（中华民国陆海军大元帅之印）

中华民国十三年九月六日

据《命令》，载广州《陆海军大元帅大本营
公报》第二十五号，一九二四年九月十日

免冯伟广东无线电报总局局长令

（一九二四年九月六日）

大元帅令

广东无线电报总局局长冯伟另有任用，庶〔应〕免本职。此令。

（中华民国陆海军大元帅之印）

中华民国十三年九月六日

据《命令》，载广州《陆海军大元帅大本营公报》第二十五号，一九二四年九月十日

派陈宜禧为筹办铜鼓商埠委员手令

（一九二四年九月六日）

大元帅令

派陈宜禧为筹办铜鼓商埠委员。此令。

孙文

中华民国十三年九月六日

据原件影印件，载谭延闿编：《总理遗墨》第三辑，石印线装本，似出版于二十世纪三十年代初期

任命江天柱为北伐讨贼军第四军参谋长令

（一九二四年九月八日）

大元帅令

任命江天柱为北伐讨贼军第四军参谋长。此令。

（中华民国陆海军大元帅之印）

中华民国十三年九月八日

据《命令》，载广州《陆海军大元帅大本营公报》第二十五号，一九二四年九月十日

免李伯恺大本营秘书令

（一九二四年九月八日）

大元帅令

大本营秘书李伯恺另有任用，应免本职。此令。

（中华民国陆海军大元帅之印）

中华民国十三年九月八日

据《命令》，载广州《陆海军大元帅大本营公报》第二十六号，一九二四年九月二十日

派李伯恺为大本营宣传委员令

（一九二四年九月八日）

大元帅令

派李伯恺为大本营宣传委员。此令。

（中华民国陆海军大元帅之印）

中华民国十三年九月八日

据《命令》，载广州《陆海军大元帅大本营公报》第二十六号，一九二四年九月二十日

核复管理粤汉铁路事务陈兴汉
呈报就职视事日期令

（一九二四年九月八日）

大元帅指令第一〇〇〇号

令管理粤汉铁路事务陈兴汉呈报就职视事日期由。

呈悉。此令。

（中华民国陆海军大元帅之印）

中华民国十三年九月八日

据《指令》，载广州《陆海军大元帅大本营公报》第二十六号，一九二四年九月二十日

派谢国光陈兴汉为财政委员会委员令

（一九二四年九月九日）

大元帅令

　　派谢国光、陈兴汉为财政委员会委员。此令。

（中华民国陆海军大元帅之印）

中华民国十三年九月九日

据《命令》，载广州《陆海军大元帅大本营
公报》第二十六号，一九二四年九月二十日

任命高冠吾为大本营咨议令

（一九二四年九月十日）

大元帅令

　　任命高冠吾为大本营咨议。此令。

（中华民国陆海军大元帅之印）

中华民国十三年九月十日

据《命令》，载广州《陆海军大元帅大本营
公报》第二十六号，一九二四年九月二十日

核复卸禁烟督办鲁涤平呈报交卸日期令

（一九二四年九月十日）

大元帅指令第一〇〇六号

　　令卸禁烟督办鲁涤平呈报交卸日期由。

　　呈悉。此令。

（中华民国陆海军大元帅之印）

中华民国十三年九月十日

据《指令》，载广州《陆海军大元帅大本营
公报》第二十六号，一九二四年九月二十日

指定叶恭绰为驻浙代表令

（一九二四年九月十日）

指定叶恭绰为驻浙代表，俾遇事便于磋商，并将浙方情形随时报告，以利
进行。

据《浙江代表之指派》，载一九二四年九月
十一日《广州民国日报》临时特刊（二）

免廖仲恺广东省长令

（一九二四年九月十二日）

大元帅令

广东省长廖仲恺另有任用，应免本职。此令。

（中华民国陆海军大元帅之印）

中华民国十三年九月十二日

据《命令》，载广州《陆海军大元帅大本营
公报》第二十六号，一九二四年九月二十日

特任胡汉民兼广东省长令

（一九二四年九月十二日）

大元帅令

特任胡汉民兼广东省长。此令。

（中华民国陆海军大元帅之印）

中华民国十三年九月十二日

据《命令》，载广州《陆海军大元帅大本营
公报》第二十六号，一九二四年九月二十日

免叶恭绰财政部长令

（一九二四年九月十二日）

大元帅令

　　大本营财政部长叶恭绰另有任用，应免本职。此令。

（中华民国陆海军大元帅之印）

中华民国十三年九月十二日

据《命令》，载广州《陆海军大元帅大本营
公报》第二十六号，一九二四年九月二十日

特任廖仲恺为大本营财政部长令

（一九二四年九月十二日）

大元帅令

　　特任廖仲恺为大本营财政部长。此令。

（中华民国陆海军大元帅之印）

中华民国十三年九月十二日

据《命令》，载广州《陆海军大元帅大本营
公报》第二十六号，一九二四年九月二十日

特任廖仲恺兼军需总监令

（一九二四年九月十二日）

大元帅令

特任廖仲恺兼军需总监。此令。

（中华民国陆海军大元帅之印）

中华民国十三年九月十二日

据《命令》，载广州《陆海军大元帅大本营
公报》第二十六号，一九二四年九月二十日

准任黄裳等五人为禁烟督办署各科科长令

（一九二四年九月十二日）

大元帅令

禁烟督办谢国光呈请任命黄裳为第一科科长，张𣀏为第二科科长，吴家麟为
第三科科长，王冕琳为第四科科长，钟忠为第五科科长。均照准。此令。

（中华民国陆海军大元帅之印）

中华民国十三年九月十二日

据《命令》，载广州《陆海军大元帅大本营
公报》第二十六号，一九二四年九月二十日

免谢无量大本营特务秘书令

（一九二四年九月十二日）

大元帅令

大本营特务秘书谢无量另有任用，应免本职。此令。

（中华民国陆海军大元帅之印）

中华民国十三年九月十二日

据《命令》，载广州《陆海军大元帅大本营
公报》第二十六号，一九二四年九月二十日

任命谢无量为大本营参议令

（一九二四年九月十二日）

大元帅令

任命谢无量为大本营参议。此令。

（中华民国陆海军大元帅之印）

中华民国十三年九月十二日

据《命令》，载广州《陆海军大元帅大本营
公报》第二十六号，一九二四年九月二十日

准陈其瑗辞广东财政厅长令

（一九二四年九月十二日）

大元帅令

广东财政厅长陈其瑗呈请辞职。陈其瑗准免本职。此令。

（中华民国陆海军大元帅之印）

中华民国十三年九月十二日

据《命令》，载广州《陆海军大元帅大本营
公报》第二十六号，一九二四年九月二十日

着廖仲恺兼领广东财政厅长令

（一九二四年九月十二日）

大元帅令

广东财政厅长着廖仲恺兼领。此令。

（中华民国陆海军大元帅之印）

中华民国十三年九月十二日

据《命令》，载广州《陆海军大元帅大本营公报》第二十六号，一九二四年九月二十日

着吴铁城兼理大本营参军处事宜令

（一九二四年九月十二日）

着吴铁城兼理大本营参军处事宜。

据《吴铁城兼任参军处》，载一九二四年九月十九日《广州民国日报》（六）

特派胡汉民留守广东代行大元帅职权令

（一九二四年九月十三日）

大元帅令

本大元帅现在出师北伐，特派大本营总参议胡汉民留守广东，代行大元帅职权。此令。

（中华民国陆海军大元帅之印）

中华民国十三年九月十三日

据《命令》，载广州《陆海军大元帅大本营公报》第二十六号，一九二四年九月二十日

为令知特派胡汉民留守广东代行大元帅职权
并启用大元帅印给程潜等人的训令

（一九二四年九月十三日）

大元帅训令第四七五号

令大本营军政部长程潜、大本营财政部长叶恭绰、大本营内政部长徐绍桢、大本营外交部长伍朝枢、大本营建设部长林森、大本营航空局长陈友仁、大本营审计处处长林翔、大本营秘书长谭延闿、大本营参谋长李烈钧、大本营参军长张开儒、大本营会计司长黄昌谷、统一财政委员会、财政委员会、经理大本营军需处事宜胡谦、郑洪年、广东省长廖仲恺、禁烟督办谢国光、大理院长兼管司法行政事务吕志伊、湘军总司令谭延闿、桂军总司令刘震寰、滇军总司令杨希闵、粤军总司令许崇智、豫军总司令樊钟秀、卫戍总司令杨希闵、中央直辖第一军军长朱培德、中央直辖第三军军长卢师谛、中央直辖第七军军长刘玉山、山陕讨贼军司令路孝忱、中央直辖赣军司令李明扬、北伐军第四军军长顾忠深、北伐军第二军军长柏文蔚、北伐军第三军军长胡谦

为令知事：本大元帅现在出师北伐，特派大本营总参议胡汉民留守广东，代行大元帅职权，并将中华民国海陆〔陆海〕军大元帅印携往前方应用，所有后方发布明令暨一切公文，已另刊印信一颗，文曰"大元帅印"，定于九月十三日启用，俾示区别而昭信守。除分令外，合行令仰该部长、局长、处长、秘书长、参谋长、参军长、司长、委员会、经理、省长、督办、院长、总司令、军长、司令，即便转饬所属一体知照。此令。

（中华民国陆海军大元帅之印）

中华民国十三年九月十三日

据《训令》，载广州《陆海军大元帅大本营公报》第二十六号，一九二四年九月二十日

核复谢国光呈告已明令准予任命所荐科长令

（一九二四年九月十三日）

大元帅指令第一〇二一号

令禁烟督办谢国光呈报重行改组及荐任科长由。

呈及履历表均悉。所请荐任科长之处已另有明令准予任命矣，仰即知照。表存，此令。

（中华民国陆海军大元帅之印）

中华民国十三年九月十三日

据《指令》，载广州《陆海军大元帅大本营公报》第二十六号，一九二四年九月二十日

核复陈其瑗呈告已明令准其辞职并简员接替令

（一九二四年九月十三日）

大元帅指令第一〇二四号

令广东财政厅长陈其瑗呈因病恳请辞职，并派员代拆代行由。

呈悉。已明令照准，并简员接替矣，仰即遵照。此令。

（中华民国陆海军大元帅之印）

中华民国十三年九月十三日

据《指令》，载广州《陆海军大元帅大本营公报》第二十六号，一九二四年九月二十日

准陈树人辞广东政务厅长令

（一九二四年九月十五日）

大元帅令

广东省长廖仲恺呈广东政务厅厅长陈树人恳请辞职。陈树人准免本职。此令。

（中华民国陆海军大元帅之印）

中华民国十三年九月十五日

据《命令》，载广州《陆海军大元帅大本营
公报》第二十六号，一九二四年九月二十日

任命李文范为广东政务厅长令

（一九二四年九月十五日）

大元帅令

　　任命李文范为广东政务厅厅长。此令。

（中华民国陆海军大元帅之印）

中华民国十三年九月十五日

据《命令》，载广州《陆海军大元帅大本营
公报》第二十六号，一九二四年九月二十日

任命林云陔为大本营秘书令

（一九二四年九月十五日）

大元帅令

　　任命林云陔为大本营秘书。此令。

（中华民国陆海军大元帅之印）

中华民国十三年九月十五日

据《命令》，载广州《陆海军大元帅大本营
公报》第二十六号，一九二四年九月二十日

任命祁耿寰陈民钟为大本营参军令

（一九二四年九月十六日）

大元帅令

　　任命祁耿寰、陈民钟为大本营参军。此令。

（中华民国陆海军大元帅之印）

中华民国十三年九月十六日

据《命令》，载广州《陆海军大元帅大本营公报》第二十六号，一九二四年九月二十日

任命余维谦为大本营参谋处军事参议令

（一九二四年九月十六日）

大元帅令

　　任命余维谦为大本营参谋处军事参议。此令。

（中华民国陆海军大元帅之印）

中华民国十三年九月十六日

据《命令》，载广州《陆海军大元帅大本营公报》第二十六号，一九二四年九月二十日

准免戴恩赛梧州关监督兼外交部
特派广西交涉员令

（一九二四年九月十六日）

大元帅令

　　梧州关监督兼外交部特派广西交涉员戴恩赛准免本兼各职。此令。

（中华民国陆海军大元帅之印）

中华民国十三年九月十六日

据《命令》，载广州《陆海军大元帅大本营公报》第二十六号，一九二四年九月二十日

任命林子峰为梧州关监督兼外交部特派广西交涉员令

（一九二四年九月十六日）

大元帅令

任命林子峰为梧州关监督兼外交部特派广西交涉员。此令。

（中华民国陆海军大元帅之印）

中华民国十三年九月十六日

据《命令》，载广州《陆海军大元帅大本营公报》第二十六号，一九二四年九月二十日

着余维谦暂行兼代大本营参谋处主任令

（一九二四年九月十六日）

大元帅令

蒋尊簋现在告假，大本营参谋处主任着以该处军事参议余维谦暂行兼代。此令。

（中华民国陆海军大元帅之印）

中华民国十三年九月十六日

据《命令》，载广州《陆海军大元帅大本营公报》第二十六号，一九二四年九月二十日

核复邓泽如呈谕以北江盐务督运
专员毋庸大元帅加委令

（一九二四年九月十六日）

大元帅指令第一〇三四号

　　令两广盐运使邓泽如呈遴委北江盐务督运专员请加委由。

　　呈悉。北江盐务督运专员毋庸加委，着由该运使径行委用可也。此令。

（中华民国陆海军大元帅之印）

中华民国十三年九月十六日

据《指令》，载广州《陆海军大元帅大本营
公报》第二十六号，一九二四年九月二十日

准任徐天深为参军处上校副官
及另四人为少校副官令

（一九二四年九月十七日）

大元帅令

　　兼理大本营参军处事宜吴铁城呈请任命徐天深为大本营参军处上校副官，王焕龙、林志华、吴良、吴雅觉为大本营参军处少校副官。均照准。此令。

（中华民国陆海军大元帅之印）

中华民国十三年九月十七日

据《命令》，载广州《陆海军大元帅大本营
公报》第二十六号，一九二四年九月二十日

核复兼理大本营参军处事宜

吴铁城呈报视事日期令

（一九二四年九月十八日）

大元帅指令韶字第一号

　　令兼理大本营参军处事宜吴铁城呈报视事日期由。

　　呈悉。此令。

（中华民国陆海军大元帅之印）

中华民国十三年九月十八日

　　据《指令》，载广州《陆海军大元帅大本营公报》第二十六号，一九二四年九月二十日

核复吴铁城呈告已明令分别任命

徐天源等为大本营参军处副官令

（一九二四年九月十八日）

大元帅指令韶字第二号

　　令兼理大本营参军处事宜吴铁城呈请任命徐天源等为该处副官由。

　　呈悉。已有明令分别任命矣。此令。

（中华民国陆海军大元帅之印）

中华民国十三年九月十八日

　　据《指令》，载广州《陆海军大元帅大本营公报》第二十六号，一九二四年九月二十日

咨唐继尧请宣布就副元帅职以慰众望文

（一九二四年九月十八日）

大元帅咨第一号

为咨行事。窃以大盗恣横，尚稽显戮。中原俶扰，群起义师。期集大勋，端赖贤哲。爰于九月十一日召集政务军事联合大会，佥谓执事勤劳国家，功绩迄著，宜有崇号，以董戎行。是用推公为副元帅，式惟提挈之用，以成康济之勋。相应咨行，希即宣布就职，俾慰喁望。此咨

副元帅唐

（中华民国陆海军大元帅之印）

中华民国十三年九月十八日

据《公文》，载广州《陆海军大元帅大本营公报》第二十七号，一九二四年九月三十日

准任蔡汉升为大本营运输委员令

（一九二四年九月十九日）

大元帅令

兼理大本营参军处事宜吴铁城呈请任命蔡汉升为大本营运输委员。应照准。此令。

（中华民国陆海军大元帅之印）

中华民国十三年九月十九日

据《命令》，载广州《陆海军大元帅大本营公报》第二十六号，一九二四年九月二十日

着撤销查办许崇灏令

（一九二四年九月二十日）

大元帅令

　　许崇灏着销去"查办"字样。此令。

　　　　　　　　　　　　（中华民国陆海军大元帅之印）

　　　　　　　　　　　　　中华民国十三年九月廿日

　　　　　　　据《命令》，载广州《陆海军大元帅大本营
　　　　　　　公报》第二十六号，一九二四年九月二十日

核复叶恭绰伍朝枢会呈告已明令准
戴恩赛辞职并简任林子峰令

（一九二四年九月二十日）

大元帅指令第一〇四一号

　　令大本营财政部长叶恭卓〔绰〕、外交部长伍朝枢呈为会呈请准戴恩赛辞职，并简任林子峰为梧州关监督兼外交部特派广西交涉员由。

　　呈悉。已明令准戴恩赛辞职，并简任林子峰矣。仰即转令分别接替可也。履历存，此令。

　　　　　　　　　　　　（中华民国陆海军大元帅之印）

　　　　　　　　　　　　　中华民国十三年九月二十日

　　　　　　　据《指令》，载广州《陆海军大元帅大本营
　　　　　　　公报》第二十六号，一九二四年九月二十日

核复吴铁城呈告已明令照准任命
蔡汉升为大本营运输委员令

（一九二四年九月二十日）

大元帅指令韶字第三号

　　令兼理大本营参军处事宜吴铁城呈请任命蔡汉升为大本营运输委员由。

　　呈悉。已有明令照准矣。此令。

（中华民国陆海军大元帅之印）

中华民国十三年九月二十日

据《指令》，载广州《陆海军大元帅大本营
公报》第二十六号，一九二四年九月二十日

特任古应芬为财政部长兼广东财政厅长手令

（一九二四年九月二十二日）

大元帅令

　　特任古应芬为财政部长兼广东财政厅长。此令。

孙文

中华民国十三年九月廿二日

据原件影印件，载谭延闿编：《总理遗墨》第三辑，
石印线装本，似出版于二十世纪三十年代初期

特任古应芬为中央军需总监手令

（一九二四年九月二十二日）

大元帅令

特任古应芬为中央军需总监。此令。

孙文

中华民国十三年九月廿二日

据原件影印件，载谭延闿编：《总理遗墨》第三辑，
石印线装本，似出版于二十世纪三十年代初期

准廖仲恺辞大本营财政部长
兼领广东财政厅长令

（一九二四年九月二十三日）

大元帅令

大本营财政部长兼领广东财政厅厅长廖仲恺呈请辞职。廖仲恺准免本、兼各职。此令。

（中华民国陆海军大元帅之印）

中华民国十三年九月廿三日

据《命令》，载广州《陆海军大元帅大本营
公报》第二十七号，一九二四年九月三十日

特任古应芬为大本营财政部长
兼广东财政厅长令

（一九二四年九月二十三日）

大元帅令

特任古应芬为大本营财政部长兼领广东财政厅长。此令。

（中华民国陆海军大元帅之印）

中华民国十三年九月廿三日

据《命令》，载广州《陆海军大元帅大本营
公报》第二十七号，一九二四年九月三十日

准廖仲恺辞军需总监令

（一九二四年九月二十三日）

大元帅令

军需总监廖仲恺呈请辞职。廖仲恺准免本职。此令。

（中华民国陆海军大元帅之印）

中华民国十三年九月廿三日

据《命令》，载广州《陆海军大元帅大本营
公报》第二十七号，一九二四年九月三十日

特任古应芬为军需总监令

（一九二四年九月二十三日）

大元帅令

特任古应芬为军需总监。此令。

（中华民国陆海军大元帅之印）

中华民国十三年九月二十三日

据《命令》，载广州《陆海军大元帅大本营
公报》第二十七号，一九二四年九月三十日

准杨志章辞大本营财政部秘书令

（一九二四年九月二十三日）

大元帅令

大本营财政部长叶恭绰呈：秘书杨志章恳请辞职。应照准。此令。

（中华民国陆海军大元帅之印）

中华民国十三年九月廿三日

据《命令》，载广州《陆海军大元帅大本营公报》第二十七号，一九二四年九月三十日

准任黄乃镛为大本营财政部秘书令

（一九二四年九月二十三日）

大元帅令

　　大本营财政部长叶恭绰呈请任命黄乃镛为秘书。应照准。此令。

　　　　　　　　　　　　（中华民国陆海军大元帅之印）

　　　　　　　　　　中华民国十三年九月二十三日

据《命令》，载广州《陆海军大元帅大本营公报》第二十七号，一九二四年九月三十日

核复叶恭绰呈告已明令准予任免
大本营财政部秘书令

（一九二四年九月二十三日）

大元帅指令第一○五○号

　　令大本营财政部长叶恭绰呈为该部秘书杨志章辞职，拟请以局员黄乃镛荐任由。

　　呈悉。已有明令分别准予任免矣。仰即知照。此令。

　　　　　　　　　　　　（中华民国陆海军大元帅之印）

　　　　　　　　　　中华民国十三年九月二十三日

据《指令》，载广州《陆海军大元帅大本营公报》第二十七号，一九二四年九月三十日

核复郑润琦呈缴注销直辖广东
讨贼军第三师师长旧印令

（一九二四年九月二十四日）

大元帅指令第一○五一号

令粤军第三师师长郑润琦呈缴中央直辖广东讨贼军第三师师长印，请注销备案由。

呈悉。旧印存销。此令。

（中华民国陆海军大元帅之印）

中华民国十三年九月二十四日

据《指令》，载广州《陆海军大元帅大本营公报》第二十七号，一九二四年九月三十日

准曾西盛呈辞安抚委员令

（一九二四年九月二十五日）

大元帅指令第一○五七号

令安抚委员曾西盛呈请辞职由。

呈悉。准予辞职。此令。

（中华民国陆海军大元帅之印）

中华民国十三年九月二十五日

据《指令》，载广州《陆海军大元帅大本营公报》第二十七号，一九二四年九月三十日

任命赖天球为大本营参谋处谍报局长令

（一九二四年九月二十七日）

大元帅令

　　任命赖天球为大本营参谋处谍报局局长。此令。

　　　　　　　　　　　（中华民国陆海军大元帅之印）

　　　　　　　　　　　中华民国十三年九月二十七日

　　　　　　　据《命令》，载广州《陆海军大元帅大本营
　　　　　　　公报》第二十七号，一九二四年九月三十日

准任张惠臣毛如璋为大本营
参军处三等军医正令

（一九二四年九月二十八日）

大元帅令

　　兼理大本营参军处事宜吴铁城呈请任命张惠臣、毛如璋为大本营参军处三等军医正。均照准。此令。

　　　　　　　　　　　（中华民国陆海军大元帅之印）

　　　　　　　　　　　中华民国十三年九月廿八日

　　　　　　　据《命令》，载广州《陆海军大元帅大本营
　　　　　　　公报》第二十七号，一九二四年九月三十日

聘任张开儒为大本营高等顾问手谕

（一九二四年九月二十九日前）

聘任张开儒为大本营高等顾问。

孙文

据原件影印件，载谭延闿编：《总理遗墨》第三辑，石印线装本，似出版于二十世纪三十年代初期

特任张开儒为大本营高等顾问令

（一九二四年九月二十九日）

大元帅令

　　特任张开儒为大本营高等顾问。此令。

（中华民国陆海军大元帅之印）

中华民国十三年九月廿九日

据《命令》，载广州《陆海军大元帅大本营公报》第二十七号，一九二四年九月三十日

核复兼理大本营参军处事宜吴铁城呈告已明令准任命张惠臣等为该处三等军医正令

（一九二四年九月二十九日）

大元帅指令韶字第四号

　　令兼理大本营参军处事宜吴铁城呈请任命张惠臣等为该处三等军医正由。呈悉。已有明令照准矣。此令。

（中华民国陆海军大元帅之印）

中华民国十三年九月二十九日

据《指令》，载广州《陆海军大元帅大本营公报》第二十七号，一九二四年九月三十日

简任方声涛代理大本营参谋部长令

（一九二四年九月三十日刊载）

简建国军福建总司令方声涛代理参谋部长①。

据《方声涛代理参谋部长》，载一九二
四年九月三十日《广州民国日报》（六）

任命冯宝森练炳章各为粤军第一
第三军军司令部参谋长令

（一九二四年九月三十日）

大元帅令

　　任命冯宝森为粤军第一军军司令部参谋长，练炳章为粤军第三军军司令部参谋长。此令。

（中华民国陆海军大元帅之印）

中华民国十三年九月三十日

据《命令》，载广州《陆海军大元帅大本营
公报》第二十七号，一九二四年九月三十日

---

　　①　参谋部长：据《陆海军大元帅大本营公报》第二十八号，为陆海军大元帅大本营参谋部长。

核复许崇智呈告已明令任命粤军
第一军第三军军部参谋长令

（一九二四年九月三十日）

大元帅指令第一○七四号

　　令粤军总司令许崇智呈粤军第一军第三军改编，请任命该军部参谋长由。呈悉。已有明令任命矣。此令。

（中华民国陆海军大元帅之印）
中华民国十三年九月三十日

据《指令》，载广州《陆海军大元帅大本营
公报》第二十七号，一九二四年九月三十日

不准马超俊辞广东兵工厂厂长批①

（一九二四年十月三日刊载）

　　不准所请。

据《马超俊辞职不准》，载一九二四
年十月三日《广州民国日报》（六）

核复广东全省民团督办李福林呈报就职日期令

（一九二四年十月三日）

大元帅指令第一○八三号

　　令广东全省民团督办李福林呈报就职日期由。

---

　　① 马超俊具呈"请大元帅开去兵工厂职务，以资休养"。

呈悉。此令。

（中华民国陆海军大元帅之印）

中华民国十三年十月三日

据《指令》，载广州《陆海军大元帅大本营公报》第二十八号，一九二四年十月十日

特任方声涛代理大本营参谋长令

（一九二四年十月四日）

大元帅令

特任方声涛代理大本营参谋长。此令。

（中华民国陆海军大元帅之印）

中华民国十三年十月四日

据《命令》，载广州《陆海军大元帅大本营公报》第二十八号，一九二四年十月十日

特任谭延闿兼建国军北伐总司令令

（一九二四年十月四日）

大元帅令

特任谭延闿兼任建国军北伐总司令。此令。

（中华民国陆海军大元帅之印）

中华民国十三年十月四日

据原件，台北、中国国民党文化传播委员会党史馆藏

慰留马超俊广东兵工厂厂长谕

（一九二四年十月六日刊载）

大军北伐，军械至关重要，该厂长应努力经营，勿萌退志。

据《大元帅慰留马超俊》，载一九二
四年十月六日《广州民国日报》（六）

特任程潜为建国军攻鄂总司令令

（一九二四年十月六日）

大元帅令

特任程潜为建国军攻鄂总司令。此令。

（中华民国陆海军大元帅之印）

中华民国十三年十月六日

据《命令》，载广州《陆海军大元帅大本营
公报》第二十八号，一九二四年十月十日

任命孙绍尧为赣南善后委员会委员长令

（一九二四年十月六日）

大元帅令

任命孔绍尧为赣南善后委员会委员长。此令。

（中华民国陆海军大元帅之印）

中华民国十三年十月六日

据《命令》，载广州《陆海军大元帅大本营
公报》第二十八号，一九二四年十月十日

任命林支宇为赣鄂宣抚使令

（一九二四年十月八日）

大元帅令

使命林支宇为赣鄂宣抚使。此令。

（中华民国陆海军大元帅之印）

中华民国十三年十月八日

据《命令》，载广州《陆海军大元帅大本营公报》第二十八号，一九二四年十月十日

准任谭璟等六人为禁烟督办署秘书令

（一九二四年十月八日）

大元帅令

禁烟督办谢国光呈请任命谭璟、曹惠、刘笃培、刘况许、邓岱峻、郑鸿鉴为秘书。均照准。此令。

（中华民国陆海军大元帅之印）

中华民国十三年十月八日

据《命令》，载广州《陆海军大元帅大本营公报》第二十八号，一九二四年十月十日

核复谢国光呈告已明令准任谭璟曹惠等六员为禁烟督办署秘书令

（一九二四年十月八日）

大元帅指令第一○九三号

令禁烟督办谢国光呈请任命谭璟、曹惠等六员为该署秘书由。

呈及履历均悉。已有明令准予任命矣。仰即知照。履历存。此令。

（中华民国陆海军大元帅之印）

中华民国十三年十月八日

据《指令》，载广州《陆海军大元帅大本营公报》第二十八号，一九二四年十月十日

特任古应芬兼盐务督办令

（一九二四年十月九日）

大元帅令

特任古应芬兼盐务督办。此令。

（中华民国陆海军大元帅之印）

中华民国十三年十月九日

据《命令》，载广州《陆海军大元帅大本营公报》第二十八号，一九二四年十月十日

特任许崇智兼军政部长令

（一九二四年十月九日）

大元帅令

特任许崇智兼大本营军政部长。此令。

（中华民国陆海军大元帅之印）

中华民国十三年十月九日

据《命令》，载广州《陆海军大元帅大本营公报》第二十八号，一九二四年十月十日

准任叶次周等三人分为财政部秘书及科长令

（一九二四年十月九日）

大元帅令

大本营财政部长古应芬呈请任命叶次周为秘书，廖朗如、刘秉纲为科长。均照准。此令。

（中华民国陆海军大元帅之印）

中华民国十三年十月九日

据《命令》，载广州《陆海军大元帅大本营公报》第二十八号，一九二四年十月十日

准任岑念慈为财政部秘书令

（一九二四年十月九日）

大元帅令

大本营财政部长古应芬呈请任命岑念慈为秘书。应照准。此令。

（中华民国陆海军大元帅之印）

中华民国十三年十月九日

据《命令》，载广州《陆海军大元帅大本营公报》第二十八号，一九二四年十月十日

免郑洪年财政部次长兼盐务署长令

（一九二四年十月九日）

大元帅令

大本营财政部次长兼盐务署署长郑洪年另有任用，应免本、兼各职。此令。

（中华民国陆海军大元帅之印）

中华民国十三年十月九日

据《命令》，载广州《陆海军大元帅大本营公报》第二十八号，一九二四年十月十日

任命林云陔兼代财政部次长兼盐务署长令

（一九二四年十月九日）

大元帅令

任命林云陔兼代大本营财政部次长兼盐务署署长。此令。

（中华民国陆海军大元帅之印）

中华民国十三年十月九日

据《命令》，载广州《陆海军大元帅大本营公报》第二十八号，一九二四年十月十日

免胡谦军政部军务局长及代理军政部次长令

（一九二四年十月九日）

大元帅令

大本营军政部军务局局长胡谦另有任用，应免本职，并免代理大本营军政部次长职务。此令。

（中华民国陆海军大元帅之印）

中华民国十三年十月九日

据《命令》，载广州《陆海军大元帅大本营公报》第二十八号，一九二四年十月十日

着免程潜军政部长令

（一九二四年十月九日）

大元帅令

　　大本营军政部长程潜另有任用，着免本职。此令。

（中华民国陆海军大元帅之印）

中华民国十三年十月九日

据《命令》，载广州《陆海军大元帅大本营
公报》第二十八号，一九二四年十月十日

准胡鲁等四人辞财政部秘书或金事令

（一九二四年十月九日）

大元帅令

　　大本营财政部长叶恭绰呈：秘书胡鲁、陈敬汉、黄乃镛，金事鲍荣呈请辞职。均照准。此令。

（中华民国陆海军大元帅之印）

中华民国十三年十月九日

据《命令》，载广州《陆海军大元帅大本营
公报》第二十八号，一九二四年十月十日

免叶恭绰本职令

（一九二四年十月九日）

大元帅令

　　兼盐务督办叶恭绰另有任用，应免本职。此令。

（中华民国陆海军大元帅之印）

中华民国十三年十月九日

据《命令》，载广州《陆海军大元帅大本营
公报》第二十八号，一九二四年十月十日

准李承翼辞财政部泉币局长令

（一九二四年十月九日）

大元帅令

　　大本营财政部长叶恭绰呈泉币局局长李承翼呈请辞职。李承翼准免本职。
此令。

（中华民国陆海军大元帅之印）

中华民国十三年十月九日

据《命令》，载广州《陆海军大元帅大本营
公报》第二十八号，一九二四年十月十日

准徐绍桢呈续病假三星期暂由
陈树人代行内政部部务令

（一九二四年十月九日）

大元帅指令第一〇九九号

　　令大本营内政部长徐绍桢呈为因病续假及派员代行部务由。

　　如呈给假三星期，部务准暂由陈厅长树人代行，假满仍即回部任职。此令。

（中华民国陆海军大元帅之印）

中华民国十三年十月九日

据《指令》，载广州《陆海军大元帅大本营
公报》第二十八号，一九二四年十月十日

核复叶恭绰呈告李承翼等已有明令准予免职令

（一九二四年十月九日）

大元帅指令第二○○一号

令大本营财政部长叶恭绰呈据该部泉币局长李承翼等呈请辞职，请准予免职由。

呈悉。李承翼等已有明令准予免职矣。仰即知照。此令。

（中华民国陆海军大元帅之印）

中华民国十三年十月九日

据《指令》，载广州《陆海军大元帅大本营公报》第二十八号，一九二四年十月十日

核复古应芬呈告已明令准任叶次周等
分为财政部秘书及科长令

（一九二四年十月九日）

大元帅指令第二○○二号

令大本营财政部长古应芬呈荐任叶次周为该部秘书、廖朗如等为科长由。

呈悉。已明令照准矣。此令。

（中华民国陆海军大元帅之印）

中华民国十三年十月九日

据《指令》，载广州《陆海军大元帅大本营公报》第二十八号，一九二四年十月十日

核复古应芬呈告已明令准任
岑念慈为财政部秘书令

（一九二四年十月九日）

大元帅指令第二〇〇三号

令大本营财政部长古应芬呈荐任岑念慈为秘书由。

呈悉。已明令照准矣。此令。

（中华民国陆海军大元帅之印）

中华民国十三年十月九日

据《指令》，载广州《陆海军大元帅大本营公报》第二十八号，一九二四年十月十日

核复广东省长胡汉民呈报就职日期令

（一九二四年十月十一日）

大元帅指令第二〇〇五号

令广东省长胡汉民呈报就职日期由。

呈悉。此令。

（中华民国陆海军大元帅之印）

中华民国十三年十月十一日

据《指令》，载广州《陆海军大元帅大本营公报》第二十九号，一九二四年十月二十日

核复胡汉民转呈李文范就政务厅长职令

（一九二四年十月十一日）

大元帅指令第二〇〇六号

　　令广东省长胡汉民呈为转呈李文范就政务厅长职，请鉴核由。

　　呈悉。此令。

（中华民国陆海军大元帅之印）

中华民国十三年十月十一日

据《指令》，载广州《陆海军大元帅大本营
公报》第二十九号，一九二四年十月二十日

核复财政部长古应芬呈报就职日期令

（一九二四年十月十一日）

大元帅指令第二〇〇七号

　　令大本营财政部长古应芬呈报就职日期由。

　　呈悉。此令。

（中华民国陆海军大元帅之印）

中华民国十三年十月十一日

据《指令》，载广州《陆海军大元帅大本营
公报》第二十九号，一九二四年十月二十日

核复兼广东财政厅长古应芬呈报就职日期令

（一九二四年十月十一日）

大元帅指令第二〇〇八号

令兼广东财政厅长古应芬呈报就职日期由。

呈悉。此令。

（中华民国陆海军大元帅之印）

中华民国十三年十月十一日

据《指令》，载广州《陆海军大元帅大本营公报》第二十九号，一九二四年十月二十日

免傅秉常海关监督兼职并任命
罗桂芳为海关监督手令

（一九二四年十月十一日）

大元帅令

兼任海关监督傅秉常，着免兼职。此令。

任命罗桂芳为海关监督。此令。

孙文

中华民国十三年十月十一日

据原件影印件，载谭延闿编：《总理遗墨》第三辑，石印线装本，似出版于二十世纪三十年代初期

派陈友仁等三人为收取关余全权委员手令

（一九二四年十月十一日）

大元帅令

派陈友仁、宋子文、罗桂芳为收取关余全权委员。此令。

孙文

中华民国十三年十月十一日

据原件影印件，载谭延闿编：《总理遗墨》第三辑，石印线装本，似出版于二十世纪三十年代初期

特派许崇智等六人为革命委员会全权委员令

（一九二四年十月十一日）

大元帅令

　　特派许崇智、廖仲恺、汪精卫、蒋中正、陈友仁、谭平山为革命委员会全权委员。此令。

会长孙文
中华民国十三年十月十一日

据原件影印件，载《孙中山先生墨迹》，石
家庄，河北人民出版社一九八六年出版

聘任鲍罗庭为革命委员会顾问状

（一九二四年十月十一日）

大元帅令

　　聘任鲍罗庭为革命委员会顾问，遇本会长缺席时得有表决权。此状。

会长孙文
中华民国十三年十月十一日

据原件影印件，中山、孙中山故居藏

准免黄梦熊大本营参军处上校副官令

（一九二四年十月十二日）

大元帅令

　　兼理大本营参军处事宜吴铁城呈：上校副官黄梦熊调省任用，请免本职。应照准。此令。

（中华民国陆海军大元帅之印）

中华民国十三年十月十二日

据《命令》，载广州《陆海军大元帅大本营
公报》第二十九号，一九二四年十月二十日

准黄松俦升任大本营参军处少校副官令

（一九二四年十月十二日）

大元帅令

兼理大本营参军处事宜吴铁城呈请以参军处上尉差遣黄松俦升充少校副官。应照准。此令。

（中华民国陆海军大元帅之印）

中华民国十三年十月十二日

据《命令》，载广州《陆海军大元帅大本营
公报》第二十九号，一九二四年十月二十日

核复吴铁城呈告已明令准免黄梦熊本职令

（一九二四年十月十二日）

大元帅指令韶字第五号

令兼理大本营参军处事宜吴铁城呈为副官黄梦熊调省任用请免本职由。呈悉。已有明令照准矣。此令。

（中华民国陆海军大元帅之印）

中华民国十三年十月十二日

据《指令》，载广州《陆海军大元帅大本营
公报》第二十九号，一九二四年十月二十日

准王焕龙辞大本营参军处少校副官令

（一九二四年十月十三日）

大元帅令

　　兼理大本营参军处事宜吴铁城呈少校副官王焕龙呈请辞职。应照准。此令。

　　　　　　　　　　　　（中华民国陆海军大元帅之印）

　　　　　　　　　　中华民国十三年十月十三日

　　　　　　据《命令》，载广州《陆海军大元帅大本营
　　　　　　公报》第二十九号，一九二四年十月二十日

任命宋鹤庚等四人分为建国军北伐中央
总指挥及左右翼与先遣队指挥令

（一九二四年十月十三日）

大元帅令

　　任命宋鹤庚为建国军北伐中央总指挥，朱培德为建国军北伐左翼总指挥，卢师谛为建国军北伐右翼总指挥，樊钟秀为建国军北伐先遣队总指挥。此令。

　　　　　　　　　　　　（中华民国陆海军大元帅之印）

　　　　　　　　　　中华民国十三年十月十三日

　　　　　　据《命令》，载广州《陆海军大元帅大本营
　　　　　　公报》第二十九号，一九二四年十月二十日

任命何成濬等五人分为建国军北伐
总司令部参谋长及各指挥部参谋长令

（一九二四年十月十三日）

大元帅令

　　任命何成濬兼建国军北伐总司令部参谋长，张翼鹏为建国军北伐中央总指挥总参谋长，黄实兼建国军北伐左翼总指挥部参谋长，那其仁兼建国军北伐右翼总指挥部参谋长，朝持箴兼建国军北伐先遣队总指挥部参谋长。此令。

（中华民国陆海军大元帅之印）

中华民国十三年十月十三日

据《命令》，载广州《陆海军大元帅大本营公报》第二十九号，一九二四年十月二十日

核复吴铁城呈告已明令分别任免王焕龙黄松俦令

（一九二四年十月十三日）

大元帅指令韶字第六号

　　令兼理大本营参军处事宜吴铁城呈为少校副官王焕龙呈请辞职，请准以上尉差遣黄松俦升充由。

　　呈悉。已有明令分别任免矣。此令。

（中华民国陆海军大元帅之印）

中华民国十三年十月十三日

据《指令》，载广州《陆海军大元帅大本营公报》第二十九号，一九二四年十月二十日

核复福建建国军总司令方声涛
呈报就职及启用印信日期令

（一九二四年十月十三日）

大元帅指令韶字第七号

令福建建国军总司令方声涛呈报就职及启用印信日期由。

呈悉。此令。

（中华民国陆海军大元帅之印）

中华民国十三年十月十三日

据《指令》，载广州《陆海军大元帅大本营公报》第二十九号，一九二四年十月二十日

准黎泽阎呈辞广东地方善后委员令

（一九二四年十月十三日）

大元帅指令第二〇〇九号

令广东地方善后委员黎泽阎呈请辞职由。

呈悉。照准。此令。

（中华民国陆海军大元帅之印）

中华民国十三年十月十三日

据《指令》，载广州《陆海军大元帅大本营公报》第二十九号，一九二四年十月二十日

任命曾杰为赣边先遣队司令令

（一九二四年十月十四日）

大元帅令

　　任命曾杰为赣边先遣队司令。此令。

（中华民国陆海军大元帅之印）

中华民国十三年十月十四日

据《命令》，载广州《陆海军大元帅大本营
公报》第二十九号，一九二四年十月二十日

任命井岳秀为直辖陕西讨贼军临时总指挥状

（一九二四年十月十四日）

　　任命井岳秀为中央直辖陕西讨贼军临时总指挥。

据罗家伦主编，黄季陆增订：《国父年谱》（增订本）下册（转录
中国国民党文化传播委员会党史馆藏任命状原件），台北，中国
国民党中央委员会党史史料编纂委员会一九六九年十一月出版

广州事变未平定期内所有军队统归蒋中正
指挥及廖仲恺谭平山各为正副监察令

（一九二四年十月十四日）

大元帅令

　　令陆军军官学校校长蒋中正、航空局长陈友仁、甲车队长卢振柳、工团军团
长施卜、农民自卫军主任罗绮园、讲武学校监督周贯虹、滇军干部学校校长周自
得、兵工厂马超俊、警卫军司令吴铁城

兹为应付广州临时事变，未平定期内，所有黄埔陆军军官学校、飞机队、甲车队、工团军、农民自卫军、陆军讲武学校、滇军干部学校、兵工厂卫队、警卫军统归蒋中正指挥，以廖仲恺为监察，谭平山副之。此令。

中华民国十三年十月十四日

据广东革命历史博物馆编：《黄埔军校史料（1924—1927）》，广州，广东人民出版社一九八二年出版

准傅秉常辞粤海关监督令

（一九二四年十月十五日）

大元帅令

粤海关监督傅秉常呈请辞职。傅秉常准免本职。此令。

（中华民国陆海军大元帅之印）

中华民国十三年十月十五日

据《命令》，载广州《陆海军大元帅大本营公报》第二十九号，一九二四年十月二十日

任命罗桂芳为粤海关监督令

（一九二四年十月十五日）

大元帅令

任命罗桂芳为粤海关监督。此令。

（中华民国陆海军大元帅之印）

中华民国十三年十月十五日

据《命令》，载广州《陆海军大元帅大本营公报》第二十九号，一九二四年十月二十日

派吴栩为广东西江十九县禁烟总局局长令

（一九二四年十月十五日）

大元帅令

　　派吴栩为广东西江十九县禁烟总局局长。此令。

（中华民国陆海军大元帅之印）

中华民国十三年十月十五日

据《命令》，载广州《陆海军大元帅大本营
公报》第二十九号，一九二四年十月二十日

核复谢国光呈告另有明令简派西江
十九县禁烟总局局长令

（一九二四年十月十五日）

大元帅指令第二○一八号

　　令禁烟督办谢国光呈请简派西江十九县禁烟总局局长由。

　　呈悉。已另有明令简派矣。此令。

（中华民国陆海军大元帅之印）

中华民国十三年十月十五日

据《指令》，载广州《陆海军大元帅大本营
公报》第二十九号，一九二四年十月二十日

任命何成濬为湖北招讨使令

（一九二四年十月十八日）

大元帅令

任命何成濬为湖北招讨使。此令。

（中华民国陆海军大元帅之印）

中华民国十三年十月十八日

据《命令》，载广州《陆海军大元帅大本营公报》第二十九号，一九二四年十月二十日

准李朗如呈辞财政委员会委员并涂销派状令

（一九二四年十月十八日）

大元帅指令第二〇二七号

令前广州市公安局长李朗如呈请准予辞去财政委员会委员由。

呈悉。照准。派状涂销。此令。

（中华民国陆海军大元帅之印）

中华民国十三年十月十八日

据《指令》，载广州《陆海军大元帅大本营公报》第二十九号，一九二四年十月二十日

任张继等五人为军事委员令

（一九二四年十月十九日）①

任张继、王用宾、刘守中、续桐溪、焦易堂为军事委员。

据罗家伦主编，黄季陆增订：《国父年谱》（增订本）下册（转录中国国民党文化传播委员会党史馆藏民国十三年十月二十二日谢持致王用宾函转抄孙中山电报之影印件），台北，中国国民党中央委员会党史史料编纂委员会一九六九年十一月出版

① 此件所标时间系据《国父年谱》（增订本）。

特派徐谦等三人分为冯玉祥等三军慰问使令

（一九二四年十月十九日）①

特派徐谦为冯军②慰问使，续桐溪为陕军慰问使，王用宾为直军慰问使。

据罗家伦主编，黄季陆增订：《国父年谱》（增订本）下册（转录中国国民党文化传播委员会党史馆藏民国十三年十月二十三日谢持致王用宾函转谭延闿马电所转帅令之影印件），台北，中国国民党中央委员会党史史料编纂委员会一九六九年十一月出版

致谢持任命张继等五人为军事委员电

（一九二四年十月十九日）

王用宾电悉。兹任张继、王用宾、刘守中、续桐溪、焦易堂为军事委员，此令。孙文。皓。

据王世鋆、王世霖：《"谏三"密电与孙中山北上》，载一九八八年三月十五日北京《团结报》

为着马超俊交代后赴韶并任黄骚代理兵工厂厂长致胡汉民电

（一九二四年十月十九日）

急。广州胡留守鉴：总密。巧电悉。着马超俊交代，交代后即与查办员一齐来韶对质。任黄骚代理兵工厂厂长。孙文。皓未。（印）

---

① 此件所标时间系据《国父年谱》（增订本）。

② 冯军，即冯玉祥部队。

据中国第二历史档案馆编：《中华民国史档案资料汇编》
第四辑下，南京，江苏古籍出版社一九八六年九月出版

派章烈为大本营出勤委员令

（一九二四年十月二十日）

大元帅令

派章烈为大本营出勤委员。此令。

（中华民国陆海军大元帅之印）

中华民国十三年十月二十日

据《命令》，载广州《陆海军大元帅大本营
公报》第二十九号，一九二四年十月二十日

免马超俊广东兵工厂厂长职并听候查办令

（一九二四年十月二十日）

大元帅令

广东兵工厂厂长马超俊着即免职，听候查办。此令。

（中华民国陆海军大元帅之印）

中华民国十三年十月二十日

据《命令》，载广州《陆海军大元帅大本营
公报》第二十九号，一九二四年十月二十日

任命黄骚代理广东兵工厂厂长令

（一九二四年十月二十日）

大元帅令

任命黄骚代理广东兵工厂厂长。此令。

（中华民国陆海军大元帅之印）

中华民国十三年十月二十日

据《命令》，载广州《陆海军大元帅大本营公报》第二十九号，一九二四年十月二十日

准派李藩国为北江盐务督运处专员令

（一九二四年十月二十日）

大元帅令

　　大本营财政部长古应芬呈：据两广盐运使邓泽如呈请派李藩国为北江盐务督运处专员。应照准。此令。

（中华民国陆海军大元帅之印）

中华民国十三年十月二十日

据《命令》，载广州《陆海军大元帅大本营公报》第二十九号，一九二四年十月二十日

核复伍学熿呈建设部务暂派
李卓峰代行准予备案令

（一九二四年十月二十日）

大元帅指令第二〇三一号

　　令大本营建设部次长伍学熿呈为因病留港，所有部务暂派工商局局长李卓峰代拆代行。请备案由。

　　呈悉。准予备案。此令。

（中华民国陆海军大元帅之印）

中华民国十三年十月二十日

据《指令》，载广州《陆海军大元帅大本营公报》第二十九号，一九二四年十月二十日

核复古应芬呈告已明令准派
李藩国为北江盐务督运处专员令

（一九二四年十月二十日）

大元帅指令第二〇三二号

　　令大本营财政部长古应芬呈请派李藩国为北江盐务督运处专员由。

　　呈悉。已有明令照准矣。仰即知照。此令。

　　　　　　　　　　　　　　　　　（中华民国陆海军大元帅之印）

　　　　　　　　　　　　　　　中华民国十三年十月二十日

　　　　　　　　　据《指令》，载广州《陆海军大元帅大本营
　　　　　　　　　公报》第二十九号，一九二四年十月二十日

核复古应芬呈告已明令准免其军需总监兼职令

（一九二四年十月二十日）

大元帅指令第二〇三五号

　　令大本营财政部长古应芬呈请开去军需总监一职，俾得专理部务由。

　　呈悉。已有明令准免军需总监兼职矣。仰即知照。此令。

　　　　　　　　　　　　　　　　　（中华民国陆海军大元帅之印）

　　　　　　　　　　　　　　　中华民国十三年十月二十日

　　　　　　　　　据《指令》，载广州《陆海军大元帅大本营
　　　　　　　　　公报》第二十九号，一九二四年十月二十日

核复朱培德呈告已明令晋授黄实为陆军中将令

（一九二四年十月二十日）

大元帅指令第二○三六号

令建国军第一军军长朱培德呈请将该部少将参谋长黄实晋授中将由。

呈悉。已有明令黄实晋授陆军中将矣。仰即知照。此令。

（中华民国陆海军大元帅之印）

中华民国十三年十月二十日

据《指令》，载广州《陆海军大元帅大本营公报》第二十九号，一九二四年十月二十日

晋授黄实为陆军中将令

（一九二四年十月二十一日）

大元帅令

黄实晋授陆军中将。此令。

（中华民国陆海军大元帅之印）

中华民国十三年十月二十一日

据《命令》，载广州《陆海军大元帅大本营公报》第三十号，一九二四年十月三十日

准古应芬辞军需总监兼职令

（一九二四年十月二十一日）

大元帅令

兼军需总监古应芬呈请辞职。古应芬准免兼职。此令。

（中华民国陆海军大元帅之印）

中华民国十三年十月二十一日

据《命令》，载广州《陆海军大元帅大本营
公报》第三十号，一九二四年十月三十日

准免林志华大本营参军处少校副官令

（一九二四年十月二十一日）

大元帅令

　　兼理大本营参军处事宜吴铁城呈请将该处少校副官林志华免去本职。应照准。
此令。

（中华民国陆海军大元帅之印）

中华民国十三年十月二十一日

据《命令》，载广州《陆海军大元帅大本营
公报》第三十号，一九二四年十月三十日

准任命陈言为参军处少校副官令

（一九二四年十月二十一日）

大元帅令

　　兼理大本营参军处事宜吴铁城呈请任命陈言为大本营参军处少校副官。应照
准。此令。

（中华民国陆海军大元帅之印）

中华民国十三年十月二十一日

据《命令》，载广州《陆海军大元帅大本营
公报》第三十号，一九二四年十月三十日

准任命陈翊忠等七人为赣南善后委员会委员令

（一九二四年十月二十一日）

大元帅令

　　赣南善后委员会委员长孔绍尧呈请任命陈翊忠、邱汉宗、谢寅、胡芳晖、刘锐、陈一炜、卢师譔为赣南善后委员会委员。应照准。此令。

（中华民国陆海军大元帅之印）

中华民国十三年十月二十一日

据《命令》，载广州《陆海军大元帅大本营公报》第三十号，一九二四年十月三十日

派王棠暂代粤汉铁路事务状

（一九二四年十月二十一日）

派状

　　派王棠暂行代理粤汉铁路事务。此状。

孙文（孙文之印）

（大元帅印）

中华民国十三年十月二十一日

据原件，台北、中国国民党文化传播委员会党史馆藏

核复吴铁城呈告已明令分别
任免大本营参军处副官令

（一九二四年十月二十二日）

大元帅指令韶字第十一号

令兼理大本营参军处事宜吴铁城呈请将该处少校副官林志华免职，遗缺以陈言补充由。

呈悉。已另有明令分别任免矣。此令。

（中华民国陆海军大元帅之印）

中华民国十三年十月二十二日

据《指令》，载广州《陆海军大元帅大本营公报》第三十号，一九二四年十月三十日

核复孔绍尧呈告已明令准任陈翊忠等七人
为赣南善后委员会委员令

（一九二四年十月二十二日）

大元帅指令韶字第十二号

令赣南善后委员会委员长孔绍尧呈请任命陈翊忠等七员为赣南善后委员会委员由。

呈悉。已另有明令照准矣。此令。

（中华民国陆海军大元帅之印）

中华民国十三年十月廿二日

据《指令》，载广州《陆海军大元帅大本营公报》第三十号，一九二四年十月三十日

派王用宾为直军慰问使状

（一九二四年十月二十二日）

派状　令字第二八七号

　　派王用宾为直军慰问使。此状。

孙文（孙文之印）

（大元帅印）

中华民国十三年十月二十二日

据原件照片，台北、中国国民
党文化传播委员会党史馆藏

任命李卓峰代理建设部次长仍兼工商局局长令

（一九二四年十月二十三日）

大元帅令

　　任命李卓峰代理大本营建设部次长，仍兼工商局局长。此令。

（中华民国陆海军大元帅之印）

中华民国十三年十月二十三日

据《命令》，载广州《陆海军大元帅大本营
公报》第三十号，一九二四年十月三十日

核复林森呈告已任命李卓峰代理
建设部次长仍兼工商局局长令

（一九二四年十月二十四日）

大元帅指令第二〇四四号

令大本营建设部长林森呈报该部次长伍学熀因病出缺，并代递遗呈由。

呈悉。伍学熀已有明令着内政部从优议恤矣。至所遗该部次长一缺，已任命李卓峰代理，仍兼工商局局长。仰即分别知照。遗呈存。此令。

（中华民国陆海军大元帅之印）

中华民国十三年十月廿四日

据《指令》，载广州《陆海军大元帅大本营公报》第三十号，一九二四年十月三十日

核复兼代财政部次长林云陔呈报就职日期令

（一九二四年十月二十五日）

大元帅指令第二〇四五号

令兼代大本营财政部次长林云陔呈报就职日期由。

呈悉。此令。

（中华民国陆海军大元帅之印）

中华民国十三年十月二十五日

据《指令》，载广州《陆海军大元帅大本营公报》第三十号，一九二四年十月三十日

任命李铎等六人分为建国军攻鄂
总司令部参谋处长等职令

（一九二四年十月二十六日）

大元帅令

任命李铎为建国军攻鄂总司令部参谋处长，林祖涵为建国军攻鄂总司令部党务处长，王恒为建国军攻鄂总司令部秘书长，张振武为建国军攻鄂总司令部军务处长，宁坤为建国军攻鄂总司令部军需处长，黄培燮为建国军攻鄂总司令部副官

长。此令。

（中华民国陆海军大元帅之印）

中华民国十三年十月二十六日

据《命令》，载广州《陆海军大元帅大本营公报》第三十号，一九二四年十月三十日

特任胡谦为中央军需总监令

（一九二四年十月二十七日）

大元帅令

特任胡谦为中央军需总监。此令。

（中华民国陆海军大元帅之印）

中华民国十三年十月二十七日

据《命令》，载广州《陆海军大元帅大本营公报》第三十号，一九二四年十月三十日

核复建国军攻鄂总司令程潜呈报
就职及启用印信日期令

（一九二四年十月二十八日）

大元帅指令韶字第一五号

令建国军攻鄂总司令程潜呈报就职及启用印信日期由。

呈悉。此令。

（中华民国陆海军大元帅之印）

中华民国十三年十月二十八日

据《指令》，载广州《陆海军大元帅大本营公报》第三十号，一九二四年十月三十日

核复谢国光转据西江十九县禁烟总局局长吴枬呈报视事及启用关防日期令

（一九二四年十月二十八日）

大元帅指令第二〇五一号

令禁烟督办谢国光呈为转据西江十九县禁烟总局长吴枬呈报视事及启用关防日期由。

呈悉。此令。

（中华民国陆海军大元帅之印）

中华民国十三年十月二十八日

据《指令》，载广州《陆海军大元帅大本营公报》第三十号，一九二四年十月三十日

免罗桂芳粤海关监督令

（一九二四年十一月一日）

大元帅令

粤海关监督罗桂芳着即免职。此令。

（中华民国陆海军大元帅之印）

中华民国十三年十一月一日

据《命令》，载广州《陆海军大元帅大本营公报》第三十一号，一九二四年十一月十日

任命范其务为粤海关监督令

（一九二四年十一月一日）

大元帅令

范其务为粤海关监督。此令。

（中华民国陆海军大元帅之印）

中华民国十三年十一月一日

据《命令》，载广州《陆海军大元帅大本营公报》第三十一号，一九二四年十一月十日

任命谢心准为大本营秘书专管电报事务手令

（一九二四年十一月二日）

大元帅令

任命谢心准为大本营秘书。此令。（着专管电报事务）

孙文

中华民国十三年十一月二日

据原件影印件，载谭延闿编：《总理遗墨》第三辑，石印线装本，似出版于二十世纪三十年代初期

着郑校之交留守府任用令

（一九二四年十一月二日）

大本营技师郑校之着交留守府任用，此令。

孙文

中华民国十三年十一月二日

黄昌谷谢心准为秘书林直勉为会计司长手谕

（一九二四年十一月三日前）

黄昌谷为秘书，谢心准为秘书，林直勉为会计司长。

据原件影印件，载谭延闿编：《总理遗墨》第三辑，
石印线装本，似出版于二十世纪三十年代初期

免黄昌谷大本营会计司司长令

（一九二四年十一月三日）

大元帅令

大本营会计司司长黄昌谷另有任用，应免本职。此令。

（中华民国陆海军大元帅之印）

中华民国十三年十一月三日

据《命令》，载广州《陆海军大元帅大本营
公报》第三十一号，一九二四年十一月十日

任命黄昌谷为大本营秘书令

（一九二四年十一月三日）

大元帅令

任命黄昌谷为大本营秘书。此令。

（中华民国陆海军大元帅之印）

中华民国十三年十一月三日

据《命令》，载广州《陆海军大元帅大本营公报》第三十一号，一九二四年十一月十日

任命林直勉兼大本营会计司司长令

（一九二四年十一月三日）

大元帅令

任命林直勉兼大本营会计司司长。此令。

（中华民国陆海军大元帅之印）

中华民国十三年十一月三日

据《命令》，载广州《陆海军大元帅大本营公报》第三十一号，一九二四年十一月十日

准徐绍桢辞大本营内政部长令

（一九二四年十一月三日）

大元帅令

大本营内政部长徐绍桢呈请辞职。徐绍桢准免本职。此令。

（中华民国陆海军大元帅之印）

中华民国十三年十一月三日

据《命令》，载广州《陆海军大元帅大本营公报》第三十一号，一九二四年十一月十日

派内政部次长杨西岩代理部务令

（一九二四年十一月三日）

大元帅令

派大本营内政部次长杨西岩代理部务。此令。

（中华民国陆海军大元帅之印）

中华民国十三年十一月三日

据《命令》，载广州《陆海军大元帅大本营

公报》第三十一号，一九二四年十一月十日

着吴铁城兼代理卫队长手令

（一九二四年十一月三日）

大元帅令

着吴铁城兼代理卫队长。此令。

孙文

中华民国十三年十一月三日

据原件影印件，载谭延闿编：《总理遗墨》第三辑，

石印线装本，似出版于二十世纪三十年代初期

着谭延闿全权办理所有大本营北伐事宜
北伐各军概归节制调遣令

（一九二四年十一月四日）

大元帅令

本大元帅现因统一、建设等要务，启行北上。除仍由大本营总参议胡汉民留守广州代行大元帅职权外，所有大本营关于北伐事宜，着由建国军北伐总司令谭延闿全权办理，北伐各军概归节制调遣。此令。

（中华民国陆海军大元帅之印）

中华民国十三年十一月四日

据《命令》，载广州《陆海军大元帅大本营

公报》第三十一号，一九二四年十一月十日

派张民达兼广东兵工厂监督令

（一九二四年十一月四日）

大元帅令

　　派张民达兼广东兵工厂监督。此令。

（中华民国陆海军大元帅之印）

中华民国十三年十一月四日

据《命令》，载广州《陆海军大元帅大本营公报》第三十一号，一九二四年十一月十日

特任刘震寰为广西省长令

（一九二四年十一月五日）

大元帅令

　　特任刘震寰为广西省长。此令。

（中华民国陆海军大元帅之印）

中华民国十三年十一月五日

据《命令》，载广州《陆海军大元帅大本营公报》第三十一号，一九二四年十一月十日

准李缙国辞北江盐务督运处专员令

（一九二四年十一月六日）

大元帅令

　　大本营财政部长古应芬呈北江盐务督运处专员李缙国恳请辞职。应照准。此令。

（中华民国陆海军大元帅之印）

中华民国十三年十一月六日

据《命令》，载广州《陆海军大元帅大本营
公报》第三十一号，一九二四年十一月十日

准派廖燮为北江盐务督运处专员令

（一九二四年十一月六日）

大元帅令

　　大本营财政部长古应芬呈请派廖燮为北江盐务督运处专员。应照准。此令。

（中华民国陆海军大元帅之印）

中华民国十三年十一月六日

据《命令》，载广州《陆海军大元帅大本营
公报》第三十一号，一九二四年十一月十日

派马耿光为大本营出勤委员令

（一九二四年十一月六日）

大元帅令

　　派马耿光为大本营出勤委员。此令。

（中华民国陆海军大元帅之印）

中华民国十三年十一月六日

据《命令》，载广州《陆海军大元帅大本营
公报》第三十一号，一九二四年十一月十日

核复胡汉民呈李福林辞广东警务处
处长以吴铁城接充令

（一九二四年十一月六日）

大元帅指令第二〇七一号

　　令广东省长胡汉民呈报准广东警务处处长李福林辞职，以吴铁城接充，请察核由。

　　呈悉。此令。

（中华民国陆海军大元帅之印）

中华民国十三年十一月六日

据《指令》，载广州《陆海军大元帅大本营公报》第三十一号，一九二四年十一月十日

核复古应芬呈告已分别准予任免
北江盐务督运处专员令

（一九二四年十一月六日）

大元帅指令第二〇七二号

　　令大本营财政部长古应芬呈为北江盐务督运处专员李藩国恳请辞职，拟请以廖燮继任由。

　　呈悉。已有明令分别准予任免矣。仰即知照。此令。

（中华民国陆海军大元帅之印）

中华民国十三年十一月六日

据《指令》，载广州《陆海军大元帅大本营公报》第三十一号，一九二四年十一月十日

核复林森转呈代理建设部次长
李卓峰呈报就职日期令

（一九二四年十一月六日）

大元帅指令第二〇七五号

令大本营建设部长林森呈为转呈代理次长李卓峰呈报就职日期由。

呈悉。此令。

（中华民国陆海军大元帅之印）

中华民国十三年十一月六日

据《指令》，载广州《陆海军大元帅大本营公报》第三十一号，一九二四年十一月十日

核复古应芬呈报派烟酒公卖局长
航政局正副局长令

（一九二四年十一月七日）

大元帅指令第二〇七六号

令大本营财政部长古应芬呈报派伍嘉城为烟酒公卖局长，李思辕为航政局长，周雍能为副局长由。

呈悉。此令。

（中华民国陆海军大元帅之印）

中华民国十三年十一月七日

据《指令》，载广州《陆海军大元帅大本营公报》第三十一号，一九二四年十一月十日

准任命叶子琼为大本营会计司文牍科主任
余焯礼为驻韶收支主任令

（一九二四年十一月八日）

大元帅令

大本营会计司司长林直勉呈请任命叶子琼为文牍科主任，余焯礼为驻韶收支主任。均照准。此令。

（中华民国陆海军大元帅之印）

中华民国十三年十一月八日

据《命令》，载广州《陆海军大元帅大本营公报》第三十一号，一九二四年十一月十日

派李翊东前往赣州办理要事令

（一九二四年十一月八日）

大元帅令

派李翊东前往赣州办理要事。此令。

孙文

中华民国十三年十一月八日

据原件影印件，载一九八八年二月二日北京《团结报》

准任命钟华廷等七人为赣南善后委员会委员令

（一九二四年十一月九日）

大元帅令

　　赣南善后委员会委员长孔绍尧呈请任命钟华廷、洪彝、胡谆、廖刚、曾澳、钟腾瀚、尹伦为赣南善后委员会委员。均照准。此令。

　　　　　　　　　　　　　　　　（中华民国陆海军大元帅之印）

　　　　　　　　　　　　　　　　中华民国十三年十一月九日

　　　　　　　　据《命令》，载广州《陆海军大元帅大本营公报》第三十一号，一九二四年十一月十日

准任命胡芳煇等五人分为虔南等五县知事令

（一九二四年十一月九日）

大元帅令

　　赣南善后委员会委员长孔绍尧呈请任命胡芳煇为虔南县知事，邱汉宗为大庾县知事，谢寅为信丰县知事，刘锐为崇义县知事，蔡舒为上犹县知事。应照准。此令。

　　　　　　　　　　　　　　　　（中华民国陆海军大元帅之印）

　　　　　　　　　　　　　　　　中华民国十三年十一月九日

　　　　　　　　据《命令》，载广州《陆海军大元帅大本营公报》第三十一号，一九二四年十一月十日

核复孔绍尧呈告已明令准任命钟华廷等为
赣南善后委员会委员令

（一九二四年十一月九日）

大元帅指令韶字第十七号

　　令赣南善后委员会委员长孔绍尧呈请任命钟华廷等为该会委员由。

　　呈及履历均悉。已有明令照准矣。履历存。此令。

　　　　　　　　　　　　　　　　（中华民国陆海军大元帅之印）

中华民国十三年十一月九日

据《指令》，载广州《陆海军大元帅大本营公报》第三十一号，一九二四年十一月十日

核复孔绍尧呈告已明令准任命胡芳煇等为虔南等县知事令

（一九二四年十一月九日）

大元帅指令韶字第十八号

　　令赣南善后委员会委员长孔绍尧呈请任命胡芳煇等为虔南等县知事由。

　　呈及履历均悉。胡芳等已有明令照准矣。履历存。此令。

（中华民国陆海军大元帅之印）

中华民国十三年十一月九日

据《指令》，载广州《陆海军大元帅大本营公报》第三十一号，一九二四年十一月十日

任命蔡舒为上犹县知事状

（一九二四年十一月九日）

任命状

　　任命蔡舒为上犹县知事。此状。

（中华民国陆海军大元帅之印）

中华民国十三年十一月九日

据原件照片，台北、中国国民党文化传播委员会党史馆藏

准吴衍慈郑德铭辞内政部科长令

（一九二四年十一月十日）

大元帅令

　　大本营内政部长徐绍桢呈科长吴衍慈、郑德铭呈请辞职。均照准。此令。

（中华民国陆海军大元帅之印）

中华民国十三年十一月十日

　　据《命令》，载广州《陆海军大元帅大本营公报》第三十一号，一九二四年十一月十日

准陈树人辞内政部总务厅长兼侨务局长令

（一九二四年十一月十日）

大元帅令

　　大本营内政部长徐绍桢呈总务厅长兼侨务局长陈树人呈请辞职。陈树人准免本兼各职。此令。

（中华民国陆海军大元帅之印）

中华民国十三年十一月十日

　　据《命令》，载广州《陆海军大元帅大本营公报》第三十一号，一九二四年十一月十日

准徐希元辞内政部第二局局长令

（一九二四年十一月十日）

大元帅令

　　大本营内政部长徐绍桢呈第二局局长徐希元呈请辞职。徐希元准免本职。

此令。

（中华民国陆海军大元帅之印）

中华民国十三年十一月十日

据《命令》，载广州《陆海军大元帅大本营
公报》第三十一号，一九二四年十一月十日

准杨西岩辞内政部次长令

（一九二四年十一月十日）

大元帅令

　　大本营内政部次长杨西岩呈请辞职。杨西岩准免本职。此令。

（中华民国陆海军大元帅之印）

中华民国十三年十一月十日

据《命令》，载广州《陆海军大元帅大本营
公报》第三十一号，一九二四年十一月十日

任命陈翰誉为参军手令

（一九二四年十一月十日）

大元帅令

　　任命陈翰誉为参军。此令。（不支薪，任状办妥速交陈树人）

孙文

中华民国十三年十一月十日

据原件影印件，载谭延闿编：《总理
遗墨》第一辑，一九二八年五月校印

任命谢适群代理内政部次长仍兼第一局局长令

（一九二四年十一月十一日）

大元帅令

　　任命谢适群代理大本营内政部次长，仍兼第一局局长。此令。

（中华民国陆海军大元帅之印）

中华民国十三年十一月十一日

据《命令》，载广州《陆海军大元帅大本营公
报》第三十二号，一九二四年十一月二十日

派代理内政部次长谢适群代理部务令

（一九二四年十一月十一日）

大元帅令

　　派代理大本营内政部次长谢适群代理部务。此令。

（中华民国陆海军大元帅之印）

中华民国十三年十一月十一日

据《命令》，载广州《陆海军大元帅大本营公
报》第三十二号，一九二四年十一月二十日

核复杨西岩呈告已明令准免其职并任命
谢适群代理内政部次长令

（一九二四年十一月十一日）

大元帅指令第二〇八六号

　　令大本营内政部次长杨西岩呈请辞职由。

呈悉。已另有明令准免本职，并任命谢适群代理次长矣。仰即知照。此令。

（中华民国陆海军大元帅之印）

中华民国十三年十一月十一日

据《指令》，载广州《陆海军大元帅大本营公报》第三十二号，一九二四年十一月二十日

核复徐绍桢呈告已明令准免陈树人本兼各职令

（一九二四年十一月十一日）

大元帅指令第二○八七号

令大本营内政部长徐绍桢呈据总务厅长兼侨务局长陈树人呈请辞职由。

呈悉。陈树人已有明令准免本兼各职矣。仰即转饬知照。此令。

（中华民国陆海军大元帅之印）

中华民国十三年十一月十一日

据《指令》，载广州《陆海军大元帅大本营公报》第三十二号，一九二四年十一月二十日

核复徐绍桢呈告徐希元等三人
均已明令准予免职令

（一九二四年十一月十一日）

大元帅指令第二○八八号

令大本营内政部长徐绍桢呈据第二局局长徐希元，科长吴衍慈、郑德铭呈请辞职由。

呈悉。徐希元、吴衍慈、郑德铭均有明令准予免职矣。仰即分别转饬知照。此令。

（中华民国陆海军大元帅之印）

中华民国十三年十一月十一日

据《指令》，载广州《陆海军大元帅大本营公报》第三十二号，一九二四年十一月二十日

任命廖仲恺为大本营参议手令

（一九二四年十一月十一日）

大元帅令

　　任廖仲恺为大本营参议。此令。（每月薪俸五百元）

孙文

中华民国十三年十一月十一日

据原件影印件，载谭延闿编：《总理
遗墨》第一辑，一九二八年五月校印

着廖仲恺等四人任部长及其他职务令

（一九二四年十一月十一日）

　　着廖仲恺兼任农民部长，黄居素代理海外部长。

　　着许崇智任军事部长，蒋中正任军事部秘书。

　　所有党军及各军官学校、讲武堂，以廖仲恺为党代表。

孙文

中华民国十三年十一月十一日

据原件影印件，广州、广东省社会科学院藏

任免吴铁城卢振柳卫士队长手令

（一九二四年十一月四日至十二日间）

　　吴铁城免卫士队长兼职。此令。

任卢振柳兼卫士队长。此令。

孙文

中华民国十三年十一月□日

据原件影印件，载谭延闿编：《总理遗墨》第三辑，石印线装本，似出版于二十世纪三十年代初期

免吴铁城大本营卫士队队长兼职令

（一九二四年十一月十二日）

大元帅令

兼大本营卫士队队长吴铁城应免兼职。此令。

（中华民国陆海军大元帅之印）

中华民国十三年十一月十二日

据《命令》，载广州《陆海军大元帅大本营公报》第三十二号，一九二四年十一月二十日

任命卢振柳兼大本营卫士队队长令

（一九二四年十一月十二日）

大元帅令

任命卢振柳兼大本营卫士队队长。此令。

（中华民国陆海军大元帅之印）

中华民国十三年十一月十二日

据《命令》，载广州《陆海军大元帅大本营公报》第三十二号，一九二四年十一月二十日

任命廖仲恺为大本营参议令

（一九二四年十一月十二日）

大元帅令

　　任命廖仲恺为大本营参议。此令。

（中华民国陆海军大元帅之印）

中华民国十三年十一月十二日

据《命令》，载广州《陆海军大元帅大本营公报》第三十二号，一九二四年十一月二十日

任命冯朝宗为大本营高级参谋令

（一九二四年十一月十五日）

大元帅令

　　任命冯朝宗为大本营高级参谋。此令。

（中华民国陆海军大元帅之印）

中华民国十三年十一月十五日

据《命令》，载广州《陆海军大元帅大本营公报》第三十二号，一九二四年十一月二十日

任命吉名瀛为大本营咨议令

（一九二四年十一月十五日）

大元帅令

　　任命吉名瀛为大本营咨议。此令。

（中华民国陆海军大元帅之印）

中华民国十三年十一月十五日

据《命令》，载广州《陆海军大元帅大本营公报》第三十二号，一九二四年十一月二十日

准葛昆山升为大本营参军处中校副官令

（一九二四年十一月十五日）

大元帅令

兼理大本营参军处事宜吴铁城呈请将该处少校副官葛昆山〈升〉为中校副官。应照准。此令。

（中华民国陆海军大元帅之印）

中华民国十三年十一月十五日

据《命令》，载广州《陆海军大元帅大本营公报》第三十二号，一九二四年十一月二十日

免胡谦中央军需总监本职令

（一九二四年十一月十五日）

大元帅令

中央军需总监胡谦应免本职。此令。

（中华民国陆海军大元帅之印）

中华民国十三年十一月十五日

据《命令》，载广州《陆海军大元帅大本营公报》第三十二号，一九二四年十一月二十日

核复吴铁城呈告已有明令准升
葛昆山为中校副官令

（一九二四年十一月十五日）

大元帅指令韶字第一九号

　　令兼理大本营参军处事宜吴铁城呈请将该处少校副官葛昆山升为中校副官由。呈悉。已有明令照准矣。此令。

（中华民国陆海军大元帅之印）

中华民国十三年十一月十五日

据《指令》，载广州《陆海军大元帅大本营公报》第三十二号，一九二四年十一月二十日

核复卸大本营会计司司长黄昌谷
呈报交代清楚情形请鉴核令

（一九二四年十一月十五日）

大元帅指令第二一一一号

　　令卸大本营会计司司长黄昌谷呈报交代清楚情形，请鉴核由。呈悉。此令。

（中华民国陆海军大元帅之印）

中华民国十三年十一月十五日

据《指令》，载广州《陆海军大元帅大本营公报》第三十二号，一九二四年十一月二十日

准任命杨允恭为大本营参谋处少校副官令

（一九二四年十一月十六日）

大元帅令

　　代理大本营参谋长方声涛呈请任命杨允恭为大本营参谋处少校副官。应照准。此令。

（中华民国陆海军大元帅之印）

中华民国十三年十一月十六日

据《命令》，载广州《陆海军大元帅大本营公报》第三十二号，一九二四年十一月二十日

任命梁弼群为赣中善后委员会委员长令

（一九二四年十一月十七日）

大元帅令

　　任命梁弼群为赣中善后委员会委员长。此令。

（中华民国陆海军大元帅之印）

中华民国十三年十一月十七日

据《命令》，载广州《陆海军大元帅大本营公报》第三十二号，一九二四年十一月二十日

派林直勉为财政委员会委员令①

（一九二四年十一月十七日）

大元帅令

---

　　①　本任命令《陆海军大元帅大本营公报》一九二五年一月二十日第二号重复发表。

派林直勉为财政委员会委员。此令。

（中华民国陆海军大元帅之印）

中华民国十三年十一月十七日

据《命令》，载广州《陆海军大元帅大本营公报》第三十二号，一九二四年十一月二十日

核复伍朝枢呈准傅秉常给假一月令

（一九二四年十一月十七日）

大元帅指令第二一一三号

令大本营外交部长伍朝枢呈广东特派交涉员傅秉常因病赴港就医，应否准予给假，乞指令祗遵由。

呈悉。准予给假一月。仰即转知。此令。

（中华民国陆海军大元帅之印）

中华民国十三年十一月十七日

据《指令》，载广州《陆海军大元帅大本营公报》第三十二号，一九二四年十一月二十日

核复程潜呈军政部长未到任前
暂派云瀛桥代行令

（一九二四年十一月十七日）

大元帅指令第二一一五号

令大本营军政部长程潜呈许部长①未到任以前，暂派军务局长云瀛桥代拆代行由。

---

① 许部长：据《陆海军大元帅大本营公报》第二十八号，为继任军政部长许崇智。

呈悉。此令。

（中华民国陆海军大元帅之印）

中华民国十三年十一月十七日

据《指令》，载广州《陆海军大元帅大本营公报》第三十二号，一九二四年十一月二十日

准任命谭炳鉴为禁烟督办署第一科科长令

（一九二四年十一月十八日）

大元帅令

　　禁烟督办谢国光呈请任命谭炳鉴为第一科科长。应照准。此令。

（中华民国陆海军大元帅之印）

中华民国十三年十一月十八日

据《命令》，载广州《陆海军大元帅大本营公报》第三十二号，一九二四年十一月二十日

任命罗翼群为大本营军需总局局长令

（一九二四年十一月十八日）

大元帅令

　　任命罗翼群为大本营军需总局局长。此令。

（中华民国陆海军大元帅之印）

中华民国十三年十一月十八日

据《命令》，载广州《陆海军大元帅大本营公报》第三十二号，一九二四年十一月二十日

任命任应岐兼建国豫军总指挥令

（一九二四年十一月十九日）

大元帅令

　　任命任应岐兼建国豫军总指挥。此令。

（中华民国陆海军大元帅之印）

中华民国十三年十一月十九日

据《命令》，载广州《陆海军大元帅大本营公报》第三十二号，一九二四年十一月二十日

任命任应岐为建国军豫军
第一师师长兼第二旅旅长令

（一九二四年十一月十九日）

大元帅令

　　任命任应岐为建国军豫军第一师师长兼第二旅旅长。此令。

（中华民国陆海军大元帅之印）

中华民国十三年十一月十九日

据《命令》，载广州《陆海军大元帅大本营公报》第三十二号，一九二四年十一月二十日

任命陈青云为建国军豫军
第二师师长兼第三旅旅长令

（一九二四年十一月十九日）

大元帅令

任命陈青云为建国军豫军第二师师长兼第三旅旅长。此令。

（中华民国陆海军大元帅之印）

中华民国十三年十一月十九日

据《命令》，载广州《陆海军大元帅大本营公报》第三十二号，一九二四年十一月二十日

任命卢兴邦为福建上游指挥官令

（一九二四年十一月十九日）

大元帅令

任命卢兴邦为福建上游指挥官。此令。

（中华民国陆海军大元帅之印）

中华民国十三年十一月十九日

据《命令》，载广州《陆海军大元帅大本营公报》第三十二号，一九二四年十一月二十日

免张毅等十一人军职令

（一九二四年十一月二十日刊载）

中央直辖第三师师长张毅、大本营直辖陆军第四旅旅长张振武、中央直辖第一混成旅旅长连阳绥靖处处长何克夫、中央直辖讨贼军赣军第一混成旅旅长易简、中央直辖讨贼军赣军第二混成旅旅长江汉、大元帅直辖讨贼军司令李天德、海军陆战队司令孙祥夫、北方讨贼军第一路司令卢占魁、中央直辖东路警备军第一路司令罗伟疆〔彊〕、三罗警备司令谭启秀、潮梅守备司令周潜，均着免本职。此令。

据《大元帅命令》，载一九二四年十一月二十日《广州民国日报》（三）

任命陈新爕为内政部第二局局长令

（一九二四年十一月二十日）

大元帅令

任命陈新爕为大本营内政部第二局局长。此令。

（中华民国陆海军大元帅之印）

中华民国十三年十一月二十日

据《命令》，载广州《陆海军大元帅大本营公报》第三十二号，一九二四年十一月二十日

核复内政部次长谢适群呈报就职日期令

（一九二四年十一月二十日）

大元帅指令第二一二九号

令大本营内政部次长代理部务谢适群呈报就职日期由。

呈悉。此令。

（中华民国陆海军大元帅之印）

中华民国十三年十一月二十日

据《指令》，载广州《陆海军大元帅大本营公报》第三十二号，一九二四年十一月二十日

核复卸内政部长徐绍桢呈报交卸清楚令

（一九二四年十一月二十日）

大元帅指令第二一三〇号

令卸大本营内政部长徐绍桢呈报交卸清楚由。

呈悉。此令。

（中华民国陆海军大元帅之印）

中华民国十三年十一月二十日

据《指令》，载广州《陆海军大元帅大本营公报》第三十二号，一九二四年十一月二十日

核复大本营卫士队队长卢振柳呈报就职日期并接管各件令

（一九二四年十一月二十日）

大元帅指令第二一三二号

令大本营卫士队队长卢振柳呈报就职日期，并将接管各件列册，呈请备案由。呈悉。册存。此令。

（中华民国陆海军大元帅之印）

中华民国十三年十一月二十日

据《指令》，载广州《陆海军大元帅大本营公报》第三十二号，一九二四年十一月二十日

任命杨愿公为大本营参议令

（一九二四年十一月二十一日）

大元帅令

任命杨愿公为大本营参议。此令。

（中华民国陆海军大元帅之印）

中华民国十三年十一月二十一日

据《命令》，载广州《陆海军大元帅大本营公报》第三十三号，一九二四年十一月三十日

核复陈兴汉呈准给假一月并告已令派
王棠暂代粤汉铁路事务令

（一九二四年十一月二十一日）

大元帅指令第二一三七号

令管理粤汉铁路事务陈兴汉呈请给病假一月，并派员代理粤汉铁路事务由。

呈悉。准予给假一月，已令派王棠暂行代理粤汉铁路事务矣。仰即知照。此令。

（中华民国陆海军大元帅之印）

中华民国十三年十一月二十一

据《指令》，载广州《陆海军大元帅大本营公报》第三十三号，一九二四年十一月三十日

派王棠暂行代理粤汉铁路事务令

（一九二四年十一月二十二日刊载）

派王棠暂行代理粤汉铁路事务。此令。

据《大元帅命令》，载一九二四年十一月二十二日《广州民国日报》（三）

特任李宗仁为广西全省绥靖处督办令

（一九二四年十一月二十四日）

大元帅令

特任李宗仁为广西全省绥靖处督办。此令。

（中华民国陆海军大元帅之印）

中华民国十三年十一月二十四日

据《命令》，载广州《陆海军大元帅大本营公报》第三十三号，一九二四年十一月三十日

特任黄绍竑为广西全省绥靖处会办令

（一九二四年十一月二十四日）

大元帅令

特任黄绍竑为广西全省绥靖处会办。此令。

（中华民国陆海军大元帅之印）

中华民国十三年十一月二十四日

据《命令》，载广州《陆海军大元帅大本营公报》第三十三号，一九二四年十一月三十日

任命钟华廷为定南县知事状

（一九二四年十一月二十四日）

任命状

任命钟华廷为定南县知事。此状。

（中华民国陆海军大元帅之印）

（监印李禄超）

中华民国十三年十一月二十四日

据原件，台北、中国国民党文化传播委员会党史馆藏

委任刘培寿为宣言宣传员证书

（一九二四年十一月二十四日）

今委任刘培寿同志为宣言宣传员，经委任后应即赴所指定地点解释宣言，促

进民众赞成国民会议之主张。

孙文

中华民国十三年十一月二十四日

据原件影印件，载《中华之光》编辑委员会编：《中华之光：纪念孙中山先生诞辰125周年》，南京，译林出版社，香港，地平线出版社，一九九一年八月初版

革陈天太建国第七军第三师师长令

（一九二四年十一月二十六日）

大元帅令

据报建国第七军第三师师长陈天太，于本月二十三日上午一时率领便装兵士数十人，暗携枪械，围击现任广西全省绥靖处会办黄绍竑于广州市东亚酒店，伤毙人命等情。陈天太职任师长，分属高级军官，竟敢于深夜之间擅行率众劫杀友军官长，殊属胆大妄为，弁髦法纪。除令行该第七军军长严行惩办外，陈天太着即革职，以儆凶横而肃军纪。此令。

（中华民国陆海军大元帅之印）

中华民国十三年十一月二十六日

据《命令》，载广州《陆海军大元帅大本营公报》第三十三号，一九二四年十一月三十日

核复林森转呈陈兴汉请假一月广三铁路
管理局局务由潘鸿图代行令

（一九二四年十一月二十六日）

大元帅指令第二一五一号

令大本营建设部长林森呈为转呈广三铁路管理局局长陈兴汉请假一月，局务由坐办潘鸿图代拆代行由。

呈悉。此令。

（中华民国陆海军大元帅之印）

中华民国十三年十一月二十六日

据《指令》，载广州《陆海军大元帅大本营公报》第三十三号，一九二四年十一月三十日

核复大本营军需总局局长罗翼群呈报就职
及启用印信日期令

（一九二四年十一月二十六日）

大元帅指令第二一五二号

令大本营军需总局局长罗翼群呈报就职及启用印信日期由。

呈悉。此令。

（中华民国陆海军大元帅之印）

中华民国十三年十一月二十六日

据《指令》，载广州《陆海军大元帅大本营公报》第三十三号，一九二四年十一月三十日

核复管理粤汉铁路事务陈兴汉呈报移交情形令

（一九二四年十一月二十六日）

大元帅指令第二一五四号

令管理粤汉铁路事务陈兴汉呈报移交情形由。

呈悉。此令。

（中华民国陆海军大元帅之印）

中华民国十三年十一月二十六日

据《指令》，载广州《陆海军大元帅大本营公报》第三十三号，一九二四年十一月三十日

核复暂代理粤汉铁路事务王棠呈报就职日期令

（一九二四年十一月二十六日）

大元帅指令第二一五五号

令暂代理粤汉铁路事务王棠呈报就职日期由。

呈悉。此令。

（中华民国陆海军大元帅之印）

中华民国十三年十一月二十六日

据《指令》，载广州《陆海军大元帅大本营公报》第三十三号，一九二四年十一月三十日

特任赵杰为大本营高等顾问令

（一九二四年十一月二十七日）

大元帅令

特任赵杰为大本营高等顾问。此令。

（中华民国陆海军大元帅之印）

中华民国十三年十一月二十七日

据《命令》，载广州《陆海军大元帅大本营公报》第三十三号，一九二四年十一月三十日

核复谢适群呈准内政部侨务局长
由该部次长暂行兼理令

（一九二四年十一月二十七日）

大元帅指令第二一六五号

　　令大本营内政部次长代理部务谢适群呈侨务局长未便虚悬，可否暂由次长兼摄由。

　　呈悉。侨务局长准由该部次长暂行兼理。仰即知照。此令。

（中华民国陆海军大元帅之印）

中华民国十三年十一月二十七日

据《指令》，载广州《陆海军大元帅大本营公报》第三十三号，一九二四年十一月三十日

派王棠为财政委员会委员状

（一九二四年十一月二十七日）

派状

　　派王棠为财政委员会委员。此状。

孙文（孙文之印）

（大元帅印）

中华民国十三年十一月二十七日

据原件，台北、中国国民党文化传播委员会党史馆藏

核复建国滇军总司令杨希闵呈报
收到大小印章及启用日期令

（一九二四年十一月二十八日）

大元帅指令第二一七三号

　　令建国滇军总司令杨希闵呈报收到大小印章及启用日期由。

　　呈悉。此令。

（中华民国陆海军大元帅之印）

中华民国十三年十一月二十八日

据《指令》，载广州《陆海军大元帅大本营公报》第三十三号，一九二四年十一月三十日

核复建国豫军第二师师长
陈青云呈报就职日期令

（一九二四年十一月三十日）

大元帅指令韶字第三七号

令建国豫军第二师师长陈青云呈报就职日期由。

呈悉。此令。

（中华民国陆海军大元帅之印）

中华民国十三年十一月三十日

据《指令》，载广州《陆海军大元帅大本营公报》第三十三号，一九二四年十一月三十日

指定汪精卫等十四人为文武随员手谕

（一九二四年十一月）

汪精卫、陈友仁（另船）、韦玉、邵元冲、朱和中、黄昌谷、陈耀祖、书手张乃恭，文随员八名。

喻毓西、赵超、邓彦华、马湘、黄惠龙、吴雅觉（先去），武随员六人。

据原件影印件，载《国父图像墨迹集珍》，台北，近代中国出版社一九八四年二月初版

准林直勉辞大本营会计司司长兼职令

（一九二四年十二月一日）

大元帅令

兼大本营会计司司长林直勉呈请辞职。林直勉准免兼职。此令。

（中华民国陆海军大元帅之印）

中华民国十三年十二月一日

据《命令》，载广州《陆海军大元帅大本营公报》第三十四号，一九二四年十二月十日

任命余和鸿为大本营会计司司长令

（一九二四年十二月一日）

大元帅令

任命余和鸿为大本营会计司司长。此令。

（中华民国陆海军大元帅之印）

中华民国十三年十二月一日

据《命令》，载广州《陆海军大元帅大本营公报》第三十四号，一九二四年十二月十日

准董福开辞直辖赣军总指挥令

（一九二四年十二月一日）

大元帅令

中央直辖赣军总指挥董福开呈请辞职。董福开准免本职。此令。

（中华民国陆海军大元帅之印）

中华民国十三年十二月一日

据《命令》，载广州《陆海军大元帅大本营公报》第三十四号，一九二四年十二月十日

任命董福开为大本营参议令

（一九二四年十二月一日）

大元帅令

　　任命董福开为大本营参议。此令。

（中华民国陆海军大元帅之印）

中华民国十三年十二月一日

据《命令》，载广州《陆海军大元帅大本营
公报》第三十四号，一九二四年十二月十日

任命周雍能为赣军警备司令令

（一九二四年十二月一日）

大元帅令

　　任命周雍能为赣军警备司令。此令。

（中华民国陆海军大元帅之印）

中华民国十三年十二月一日

据《命令》，载广州《陆海军大元帅大本营
公报》第三十四号，一九二四年十二月十日

任命周雍能为赣军警备司令状

（一九二四年十二月一日）

任命状

　　任命周雍能为赣军警备司令。此状。

孙文

中华民国十三年十二月一日

据《国父全集补编》（转录《周雍能先生访问纪录》），台北，中国国民党中央委员会党史委员会一九八五年六月初版

准伍大光辞建设部秘书令

（一九二四年十二月一日）

大元帅令

　　大本营建设部长林森呈称：秘书伍大光恳请辞职。应予照准。此令。

（中华民国陆海军大元帅之印）

中华民国十三年十二月一日

据《命令》，载广州《陆海军大元帅大本营公报》第三十四号，一九二四年十二月十日

核复林森呈告已明令准伍大光辞职令

（一九二四年十二月一日）

大元帅指令第二一七九号

　　令大本营建设部长林森呈称该部秘书伍大光呈请辞职。请予照准由。

　　呈悉。伍大光辞职已有明令照准矣。仰即知照。此令。

（中华民国陆海军大元帅之印）

中华民国十三年十二月一日

据《指令》，载广州《陆海军大元帅大本营公报》第三十四号，一九二四年十二月十日

核复董福开呈告已明令准免其本职
并裁撤直辖赣军总指挥一职令

（一九二四年十二月一日）

大元帅指令第二一八〇号

令中央直辖赣军总指挥董福开呈请辞职并将总指挥名义取消由。

呈悉。已有明令准免本职，并将总指挥一职裁撤矣。仰即知照。此令。

（中华民国陆海军大元帅之印）

中华民国十三年十二月一日

据《指令》，载广州《陆海军大元帅大本营公报》第三十四号，一九二四年十二月十日

准卫鼐辞建设部科长令

（一九二四年十二月三日）

大元帅令

大本营建设部长林森呈科长卫鼐呈恳辞职。应照准。此令。

（中华民国陆海军大元帅之印）

中华民国十三年十二月三日

据《命令》，载广州《陆海军大元帅大本营公报》第三十四号，一九二四年十二月十日

任命赵端为大本营咨议令

（一九二四年十二月三日）

大元帅令

任命赵端为大本营咨议。此令。

（中华民国陆海军大元帅之印）

中华民国十三年十二月三日

据《命令》，载广州《陆海军大元帅大本营公报》第三十四号，一九二四年十二月十日

核复建国桂军第一师师长韦冠英
呈报启用新印及销毁旧印令

（一九二四年十二月三日）

大元帅指令第二一八五号

令建国桂军第一师师长韦冠英呈报启用新印及销毁旧印，请察核备案由。

呈悉。准予备案。此令。

（中华民国陆海军大元帅之印）

中华民国十三年十二月三日

据《指令》，载广州《陆海军大元帅大本营公报》第三十四号，一九二四年十二月十日

核复建国桂军第二师师长严兆丰
呈报启用印信日期令

（一九二四年十二月三日）

大元帅指令第二一八六号

令建国桂军第二师师长严兆丰呈报启用印信日期由。

呈悉。此令。

（中华民国陆海军大元帅之印）

中华民国十三年十二月三日

据《指令》，载广州《陆海军大元帅大本营公报》第三十四号，一九二四年十二月十日

核复林森呈告已明令准卫鼐辞职令

（一九二四年十二月四日）

大元帅指令第二一九五号

令大本营建设部长林森呈称科长卫鼐辞职，请照准由。

呈悉。已有明令照准矣。此令。

（中华民国陆海军大元帅之印）

中华民国十三年十二月四日

据《指令》，载广州《陆海军大元帅大本营公报》第三十四号，一九二四年十二月十日

不准粤军第三军军长李福林呈辞本兼各职令

（一九二四年十二月四日）

大元帅指令第二一九七号

令粤军第三军军长李福林呈请开去本兼各职由。

呈悉。该军长勤劳国事，捍卫乡邦，懋乃勋绩，正资倚畀，脑病只宜加意调摄。所请开去本兼各职之处，应毋庸议。此令。

（中华民国陆海军大元帅之印）

中华民国十三年十二月四日

据《指令》，载广州《陆海军大元帅大本营公报》第三十四号，一九二四年十二月十日

特派范石生为广东全省筹饷总局监督令

（一九二四年十二月五日）

大元帅令

特派范石生为广东全省筹饷总局监督。此令。

（中华民国陆海军大元帅之印）

中华民国十三年十二月五日

据《命令》，载广州《陆海军大元帅大本营
公报》第三十四号，一九二四年十二月十日

准任命杨允恭为龙南县知事令

（一九二四年十二月五日）

大元帅令

赣南善后委员会委员长孔绍尧呈请任命杨允恭为龙南县知事，应照准。此令。

（中华民国陆海军大元帅之印）

中华民国十三年十二月五日

据《命令》，载广州《陆海军大元帅大本营
公报》第三十四号，一九二四年十二月十日

准任命王紫剑等三人为赣南三县知事
及另六人为各县局长令

（一九二四年十二月五日）

大元帅令

赣南善后委员会委员长孔绍尧呈请任命王紫剑为会昌县知事，平宝善为兴国
县知事，张卓立为瑞金县知事，张一熙为会昌筠门岭统税局局长，李之煊为会昌

烟酒税局局长，蒋镛为兴国烟酒税局局长，赖天瓒为大庾统税局局长，萧钰为江口统税局局长，刘清湘为大庾乌砂局局长。均照准。此令。

（中华民国陆海军大元帅之印）

中华民国十三年十二月五日

据《命令》，载广州《陆海军大元帅大本营公报》第三十四号，一九二四年十二月十日

派罗翼群梅光培分为广东全省筹饷总局总办会办令

（一九二四年十二月五日）

大元帅令

派罗翼群为广东全省筹饷总局总办，梅光培为会办。此令。

（中华民国陆海军大元帅之印）

中华民国十三年十二月五日

据《命令》，载广州《陆海军大元帅大本营公报》第三十四号，一九二四年十二月十日

派谢国光韦冠英为广东全省筹饷总局副监督令

（一九二四年十二月五日）

大元帅令

派谢国光、韦冠英为广东全省筹饷总局副监督。此令。

（中华民国陆海军大元帅之印）

中华民国十三年十二月五日

据《命令》，载广州《陆海军大元帅大本营公报》第三十四号，一九二四年十二月十日

核复建国桂军第四师师长伍毓瑞呈报
领到新颁印信及启用日期令

（一九二四年十二月五日）

大元帅指令第二二〇一号

令建国桂军第四师师长伍毓瑞呈报领到新颁印信及启用日期，请予备案由。

呈悉。准予备案。此令。

（中华民国陆海军大元帅之印）

中华民国十三年十二月五日

据《指令》，载广州《陆海军大元帅大本营
公报》第三十四号，一九二四年十二月十日

核复林直勉呈告已明令准免其
大本营会计司司长兼职令

（一九二四年十二月五日）

大元帅指令第二二〇六号

令兼大本营会计司司长林直勉呈请辞职由。

呈悉。已有明令准免兼职矣。仰即知照。此令。

（中华民国陆海军大元帅之印）

中华民国十三年十二月五日

据《指令》，载广州《陆海军大元帅大本营
公报》第三十四号，一九二四年十二月十日

核复孔绍尧呈告另有明令准任命
杨允恭为龙南县知事令

（一九二四年十二月五日）

大元帅指令韶字第三八号

令赣南善后委员会委员长孔绍尧呈请任命杨允恭为龙南县知事由。

呈及履历均悉。杨允恭已另有明令照准矣。履历存。此令。

（中华民国陆海军大元帅之印）

中华民国十三年十二月五日

据《指令》，载广州《陆海军大元帅大本营公报》第三十四号，一九二四年十二月十日

核复孔绍尧呈告王紫剑等另有明令分别任命令

（一九二四年十二月五日）

大元帅指令韶字第三九号

令赣南善后委员会委员长孔绍尧呈请任命王紫剑等为知事、局长等职由。

呈及履历均悉。王紫剑等已另有明令分别任命矣。履历存。此令。

（中华民国陆海军大元帅之印）

中华民国十三年十二月五日

据《指令》，载广州《陆海军大元帅大本营公报》第三十四号，一九二四年十二月十日

任命蒋群为建国军宪兵司令令

（一九二四年十二月六日）

大元帅令

　　任命蒋群为建国军宪兵司令。此令。

（中华民国陆海军大元帅之印）

中华民国十三年十二月六日

据《命令》，载广州《陆海军大元帅大本营
公报》第三十四号，一九二四年十二月十日

任命陈翰誉为大本营咨议令

（一九二四年十二月八日）

大元帅令

　　任命陈翰誉为大本营咨议。此令。

（中华民国陆海军大元帅之印）

中华民国十三年十二月八日

据《命令》，载广州《陆海军大元帅大本营
公报》第三十四号，一九二四年十二月十日

派余和鸿为财政委员会委员令

（一九二四年十二月九日）

大元帅令

　　派余和鸿为财政委员会委员。此令。

（中华民国陆海军大元帅之印）

中华民国十三年十二月九日

据《命令》，载广州《陆海军大元帅大本营公报》第三十四号，一九二四年十二月十日

核复建国豫军第二师师长陈青云呈报
就职及启用印信日期令

（一九二四年十二月十日）

大元帅指令第二二二三号

令建国豫军第二师师长陈青云呈报就职及启用印信日期由。

呈悉。此令。

（中华民国陆海军大元帅之印）

中华民国十三年十二月十日

据《指令》，载广州《陆海军大元帅大本营公报》第三十四号，一九二四年十二月十日

核复大本营会计司司长余和鸿呈报就职日期令

（一九二四年十二月十日）

大元帅指令第二二二四号

令大本营会计司司长余和鸿呈报就职日期由。

呈悉。此令。

（中华民国陆海军大元帅之印）

中华民国十三年十二月十日

据《指令》，载广州《陆海军大元帅大本营公报》第三十四号，一九二四年十二月十日

仍不准粤军第三军军长李福林呈辞本兼各职令

（一九二四年十二月十日）

大元帅指令第二二二九号

令粤军第三军军长李福林呈为再请辞去本兼各职由。

呈悉。国步方艰，粤局粗定，本大元帅正倚该军长为干城腹心之寄。脑病加意调摄，自能逐渐就痊。所请开去本兼各职之处，仍无庸议。此令。

（中华民国陆海军大元帅之印）

中华民国十三年十二月十日

据《指令》，载广州《陆海军大元帅大本营公报》第三十四号，一九二四年十二月十日

任命祁耿寰为建国豫军总指挥部参谋长令

（一九二四年十二月十一日）

大元帅令

任命祁耿寰为建国豫军总指挥部参谋长。此令。

（中华民国陆海军大元帅之印）

中华民国十三年十二月十一日

据《命令》，载广州《陆海军大元帅大本营公报》第三十五号，一九二四年十二月二十日

准任命张贞为大本营参谋处主任参谋
及另十四人为各级参谋令

（一九二四年十二月十一日）

大元帅令

　　代理大本营参谋长方声涛呈请任命张贞为大本营参谋处主任参谋，贺斌、林昌武、粟显扬、包顺健、卢汉、陈维远、谢石醒、万世勋为上校参谋，吴兔、林振夏、贺国华、严钝摩为中校参谋，贲襄、周勃雄为少校参谋。均照准。此令。

（中华民国陆海军大元帅之印）

中华民国十三年十二月十一日

据《命令》，载广州《陆海军大元帅大本营公报》第三十五号，一九二四年十二月二十日

核复方声涛呈告另有明令准任命张贞等令

（一九二四年十二月十一日）

大元帅指令韶字第四一号

　　令大本营参谋长方声涛呈请任命张贞为大本营主任参谋、贺斌等为各级参谋由。

　　呈悉。张贞等已另有明令照准矣。此令。

（中华民国陆海军大元帅之印）

中华民国十三年十二月十一日

据《指令》，载广州《陆海军大元帅大本营公报》第三十五号，一九二四年十二月二十日

任命林支宇为建国军湘西援鄂第一路总司令令

（一九二四年十二月十二日）

大元帅令

任命林支宇为建国军湘西援鄂第一路总司令。此令。

（中华民国陆海军大元帅之印）

中华民国十三年十二月十二日

据《命令》，载广州《陆海军大元帅大本营公报》第三十五号，一九二四年十二月二十日

特派谢国光为粤赣边防善后督办令

（一九二四年十二月十二日）

大元帅令

特派谢国光为粤赣边防善后督办。此令。

（中华民国陆海军大元帅之印）

中华民国十三年十二月十二日

据《命令》，载广州《陆海军大元帅大本营公报》第三十五号，一九二四年十二月二十日

着陈青云代理建国豫军总指挥令

（一九二四年十二月十二日）

大元帅令

建国豫军总指挥任应岐因公赴豫，所有豫军总指挥职务，着建国豫军第二师师长陈青云代理。此令。

（中华民国陆海军大元帅之印）

中华民国十三年十二月十二日

据《命令》，载广州《陆海军大元帅大本营公报》第三十五号，一九二四年十二月二十日

核复建国豫军第二师师长陈青云
呈报启用印信日期令

（一九二四年十二月十二日）

大元帅指令韶字第四四号

令建国豫军第二师师长陈青云呈报启用印信日期由。

呈悉。此令。

（中华民国陆海军大元帅之印）

中华民国十三年十二月十二日

据《指令》，载广州《陆海军大元帅大本营公报》第三十五号，一九二四年十二月二十日

核复卸兼大本营会计司司长林直勉
呈报交卸日期暨交代情形令

（一九二四年十二月十二日）

大元帅指令第二二三六号

令卸兼大本营会计司司长林直勉呈报交卸日期暨交代情形，乞鉴核备案由。

呈悉。准予备案。此令。

（中华民国陆海军大元帅之印）

中华民国十三年十二月十二日

据《指令》，载广州《陆海军大元帅大本营公报》第三十五号，一九二四年十二月二十日

核复建国军北伐第三军军长
胡谦呈报启用新印日期令

（一九二四年十二月十二日）

大元帅指令第二二三八号

令建国军北伐第三军军长胡谦呈报启用新印日期由。

呈悉。此令。

（中华民国陆海军大元帅之印）

中华民国十三年十二月十二日

据《指令》，载广州《陆海军大元帅大本营公报》第三十五号，一九二四年十二月二十日

准黄桓呈辞无线电局兼差令

（一九二四年十二月十五日）

大元帅指令第二二四三号

令广东电政监督兼理无线电局事务黄桓呈请开去无线电局兼差，俾获专心供职由。

呈悉。准予开去无线电局兼差。仰即知照。此令。

（中华民国陆海军大元帅之印）

中华民国十三年十二月十五日

据《指令》，载广州《陆海军大元帅大本营公报》第三十五号，一九二四年十二月二十日

任命韦冠英为建国桂军第一军军长令

（一九二四年十二月十六日）

大元帅令

　　任命韦冠英为建国桂军第一军军长。此令。

（中华民国陆海军大元帅之印）

中华民国十三年十二月十六日

据《命令》，载广州《陆海军大元帅大本营公报》第三十五号，一九二四年十二月二十日

任命伍毓瑞为建国桂军第二军军长令

（一九二四年十二月十六日）

大元帅令

　　任命伍毓瑞为建国桂军第二军军长。此令。

（中华民国陆海军大元帅之印）

中华民国十三年十二月十六日

据《命令》，载广州《陆海军大元帅大本营公报》第三十五号，一九二四年十二月二十日

任命刘震寰兼建国桂军第三军军长令

（一九二四年十二月十六日）

大元帅令

　　任命刘震寰兼建国桂军第三军军长。此令。

（中华民国陆海军大元帅之印）

中华民国十三年十二月十六日

据《命令》，载广州《陆海军大元帅大本营公报》第三十五号，一九二四年十二月二十日

任命潘文治为大本营咨议令

（一九二四年十二月十七日）

大元帅令

　　任命潘文治为大本营咨议。此令。

（中华民国陆海军大元帅之印）

中华民国十三年十二月十七日

据《命令》，载广州《陆海军大元帅大本营公报》第三十五号，一九二四年十二月二十日

派范石生等四人为财政委员会委员令

（一九二四年十二月十七日）

大元帅令

　　派范石生、谢国光、韦冠英、梅光培为财政委员会委员。此令。

（中华民国陆海军大元帅之印）

中华民国十三年十二月十七日

据《命令》，载广州《陆海军大元帅大本营公报》第三十五号，一九二四年十二月二十日

核复刘震寰呈告已明令任命建国桂军拟编三军军长令

（一九二四年十二月十七日）

大元帅指令第二二五七号

令建国军桂军总司令刘震寰呈请将所部拟编三军，请任韦冠英为第一军军长，伍毓瑞为第二军军长，第三军军长由该总司令自兼，请施行由。

呈悉。照准。已明令任命矣。此令。

（中华民国陆海军大元帅之印）

中华民国十三年十二月十七日

据《指令》，载广州《陆海军大元帅大本营公报》第三十五号，一九二四年十二月二十日

准潘文治辞海军练习舰队司令兼管海军三舰整理事宜本兼各职令

（一九二四年十二月十八日）

大元帅令

海军练习舰队司令兼管海军三舰整理事宜潘文治因病恳请辞去本、兼各职。潘文治准免本、兼各职。此令。

（中华民国陆海军大元帅之印）

中华民国十三年十二月十八日

据《命令》，载广州《陆海军大元帅大本营公报》第三十五号，一九二四年十二月二十日

准任命冯兆霖等三人分为大本营军需总局秘书或科长令

（一九二四年十二月十九日）

大元帅令

　　大本营军需总局局长罗翼群呈请任命冯兆霖为秘书，徐伟为会计科科长，罗旭岳为出纳科科长。均照准。此令。

（中华民国陆海军大元帅之印）

中华民国十三年十二月十九日

据《命令》，载广州《陆海军大元帅大本营公报》第三十五号，一九二四年十二月二十日

任命刘一道为江西筹饷总局总办令

（一九二四年十二月二十日）

大元帅令

　　任命刘一道为江西筹饷总局总办。此令。

（中华民国陆海军大元帅之印）

中华民国十三年十二月二十日

据《命令》，载广州《陆海军大元帅大本营公报》第三十五号，一九二四年十二月二十日

任命魏会英巢寒青为江西筹饷总局会办令

（一九二四年十二月二十日）

大元帅令

任命魏会英、巢寒青为江西筹饷总局会办。此令。

（中华民国陆海军大元帅之印）

中华民国十三年十二月二十日

据《命令》，载广州《陆海军大元帅大本营公
报》第三十五号，一九二四年十二月二十日

派李世军为临时宣传委员证书

（一九二四年十二月二十一日）

证书

派李世军为临时宣传委员，前赴甘肃宣传本总理对于时局之宣言。此证。

中国国民党总理孙文（印）

中华民国十三年十二月二十一日

据原件影印件，载南京《江苏文史资料选
辑》第七辑，一九八一年十二月出版

准田炳章辞飞鹰舰舰长令

（一九二四年十二月二十三日）

大元帅令

飞鹰军舰舰长田炳章呈请辞职。田炳章准免本职。此令。

（中华民国陆海军大元帅之印）

中华民国十三年十二月廿三日

据《命令》，载广州《陆海军大元帅大本营公
报》第三十六号，一九二四年十二月三十日

核复建国滇军第二军军长范石生
呈报启用印信日期令

（一九二四年十二月二十三日）

大元帅指令第二二八四号

令建国军滇军第二军军长范石生呈报启用印信日期由。

呈悉。此令。

（中华民国陆海军大元帅之印）

中华民国十三年十二月廿三日

据《指令》，载广州《陆海军大元帅大本营公报》第三十六号，一九二四年十二月三十日

核复建国军第一师师长沈健飞呈报
就职及启用印信日期令

（一九二四年十二月二十三日）

大元帅指令第二二八七号

令建国军第一师师长沈健飞呈报就职及启用印信日期由。

呈悉。此令。

（中华民国陆海军大元帅之印）

中华民国十三年十二月廿三日

据《指令》，载广州《陆海军大元帅大本营公报》第三十六号，一九二四年十二月三十日

核复卸海军练习舰队司令兼管海军
三舰整理事宜潘文治呈缴关防牙章令

（一九二四年十二月二十四日）

大元帅指令第二二九四号

令卸海军练习舰队司令兼管海军三舰整理事宜潘文治呈缴关防牙章由。

呈悉。此令。

（中华民国陆海军大元帅之印）

中华民国十三年十二月廿四日

据《指令》，载广州《陆海军大元帅大本营公报》第三十六号，一九二四年十二月三十日

任何家瑞为鄂军总指挥及另四人任职令

（一九二四年十二月二十六日刊载）

大元帅令

任鄂军何家瑞总指挥，胡念先、张需霖、王都庆师长，梁弼群为赣事善后会委员长。

据《电讯》，载一九二四年十二月二十六日上海《民国日报》第二版

核复伍朝枢呈报广东特派交涉员
傅秉常病愈销假令

（一九二四年十二月二十七日）

大元帅指令第二二九七号

令大本营外交部长伍朝枢呈报广东特派交涉员傅秉常病愈销假由。

呈悉。此令。

（中华民国陆海军大元帅之印）

中华民国十三年十二月廿七日

据《指令》，载广州《陆海军大元帅大本营公报》第三十六号，一九二四年十二月三十日

核复谢国光呈暂行办理禁烟情形并准委任钟忠为禁烟督办署第三科科长令

（一九二四年十二月二十七日）

大元帅指令第二三〇三号

令禁烟督办谢国光呈称仍暂行办理禁烟情形，请备案，及裁减人员，并请委钟忠为该署第三科科长由。

呈悉。准予备案，并准委任钟忠为该署第三科科长。此令。

（中华民国陆海军大元帅之印）

中华民国十三年十二月廿七日

据《指令》，载广州《陆海军大元帅大本营公报》第三十六号，一九二四年十二月三十日

免陈兴汉管理粤汉铁路事务令

（一九二四年十二月二十九日）

大元帅令

管理粤汉铁路事务陈兴汉着即免职。此令。

（中华民国陆海军大元帅之印）

中华民国十三年十二月廿九日

据《命令》，载广州《陆海军大元帅大本营公报》第三十六号，一九二四年十二月三十日

免王棠暂代粤汉铁路事务令

（一九二四年十二月二十九日）

大元帅令

暂行代理粤汉铁路事务王棠应免代职。此令。

（中华民国陆海军大元帅之印）

中华民国十三年十二月二十九日

据《命令》，载广州《陆海军大元帅大本营公报》第三十六号，一九二四年十二月三十日

派林直勉管理粤汉铁路事务令

（一九二四年十二月二十九日）

大元帅令

派林直勉管理粤汉铁路事务。此令。

（中华民国陆海军大元帅之印）

中华民国十三年十二月二十九日

据《命令》，载广州《陆海军大元帅大本营公报》第三十六号，一九二四年十二月三十日

任命潘震亚为赣东善后委员会委员长令

（一九二四年十二月三十日）

大元帅令

任命潘震亚为赣东善后委员会委员长。此令。

（中华民国陆海军大元帅之印）

中华民国十三年十二月三十日

据《命令》，载广州《陆海军大元帅大本营公报》第三十六号，一九二四年十二月三十日

准任命钟忠为禁烟督办署第三科科长令

（一九二四年十二月三十日）

大元帅令

　　禁烟督办谢国光呈请任命钟忠为禁烟督办署第三科科长。应照准。此令。

（中华民国陆海军大元帅之印）

中华民国十三年十二月三十日

据《命令》，载广州《陆海军大元帅大本营公报》第三十六号，一九二四年十二月三十日

准任刘国祥为广州市联军军警督察处
督察长及另五人为督察官令

（一九二五年一月五日）

大元帅令

　　广州市联军军警督察处督办杨希闵呈请任命刘国祥为该处督察长，闵天培、曾鲁、李寅、吕祖真、梁禹平为该处督察官。均照准。此令。

（中华民国陆海军大元帅之印）

中华民国十四年一月五日

据《命令》，载广州《陆海军大元帅大本营公报》第一号，一九二五年一月十日

核复卸大本营经界局督办
古应芬呈缴印信小章令

（一九二五年一月五日）

大元帅指令第二号

令卸大本营经界局督办古应芬呈缴经界局印信小章请核销由。

呈悉。印章截销。此令。

（中华民国陆海军大元帅之印）

中华民国十四年一月五日

据《指令》，载广州《陆海军大元帅大本营公报》第一号，一九二五年一月十日

核复卸兼办广东沙田清理事宜古应芬
呈缴广东沙田清理事宜关防官章令

（一九二五年一月五日）

大元帅指令第三号

令卸兼办广东沙田清理事宜古应芬呈缴广东沙田清理事宜关防官章请核销由。

呈悉。关防官章截销。此令。

（中华民国陆海军大元帅之印）

中华民国十四年一月五日

据《指令》，载广州《陆海军大元帅大本营公报》第一号，一九二五年一月十日

核复杨希闵呈告已明令准任刘国祥等六人令

（一九二五年一月五日）

大元帅指令第七号

　　令广州市联军军警督察处督办杨希闵呈请任命刘国祥为该处督察长，闵天培、曾鲁、李寅、吕祖真、梁禹平为该处督察官由。

　　呈悉。所请任命各员已有明令委任矣。仰即知照。此令。

（中华民国陆海军大元帅之印）

中华民国十四年一月五日

据《指令》，载广州《陆海军大元帅大本营公报》第一号，一九二五年一月十日

核复管理粤汉铁路事务林直勉呈报就职日期令

（一九二五年一月五日）

大元帅指令第十一号

　　令管理粤汉铁路事务林直勉呈报就职日期由。

　　呈悉。此令。

（中华民国陆海军大元帅之印）

中华民国十四年一月五日

据《指令》，载广州《陆海军大元帅大本营公报》第一号，一九二五年一月十日

核复广州市联军军警督察处督办
杨希闵呈报就职日期准予备案令

（一九二五年一月五日）

大元帅指令第十二号

令广州市联军军警督察处督办杨希闵呈报就职日期，请备案由。

呈悉。准予备案。此令。

（中华民国陆海军大元帅之印）

中华民国十四年一月五日

据《指令》，载广州《陆海军大元帅大本营公报》第一号，一九二五年一月十日

准廖燮辞北江盐务督运处专员令

（一九二五年一月七日）

大元帅令

大本营财政部长古应芬呈称北江盐务督运处专员廖燮呈请辞职。廖燮准免本职。此令。

（中华民国陆海军大元帅之印）

中华民国十四年一月七日

据《命令》，载广州《陆海军大元帅大本营公报》第一号，一九二五年一月十日

准派祝膏如为北江盐务督运处专员令

（一九二五年一月七日）

大元帅令

　　大本营财政部长古应芬呈请派祝膏如为北江盐务督运处专员。应照准。此令。

　　　　　　　　　　　　（中华民国陆海军大元帅之印）

　　　　　　　　　　　　中华民国十四年一月七日

　　　　　　　据《命令》，载广州《陆海军大元帅大本营公报》第一号，一九二五年一月十日

核复卸禁烟督办谢国光呈报
移交清楚缴销关防小章令

（一九二五年一月七日）

大元帅指令第一四号

　　令卸禁烟督办谢国光呈报移交清楚缴销关防小章请备案由。

　　呈悉。此令。

　　　　　　　　　　　　（中华民国陆海军大元帅之印）

　　　　　　　　　　　　中华民国十四年一月七日

　　　　　　　据《指令》，载广州《陆海军大元帅大本营公报》第一号，一九二五年一月十日

核复古应芬呈告已明令准任命祝膏如令

（一九二五年一月七日）

大元帅指令第十八号

令大本营财政部长古应芬呈请北江盐务督运处专员廖銮辞职，荐任祝膏如接充由。

呈悉。所请任命祝膏如接充北江盐务督运处专员，已有明令照准矣。此令。

（中华民国陆海军大元帅之印）

中华民国十四年一月七日

据《指令》，载广州《陆海军大元帅大本营公报》第一号，一九二五年一月十日

准林直勉呈照旧设置车务处
副总管一职免于裁撤令

（一九二五年一月九日）

大元帅指令第二四号

令管理粤汉铁路事务林直勉呈请将车务处副总管一职照旧设置，免予裁撤由。

呈悉。准如所请办理。此令。

（中华民国陆海军大元帅之印）

中华民国十四年一月九日

据《指令》，载广州《陆海军大元帅大本营公报》第一号，一九二五年一月十日

核复广东全省筹饷总局监督范石生呈报该局监督
副监督总办会办各员就职日期令

（一九二五年一月十三日）

大元帅指令第三九号

令广东全省筹饷总局监督范石生呈报该局监督、副监督、总办、会办各员就职日期请鉴核由。

呈悉。此令。

中华民国十四年一月十三日

据《指令》，载广州《陆海军大元帅大本
营公报》第二号，一九二五年一月二十日

准任命陈鼎芬等九人为
广东全省筹饷总局职员令

（一九二五年一月十六日）

大元帅令

　　广东全省筹饷总局总办罗翼群呈请任命陈鼎芬为该局主任秘书，沈桐轩、徐韵泉、黎仲琪、谭炳鉴为秘书，张伟丞为会计科科长，张榖为稽核科科长，王秉瑞为饷捐科科长，罗哲明为禁烟科科长。均照准。此令。

（中华民国陆海军大元帅之印）

中华民国十四年一月十六日

据《命令》，载广州《陆海军大元帅大本
营公报》第二号，一九二五年一月二十日

核复广东全省筹饷总局总办罗翼群呈告已
明令任命该局主任秘书科长各员令

（一九二五年一月十六日）

大元帅指令第五一号

　　令广东全省筹饷总局总办罗翼群呈请任命该局主任、秘书、科长各员并具履历一册请察核加委由。

　　呈及履历册均悉。已明令照准矣。履历册存。此令。

（中华民国陆海军大元帅之印）

中华民国十四年一月十六日

据《指令》，载广州《陆海军大元帅大本
营公报》第二号，一九二五年一月二十日

着谢星继等三人组织军事委员会决定
广宁绥缉上一切军事动作令

（一九二五年一月十九日）

大元帅令第十二号

　　着替代卫士队前方队长职务谢星继、卫士队党代表廖乾五、中国国民党农民
部代表彭湃共同组织军事委员会。关于广宁绥辑〔缉〕上一切军事动作，悉由该
委员会决定，指挥卫士队、甲车队行之。此令。

据绮园①：《回忆》，载《犁头周报》第十三期，
广州，广东省农民协会一九二六年八月印行

为着卢振柳即回省并任命谢星继
代理前方卫士队长对卢振柳令

（一九二五年一月十九日）

大元帅令第十四号

　　卫士队队长卢振柳着即回省报告，所有前方卫士队长职务暂由卫士队第一连
连长谢星继代理。此令。

右令卫士队队长卢振柳

据绮园：《回忆》，载《犁头周报》第十三期，
广州,广东省农民协会一九二六年八月印行

---

① 绮园，即罗绮园，广州农民运动讲习所主任。

任命王鸣亚为建国军琼崖军第二路司令状

（一九二五年一月二十日）

任命王鸣亚为建国军琼崖军第二路司令。此状。

孙文

中华民国十四年一月二十日

据《国父全集补编》（转录中国国民党文化传播委员会党史馆藏原件照片），台北，中国国民党中央委员会党史委员会一九八五年六月初版

令中央执行委员会政治委员会移北京以
吴敬恒等七人为委员鲍乐廷为顾问谕

（一九二五年一月二十六日）

广州中央执行委员会之政治委员会移北京。以吴敬恒、李煜瀛、汪兆铭、于右任、陈友仁、李大钊、邵元冲为委员①，鲍乐廷为顾问。

据《国内专电》，载一九二五年一月二十九日上海《申报》（四）

任命林俊廷为粤桂边防督办令

（一九二五年一月二十七日）

大元帅令

---

① 本谕上海《民国日报》一九二五年一月二十九日第二版《电讯·孙先生病势渐出险》亦有报道，名字为吴稚晖、李石曾、汪精卫、于右任、李大钊、邵元冲六人。

任命林俊廷为粤桂边防督办。此令。

（中华民国陆海军大元帅之印）

中华民国十四年一月廿七日

据《命令》，载广州《陆海军大元帅大本
营公报》第三号，一九二五年一月三十日

核复建国赣军警卫军司令欧阳琳
呈报启用印信日期令

（一九二五年一月三十一日）

大元帅指令第八二号

令建国赣军警卫军司令欧阳琳呈报启用印信日期，请备案由。

呈悉。此令。

（中华民国陆海军大元帅之印）

中华民国十四年一月卅一日

据《指令》，载广州《陆海军大元帅大本
营公报》第三号，一九二五年一月三十日

核复广东筹饷总局督办范石生会办
韦冠英呈报移交接管各情令

（一九二五年一月三十一日）

大元帅指令第八三号

令广东筹饷总局督办范石生、会办韦冠英呈报移交接管各情请备案由。

如呈备案。条例存。此令。

（中华民国陆海军大元帅之印）

中华民国十四年一月三十一日

据《指令》，载广州《陆海军大元帅大本营公报》第三号，一九二五年一月三十日

不准罗翼群呈辞大本营军需总局局长令

（一九二五年二月四日）

大元帅指令第九四号

令大本营军需总局局长罗翼群呈请辞职由。

呈悉。该局长应仍勉为其难，所请辞职之处着毋庸议。此令。

（中华民国陆海军大元帅之印）

中华民国十四年二月四日

据《指令》，载广州《陆海军大元帅大本营公报》第四号，一九二五年二月十日

核复邹鲁呈报广东大学校务委托
褚民谊代行准予备案令

（一九二五年二月四日）

大元帅指令第九五号

令国立广东大学校长邹鲁呈报因公北上，校务委托褚教授民谊代拆代行，请予备案由。

如呈备案。此令。

（中华民国陆海军大元帅之印）

中华民国十四年二月四日

据《指令》，载广州《陆海军大元帅大本营公报》第四号，一九二五年二月十日

任命余际唐为建国川军第一军军长令

（一九二五年二月十二日）

大元帅令

　　任命余际唐为建国川军第一军军长。此令。

（中华民国陆海军大元帅之印）

中华民国十四年二月十二日

据《命令》，载广州《陆海军大元帅大本营公报》第五号，一九二五年二月二十日

任命汤子模为建国川军第二军军长令

（一九二五年二月十二日）

大元帅令

　　任命汤子模为建国川军第二军军长。此令。

（中华民国陆海军大元帅之印）

中华民国十四年二月十二日

据《命令》，载广州《陆海军大元帅大本营公报》第五号，一九二五年二月二十日

任命林支宇为建国联军湘军第一军总司令令

（一九二五年二月十二日）

大元帅令

　　任命林支宇为建国联军湘军第一军总司令。此令。

（中华民国陆海军大元帅之印）

中华民国十四年二月十二日

据《命令》，载广州《陆海军大元帅大本营公报》第五号，一九二五年二月二十日

核复建国川军总司令熊克武呈报遵令改编为建国川军并暂刊印信及就职日期令

（一九二五年二月十二日）

大元帅指令第一一五号

　　令建国川军总司令熊克武呈报遵令改编为建国川军并暂刊印信及就职日期请备案由。

　　呈悉。准予备案。

（中华民国陆海军大元帅之印）

中华民国十四年二月十二日

据《指令》，载广州《陆海军大元帅大本营公报》第五号，一九二五年二月二十日

核复熊克武呈告已明令任命余际唐汤子模令

（一九二五年二月十二日）

大元帅指令第一一六号

　　令建国川军总司令熊克武呈请任命余际唐为建国川军第一军军长、汤子模为建国川军第二军军长由。

　　呈悉。已有明令任命矣。仰即知照。此令。

（中华民国陆海军大元帅之印）

中华民国十四年二月十二日

据《指令》，载广州《陆海军大元帅大本营公报》第五号，一九二五年二月二十日

核复熊克武呈告已明令任命林支宇令

（一九二五年二月十二日）

大元帅指令第一一七号

令川滇黔建国联军前敌总司令熊克武呈请任命林支宇为建国联军湘军第一军总司令由。

呈悉。已有明令任命矣。仰即知照。此令。

（中华民国陆海军大元帅之印）

中华民国十四年二月十二日

据《指令》，载广州《陆海军大元帅大本营公报》第五号，一九二五年二月二十日

核复林森呈督办广东治河事宜派
江屏藩代行并准予备案令

（一九二五年二月十六日）

大元帅指令第一二五号

令兼督办广东治河事宜林森呈报因公北上，该处事务派坐办江屏藩代拆代行由。

呈悉。照准备案。此令。

（中华民国陆海军大元帅之印）

中华民国十四年二月十六日

据《指令》，载广州《陆海军大元帅大本营公报》第五号，一九二五年二月二十日

核复朱培德呈报启用奉颁
新印日期并缴销旧印令

（一九二五年二月十六日）

大元帅指令第一二六号

令建国第一军军长朱培德呈报启用奉颁新印日期并缴销截角旧印由。

呈悉。旧印存销。此令。

（中华民国陆海军大元帅之印）

中华民国十四年二月十六日

据《指令》，载广州《陆海军大元帅大本营
公报》第五号，一九二五年二月二十日

核复林森呈建设部部务派
李卓峰代行并准予备案令

（一九二五年二月十六日）

大元帅指令第一二七号

令大本营建设部长林森呈报因出席北京中央执行委员大会，部务派代理次长
李卓峰代拆代行，请备案由。

呈悉。准予备案。此令。

（中华民国陆海军大元帅之印）

中华民国十四年二月十六日

据《指令》，载广州《陆海军大元帅大本
营公报》第五号，一九二五年二月二十日

核复建国军粤军第三军军长李福林
呈报启用新颁印章日期令

（一九二五年二月二十一日）

大元帅指令第一四六号

　　令建国军粤军第三军军长李福林呈报启用新颁印章日期，请察核由。

　　呈悉。此令。

（中华民国陆海军大元帅之印）

中华民国十四年二月二十一日

据《指令》，载广州《陆海军大元帅大本营
公报》第六号，一九二五年二月二十八日

核复程潜呈军政部审计局归并
军衡局由邹建廷兼充局长令

（一九二五年二月二十四日）

大元帅指令第一五一号

　　令大本营军政部长程潜呈报该部审计局归并军衡局，由局长邹建廷兼充由。

　　呈悉。此令。

（中华民国陆海军大元帅之印）

中华民国十四年二月廿四日

据《指令》，载广州《陆海军大元帅大本营
公报》第六号，一九二五年二月二十八日

核复杨希闵呈广州市联军军警督察处督察官
李寅调离改派傅翼接充令

（一九二五年二月二十四日）

大元帅指令第一五四号

　　令广州市联军军警督察处督办杨希闵呈报该处督察官李寅准谭总司令咨开调回本部，改派中校参谋傅翼接充，请察核备案由。

　　呈悉。准予备案。此令。

　　　　　　　　　　　　　　　　（中华民国陆海军大元帅之印）

　　　　　　　　　　　　　　　　　中华民国十四年二月廿四日

　　　　　　　　　　　据《指令》，载广州《陆海军大元帅大本营公报》第六号，一九二五年二月二十八日

准免岑念慈财政部秘书令

（一九二五年二月二十六日）

大元帅令

　　大本营财政部长古应芬呈秘书岑念慈另有任用，请予免职。应照准。此令。

　　　　　　　　　　　　　　　　（中华民国陆海军大元帅之印）

　　　　　　　　　　　　　　　　　中华民国十四年二月二十六日

　　　　　　　　　　　据《命令》，载广州《陆海军大元帅大本营公报》第六号，一九二五年二月二十八日

准任命陆幼刚为财政部秘书令

（一九二五年二月二十六日）

大元帅令

　　大本营财政部长古应芬呈请任命陆幼刚为秘书。应照准。此令。

（中华民国陆海军大元帅之印）

中华民国十四年二月二十六日

据《命令》，载广州《陆海军大元帅大本营
公报》第六号，一九二五年二月二十八日

核复古应芬呈告已明令任免财政部秘书令

（一九二五年二月二十六日）

大元帅指令第一六五号

　　令大本营财政部长古应芬呈该部秘书岑念慈另有任用，请予免职，并荐任陆
幼刚补充由。

　　呈悉。已明令照准矣。此令。

（中华民国陆海军大元帅之印）

中华民国十四年二月二十六日

据《指令》，载广州《陆海军大元帅大本营
公报》第六号，一九二五年二月二十八日

核复李福林呈缴粤军第三军军长印章令

（一九二五年二月二十六日）

大元帅指令第一六六号

令建国军粤军第三军军长李福林呈缴粤军第三军军长印章，请核销由。

呈悉。印章存销。此令。

（中华民国陆海军大元帅之印）

中华民国十四年二月廿六日

据《指令》，载广州《陆海军大元帅大本营公报》第六号，一九二五年二月二十八日

核复杨希闵呈委派刘骅廖鼎铭
充任粤路验票委员令

（一九二五年三月二日）

大元帅指令第一八三号

令建国滇军总司令杨希闵呈复经委派少将参谋刘骅、少校衔上尉副官廖鼎铭充任粤路验票委员，随车验票，请备案由。

呈悉。准予备案。此令。

（中华民国陆海军大元帅之印）

中华民国十四年三月二日

据《指令》，载广州《陆海军大元帅大本营公报》第七号，一九二五年三月十日

派苏世杰为财政委员会委员令

（一九二五年三月五日）

大元帅令

派苏世杰为财政委员会委员。此令。

（中华民国陆海军大元帅之印）

中华民国十四年三月五日

据《命令》，载广州《陆海军大元帅大本营公报》第七号，一九二五年三月十日

核复胡汉民古应芬呈告已明令派任苏世杰令

（一九二五年三月五日）

大元帅指令第一八八号

令财政委员会主席委员胡汉民、古应芬呈请简派苏世杰为财政委员会委员由。

呈悉。已有明令派任矣。此令。

（中华民国陆海军大元帅之印）

中华民国十四年三月五日

据《指令》，载广州《陆海军大元帅大本营公报》第七号，一九二五年三月十日

核复建国粤军第三师师长
郑润琦呈报启用新印日期令

（一九二五年三月五日）

大元帅指令第一八九号

令建国粤军第三师师长郑润琦呈报启用新印日期由。

呈悉。此令。

（中华民国陆海军大元帅之印）

中华民国十四年三月五日

据《指令》，载广州《陆海军大元帅大本营公报》第七号，一九二五年三月十日

准梁桂山辞内政部科长令

（一九二五年三月九日）

大元帅令

　　大本营内政部呈科长梁桂山呈请辞职。应照准。此令。

（中华民国陆海军大元帅之印）

中华民国十四年三月九日

据《命令》，载广州《陆海军大元帅大本营公报》第七号，一九二五年三月十日

核复谢适群呈告已明令准梁桂山辞职令

（一九二五年三月九日）

大元帅指令第一九六号

　　令代理部务内政部次长谢适群呈为该部科长梁桂山呈请辞职由。

　　呈悉。已有明令照准矣。此令。

（中华民国陆海军大元帅之印）

中华民国十四年三月九日

据《指令》，载广州《陆海军大元帅大本营公报》第七号，一九二五年三月十日

令黄隆生往海防办事手谕

（时间不详）

着拟令黄隆生往海防办□料事。

文

据原件影印件，载谭延闿编：《总理遗墨》第三辑，
石印线装本，似出版于二十世纪三十年代初期

谕胡汉民给张佑丞职务函

（时间不详）

张佑丞当给以一种名义，每月三百元，以便活动。此致汉民兄鉴①。

孙文

据原件影印件，载谭延闿编：《总理遗墨》第三辑，
石印线装本，似出版于二十世纪三十年代初期

---

① 原稿上有胡汉民附注："委以大本营参议。月薪三百元。汉民□□。"